AF546895

JAMES KESTREL

Bis in alle Endlichkeit

Thriller

Aus dem amerikanischen Englisch
von Stefan Lux

Herausgegeben von
Thomas Wörtche

Suhrkamp

Die Originalausgabe erschien 2019 unter dem Titel
Blood Relations
bei Houghton Mifflin Harcourt.

2. Auflage 2024

Erste Auflage 2024
suhrkamp taschenbuch 5435
Deutsche Erstausgabe

Umschlag und Umschlaggestaltung:
zero-media.net, München
Druck und Bindung: CPI books GmbH, Leck
Printed in Germany
ISBN 978-3-518-47435-8

www.suhrkamp.de

Bis in alle Endlichkeit

Für meine Tochter,
Sally Mahina Moore Wang

1

Als ich Claire Gravesend das erste Mal sah, war sie schon tot. Wenn auch nicht lange. Sie lag vor den Refugio Apartments auf der Turk Street, noch warm und mit Farbe auf den Wangen. Mit zwei Fingern betastete ich die linke Seite ihrer Kehle, um mir das ohnehin Offensichtliche zu bestätigen. Die 9-1-1 zu wählen, kam nicht infrage. Das Letzte, was ich in diesem Moment gebrauchen konnte, war ein Gespräch mit der Polizei. Außerdem hätte die Tote sowieso nichts mehr davon gehabt.

Ich sah, wie sich das Wasser in ihren offenen Augen sammelte. Falls es noch einen Teil in ihr gab, der sehen konnte, schaute sie aus einem Ozean herauf, dessen Oberfläche für sie unerreichbar war. Sie hatte ihren letzten Atemzug getan, sank hinab und nahm alles mit sich, was sie je gekannt hatte.

Claire Gravesend.

Natürlich kannte ich ihren Namen noch nicht. Ich konnte nicht ahnen, wie sie mein Leben verändern würde. Es hätte eine flüchtige Begegnung sein können. Ein bedauerlicher Anblick auf einer Straße im Tenderloin, wo Unglücksfälle an der Tagesordnung waren. Stattdessen nahm ich meine Kamera zur Hand, was mich endgültig in die Geschichte hineinzog. Von Angesicht zu Angesicht sah ich Claire Gravesend in diesen wenigen Minuten, danach nur noch auf Fotos. Momente aus ihrem Leben, Hinweise. Die Spuren waren verstreut wie Glasscherben.

Im Rückblick hätte es mich nicht überraschen dürfen, dass die Begegnung nicht das Ende war. Sobald man einen Menschen wie Claire Gravesend auch nur streift, bleiben Spuren zurück. Entweder setzt man die Dinge selbst in Bewegung, oder sie entwickeln ihr Eigenleben. Und wenn sie erst ins Rollen kommen, sind sie nicht mehr aufzuhalten. Ein ewiger Kreislauf, der sich stetig erneuert.

Ich werde dieses Bild von Ewigkeit einfach nicht los. Vielleicht rede ich auch von Schicksal – von der Vorstellung, dass der Name und der Lebensweg eines Menschen schon vor dem ersten Funken des Urknalls in Stein gemeißelt sind. Dass man ewig leben könnte, ohne von dem Pfad, der einem vorherbestimmt wurde, abweichen zu können.

Aber dieser Eindruck ist nur eine Folge dessen, was später passiert ist.

2

Lassen Sie mich kurz ein paar Dinge erklären.

In jenem Sommer hatte ich fünf Wochen lang im Westchester gewohnt, einem schäbigen Hotel im fauligen Herzen des Tenderloin. Ich bin nicht wohlhabend, aber in einem solchen Viertel muss ich zum Glück nicht leben. In dem Hotel war ich aus beruflichen Gründen gelandet. Ich arbeitete an einem Fall, also hatte ich den kompletten Juni zwischen einer Prostituierten in Altersteilzeit und einem überzeugten Junkie gewohnt. Das Bad am Ende des Flurs teilten wir uns. Weil das Gebäude dünne Wände hatte, teilten wir auch alle möglichen Geräusche. Äußerlich betrachtet hatten wir unsere Gemeinsamkeiten: Wir alle hatten unsere Gründe, den Rezeptionisten zu meiden; wir gaben kein unnötiges Geld für die Wäscherei aus; der Nachtschicht-Verkäufer im nahe gelegenen Schnapsladen hätte uns bei jeder Gegenüberstellung herauspicken können. Aber im Gegensatz zu mir hatten meine Nachbarn wohl kaum ihre Bodendielen aufgehebelt, um Mikrofone und winzige Kameras an den Decken der eine Etage tiefer wohnenden Gäste anzubringen. Sie verbrachten die Nächte nicht damit, geflüsterten Gesprächen zu lauschen und Codenamen in ein Notizbuch zu schreiben. Dazu waren meine Nachbarn zu ehrlich.

Der Aufzug im Westchester war außer Betrieb, der Schacht voller Müll: Spritzen und Schnapsflaschen, Windeln für Erwachsene und Kartons von Meals on Wheels. Das Treppenhaus war unbeleuchtet, aber benutzbar. Die Treppe endete vor einer schmiedeeisernen Pforte, die auf die Turk Street hinausführte. Morgens vor Sonnenaufgang ging ich regelmäßig nach unten und spazierte mehrere Blocks weit, um festzustellen, ob ich verfolgt wurde. Wenn ich mich vergewissert hatte, dass ich allein war – Sie würden sich wundern, wie allein man im Tenderloin um diese Uhrzeit sein kann –, ging ich ins Civic Center, wo ich ein aus zwei Räumen bestehendes Büro habe, ganz in der Nähe des Gerichtsgebäudes. Gerichte ziehen die Art Menschen an, die für meine Dienstleistungen zahlen.

Während dieser fünf Wochen hatte ich allerdings nur einen einzigen Klienten gehabt. Ich berechnete ihm vierundzwanzig Stunden am Tag. Frühmorgens ging ich ins Büro und sah die Post durch. Ich hörte meinen Anrufbeantworter ab und bezahlte die Rechnungen, schließlich ging mein Leben weiter. Dann rief ich den Mann an, dem ich meine Rechnungen schickte und der meine Schecks unterschrieb. Bevor es hell wurde, schlich ich mich auf meinen Lauschposten im Westchester zurück.

Genau das hatte ich auch am ersten Dienstag im Juni vor. Ich trat durch die Pforte hinaus und checkte die an der Turk parkenden Autos. Vor allem achtete ich auf Lieferwagen ohne Fenster. Sie sind relativ leicht zu entdecken: Außen ist *Joe's Plumbing* aufgemalt, aber drinnen sitzt ein halbes Dutzend Agenten von FBI oder DEA vor irgendwelchen Video-Monitoren und spricht in Funkgeräte. Falls an diesem Morgen welche dort waren, bemerkte ich sie nicht. Ich drehte eine Runde um den Block. Als ich sicher war, dass ich nicht verfolgt wurde, ging ich Richtung Westen, Richtung Van Ness Avenue, wo mein Büro lag.

Auf halber Strecke bemerkte ich das Auto. Es war auf dem Bürgersteig geparkt, direkt vor den Refugio Apartments. Nicht irgendein Auto, sondern ein Rolls-Royce Wraith. Er hatte offenbar kürzlich eine Wandlung von brandneu zu komplett zerstört durchgemacht. Bei einem Unfall, vermutete ich, und überquerte die Straße, um mir den Wagen gründlicher anzusehen. Je näher ich kam, desto deutlicher wurde, dass mein erster Gedanke nicht ganz zutraf. Weder vorn noch an den Seiten waren Spuren einer Kollision zu erkennen.

Der verchromte Kühlergrill und die rauchgraue Motorhaube waren in einwandfreiem Zustand. Das Dach allerdings war bis auf Höhe der vergoldeten Türgriffe eingedrückt. In dieser zerknautschten Delle lag eine makellose Blondine. Sie trug ein schwarzes, hauchdünnes Cocktailkleid, das im Licht der Straßenlaternen glänzte. Blut entdeckte ich nur an ihrem linken Fuß, offenbar war es an der Rückseite ihrer Wade bis auf die Ferse hinuntergelaufen. Ihre Hände waren auf dem Brustkorb gefaltet, die Augen offen. Die Haare fielen wie ein Fächer über das Dach des Wraith. An ihrem rechten Handgelenk hing eine Abendtasche. Ein Fuß war nackt – vielleicht hatte sie beim Aufprall einen Schuh verloren. Ihre Zehennägel waren weiß lackiert wie das Innere einer Muschel.

Ich schaute mich um. Auf der anderen Straßenseite, auf einem Bett aus plattgedrückten Kartons, lag ein Mann in einem wattierten schwarzen Overall. Er schlief oder war bewusstlos. Nach fünf Wochen auf der Turk Street konnte ich den Snowsuit Man je nach Windrichtung zwei Blocks weit riechen. Falls der Knall, mit dem die Frau auf dem Auto gelandet war, ihn geweckt hatte, hatte er ihn jedenfalls nicht daran gehindert, gleich wieder einzuschlafen. Außer ihm und mir war niemand in der Nähe, jedenfalls nicht hier unten auf der Straße. Ob irgendwer die Szene durch eins der dunklen Fenster beobachtete, ließ sich nicht sagen, ich versuchte erst gar nicht, es herauszufinden.

Stattdessen trat ich näher. Die Frau atmete nicht. Vorsichtig streckte ich die Hand aus und legte meine Finger unter ihr Kinn. Behutsam tastete ich nach der Halsschlagader. Die Frau war noch warm, aber ich spürte keinen Puls. Noch einmal schaute ich nach links und rechts, dann drehte ich mich zum Refugio um.

Vierzehn Stockwerke. Hundert Jahre altes Ziegelwerk mit Bögen und Säulen auf den beiden untersten Etagen. Oberhalb des Autos waren keine geöffneten Fenster zu erkennen, aber es gab breite Simse. Sie hätte auf eins hinausklettern und dann das Fenster zuziehen können. Oder sie war vom Dach gesprungen. Aber nichts davon erklärte es wirklich – ihre Lackledertasche, ihr transparentes Kleid und das irrsinnig teure Auto, auf dem sie gelandet war. Auf der Turk Street, direkt vor dem Refugio, ergab nichts davon irgendeinen Sinn. Vierzehn Stockwerke voll Bettwanzen und falschen Feueralarmen. Hier fuhren mitten in der Nacht Polizeiwagen vor, um häusliche Auseinandersetzungen zu schlichten oder Wohnungstüren einzutreten. Es war besser als das Westchester, aber nicht viel.

Ich trat zurück und hockte mich auf den Bürgersteig. Unter meinen Füßen knirschte das Glas der Windschutzscheibe, also kniete ich mich lieber nicht hin. Stattdessen stellte ich den Rucksack ab und öffnete ihn. Beim Verlassen meines Zimmers im Westchester hatte ich nichts herumliegen lassen. Die Überwachungskameras und Mikrofone waren versteckt, ein Teil der Aufnahmegeräte passte unter die Bodendielen. Aber meinen Laptop oder meine Kamera ließ ich grundsätzlich nie zurück. Also nahm ich die Nikon und stellte sie auf Nachtporträt ohne Blitz ein.

Ich hörte eine Sirene, aber das hatte im Tenderloin nichts zu bedeuten.

Ich stand auf und machte fünf Fotos der Selbstmord-Blondine auf ihrem Wraith-Totenbett. Dann trat ich zehn Schritte zurück, um eine Aufnahme von ihr mit dem Gebäude und der Straße zu machen. Fotografieren ist mein Beruf, könnte man sagen. Meistens bekommen nur meine Kunden die Bilder zu sehen. Aber wenn sich die Gelegenheit ergibt, bin ich mir nicht zu schade, ein Foto an den *Chronicle* oder jeden anderen zahlenden Abnehmer zu verkaufen. Seit der Scheidung und speziell meiner Rückkehr hierher schlage ich mich so gut wie möglich durch. Ich nehme, was ich kriegen kann. Und mit Fotos verdiene ich einiges, weil ich oft am richtigen Ort bin.

Als ich die Kamera herunternahm, sah ich den Mann. Er hatte sich auf dem Bürgersteig genähert und zog einen schwarzen Karren, auf dem silberne Kisten festgezurrt waren. Aber jetzt war er stehen geblieben, um schockiert und mit offenem Mund auf das Auto zu starren. Mir war nicht klar, ob er die junge Frau sehen konnte oder nicht. Es dauerte eine Weile, bis er mich überhaupt registrierte. Dann blickte er abschätzend zwischen mir, meiner Kamera und dem zerstörten Auto hin und her.

»Wer zum Teufel sind Sie?«

»Niemand«, sagte ich. »Ein Typ, der einen Spaziergang macht. Und Sie?«

Er antwortete nicht, trat aber näher. Unter seinen Laufschuhen knirschte Glas. Er trug eine Segeltuchhose und ein Flanellhemd. Darüber eine Weste mit zahllosen Taschen. Auf seiner Baseballkappe stand der Name einer Produktionsfirma, von der ich nie gehört hatte. Für einen Augenblick glaubte ich, in ein Filmset gestolpert zu sein. Aber es gab keine Scheinwerfer, keine weißen Trailer, keine Sägeböcke, mit denen

Autos vom Parken abgehalten wurden. Auch die tote Frau war kein Requisit.

»Was ist passiert?«, fragte der Mann, als er endlich zu Atem gekommen war.

»Es sah schon so aus, als ich hier ankam«, sagte ich. »Ist das Ihr Auto?«

Er schüttelte den Kopf.

»Ich bin am Arsch. Ich bin komplett am Arsch.«

Er zog sein Handy aus der Tasche und fing an, auf dem Display zu scrollen. Vielleicht überlegte er, wen er als Erstes anrufen sollte.

»War sie mit Ihnen zusammen?«, fragte ich.

»Sie?«

Ich deutete mit dem Kopf auf den Wagen, der Mann kam noch näher. Er entdeckte die Frau und wandte sich schnell ab.

»O Gott.«

»Kennen Sie sie nicht?«

»Ich hab sie nie im Leben gesehen.«

Ich trat zur Seite, um den richtigen Bildausschnitt zu finden. Als ich den Kerl von der Filmproduktionsfirma mit der Frau und dem Auto im Sucher hatte, hob ich die Kamera und löste aus.

»Hey!«, sagte er. »Verdammt, was soll das?«

»Für die Zeitungen.«

Ich ging los. Er rief mir weder hinterher, noch folgte er mir. Am Ende des nächsten Blocks entdeckte ich einen geparkten Kastenwagen, auf dessen Seite der Name der Produktionsfirma stand. Auf der Ladefläche war ein junger Mann im Collegealter dabei, mit Hilfe einer Taschenlampe verschiedene Kisten mit Videoausrüstung zu durchsuchen. Wenn sie nur zu zweit mit dem geliehenen Wraith hier waren, musste es sich um einen Kleinstbetrieb handeln. Ich trat vom Bürgersteig hinunter und legte eine Hand ans Heck des Autos.

»Guten Morgen«, sagte ich, der junge Mann blickte endlich auf. »Wofür ist der teure Wagen gedacht?«

»Werbedreh«, sagte er. »Ein TV-Spot.«

Er wandte sich wieder seiner Ausrüstung zu. Sechs weiße Schirme hatte er bereits zur Seite gelegt, jetzt suchte er wahrscheinlich nach Stativen und einer Flashbox mit Fernauslöser. Er machte einfach seinen Job, als sähe er keinen inneren Widerspruch darin, in einer Gegend mit Sozialwohnungen Werbung für ein Auto zu machen, das eine halbe Million Dollar kostete. Wahrscheinlich würden sie auch nicht davor zurückschrecken, den Snowsuit Man von der anderen Straßenseite herüberzuzerren und ihn als Requisit zu nutzen.

»Vielleicht sollten Sie den Wagen abschließen und mal nach Ihrem Boss sehen«, sagte ich. »Er hat ein Problem.«

»Er hat … was?«

»Und nehmen Sie Ihr Handy mit, dann können Sie die 9-1-1 anrufen.«

Wieder blickte er auf. Ich fotografierte ihn, diesmal mit Blitz, damit ich sein Gesicht im dunklen Laderaum aufs Bild bekam. Als Zugabe machte ich gleich noch eine Aufnahme vom Nummernschild. Dann ging ich zurück zu meinem Büro.

In mein Büro gelangte man über eine Treppe zwischen einer Beratungsstelle für Kriegsveteranen und einer Kreditgenossenschaft. Am Portikus hatte ich ein kleines Schild aufgehängt.

AGENTUR LELAND CROWE

PRIVATE ERMITTLUNGN

Ich ging die Treppe hoch und schob mit dem Fuß die Post vom Tag zuvor beiseite. Durch den Empfangsraum – der leer war, weil ich keine Sekretärin hatte – ging ich in mein Büro. Ich schob die Speicherkarte meiner Kamera in den Computer und brachte zehn Minuten damit zu, die Fotos zu sortieren und zu bearbeiten. Mein Kunde konnte einen Moment warten.

Die Selbstmord-Blondine war wunderschön, was auch für meine Aufnahmen galt.

Das Dach des Autos hatte ihren Flug aufgehalten und sie teilweise eingewickelt, wodurch Arme und Beine in einer natürlichen Position lagen. Weil sie nicht auf dem Bürgersteig ausgebreitet lag, wirkte sie nicht wie eine Leiche, sondern beinahe kunstvoll arrangiert. Eine Frau, die auf einem Bett aus Stahl schlief. Ich hatte verschiedene Belichtungszeiten und Perspektiven gewählt. Fotos, die das Blut an ihrem Fuß, das zersplitterte Glas und ihre Rundungen unter dem Kleid zur Geltung brachten und sich für den Fall, dass sie berühmt sein sollte, bestens in den Boulevardblättern machen würden. Für die seriöseren Zeitungen hatte ich Aufnahmen, die zwar die Szene einfingen, das Blut aber aussparten.

Ich griff zum Telefon und rief die Fotoredakteure an, mit denen ich zusammenarbeitete. Zum damaligen Zeitpunkt war ich nicht dringend auf zusätzliches Geld angewiesen. Dank meiner Sommerbeschäftigung im Westchester Hotel war ich vergleichsweise flüssig. Aber ein einziger knapper, hungriger Winter zieht lebenslange Gewohnheiten nach sich. Man lässt sich eine Chance nicht entgehen; man isst, was auf den Teller kommt.

Also rief ich die Redakteure an, beginnend mit denen, die das meiste Geld hatten. Und ich feilschte.

3

Eine Stunde später hatte ich einen vorformulierten Vertrag unterschrieben, gescannt und per E-Mail verschickt. Mein Foto würde um neun Uhr online sein und in drei Tagen in den Regalen der Lebensmittelläden. Das *Just Now!*-Magazin würde mir tausend Dollar zahlen, plus einen zweihundertprozentigen Aufschlag, falls es sich bei der Toten um eine »einflussreiche Persönlichkeit« handelte. Die sorgfältig formulierte Definition dieses Begriffs fand sich auf Seite drei des Vertrags und war höchstwahrscheinlich von einem Anwalt am Wilshire Boulevard aufgesetzt worden, der diese Aufgabe so selbstverständlich fand wie das Feilbieten eines Rolls-Royce vor der Kulisse eines heruntergekommenen Viertels. Darüber konnte ich spotten, so viel ich wollte, aber den Scheck würde ich natürlich einlösen.

Als das erledigt war, rief ich Jim Gardner an, den Strafverteidiger, der meine Arbeitszeit für den kompletten Sommer gebucht hatte. Er saß um zehn vor sieben bereits an seinem Schreibtisch und hob beim ersten Klingeln ab. Natürlich arbeitete er so früh schon, schließlich hatte gerade ein wichtiger Prozess begonnen, in dem die Aussage des Hauptzeugen der Anklage unmittelbar bevorstand.

»Guten Morgen«, sagte ich und kam seiner üblichen Begrüßung zuvor. »Perfektes Timing. Ich hab etwas.«

Einen Moment lang herrschte Stille. Wahrscheinlich überlegte er, welchen Ton er für den Fall anschlagen sollte, dass er vom FBI abgehört wurde. Was nicht ganz abwegig war. Jedenfalls nicht, wenn die Regierung eine ungefähre Vorstellung davon hatte, wofür Jim mich den Sommer über bezahlte.

»Rufen Sie dienstlich an, Mr Crowe?«

Wenn Jim Gardner im Prozessmodus war, klangen noch seine banalsten Fragen, als wären sie in Leder gebunden und bedeutungsvoll. Er hatte gestern sein Eröffnungsplädoyer gehalten, war also in Fahrt. Außerdem war ihm bewusst, dass er möglicherweise vor einem größeren Publikum sprach.

»Ja, Herr Anwalt«, sagte ich. »Dieser Anruf ist vertraulich und unterliegt der Schweigepflicht.«

»Das reicht mir nicht. Haben Sie schon Kaffee getrunken?«

Im dritten Stock des Westchester gab es einen Typen, der von seinem Zimmer aus Crack verkaufte. Er verpackte es in Kondome, die er beim API Wellness Center auf der Polk Street geschnorrt hatte. In meinem Hotel kam das noch am ehesten an einen Kaffee heran.

»Der Portier hat mir empfohlen, das Frühstück heute Morgen woanders einzunehmen.«

Ich legte auf. Ich musste nicht nach unserem Treffpunkt fragen. Der Ort stand längst fest.

»Gestern Abend hatten wir eine Besprechung in der Kanzlei«, sagte Jim. »Es lief nicht so, wie ich gehofft hatte.«

Wir saßen auf beiden Seiten eines Schreibtischs, der dem Geschäftsführer einer aufgegebenen Karosseriewerkstatt gehört hatte. Durch die von Spinnweben überzogenen Glaswände schaute man hinaus auf einen ölfleckigen Betonboden. Licht fiel nur durch ein Dachfenster herein. Dort oben lief eine Taube auf und ab. *Tap tap tap, tap tap tap.*

Jim hatte den Schlüssel zu diesem Laden, weil seine Kanzlei mit der Zwangsvollstreckung befasst gewesen war. Wir trafen uns hier so häufig, dass auch ich einen Schlüssel hatte.

»Nammar ruft heute Morgen als Erstes DeCanza in den

Zeugenstand«, sagte Jim. »Er ist ein guter Ankläger, deshalb dachte ich, er würde ihn sich den ganzen Tag vorknöpfen. Aber er macht um drei Schluss.«

»Wirst du danach eine Vertagung beantragen?«

Jim fuhr sich durch die grauen Haare, die dazu neigten, sich zu kräuseln, sobald sie etwas länger wurden. Mit seiner tiefen Stimme, der schleppenden Sprechweise, den breiten Schultern und seinem schweren College-Ring konnte man ihn leicht für einen Football-Trainer halten.

»Die Richterin will ihren Zeitplan einhalten. Vielleicht will sie mir aber auch nur zeigen, wer der Boss ist. Ich kann sie nicht gut einschätzen. Wie auch immer, wenn Nammar fertig ist, muss ich mit dem Kreuzverhör anfangen. Keine Vertagung. Ich hoffe also, dass du wirklich etwas hast.«

Indem er um drei Schluss machte, zwang Nammar Jim dazu, sein Kreuzverhör auf zwei Prozesstage zu verteilen. Die Geschworenen würden zum Ende des Tages zwei Stunden zu hören bekommen, dann nach Hause gehen und alles vergessen. Jim würde die Nacht damit zubringen, sich zu fragen, ob er auf bestimmte Punkte noch einmal zurückkommen oder sie abschreiben und einfach weitermachen sollte. Für dieses Problem hatte ich eine Lösung.

»Nammar hat gestern Abend einen Besuch gemacht«, sagte ich. »Agent White hat ihn begleitet. Sie sind dreieinhalb Stunden bei DeCanza geblieben und haben ihn trainiert. Ihm gedroht. Ich habe Audio- und Video…«

»Das geht nicht. Ich will es nicht. Lösch es.«

»Okay.«

»Aber erzähl es mir auf jeden Fall.«

»DeCanza wird Lorcas Grab schaufeln.«

»Wer ist Lorca?«, fragte Jim. »Ich kenne keinen Lorca.«

»Wie du meinst.«

Mit ihm zu streiten hatte keinen Sinn. Jim hatte sich für dieses leerstehende Büro entschieden, weil es nicht verwanzt war und die Feds nichts von ihm wussten. Aber es gab rote Linien, die er nicht übertreten würde. Sein Klient hatte eine Story, und Jims Job bestand darin, sie zu verkaufen. Immer und überall.

»Erzähl mir von DeCanza«, sagte er.

»Er stand ziemlich weit oben. Nummer zwei in der Befehlskette. Er kannte Lorca – deinen Typ – nicht nur vom Telefon oder vom Hörensagen, sondern vom Sehen. Sie haben Seite an Seite gearbeitet. Also weiß er alles. Was dir schon klar war.«

Ich ging mit Jim die wichtigsten Punkte durch. DeCanza hatte so angefangen wie alle. Als Kurier, der Päckchen nach Norden über die Grenze brachte. Nach drei Reisen, bei denen er nicht hochgenommen wurde, vertrauten sie ihm Bargeld an. Aber er war belesen und benutzte seinen Verstand. Als die DEA anfing, Abhörstationen und Bodenradar einzusetzen, um die Tunnel unter der Grenze aufzuspüren, heuerte DeCanza Männer aus den Werften Baja Californias an. Das erste U-Boot war vierzehn Meter lang, ein zweites achtundzwanzig. Es machte drei Fahrten, bis die Besatzung es vor den Augen eines Kutters der Küstenwache versenkte. Aber bis dahin hatten DeCanza und Lorca so viele Zollbeamte bestochen, dass sie keine U-Boote mehr brauchten. Sie konnten ihre Produkte in Linienflugzeuge packen und direkt nach New York fliegen. Statt mit Bargeld operierten sie jetzt mit Kryptowährungen, die sich unsichtbar transferieren ließen.

Wäre es um eine amerikanische Firma gegangen statt um ein internationales Kartell, hätte DeCanza sicher einen eindrucksvollen Titel getragen. Finanzdirektor, Vizepräsident der operativen Abteilung – etwas in der Art. Aber das Kartell scherte sich nicht um förmliche Titel. Mit Ausnahme des einen, den er jetzt trug: *Verräter*.

Ohne DeCanza beruhte der Fall der Staatsanwaltschaft ausschließlich auf Indizien. Alles konnte wegerklärt werden. Jims Klient war ein Geschäftsmann. Der Name *Lorca* stand nicht auf seinem kalifornischen Führerschein. Er stand nirgends. Das bedeutete: Sobald DeCanza verschwand, war auch die Chance auf eine Verurteilung dahin. Menschen, die Lorca in die Quere kamen, waren schon häufiger verschwunden. Ich hatte den Sommer mit einem gefährlichen Spiel verbracht. Ich hatte einen abtrünnigen Verräter aufgespürt und sein Zimmer überwacht. Hätte Lorca vom Westchester erfahren, hätte die Anklage ihren Hauptzeugen verloren. Ich hatte nicht vor, zum Komplizen eines Mordes zu werden. Um mich – und Jim – zu schützen, erzählte ich ihm also nur das, was zu wissen er sich leisten konnte.

»Das ist alles schön und gut«, sagte Jim. »Aber bis jetzt hebst du nicht gerade meine Laune. Was hast du wirklich?«

Ich hatte es vor einer Woche erfahren und bis jetzt zurückgehalten. Aber ich hatte die ganze Zeit geplant, es ihm im richtigen Moment zu sagen.

»Du hättest es nicht zu früh wissen wollen«, sagte ich. »Also habe ich es für mich behalten und dir ein moralisches Dilemma erspart.«

»Darum kann ich mich schon selbst kümmern.«

»Wenn du mich im Boot hast, ist das nicht deine Entscheidung. Im Klartext: Bevor ich dich ins Bild setze, musst du dich bereit erklären, die Information auf eine bestimmte Weise zu nutzen.«

»Nämlich?«

»Entweder setzt du sie heute im Kreuzverhör ein. Oder du vergisst, was du gehört hast. Du nutzt es heute oder gar nicht. Setz es jetzt ein – ohne Vorwarnung, ohne deinen Klienten zu informieren –, dann verschafft es dir einen Vorteil. Wenn er nicht vor der Staatsanwaltschaft davon erfährt, hast du morgen nicht mehr Blut an deinen Händen als jetzt.«

»Einverstanden.«

Natürlich erklärte Jim sich einverstanden, auch wenn er keine Ahnung hatte, wovon ich redete. Er brauchte meine Informationen. Und wahrscheinlich war ihm klar, dass ich ihm etwas anbot, das er als Druckmittel nutzen konnte. Er musste kein Genie sein, um sich zusammenzureimen, worauf es hinauslief. Das wirksamste Druckmittel von allen war das Leben unschuldiger Menschen. Frauen waren Gold wert, Kinder Diamanten.

»Sie halten DeCanza wie einen Gefangenen«, sagte ich. »Er ist ihr Zeuge, aber das heißt längst nicht, dass sie ihn mögen.«

»Das ist nichts Neues.«

»Seit Mitte Mai hat er den Himmel nicht mehr gesehen. Er steckt in einem Drecksloch im Tenderloin. Von einem Safe House zu sprechen, wäre reichlich gewagt. Zweimal am Tag bringen sie ihm Essen, außerdem sehen sie alle zwei Stunden nach ihm. Er trägt einen GPS-Tracker am Fußgelenk, den sie aber abnehmen, wenn er heute zur Verhandlung geht. Wenn du fragst, wird er abstreiten, dass es ihn je gegeben hat. Sie haben ihm Immunität zugesagt, aber nur unter der Bedingung einer Verurteilung. Mit anderen Worten: Sie haben ihn richtig bei den Eiern. Wenn er so aussagt, wie sie es wollen, dein Klient aber trotzdem auf freien Fuß kommt, gibt es keinen Deal.«

Jim trommelte mit zwei Fingern auf die ramponierte Schreibtischplatte.

»Damit kann ich arbeiten«, sagte er. »Selbst wenn er es abstreitet und behauptet, man hätte ihn im Holiday Inn untergebracht, kratzt es seine Glaubwürdigkeit an. Aber du hast noch mehr.«

Natürlich hatte ich noch mehr. Wäre das alles gewesen, hätte ich mich geschämt, Jim meine Rechnungen zu schicken.

»Er hat um ein Handy gebettelt. Einen ganzen Monat lang hat er jeden Tag danach gefragt.«

»Wozu will er es haben?«

»Das hat er dem FBI nicht verraten. Mir allerdings schon, weil er Selbstgespräche führt. Er will mit seiner Frau sprechen.«

»Die ist doch angeblich tot.«

Ich ließ Jim ein bisschen zappeln, indem ich auf meinen Kaffee pustete und einen Schluck trank. Dann checkte ich mein Handy.

»Du redest von der Sache in Mexico City«, sagte ich. »Vor dem Apartmentgebäude, das explodiert ist.«

»Zwei Spitzel haben sie auf dem Balkon gesehen.«

»Die Frau war im siebten Stock und die Spitzel zwei Blocks entfernt. Hast du irgendetwas von einem DNA-Test gehört?«

Jim starrte mich an, er musste die Information verdauen.

»Weiß Nammar davon?«, fragte er schließlich.

»Nicht die Spur.«

Jetzt hielt er die Finger still.

»Woher weißt du das alles?«

»Ich hab DeCanza gegeben, was er wollte«, sagte ich. »Ein Telefon.«

Es war eine ziemlich unkomplizierte Operation gewesen. Ein Kinderspiel und doch das Schmutzigste, was ich je getan hatte.

DeCanza bekam regelmäßig Besuche von einem halben Dutzend FBI-Agenten und drei stellvertretenden Bundesanwälten, darunter Nammar. Jeden einzelnen Besucher hatte er wegen eines Handys angesprochen, alle hatten ihn abblitzen lassen. Aber wenn einer von ihnen aus der Reihe getanzt wäre und ihm heimlich ein Telefon gegeben hätte, wäre es für denjenigen wegen des ständigen Kommens und Gehens ein Leichtes gewesen, alles abzustreiten. Also wartete ich, bis er zur Toilette am Ende des Flurs musste, ging runter, öffnete seine Tür mit einem Schlagschlüssel und einem Schraubenzieher und legte ihm ein Handy aufs Bett.

Als ich wieder oben war, zog ich die Latexhandschuhe aus und beobachtete DeCanzas Zimmer durch die Kamera in der Decke. Es war so winzig wie meins. Als er von der Toilette zurückkam, brauchte er gerade mal drei Sekunden, um das Handy zu entdecken. Er schaute sich im Zimmer um und ging ans Fenster, wo er eine ganze Minute reglos und mit gesenktem Kopf stehen blieb. Dann versteckte er das Telefon unter seiner Matratze.

Drei Tage später hatte er es immer noch nicht benutzt. Also wartete ich, bis er duschen ging, öffnete noch einmal seine Tür und stellte ihm eine Flasche Whiskey hin. Als ich wieder oben war, konnte ich in klarstem Schwarz-Weiß dabei zuschauen, wie er die Flasche entdeckte und den Verschluss inspizierte. Er kippte ihn weder weg noch versteckte er ihn oder ging konsterniert im Zimmer auf und ab. Er machte die Flasche einfach auf, roch einmal kurz daran und fing an zu trinken.

Zwei Stunden später hob er die Matratze an und nahm sich das Telefon. Ich sah, wie er es in den Händen hin und her drehte. Wie er es einschaltete und dann lange anstarrte. Schließlich wählte er aus dem Gedächtnis eine Nummer.

Natürlich war es eine Falle.

Das Handy war eins von zweien, die ich in Chinatown gekauft hatte, bei ein paar Drinks in einer Nische der San-Lung-Lounge. Ich bat einen freischaffenden Hacker, sie zu synchronisieren. Damit war er schneller fertig als mit seinem Mai Tai. Ich reichte ihm einen Umschlag mit Zwanzig-Dollar-Scheinen, das war's.

Als DeCanza seine Frau anrief, konnte ich also live zuschauen und zuhören. Er hätte es besser wissen müssen. Niemand, der im Zeugenschutzprogramm längere Zeit überlebt hat, würde je ein Smartphone in die Hand nehmen. DeCanza war für so etwas nicht gemacht. Ich ersparte ihm nur Zeit und anhaltendes Elend.

»Ich hab die Nummer nachverfolgt und ein bisschen recherchiert«, sagte ich zu Jim. »Er hat eine Festnetznummer gewählt, in der Gegend von Eagle Pass in Texas. Eine Zweitausend-Hektar-Ranch, die auf ein Unternehmen mit Sitz auf den Cayman Islands eingetragen ist. Die wiederum gehört ausländischen Kapitalgesellschaften mit dämlichen Namen und Briefkastenadressen – du darfst raten, wer sie in Wirklichkeit besitzt. Die Immobilie ist unbelastet und wurde bar bezahlt. Vor fünf Jahren, als DeCanza ganz oben war.«

Ich schob ihm eine Kopie der Urkunde aus dem Landregister hinüber.

»Und die Frau, die das Gespräch angenommen hat?«, fragte Jim.

»Maria Lucinda DeCanza«, sagte ich. »Sie wohnt dort mit ihrem neunzehn Monate alten Sohn.«

»Er ist auch noch am Leben?«

»Ich konnte ihn im Hintergrund hören.«

Jim Gardner starrte auf die Urkunde. Er nahm sie in die Hand, blätterte sie durch und steckte sie in seinen Aktenkoffer. Jim war kein guter Mensch, sonst hätte er sich eine andere Beschäftigung gesucht. Auch ich konnte kein Engel sein, wenn ich einfach darauf vertraute, dass er mit der Information, die ich ihm gerade gegeben hatte, anständig umging.

»Komm vorbei, wenn du dir das Kreuzverhör ansehen willst«, sagte Jim.

Er nahm seinen Aktenkoffer und verließ die heruntergekommene Werkstatt. Fünf Minuten später folgte ich ihm nach draußen.

Ich fuhr ins Westchester zurück. Meine Arbeit dort war erledigt. Sollte im Kreuzverhör heute Nachmittag die Bombe platzen, würden Nammar und das FBI sich fragen, wer DeCanza im Auge behalten hatte. Und wie. Also wollte ich mein Zimmer ausräumen. Die Überwachungsausrüstung abbauen, von sämtlichen Oberflächen die Fingerabdrücke abwischen und das Zimmer so hinterlassen, wie es aussehen sollte – leere Schnapsflaschen, zerknautschte Bierdosen, an Schneewehen erinnernde Stapel von Takeaway-Verpackungen in den Ecken und unter dem Bett. Dafür hatte ich schon einen Rucksack voll Müll bereitstehen.

Auf dem Weg zum Hotel kam ich am Refugio vorbei. Ich zählte zehn schwarz-weiße Streifenwagen, einen im Leerlauf bereitstehenden Rettungswagen und zwei zivile Fords, die wahrscheinlich den Detectives der Mordkommission gehörten. Gerade verließ ein Wagen der Gerichtsmedizin den

Ort des Geschehens. Die Blondine war eingesackt und mit einem Anhänger versehen, aber der Wraith stand immer noch am Straßenrand. Jemand hatte Verkehrskegel aufgestellt und sie mit Absperrband verbunden. Ich hob die Kamera, schaute durch die Linse und löste aus. Ein Mann trat aus der Haustür des Refugio heraus. Schlank, dunkelhaarig und mit einem vom häufigen Tragen glänzenden Anzug. Ein Mordermittler. Er schob sich durch eine Ansammlung von Beamten und sah zu mir herüber. Ich ließ die Kamera sinken und ging weiter.

4

Morgens um zehn ging ich zum ersten Mal seit fünf Wochen wieder nach Hause. Zu Fuß vom Tenderloin mit seinen Absteigen und Schnapsläden bis zum Union Square, wo Luxusgeschäfte und Weinlokale vorherrschten, dann weiter über die Grant Avenue nach Chinatown. Mein Zuhause war eine Zweizimmerwohnung im dritten Stock eines Hauses ohne Aufzug, mit einem Fischrestaurant im Erdgeschoss. Mit dem Sender an meinem Schlüsselbund schaltete ich die Alarmanlage aus, dann ging ich hinein. Auch dieses Zuhause – mein Neuanfang – war von der Vergangenheit befleckt. Alles war Teil eines Kontinuums. Es gab keine klaren Linien, keine festen Grenzen.

Vor sechs Jahren, als meine Ehe in Stücke brach, war ich mit nichts als der Kleidung, die ich am Leib trug, drei gebrochenen Fingern und einem Brief der kalifornischen Anwaltskammer, der meine Streichung von der Anwaltsliste bestätigte, hinausgeworfen worden. Es hätte viel schlimmer laufen können. Ich hatte einem Richter des Obersten Gerichtshofs von Kalifornien den überwiegenden Teil seiner Zähne ausgeschlagen. Als ich eine Stunde später auf der Rückbank eines Streifenwagens saß, schienen mir unausweichlich eine Gefängnisstrafe und die Zahlung eines hohen Schmerzensgelds bevorzustehen. Aber sowohl Juliettes Vater als auch ihr zukünftiger Ehemann hielten es für zweckdienlicher, wenn ich den Mund hielt. Statt im Knast zu sitzen und bankrott zu gehen, verdiente ich tatsächlich Geld. Fünfzig Riesen pro Zahn. Am selben Tag, als die Scheidungsrichterin ihr Urteil in die elektronische Prozessakte einfügte, erhielt ich einen

Barscheck meines früheren Schwiegervaters. Der Chauffeur, der Juliette schon als kleines Mädchen gefahren hatte, lieferte ihn mir in der Lobby des Oakland Marriott ab und ließ schweigend und humorlos über sich ergehen, dass ich seinen Rücken als Unterlage zum Unterschreiben der Quittung benutzte. Vielleicht begriffen es die Umherstehenden im Marriott nicht, aber die Gäste des Westchester hätten den Scheck sofort als das gesehen, was er war. Schweigegeld.

Die Abmachung war problemlos über die Bühne gegangen. Juliettes neuer Ehemann musste für die kalifornischen Wähler glaubwürdig bleiben. Vermutlich hatte seine Ex-Frau noch mehr bekommen als ich. Was mich anging, war mir das Geld lieber als das Recht, über Juliette zu reden. Ich wollte nicht mal an sie denken. Dabei half das Geld. Ich legte mit einer zweimonatigen Sauftour im mexikanischen La Paz los. Heute erinnere ich mich vor allem daran, dass ich auf dem Rücken lag und die von einem Ventilator geworfenen Schatten an der Zimmerdecke musterte. Ich trank Mezcal, bis ich erst nichts mehr fühlte und mich dann – irgendwann – nur noch gut fühlte. In einem Motel in der Wüste nüchterte ich aus und fuhr zurück nach Norden.

Von dem Geld war noch einiges übrig. Ich hatte keinen Job, sodass ich keine Hypothek aufnehmen konnte, aber niemand hielt mich davon ab, eine Wohnung mit Bargeld zu bezahlen. Ich hatte fünf Fenster zur Grant Avenue hinaus. Meine Aussicht wurde zum Teil von einer Neonreklame des South Seas Golden King Seafood Restaurant eingeschränkt. Sie blinkte die ganze Nacht durch, in Rot und Gold.

南
海
金
王
海鮮餐廳

Ich konnte die Schriftzeichen in meinen Träumen summen hören. Wenn ich woanders als zu Hause die Augen schloss, riss mich die Stille aus dem Schlaf.

Weil es sonst nichts zu tun gab, ließ ich mir Badewasser ein. Ich musste das rostige Wasser von fünf Wochen aus der Leitung ablassen, bevor ich den Gummistöpsel in den Abfluss drücken konnte. Von Würzsaucen und einer einzigen Flasche Tsingtao abgesehen, war der Kühlschrank leer. Ich öffnete das Bier und setzte mich in die Wanne. Im Westchester hatte ich mir meine Angst nie eingestanden. Aber jetzt, zu Hause, holte ich das nach. Ich hatte schon früher das Gesetz gebrochen, meist für Jim Gardner. Aber derart weit hatte ich die Grenzen noch nie überschritten. Ich hatte nie etwas getan, was das FBI oder die Bundesanwälte gegen mich aufbringen konnte, ich hatte niemals einen Zeugen der Anklage ausgetrickst, um ihn das Versteck seiner Frau verraten zu lassen. Diese letzte Information hätte ich für mich behalten und eine Frau schützen können, deren einziger Fehler wahrscheinlich darin bestanden hatte, den falschen Mann zu heiraten. Das wäre anständig gewesen. Meine Rechnung hätte Jim trotzdem bezahlt. Aber ich hatte es ihm erzählt. Ich hatte nicht mal mit mir gerungen.

Bisher war mir nie die Idee gekommen, dass man sich ehrlich und gleichzeitig unmoralisch verhalten kann. Jetzt war ich mir nicht mehr sicher, ob beides sich gegenseitig ausschloss. Und ich wusste nicht mehr, zu welcher Seite die Waage sich neigen würde, wenn ich meinen Charakter einer genaueren Prüfung unterzog.

Als das Wasser kalt wurde, trocknete ich mich ab, machte das Licht an und rasierte mich am Waschbecken. Ich sah wieder aus wie ich selbst, fühlte mich aber nicht anders als beim Aufwachen vor meinem letzten frühen Spaziergang. Das rief mir die Blondine wieder in Erinnerung, das sich in ihren Augenhöhlen sammelnde und in die Haare rinnende Regenwasser.

Bis drei Uhr nachmittags, als Jim Gardner mit seinem Kreuzverhör begann, dachte ich immer wieder an sie. Dann musste ich mich mit dringenderen Sorgen und selbstgemachten Problemen beschäftigen.

Ich traf zu früh ein.

In Gerichtssaal fünf im sechzehnten Stock des Phillip Burton Building herrschte bei meinem Eintreten Stille. Ich rechnete mit vollen Besucherreihen und wurde nicht enttäuscht. Der Prozess war ein Ereignis. Die Leichen stapelten sich so hoch wie das Geld, und die einzigen Politiker, die nicht mit dem Finger auf den Angeklagten zeigten, hatten seltsamerweise die Stadt verlassen. Ich erkannte einen Journalisten von KTVU und den Gerichtsreporter des *Chronicle*. Unter den Zuschauern fanden sich auch die üblichen Gerichtsstammgäste. Jurastudenten und Rentner, die nichts Besseres vorhatten. Unterbeschäftigte Anwälte, die hofften, für sie könne etwas abfallen. In der ersten Reihe hinter Nammars Tisch saßen außerdem sechs Männer nebeneinander. Ich konnte die Gesichter nicht sehen, hatte ihre Hinterköpfe aber den ganzen

Sommer lang vor Augen gehabt. Es waren DeCanzas Aufpasser vom FBI.

Einer von ihnen, Agent White, drehte sich um. Ich hatte den Saal lautlos betreten, aber er musste den Luftzug gespürt haben. Unsere Blicke trafen sich. Hinter ihm, auf der anderen Seite der Absperrung, stand Nammar am Pult zwischen den beiden Tischen. DeCanza saß rechts vom Richter im Zeugenstand, Jim zur Linken seines Klienten, sein Kinn auf die Hand gestützt.

»Der Mann, den Sie als Lorca kannten, der Mann, über den wir den ganzen Tag geredet haben – ist er hier im Gerichtssaal?«, fragte Nammar.

»Ja, Sir.«

»Könnten Sie bitte für die Geschworenen auf ihn zeigen?«

Endlich drehte Agent White sich wieder nach vorn. Diesen Teil wollte er nicht verpassen. Schließlich hatten sie ihren Zeugen den ganzen Sommer lang für diesen Augenblick trainiert.

»Da vorn.« DeCanza streckte den Finger aus. »Im schwarzen Anzug. Das ist Lorca.«

»Sind Sie sicher?«

»Absolut. Ich habe ihn fünfzehn Jahre lang täglich gesehen. Er war auf meiner Hochzeit. Ich war bei ihm, als sein Kind gestorben ist.«

»Fällt es Ihnen leicht, auf ihn zu zeigen?«

»Sie meinen, ob es mir gefällt?«

»Gefällt es Ihnen?«

»Ich komme mir wie ein Verräter vor.«

»Haben Sie Angst vor ihm?«

Ich rechnete mit Jims Einspruch, aber er blickte nicht mal auf.

»Er ist kein netter Mann, falls Sie das meinen. Er hat es nicht gern, wenn man ihn verärgert.«

»Dann ist es mutig von Ihnen, dort zu sitzen und den Mund aufzumachen.«

»Vielleicht will ich auch einfach sterben. Ich weiß, wie er reagiert.«

»Auf Leute wie Sie, die die Wahrheit sagen?«

»Auf Leute wie mich, ja.«

Während seiner Fragen hatte Nammar die Geschworenen angesehen, aber jetzt wandte er sich an die Richterin.

»Keine weiteren Fragen, Euer Ehren«, sagte er. »Ich überlasse den Zeugen der Verteidigung.«

Richterin Linda Kim schaute Jim über den Rand ihrer schwarz gefassten Brille hinweg an.

»Herr Verteidiger?«

»Vielen Dank, Euer Ehren«, sagte er.

Er stand auf, verschränkte die Hände hinter dem Rücken und drückte die Arme durch, um seine Schultern zu straffen. Bei Jim stellte jedes Detail ein Signal an die Geschworenen dar. Ich konnte mir denken, was er vermitteln wollte: Er hatte sich gelangweilt, als er DeCanza fünf Stunden lang bei seinen Lügen zuhören musste. Lügen, die er wie Brotkrumen im Handumdrehen vom Tisch wischen würde. Seine einzige Sorge bestand darin, möglicherweise zu spät zum Abendessen zu kommen.

Er trat ohne irgendwelche Unterlagen an das Pult.

»Guten Tag, Sir.«

Jim Gardner war nach dem Jurastudium nach San Francisco gezogen. Vorher hatte er in Mississippi gewohnt, irgendwo in der tiefsten Provinz. Schon mit sechzehn hatte ihm sein Bariton einen Job als Sprecher in Radiowerbespots für

Unternehmen aus der Region eingebracht. Autohändler und Bowlinganlagen in Tupelo. Ein Striplokal in Slidell. Schließlich war es auch seine Stimme gewesen, die ihn aus Mississippi hinausbrachte. Drei Worte beim Kreuzverhör, und die Geschworenen beugten sich aufmerksam vor.

»Wissen Sie, wer ich bin?«

»Lorcas Anwalt.«

»Ich repräsentiere Mr Alba«, sagte Jim und deutete auf seinen Klienten. »Er kennt niemanden mit Namen Lorca.«

»Einspruch«, sagte Nammar. »Wenn er das aussagen will, soll Lorca selbst in den Zeugenstand treten.«

»Mr Gardner«, sagte Richterin Kim. »Stellen Sie Ihre erste Frage, damit wir weiterkommen.«

»Danke, Euer Ehren. Und falls ich auf Mr Nammar eingehen darf ... Ich habe Lorca im Zeugenstand. In diesem Moment.«

»Einspruch!« Nammar war aufgesprungen.

»Das haben Sie sich selbst eingebrockt«, sagte Richterin Kim. Dann wandte sie sich wieder Jim zu. »Stellen Sie Ihre erste Frage.«

Jim nickte und drehte sich zu den Geschworenen um.

»Sie heißen Albert DeCanza. Ja oder nein?«

»Ja.«

»Hatten Sie je einen Decknamen?«

»Meine Freunde nennen mich Al.«

Jim fiel in das Lachen der Geschworenen ein. Dann trat er vor das Pult, was in einem Bundesgericht nicht üblich war. Aber die Richterin hielt ihn nicht davon ab, Nammar erhob keinen Einspruch.

»Ist es korrekt, dass Sie sämtliche Aktien der Aguila Holding Corporation halten?«

DeCanzas Grinsen dauerte noch eine Sekunde an. Vielleicht zwei. Er hatte die Frage gehört, brauchte aber einen Moment, um sie zu verarbeiten. Dann wurde seine Miene ausdruckslos. Zehn Sekunden verstrichen. In einem Gerichtssaal eine Ewigkeit. Noch immer antwortete er nicht.

»Soll ich die Frage wiederholen?«, fragte Jim.

»Von der Firma habe ich nie gehört.«

»Lassen Sie mich das klarstellen: Sie haben nie von der Aguila Holding Corporation gehört? Ich spreche von einer Firma auf den Bahamas, die in Texas vor fünf Jahren als ausländisches Unternehmen registriert wurde. Haben Sie nie davon gehört?«

DeCanza konnte nur den Kopf schütteln.

»Sie müssen laut antworten«, sagte Jim. »Unsere Gerichtsstenografin, die reizende Dame dort vor Ihnen, bekommt Sodbrennen, wenn sie Sie nicht versteht.«

»Ich habe nie von der Firma gehört«, sagte DeCanza und starrte auf das vor ihm stehende Glas Wasser. Er nahm die Hände vom Tisch und faltete sie außer Sichtweite.

»Wo waren sie am 23. März 2014?«

»Das weiß ich nicht.«

»Seltsam. Während der letzten fünf Stunden hatten Sie ein ausgezeichnetes Gedächtnis«, stellte Jim fest. »Lassen Sie mich noch etwas fragen: Welcher Flughafen liegt Eagle Pass in Texas am nächsten?«

»Das weiß ich nicht«, sagte DeCanza und suchte Blickkontakt zu Nammar, aber der hatte sich umgedreht und flüsterte über die Absperrung hinweg mit zweien der FBI-Agenten in der ersten Reihe.

»Sie wissen es nicht«, sagte Jim. »Okay, versuchen wir es so: Wer sind die Direktoren der Ranch IV Corporation? Falls es zu Ihrer Erinnerung beiträgt, ich spreche von einer Firma auf den Cayman Islands. Sie wurde am 23. März 2014 in Texas als ausländisches Unternehmen registriert.«

Jetzt stand Nammar auf.

»Euer Ehren«, sagte er. »Dürfen wir vortreten?«

»Ich habe eine Frage gestellt«, sagte Jim. »Und ich hätte sie gern beantwortet.«

Die Richterin schaute zwischen Jim und Nammar hin und her. Dann nahm sie DeCanza ins Visier, auf dessen Stirn inzwischen ein Schweißfilm glänzte.

»Beantworten Sie die Frage.«

DeCanza schaute sie an. Mit glasigen, weit aufgerissenen Augen schüttelte er den Kopf.

»Wie war … Ich meine …« Er deutete auf die Stenografin. »Kann sie die Frage noch einmal vorlesen?«

Ohne die Antwort der Richterin abzuwarten, las die Frau Jims letzte Frage noch einmal vor. Jim lehnte an der Vorderseite des Pults. Nammar hatte sich wieder gesetzt und beriet sich flüsternd mit den FBI-Leuten.

DeCanza schüttelte immer noch den Kopf.

»Keine Ahnung«, sagte er. »Ich habe nie davon gehört. Also weiß ich auch nichts über die Direktoren.«

»Dann würde ich gern wissen …«

Nammar stand auf und fiel Jim ins Wort.

»Euer Ehren, dürfen wir jetzt vortreten?«

»Gut.«

Die Richterin griff an ihrem Hammer vorbei und drückte einen Schalter. Aus den Lautsprechern über der Geschworenenbank und der Besuchertribüne drang weißes Rauschen. Als Jim und Nammar vor die Richterin traten, waren ihre Worte nicht zu verstehen, aber leicht zu erraten. Nammar wollte wissen: *Worauf zum Teufel will er eigentlich hinaus?* Und Jim sagte: *Ich muss ihm meine Strategie nicht erklären. Es ist sein verdammter Zeuge. Wenn er nicht weiß, worauf ich hinauswill, ist das sein Problem.* Der Wortwechsel ging noch eine Minute lang weiter. DeCanza, der allein und vergessen im Zeugenstand saß, sah aus, als wolle er zum nächsten Fenster laufen und sich hinausstürzen, sechzehnter Stock hin oder her.

Als die Richterin das weiße Rauschen ausschaltete und die beiden Anwälte zurück auf ihre Plätze gingen, wusste ich nicht, wie sie entschieden hatte. Die Anwälte stellten gleichmütige Mienen zur Schau. Jim stellte sich wieder vor das Pult, Nammar setzte sich und wandte sich an den jüngeren Bundesanwalt an seiner Seite.

»Mr DeCanza«, setzte Jim sein Kreuzverhör fort. »Hat Ihre Ranch bei Eagle Pass eine Flugpiste?«

Sofort sprang Nammar wieder auf.

»Einspruch!« Dann fügte er mit leiserer Stimme hinzu: »Der Frage fehlt jede Grundlage. Außerdem hat der Verteidiger erklärt, er wolle nach ausländischen Firmen fragen.«

»Und ihren Beteiligungen«, sagte Jim. »Ich habe die Beteiligungen ausdrücklich erwähnt.«

»Der Zeuge soll die Frage beantworten.«

»Eine Flugpiste? Ich weiß nicht mal von der Ranch.«

»Keine Ranch in der Gegend von Eagle Pass?«

»Nein.«

Jim kehrte an seinen Tisch zurück und griff nach einem dünnen Ordner. Er nahm ihn mit ans Pult und schlug ihn auf. Dabei ließ er sich Zeit. Es ging darum, dass die Geschworenen sich fragten, welche belastenden Dokumente er zum Vorschein bringen würde. Und, was vielleicht noch wichtiger war, DeCanza zappeln zu lassen.

»Sie behaupten also, nichts von einer Ranch bei Eagle Pass zu wissen – einer zweitausendeinhundertdreiundzwanzig Hektar großen Farm?«

An dieser Stelle schaute Jim in seinen Ordner und fuhr mit einem Finger über die erste Seite.

»Drei bewohnbare Gebäude, eine Flugpiste und ein Hangar. Letzter Besitzerwechsel am 23. März 2014?«

DeCanza hatte zu Nammar hinübergestarrt, der aber abwechselnd mit seinen Kollegen sprach und den FBI-Agenten etwas zuflüsterte. Er sah nicht zu, als sein Zeuge ins Schwimmen geriet. Also versuchte es DeCanza bei seinem einzigen möglichen Rettungsanker. Bei Jims Klienten. Von hinten bekam ich die Reaktion des Mannes nicht mit. Vielleicht nickte er leicht. Vielleicht bildete ich es mir auch nur ein.

»Ich ... weiß einfach nicht ... Ich meine ...«

Jim trat drei Schritte vor.

»Gehen wir noch einmal zurück«, hakte er nach. »Als wir vor einigen Minuten angefangen haben, habe ich Sie nach Decknamen gefragt. Haben Sie je einen benutzt, Sir?«

DeCanza schaute auf seine Handgelenke. Sie waren bleich. Er war in letzter Zeit kaum vor die Tür gekommen. Und dabei würde es für lange Zeit bleiben.

»Ja.«

»Sie hatten einen Decknamen?«

»Ja.«

Jim trat noch einen Schritt vor.

»Welchen Decknamen, Sir?«

Wieder sah DeCanza zum Tisch des Verteidigers, dann konzentrierte er sich auf sein Wasserglas. Wenn seine Aussage beim Verhör durch Nammar auf der Linie seiner Aussagen im Westchester geblieben war, musste er einen großen Teil des Vormittags damit zugebracht haben, der Jury zu erklären, wie Lorca mit seinen Feinden umging. Lorcas Kommunikationsmethoden trugen barocke Züge. Er fing mit elektrischen Werkzeugen und Klebeband an und arbeitete sich zu Säcken mit Skorpionen und einer großen Truhe vor. Aber seine sämtlichen Nachrichten endeten auf dieselbe Weise: mit einem brennenden Torso in einem Ölfass. Irgendein Fußsoldat hielt die Flammen am Brennen und goss so lange Benzin hinein, bis nichts mehr übrig war. DeCanza wusste Bescheid, weil er in jedem Stadium dabei gewesen war.

Jetzt konnte ich DeCanza beim Denken zuschauen. Nammar wusste nicht, dass seine Frau und sein Sohn lebten. Niemand beschützte die beiden. Er konnte bei seiner Geschichte bleiben, dann würde es ein Wettrennen nach Eagle Pass geben – Lorcas Männer gegen die Feds. Auf seine leutselige Südstaatlerart bot Jim DeCanza eine Alternative. Er konnte sich hier und jetzt hinknien und seinen Hals aufs Schafott legen, dann würde seiner Frau und seinem Kind nichts passieren. Oder er blieb bei der Wahrheit und ging das Risiko ein.

Sein Leben für ihres.

»Welchen Decknamen haben Sie benutzt, Sir?«, wiederholte Jim.

»Lorca.«

»Könnten Sie das noch einmal sagen?«, forderte Jim ihn auf. »Sie haben so leise gesprochen, dass ich nicht sicher bin, ob unsere reizende Stenografin Sie gehört hat.«

DeCanza blickte nicht auf. Nammar wollte er nicht sehen, und niemand sollte beobachten, wie er zum Tisch der Verteidigung hinüberschaute.

»Lorca«, sagte er, diesmal ein wenig lauter.

Als ich DeCanzas letzte Antwort hörte, war ich schon auf

dem Weg nach draußen. Sofort ergriff Jim wieder das Wort. Ich zog die Tür des Gerichtssaals auf. Aus dem Gang kam mir ein Schwall kalter Luft entgegen.

»Vielleicht sollten wir einen Schritt zurückgehen«, sagte Jim. »Vor ein paar Minuten haben Sie auf meinen Klienten gezeigt …«

In der Tür drehte ich mich noch einmal an. Agent White sah wieder zu mir herüber. Kurzgeschorene weiße Haare, Whiskeytrinkernase, wache, schwarze Augen. Er wandte den Blick nicht ab, bis die Tür sich hinter mir schloss.

5

Bei der Sicherheitskontrolle im Erdgeschoss gab ich den Besucherausweis zurück und wartete auf mein Handy. Ich rechnete damit, dass White jeden Moment aus dem Aufzug treten und hinter mir herrufen würde. In Sicherheit würde ich mich erst fühlen, wenn ich das Gebäude verlassen hatte.

Die Staatsanwaltschaft hatte zwei Jahre und Millionen von Dollar in die Vorbereitung eines Falls investiert, den Jim Gardner binnen zehn Minuten vom Tisch gewischt hatte. Es war nicht mal Viertel nach drei. Ich trat ins Freie und sah zu, dass ich möglichst schnell verschwand. Links von mir parkten Homeland-Security-SUVs, also hielt ich mich nach rechts. Für das, was gerade passiert war, würde jemand bezahlen müssen. Sie würden so viel wie möglich auf DeCanza abladen, aber am Ende würde genügend Wut übrigbleiben, um jemand anderen darunter zu begraben. Zum Beispiel jemanden wie mich.

Ich überquerte die Larkin Street und betrat Harry Haringtons Pub. Am Eingang blieb ich kurz stehen und schaute mich um. Zwanzig Personen, darunter die beiden Barkeeper. Die Kundschaft bestand zu gleichen Teilen aus ernsthaften Trinkern, die ihre Barhocker gleich hätten mieten können, und Regierungsangestellten, die freitags ein paar Stunden früher Schluss machten. Auf den sieben Fernsehern liefen Baseball und Cricket. Ich nahm an dem vom Eingang entfernteren Ende des Tresens Platz und bestellte bei der ersten sich bietenden Gelegenheit einen Wild Turkey pur.

Bis ich das zweite Glas bestellte, dachte ich an nichts. Für meinen Aufenthalt im Westchester hatte ich mich äußerlich angepasst – keine Rasur mehr und nur gelegentlich eine Dusche. Meine Kleidung hatte ich kein einziges Mal gewaschen. Über fünfunddreißig Tage hinweg war ich mit zwei Sweatshirts und einer einzigen Jeans ausgekommen. Am Ende hätte mein Second-Hand-Mantel auch aus der Beute eines Grabräubers stammen können.

Ich nahm einen Schluck Bourbon. Ohne das Glas abzustellen, strich ich mir mit den Fingerknöcheln über die Wange. Die Haut war noch glatt von der morgendlichen Rasur. Ich betrachtete mich im Spiegel hinter den Schnapsflaschen. In meinem gebügelten Hemd und dem gereinigten Anzug hätte ich als Anwalt durchgehen können. Als richtiger Anwalt, der im Gerichtssaal auftauchen und einen Klienten vertreten konnte, ohne festgenommen zu werden. Jim hätte mich niemals zu seinem Kreuzverhör einladen sollen.

Vielleicht wurde ich einfach nur paranoid. Im Westchester hatte ich achtgegeben und über die äußere Erscheinung hinaus weitere Vorsichtsmaßnahmen getroffen. Agent White hatte sich umgedreht und mich angestarrt, aber das konnte alles Mögliche bedeuten. Er musste mich nicht notwendigerweise mit dem DeCanza-Desaster in Verbindung bringen. Als der Barkeeper vorbeikam, bestellte ich einen dritten Wild Turkey. Er goss ihn ein, stellte aber erst ein Glas Eiswasser vor mich hin – eine deutliche Aufforderung, es entweder ruhiger angehen zu lassen oder woanders weiterzutrinken. Ich leerte beide Gläser und ging hinaus.

Ich überquerte die Van Ness Avenue, betrat den Buchladen dort und entdeckte eine Ausgabe des *Chronicle*, die jemand auf einem Tisch des Cafébereichs hatte liegen lassen. Ich fand nichts über die Blondine, die ich fotografiert hatte, aber das war nicht weiter überraschend. Wahrscheinlich war sie etwa zu der Zeit auf dem Wraith gelandet, als die Zeitung gerade aus der Druckerpresse kam. Es gab einen kurzen Artikel zum Lorca-Prozess, den ich aber nicht las. Kein Journalist hätte vorhersehen können, welche Wendung der Prozess nehmen würde.

Ich verließ den Buchladen und ging weiter Richtung Westen. Seit Mitte Mai hatte ich keine ausreichende Bewegung mehr gehabt. Dass es regnete, machte mir nichts aus. Zur Not konnte ich den Anzug noch einmal reinigen lassen, wenn Jim die letzte Rechnung bezahlte. Ich konnte ihn auch einfach wegwerfen und mir sämtliche Anzüge kaufen, auf die ich Lust hatte. Ganz egal. Im Weitergehen hielt ich mich an die städtischen Grünflächen. Ich durchquerte den Alamo Square und folgte den Fußwegen durch den Panhandle in den Golden Gate Park. Es war Sommer und würde bis mindestens halb neun hell bleiben. Aber das Licht war gräulich. Nebellicht.

DeCanza würde die Nacht vermutlich nicht im Westchester verbringen. Wenn Nammar und White etwas an dem Fall und an ihren Karrieren lag, würden sie ihn in einem betonierten Raum an einem Stuhl festbinden und abwechselnd mit einem Baseballschläger bearbeiten. *Verdammt, was ist da gelaufen, Al? Was hat Gardner gegen Sie in der Hand?* Aber das war nicht Nammars Stil. Ich kannte nur einen Menschen, der so vorging, nämlich den Mann, der letztlich meine Rechnungen bezahlte.

Der auf die Eukalyptusbäume fallende Regen machte ein sanftes Geräusch. Ich beschloss, den ganzen Weg bis Ocean Beach zu gehen und dort ein Taxi nach Hause zu nehmen. Was dann kommen würde, war mir noch nicht klar. Vielleicht noch einmal La Paz. Oder noch weiter weg. Thailand oder Vietnam. Aber als ich den Strand erreichte und mich hinsetzte, vibrierte mein Telefon. Ich nahm es heraus und las die frisch eingetroffene Nachricht von Jim Gardner.

Wir treffen uns in deinem Büro. Sofort.

»Lee«, sagte er. »Das hat ja ewig gedauert.«

Er war die Stufen von der Straße bis zu meiner verschlossenen Tür hochgegangen und wartete dort im Schatten.

Als er mein Chef gewesen war, hatte ich ihn Mr Gardner genannt, ich war Mr Crowe. Ich hatte mich immer noch nicht richtig daran gewöhnt, meinen Vornamen aus seinem Mund zu hören, obwohl meine kurze Anstellung bei ihm vor sechs Jahren geendet hatte. Als ich aus La Paz zurückgekommen war, hatte ich zwei Monate praktisch nur in meiner neuen Wohnung gehockt. Irgendwann gelangte ich zu dem Schluss, dass ich wieder etwas tun musste. Von meiner alten Stelle und den sommerlichen Ferienjobs für einen Strafverteidiger konnte ich genügend Stunden Ermittlungsarbeit vorweisen, um die Anforderungen für eine Lizenz als Privatdetektiv zu erfüllen. Also machte ich den Test und bestand. Ich ließ mir Visitenkarten drucken, zog los und sprach Jim an. Während der ersten Jahre blieb er mein hauptsächlicher Auftraggeber, aber im Laufe der Zeit taten sich auch andere Möglichkeiten auf. Inzwischen lief es so gut, dass ich ein eigenes Büro brauchte.

»So tauchst du also in deinem Büro auf«, stellte er mit einem Blick auf meinen durchnässten Anzug fest.

»Nur wenn ich von einem Klienten erwartet werde.«

Ich entledigte mich meines Sakkos und wrang es aus, sodass Wasser auf den Boden tropfte. Wir reichten uns die Hände, dann trat er einen Schritt zurück.

»Du riechst nach Bourbon, Lee.«

»Mein Büro«, sagte ich. »Meine Entscheidung.«

Ich zog den Schlüsselbund aus der Tasche, öffnete die Tür und ließ Jim den Vortritt. Er setzte sich auf einen der beiden Stühle vor meinen Schreibtisch, nahm ein Taschentuch aus der Brusttasche seines Wollanzugs und tupfte sich den Regen aus dem Gesicht.

»Nett hier«, sagte er.

Ich bezweifelte, dass er es so meinte. Er selbst hatte ein Eckbüro auf einer der oberen Etagen des One Market Street mit Blick auf das Ferry Building und die Bay. Normalerweise setzte er sich noch im Dunkeln an seinen Schreibtisch und sah die Sonne über den Hügeln von Oakland aufgehen. Auf drei mit Marmor ausgekleideten Etagen arbeiteten zweihundert Anwälte für ihn. Vierundzwanzig Stunden am Tag strömte Geld in seine Kasse. Ich hatte nie Zweifel daran gehegt, wie ich meinen Fuß in die Tür bekommen hatte. Er hatte gründliche Erkundigungen über mich eingezogen und ließ mich das spüren. Ich war ein staatlich beglaubigter Niemand, einer von zahllosen Bewerbern. Es ging ihm nicht um meinen Namen oder meine sympathische Art. Er wollte Juliettes Vater als Klienten. Eine großartige Strategie, bis meine Scheidung und die Streichung von der Anwaltsliste mich nutzlos machten. Um das Gesicht zu wahren, setzte er mich öffentlichkeitswirksam vor die Tür. Damit hatte ich gerechnet. Aber – und damit hätte ich niemals gerechnet – unsere Beziehung blieb bestehen und entwickelte sich weiter.

»Ich hätte gleich vorbeikommen sollen, als du den Mietvertrag unterschrieben hast«, sagte er. »Wann war das, letzten Monat?«

»Ich hab keine Einweihungsparty gefeiert. Wie ist es mit DeCanza weitergegangen? Ich bin nicht bis zum Ende geblieben.«

Ich wollte kein Wort über Agent White verlieren, bis ich sicher war, dass es ein Problem gab.

»Hast du noch gesehen, wie er umgefallen ist?«, fragte Jim. Als ich nickte, fuhr er fort: »Danach ist er mir gefolgt, wo immer ich ihn hinhaben wollte. Alles, was er bei Nammars Verhör gesagt hatte, war gelogen. Er ist Lorca. Er hat die ganze Organisation geleitet.«

»Bist du fertig mit ihm?«

»Ja, aber das weiß Nammar noch nicht. Morgen früh befrage ich DeCanza weiter. Nur bis ich sicher bin, dass er nicht über Nacht seine Meinung geändert hat. Dann überlasse ich ihn wieder Nammar.«

»Werden sie ihn umstimmen?«

Jim sah sich im Büro um. Sicher schätzte er die Wahrscheinlichkeit ab, dass es verwanzt war. Aber anscheinend beantwortete er sich die Frage mit Nein.

»Würdest du dich umstimmen lassen, wenn es bedeutet, dass deine Frau deswegen unerwarteten Besuch bekommt?«

Ich schüttelte den Kopf. Wie auch immer Jim die Frage genau meinte, die Antwort lautete Nein. Ich würde mich nicht umstimmen lassen, egal ob es um eine hypothetische zukünftige Ehefrau oder um Juliette ging. Auch wenn ich keine liebevollen Gefühle mehr für sie hegte, hatte sie es nicht verdient, in einem von Lorcas Ölfässern zu enden.

»Wird die Staatsanwaltschaft ein Gerichtsurteil anstreben?«, fragte ich.

»Wir reden über Lorca. Den Mann an der Spitze. Da werden sie keinen Freispruch riskieren. Jemand, der noch über Nammar steht, wird heute Abend zum Hörer greifen. Wahrscheinlich werden sie eine Einstellung wegen Verfahrensfehlern anstreben. Wenn das nicht funktioniert, werden sie es mit einem Deal versuchen – warum auch nicht? Sie haben ihn schon wegen Steuerhinterziehung am Wickel, er muss also auf jeden Fall in den Knast.«

»Aber du gewinnst«, stelle ich fest.

»Ich gewinne.«

Ich zog die Schreibtischschublade auf und nahm eine Flasche heraus.

»Den hab ich extra aufgehoben.«

»Heb ihn weiter auf, Lee.«

Ich wollte schon den Korken ziehen, aber sein Ton ließ mich innehalten.

»Ich bin nicht wegen des Prozesses hier«, sagte Jim. »Ich habe einen anderen Job für dich – eine Klientin, die einen Privatdetektiv braucht. Sie ist eine gute Klientin, und das schon seit langer Zeit. Also würde ich ihr lieber einen nüchternen Mann präsentieren. Und einen trockenen, falls du hier irgendwo Ersatzkleidung herumliegen hast.«

»Worum geht's?«

»Claire Gravesend.«

Er beobachtete, wie ich reagierte, aber der Name sagte mir nichts.

»Sollte ich sie kennen?«

»Du hast heute Morgen ein Foto von ihr an ein Boulevardblatt verkauft. Man findet es überall im Internet.«

Es dauerte einen Moment, bis ich begriff, wovon er sprach. Ich war immer noch auf Lorca und Agent White konzentriert. Dann fiel mir mein Morgenspaziergang wieder ein. Sicher hatte mein Name neben dem Foto gestanden. Die ganze Welt würde wissen, dass ich es aufgenommen hatte.

»Die Selbstmörderin meinst du … Was hat sie damit zu tun?«

»Meine Klientin ist Olivia Gravesend. Claire Gravesends Mutter.«

»Sprichst du von *der* Olivia Gravesend?«

»Ja.«

»Die junge Frau heute Morgen … Das ist ihre Tochter?«

»Habe ich das nicht gerade gesagt?«

»Und wozu will deine Klientin mich engagieren?«

»Ihre Tochter ist tot. Sie will wissen, wie und warum.«

»Erfährt sie das nicht von der Polizei?«

Jim wischte ein wenig Zigarrenasche von seinem Revers.

»Sie traut niemandem. Die junge Frau wurde durch ihre Fingerabdrücke identifiziert, dann hat man jemanden mit Fotos zum Haus ihrer Mutter geschickt, damit sie die Identität der Toten offiziell bestätigen konnte. Bei der Gelegenheit hat er ihr gesagt, sie habe Selbstmord begangen.«

»Dann hat deine Klientin Angst, dass die Polizei zu voreiligen Schlüssen kommt?«

Jim nickte.

»Es lief tatsächlich ziemlich rasant«, sagte er. »Wenn sie so vorschnell loslegen, könnte es sein, dass sie den Fall mit Scheuklappen angehen.«

»Hat irgendjemand sie springen sehen?«, fragte ich. »Falls es einen Zeugen gibt, falls sich jemand meldet …«

Jim brachte mich mit einer Handbewegung zum Schweigen.

»Ich weiß nicht, ob es Zeugen gibt. Und selbst wenn sie jemanden haben, der eine Aussage macht, wie verlässlich würde die sein? Du weißt, wie es läuft. Für zehntausend Dollar kannst du einen Stadtverordneten kaufen. Was glaubst du, was ein Zeuge auf der Turk Street kostet?«

Ich dachte daran, wie ich meinen Sommer verbracht und

was ich heute Morgen gesehen hatte. Zeugen ließen sich so leicht beeinflussen wie alle anderen. Eine Aussage konnte nicht nur durch Geld zurechtgebogen werden. Nötigung tat es auch, und sie war billiger.

»Du hast gesagt, wir treffen sie heute noch. Kommt sie hierher?«

»In ihrem Haus – vorausgesetzt, du hast Zeit.«

»Eigentlich wollte ich für eine Weile die Stadt verlassen.«

»Wegen dem, was heute passiert ist?«

»Überwiegend.«

»Hör zu, Lee. Die Anklage hat ihn unter Druck gesetzt, um die gewünschte Aussage zu erhalten. Wir konnten nicht denselben Druck ausüben, also haben wir einen anderen Hebel angesetzt. Er könnte tatsächlich gelogen haben, bis wir ihn dazu gebracht haben, die Wahrheit zu sagen.«

»Glaubst du eigentlich selbst, was du da redest?«, fragte ich. »DeCanza hat sich in die Hose gemacht, als du Eagle Pass erwähnt hast. Wir kennen beide die Wahrheit. Er hatte eine Mordsangst vor deinem Klienten, das sagt eigentlich alles.«

Jims Schweigen kam einem Eingeständnis für seine Verhältnisse ziemlich nahe. Weil er nichts weiter preisgeben würde, kostete ich dieses Schweigen so lange wie möglich aus. Jim entdeckte am Rand meiner Schreibtischplatte eine Büroklammer, bog sie gerade und wickelte sich den Draht um eine Fingerspitze.

»Kannst du Mrs Gravesend helfen?«, fragte er. »Oder muss ich jemand anderen suchen?«

Jim wusste, wie er mich ködern konnte. Noch schlimmer als der Gedanke, eine Klientin wie Olivia Gravesend abzulehnen, war die Vorstellung, dass jemand anders den Job ergattern könnte. Vielleicht war es sowieso nicht die beste Idee, aus der Stadt zu verschwinden. Wenn die Staatsanwaltschaft gegen mich vorgehen wollte, konnte sie das auch in meiner Abwesenheit tun. Falls Nammar ein Schwurgericht dazu bringen würde, einer Anklage gegen mich zuzustimmen, würde mich bei der Rückkehr jemand am Flughafen erwarten. Also konnte ich auch hierbleiben und versuchen, mich auf dem Laufenden zu halten.

»Wann fahren wir?«, fragte ich Jim.

»Sofort. Spritz dir ein bisschen Wasser ins Gesicht. Versuch, wie der Junge auszusehen, den ich mal kannte. Ich rufe Titus an und sage ihm, er soll vorfahren.«

Wir saßen auf der Rückbank des Range Rover. Jim ließ den schwarzen Sichtschutz hoch, der uns vom Fahrer abschirmte, dann beugte er sich über den in die Konsole zwischen uns eingelassenen Humidor und wählte eine dicke Cohiba aus. Er rollte die Zigarre zwischen den Fingern hin und her, machte aber keine Anstalten, sie anzuzünden.

»Was weißt du über Olivia Gravesend?«, fragte er mich.

»Was alle wissen. Was in den Zeitungen steht. Du hast mich gefeuert, bevor ich je für sie arbeiten konnte.«

Jim ließ mir die Bemerkung durchgehen. Er benutzte einen Zigarrenschneider mit Doppelklinge, um das Ende zu entfernen, dann hielt er sich die Spitze mehrmals unter die Nase.

»Sie ist nicht wie andere Menschen in ihrer Position«, sagte Jim. »Ihre Familie hatte Geld, klar. Und sie mag noch mehr Geld geheiratet haben. Aber auch wenn sie in einer Hütte geboren und mit einem Farmpächter verheiratet wäre, wäre sie trotzdem dort, wo sie jetzt ist.«

»Du willst sagen, dass sie gerissen ist.«

»Gerissen trifft es nur zum Teil. Du bist gerissen, ich bin es auch. Olivia Gravesend ist absolut rabiat.«

»Aber du vertraust ihr.«

»Sie ist seit dreißig Jahren meine Klientin. Weißt du, was im Umgang mit Klienten wie ihr die wichtigste Regel ist?«

»Nein.«

»Sicher dich ab«, sagte Jim. »Wenn Olivia etwas erledigt haben will, kümmert sie sich normalerweise selbst darum. Wenn sie sich Hilfe von außen sucht, braucht sie jemanden, dem sie im Zweifel die Schuld in die Schuhe schieben kann. Also bring dich erst mal selbst in Sicherheit. Und dann gib ihr, was sie haben will. Aber vertrau ihr niemals. Nie.«

Schweigend fuhren wir die Market Street entlang. Bevor wir auf den Embarcadero stießen, hielt der Fahrer am Straßenrand. Jim öffnete seine Tür.

»Wir sind schon da?«, fragte ich. »Sie wohnt im selben Gebäude wie du?«

»Hier steige ich aus«, sagte Jim. »Ich muss morgen früh im Gerichtssaal sein. Ich habe keine Zeit für eine Fahrt nach Carmel und zurück.«

Also verließ ich die Stadt an jenem Abend doch noch, auf der Rückbank von Jim Gardners Range Rover. Der Sichtschutz war noch oben, sodass ich den Fahrer nicht sehen konnte. Wir rasten in südlicher Richtung über den 101. San Mateo, Palo Alto. Von San Jose bekamen wir nur Lichter und Verkehrsschilder zu sehen, dann wurde es dunkler um uns herum. Ich lehnte den Kopf gegen das Fenster und ließ den Straßenbelag an mir vorbeiziehen. Als ich Knoblauch roch, wusste ich, dass wir durch die Felder in Gilroy fuhren. Danach schlief ich eine knappe Stunde.

Als ich die Augen öffnete, fuhren wir auf dem Highway 1 Richtung Süden. Die Kurven zwangen uns, langsamer zu fahren, allerdings nicht viel. Rechts konnte ich zwischen den Bäumen hin und wieder den Pazifik erkennen. Das Wasser war glatt und im Mondlicht silbrig-schwarz. So ging es die nächsten sechzehn Kilometer weiter, dann entfernte sich die Straße ein Stück von der Küste. Der Fahrer drosselte das Tempo und bog in eine Stichstraße, die zu den Klippen am Meer hinunterführte. Wir kamen an ein eisernes Tor und warteten, bis es sich langsam öffnete. Dann fuhren wir das letzte Stück bis zu Olivia Gravesends Haus.

Ich stieg aus und schaute am Haus hoch. Die Mauern waren aus rauem Sandstein, das mehrfach abgestufte Dach mit Klosterziegeln gedeckt. Ich zählte sechs Kamine. Die Luft roch nach Lavendel, Eukalyptus und Schaumspiere. Das Haus war direkt auf die Klippen gebaut, die dröhnende Brandung befand sich keine dreißig Meter tiefer. Wenn sie gewollt hätte, hätte Olivia Gravesend aus ihrem Schlafzimmerfenster eine Angel auswerfen können.

Jims Fahrer Titus blieb im Wagen, stellte aber den Motor ab. Ich wusste nicht, was von mir erwartet wurde, also ging ich zur Haustür und klopfte. Ein Butler öffnete mir. Weiße Haare und ein weißes Hemd unter einer schwarzen Jacke. Seine Haare waren zerzaust, Hemd und Jacke hätten ein Bügeleisen vertragen können. Ich bezweifelte, dass er immer so aussah.

»Sie erwartet Sie in der Waffenkammer, Sir.«

»Okay.«

Natürlich konnte ich nicht wissen, ob sie ihre Besucher grundsätzlich in der Waffenkammer empfing. Vielleicht nutzte sie den Raum nur für Anlässe, bei denen sie gewalttätige

Absichten hegte. Die Wände waren mit Walnussholz getäfelt und mit maßgefertigten französischen Gewehren behängt. Auf einem Tisch am Kamin stand eine offene Holzkiste mit zueinanderpassenden Duellpistolen auf einer grünen Samtunterlage. Olivia Gravesend nahm neben dem kalten Kamin in derart aufrechter Positur Platz, dass ihr Stuhl mit der geraden Lehne sich seiner Haltung schämen mochte. Sie trug ein schwarzes, bis zu den Knöcheln reichendes Kleid. Ein goldenes Medaillon war ihr einziges Schmuckstück. Es zeigte einen Heiligen, den ich nicht erkannte. Sie sah mich an, ihre Augen passten farblich zu den Läufen der allgegenwärtigen Waffen.

»Sie sind Lee Crowe. Jim hat mir von Ihnen erzählt.«

Der Butler nahm die Bemerkung als Zeichen, sich zurückzuziehen. Als er die Tür geschlossen hatte, hörte ich, wie seine Schritte sich entfernten.

»Ja, Ma'am«, sagte ich. »Sie können mich Lee nennen.«

»Sagen Sie nicht Ma'am zu mir, Crowe. Das klingt gewöhnlich.«

»Gut.«

»Sie haben heute Morgen meine Tochter fotografiert. Warum?«

»Ich hab sie gesehen und ein Foto gemacht. Ich nahm an, ich könnte es an eine Zeitung verkaufen.«

»Warum waren Sie dort?«

»Das war einfach Glück«, sagte ich und bedauerte auf der Stelle meine Wortwahl. »Ich war auf dem Weg zu meinem Büro.«

Die Frau starrte mich schweigend an. Ihre Nase war dünn und spitz wie der Schnabel eines Habichts. Ihre Haare waren zu einem Knoten gesteckt, der von Holzstiften zusammengehalten wurde. Sie sah Claire kein bisschen ähnlich.

»Sie wohnen in der Gegend? Im Tenderloin?«

»Nein«, sagte ich. »Ich habe etwas für Jim erledigt. Für einen anderen Fall.«

»Also ist heute Ihr Glückstag, Crowe. Sie haben Ihr Foto gemacht und es verkauft. Und jetzt engagiere ich Sie.«

»Gut.«

»Machen Sie sich keine Sorgen wegen Ihrer Honorarsätze«, sagte sie. »Schicken Sie einfach die Rechnungen.«

»Das kann ich machen.«

»Hat Jim Ihnen gesagt, was ich will?«

»Sie trauen den polizeilichen Ermittlungen nicht. Sie wollen wissen, was wirklich passiert ist.«

»Jim hält sich für einen Mann mit ethischen Prinzipien«, sagte Olivia. »Überrascht Sie das?«

»Überhaupt nicht«, sagte ich.

»Was sieht er, wenn er in den Spiegel schaut? Eine Säule der Gemeinschaft. Einen löwenhaften Verteidiger des Rechts. Ich habe ihm gesagt, dass ich bereit bin, die Regeln zu brechen. Also schickt er mir den richtigen Mann für den Job und bleibt zu Hause. Sein Gewissen bleibt ruhig. Wir werden ihn doch nicht in innere Konflikte bringen, oder?«

»Sie wollen also, dass ich mit ihm nicht über die Angelegenheit rede.«

»Korrekt, Crowe«, sagte sie und deutete auf einen weiteren Stuhl mit gerader Lehne auf der anderen Seite des Kamins. Ich setzte mich hin und strich meine Hosenbeine glatt. »Er hat erwähnt, dass Sie schnell von Begriff sind. Und dass Sie tun, was immer nötig ist.«

»Dafür bin ich bekannt.«

»Aber nur, wenn es nötig ist. Und ich weiß, dass Sie meinen Namen in jedem Fall heraushalten.«

»Erzählen Sie mir von Ihrer Tochter.«

»Sie war ein gutes Mädchen. Egal wie sie aufgewachsen ist – sie war sehr liebenswürdig.«

»Wie alt war sie?«

»Zwanzig.«

»War sie mit jemandem zusammen?«

»Das weiß ich nicht.«

»Was hat sie gemacht? College?«

»Sie hatte ihr Studium abgebrochen. Ich weiß nicht, was sie gemacht hat.«

»Wann haben Sie das letzte Mal mit ihr gesprochen?«

»Im Dezember, nach Weihnachten. An ihrem Geburtstag.«

»Hatten Sie Streit?«

»Überhaupt nicht. Wir haben einen Brandy zusammen getrunken. Ich saß hier auf diesem Stuhl und sie auf Ihrem. Es war kalt, der Kamin brannte. Wir sprachen über ihr bevorstehendes Semester. Auf einen Kurs bei einer Professorin, die sie bewunderte, hat sie sich besonders gefreut. An dem Abend flog sie wieder zurück.«

Ich schaute aus dem Fenster. Regen schlug gegen das antike Glas. An einigen Stellen war der Himmel trotzdem wolkenlos, sodass ich den Mond über dem Ozean sehen konnte.

»Welche Uni?«

»Harvard.«

»Dann ist sie nach Boston geflogen?«

»Natürlich.«

»Mit Ihrer Maschine oder einem Linienflug?«

»Weder noch. Mein Flugzeug war in Vancouver und bekam einen neuen Motor. Ich habe einen Flug gechartert.«

»Wissen Sie, ob sie in Boston gelandet ist?«

»Ja«, sagte Olivia. »Ich habe später mit dem Fahrer gesprochen. Dem Mann, der sie vom Flughafen zu unserem Haus gebracht hat.«

»Ihrem Haus?«

»Mein Urgroßvater pflegte viele Überzeugungen. Vor allem glaubte er an den Nutzen eines *pied-à-terre.* Sie werden an jedem bedeutenden Ort eine Gravesend-Basis finden.«

Ich versuchte mir auszumalen, wie weit der Begriff »bedeutender Ort« bei den Gravesends gefasst war. Wenn ich richtig im Bilde war, hatte Olivia Gravesends Urgroßvater im Geschäft mit Kupfer und Gold eine ähnliche Rolle gespielt wie Carnegie im Stahlbusiness. Nur dass Gravesend sein Geld nicht in Bibliotheken für einfache Leute gesteckt hatte. So gesehen konnte es eine Menge Häuser im Familienbesitz geben.

»Und nachdem sie in ihrem *pied-à-terre* angekommen war?«

»Sie besuchte einen einzigen Kurs. Dann verschwand sie.«

»Woher wissen Sie von dem Kurs?«

»Ich habe mit der Professorin gesprochen. Der, die sie bewunderte. Sie leitete Claires Journalismuskurs.«

»Dann waren Sie also in Boston?«

»Zweimal. Und außer mir hat seit Januar niemand das Haus betreten.«

»Wissen Sie das sicher? Ist im Haus ein Alarmsystem installiert, das Sie von hier aus überwachen können?«

»Vermutlich weiß ich es nicht sicher«, räumte sie ein. »Ich nehme aber an, dass niemand außer mir dort war.«

»Kommt jemand zum Putzen?«

»Das wollte Claire nicht.«

»Haben Sie aus dem Haus irgendetwas mitgenommen?«

»Nichts. Ich habe nicht gesucht. Beide Male habe ich kurz nachgesehen, ob sie dort war. Dann bin ich wieder gegangen.«

»Haben Sie sie als vermisst gemeldet?«

»Nein.«

Sie erwartete, dass ich nach dem Grund fragte, aber ich wartete einfach ab. Sie musste sich angewöhnen, nicht erst auf ein Stichwort mit ihren Informationen rauszurücken. Sie wirkte jetzt deutlich angespannter als noch vor zwei Minuten.

»Sie hat mir geschrieben«, sagte sie schließlich. »Ich hatte zwei Wochen nichts von ihr gehört und gerade angefangen, sie immer wieder anzurufen. Dann erhielt ich ihren ersten Brief.«

»Wo war er abgestempelt?«

»In San Raffael. Sie war nach Kalifornien zurückgekehrt.«

»Was stand in dem Brief?«

»Dass ich mir keine Sorgen machen solle. Sie müsse etwas erledigen. Danach werde alles wieder normal sein.«

»Hatte sie so etwas schon einmal gemacht?«

»Nie.«

»War es ein handschriftlicher Brief? Mit ihrer Unterschrift?«

»Glauben Sie mir: Wenn es nicht so gewesen wäre, hätte ich etwas unternommen. Bevor Sie gehen, gebe ich Ihnen die Briefe. Es waren sechs. Der letzte ist vor einer Woche eingetroffen.«

»Wieder in San Raffael abgestempelt?«

Sie schüttelte den Kopf.

»Alle an verschiedenen Orten, aber im Umkreis von gut dreihundert Kilometern um San Francisco herum. Der letzte kam aus Mendocino.«

»Standen Sie beide sich nahe?«

»Das hoffe ich doch.«

»Aber ob sie mit jemandem zusammen war, wussten Sie

nicht. War sie zu zurückhaltend, oder waren Sie zu beschäftigt, um sie zu fragen?«

Ihre Augen verengten sich zu einem Schlitz, ihre Raubvogelnase zeigte nach unten.

»So ist es einfacher, als um den heißen Brei herumzureden«, erklärte ich. »Und ich hätte Sie nicht für eine Frau gehalten, die schnell eingeschnappt ist.«

Sie zeigte ein bitteres Lächeln.

»Hat Jim mich die Eiserne Zicke genannt? Ich weiß, dass er das gern tut. Mir sind mindestens drei Leute begegnet, bei denen er mich so bezeichnet hat.«

»Ich bin nicht der Vierte.«

»Ich würde ihn ja feuern, aber er weiß zu viel.« Sie ließ nicht erkennen, ob sie mit einer Nachfrage rechnete. »Was Ihre Frage angeht: Claire war zurückhaltend. Ich weiß, dass ich in einem bestimmten Ruf stehe. Jim muss Ihnen etwas erzählt haben. Vielleicht hat er sogar recht, was manche Bereiche meines Lebens betrifft. Wenn es ums Geschäft geht. In bestimmten Kreisen. Aber für Claire war ich einfach ihre Mutter. Immer und vor allem.«

»Ich weiß nicht ...«

»Überwältigende Liebe, Crowe. Das will ich sagen. Das habe ich für sie empfunden. Und empfinde es immer noch.«

»Okay«, sagte ich.

»Solange sie hier unter diesem Dach lebte, war sie nicht so zurückhaltend. Es fing an, als sie achtzehn war. Als sie nach Boston zog.«

»Hat sie Ihnen Dinge verheimlicht?«

»Ich glaube schon«, sagte Olivia. »Sie ist mein einziges Kind. Ich habe keine Nichten oder Neffen und nur wenige enge Freunde – von denen wiederum einige kinderlos sind.

Ich kann Claires Verhalten also nur mit meiner eigenen Jugend vergleichen. Aber ich glaube, dass das, was sie beschäftigte, außerhalb des Üblichen lag. Sie war nicht bloß ein Mädchen, das achtzehn geworden und aufs College gegangen war und dann beschloss, ihre Mutter außen vor zu lassen. Da war noch etwas anderes. Es wurde mit jedem Jahr schlimmer, bis es am Ende zum Knall kam.«

Die junge Frau heute Morgen war aus dem hochgelegenen Fenster eines Mietshauses auf das Dach eines Autos gesprungen. Aber als ich sie entdeckte, sah sie aus, als könnte sie sich jeden Moment aufsetzen, sich das Blut vom Fußgelenk wischen und zurück auf irgendeine Cocktailparty spazieren. Ich konnte mir nur vorstellen, wie sie ausgesehen hatte, bevor sie den entscheidenden Schritt in den freien Fall gemacht hatte. Jedenfalls hatte sie nicht ausgesehen, als wäre sie seit Weihnachten auf der Flucht vor ihrer Mutter gewesen.

»Verfügte sie über eigenes Geld?«, fragte ich. »Einen Fonds, den sie anzapfen konnte? Irgendeine Quelle, aus der sie die letzten sechs Monate finanzieren konnte?«

»Sie hatte Geld. Als sie volljährig wurde, bekam sie die ersten zehn Prozent.«

»Können Sie feststellen, wofür sie es ausgegeben hat?«

»Es war ihr Geld. Mit anderen Worten: Nein.«

»Aber Sie können Ihre Kontodaten einsehen.«

»Das *konnte* ich. Bis zu dem Zeitpunkt, als es auf sie übertragen wurde. Was sie von da an mit dem Geld gemacht hat, weiß ich nicht.«

»Über welche Summe reden wir?«

»Über genug, dass sie für sich sorgen konnte. Aber nicht so viel, dass sie einen großen Fehler machen konnte, den sie später bereuen würde.«

Ich saß hier, weil ich Olivia Gravesends tote Tochter fotografiert und die Aufnahmen für tausend Dollar verkauft hatte. Dieses Geld konnte ich gut gebrauchen, trotz des warmen Regens, den ich Jim zu verdanken hatte. Eigentlich hatte ich nie richtiges Geld besessen. Als Ehemann von Juliette war ich richtigem Geld so nahegekommen, dass ich wusste, dass ich dessen Dimensionen nie wirklich begreifen würde. Der Raum hier zum Beispiel mit seinen Gewehren an den holzgetäfelten Wänden … Wahrscheinlich war jede einzelne Waffe so viel wert, wie ich in einem Jahr an Büromiete zahlte.

»Mrs Gravesend«, sagte ich. »Es tut mir leid, aber ich habe keine Vorstellung davon, was das bedeutet. Ich würde es sehr bedauern, das Geld zu verlieren, das ich im Augenblick in meinem Portemonnaie habe. Fünfzehn Dollar. Ich weiß, dass Sie in anderen Dimensionen denken. Sprechen wir über hunderttausend? Zweihundertfünfzig?«

Ihr Blick wanderte langsam von meinen Schuhen bis zum Hemdkragen hoch. Wahrscheinlich überschlug sie den Wert meiner Kleidung und stellte fest, dass er nicht ganz für ihren Nagellack gereicht hätte.

Sie dachte kurz nach und schaute zu der auf Eichenbalken ruhenden Decke hoch. »Zwanzig Millionen«, sagte sie dann. »Abgerundet.«

»Das war ein Zehntel dessen, was sie bekommen hätte?«

»Ja.«

»Wann wäre der Rest fällig gewesen?«

»An ihrem dreißigsten Geburtstag. Aber dieses Geld war nur der Anfang. Bei meinem Tod wäre sie die Alleinerbin gewesen.«

»War das unwiderruflich festgelegt, oder hätten Sie es noch ändern können?«

»Ich konnte tun, was ich wollte. Und das wusste sie.«

»Was bedeutet, dass sie gute Gründe hatte, in Ihrer Nähe zu bleiben. Ihre Zuneigung nicht zu riskieren.«

»Sicher«, sagte Olivia. Sie zog die Schultern zusammen, um sich aufrecht zu halten. »Wenn es nötig gewesen wäre.«

Wieder schaute ich mich um. Zu sagen, dass das Haus gepflegt wirkte, wäre untertrieben gewesen. Die Luft war gefiltert und gereinigt und roch auf aseptische Weise nach Eukalyptus. Ich fühlte mich fast wie in einem Museum. In einem langen Flur war ich an Porträts von Olivia Gravesends humorlosen Vorfahren vorbeigelaufen, jede Leinwand war in Gold gerahmt und von unten mit einem einzelnen Strahler in Szene gesetzt. Bronzeplaketten verrieten die Geburts- und Todesdaten. An der Tür war ich von einem Butler empfangen worden. Zwar hatte er leicht angeschlagen gewirkt, aber trotz allem seine Dienstkleidung getragen. Er hatte mich durch Tausende Quadratmeter Haus zur Waffenkammer geführt. Ich hätte niemals erwartet, dass hier ein Mensch wohnte, geschweige denn zwei. Es gab Ausstellungsstücke wie die Duellpistolen, aber nichts, was irgendwie persönlich wirkte.

»Sind Sie verheiratet, Mrs Gravesend?«

»Hin und wieder.«

»Und im Augenblick?«

»Nein«, sagte sie. »Seit fünf Jahren nicht.«

»Dann … kann man also guten Gewissens sagen, dass Claire keine Probleme mit einem Stiefvater hatte?«

»Sehr guten Gewissens.«

»Was ist mit ihrem leiblichen Vater?«

»Sie ist ihm nie begegnet und hat nie nach ihm gefragt.«

»Waren Sie mit ihm verheiratet?«

»Nein«, sagte sie. »Das war ich nicht. Was spielt das für eine Rolle?«

»Sie wussten nicht, ob sie mit jemandem zusammen war«, antwortete ich. »Deshalb frage ich nach den anderen Männern in ihrem Umfeld.«

Olivia starrte in den Kamin.

»Weil man, wenn man den Mörder einer Frau sucht, mit den Männern in ihrem Leben anfängt«, stellte sie fest. »Mit denen, die ihr am nächsten standen. Weil die Wahrscheinlichkeit dafürspricht.«

Ich nickte. Einen Moment lang saßen wir schweigend da. Es war das am wenigsten unbehagliche Schweigen, seit ich hier war. Trotzdem beendete ich es mit einer weiteren Frage.

»Jim sagt, Sie hätten heute Besuch von der Gerichtsmedizin erhalten. War sonst noch jemand da?«

»Niemand.«

»Weiß das SFPD, dass sie seit sechs Monaten vermisst wird?«

»Nein«, sagte sie. »Es sei denn, sie hätte ein Tagebuch in ihrer Handtasche gehabt.«

Natürlich hatte sie die Handtasche gesehen. Sie war auf meinem Foto.

»Aber solche Dinge können Sie in Erfahrung bringen«, fuhr sie fort. »Was die Polizei wirklich weiß.«

»Solche Informationen geben sie nicht preis.«

»Aber Sie könnten einbrechen und sich die Akte schnappen. Oder jemanden bestechen. Oder einen Insider mit einem wunden Punkt aufspüren und ihn bearbeiten, bis er den Mund aufmacht.«

Inzwischen fragte ich mich, was Jim ihr erzählt hatte. Als ich in seiner Kanzlei gearbeitet hatte, unterschied ich mich kaum von den hundert anderen Anwälten auf meiner Etage.

Wir trugen identische Anzüge und dieselben blankpolierten Budapester. Jeder von uns konnte die California Rules of Professional Conduct, unsere Berufs- und Standesregeln, aus dem Gedächtnis rezitieren. Unsere einzigen Verbrechen waren die hohen Rechnungen, die wir stellten. Damals hatte ich meine Smith & Wesson noch nicht gekauft, ich wusste nicht, wie man einem Mann mit bloßen Fäusten ins Gesicht schlägt, ohne sich die Finger zu brechen. Erst als um mich herum alles zusammenbrach, begriff Jim, wie nützlich ich wirklich war. Ich war nicht ganz so sauber wie meine Schuhe. Für einen Anzug war ich sowieso nie gemacht gewesen. Er feuerte mich, begleitete mich aber persönlich aus dem Gebäude hinaus. Jedem, der zuhörte, erklärte er, ich sei schmutzig, ich sei eine Schande für die Firma, ich würde es niemals in ein Eckbüro schaffen, letztlich sei ich nicht besser als mein Vater. Niemand werde vergessen, dass er im Gefängnis gestorben war, nachdem er einen faulen Scheck ausgestellt hatte.

Dann aber standen wir allein im Aufzug. Er sagte, wenn ich auf der Straße und im Dunkeln für ihn arbeiten wolle – wenn ich nach meiner wahren Natur handeln wolle und bereit sei, mir die Hände schmutzig zu machen –, könne ich ihn jederzeit anrufen. Ich weiß nicht, was ich fühlte, aber ganz sicher keine Dankbarkeit. Zu diesem Zeitpunkt hatte ich alles verloren bis auf ein bestimmtes Selbstbild, das aber ebenfalls zu bröckeln begann. Ich hatte mich für einen Kämpfer gehalten, für einen, der unter keinen Umständen die Flucht antrat. Aber jetzt warf er mich hinaus, und ich war eigentlich entschlossen, ohne einen Blick zurück zu verschwinden.

Olivia Gravesend beobachtete mich und wartete auf eine Antwort.

»Vielleicht könnte ich die Akte besorgen«, sagte ich. Tatsächlich war es längst ausgemachte Sache, dass ich sie mir holen würde. Dieser Teil des Falls würde vermutlich der unkomplizierteste sein. »Das wird das Honorar natürlich nach oben treiben. Ein bisschen oder deutlich, je nachdem, was ich dafür tun muss.«

»Ich zahle.«

»Wie kommen Sie darauf, dass die Polizei etwas verbirgt?«

»Wie kommen Sie darauf, dass sie es nicht tut? Sie kennen den Laden doch«, erwiderte sie. Sie zögerte lange genug, um mir die Chance zu einem Nicken zu geben. »Die meisten arbeiten nicht für die Öffentlichkeit – sie halten die Hand auf. Aber man sollte doch erwarten, dass sie sich zusammenreißen und sich für mich ins Zeug legen. Sie haben einen Praktikanten mit den Aufnahmen von Claire zu mir geschickt, einen Studenten. Als er weg war, habe ich angerufen und ...«

»Wen haben Sie angerufen?«

»Den Polizeichef. Den Bürgermeister.«

»Haben die beiden mit Ihnen gesprochen?«

Ihr bitteres Lachen klang eher nach einem Husten.

»Ich wurde von Pontius zu Pilatus geschickt. Ich habe bei den Sekretärinnen Nachrichten hinterlassen. Sie haben mich mit irgendwelchen Grünschnäbeln reden lassen. Die Polizei spricht lieber mit der Presse als mit mir. Vor einer Stunde hat das Telefon geklingelt, es war eine Reporterin. Sie rief an und wollte einen Kommentar zum Selbstmord meiner Tochter.«

»Was glauben Sie, was im Hintergrund läuft?«

»Ich weiß es nicht, Crowe. Aber es muss bis weit nach oben reichen. Wenn man mich so behandelt – Olivia Gravesend, die Eiserne Zicke, die fünfzig Prozent der gewählten Amtsträger in diesem Staat in der Hand hat –, dann muss Claire in etwas Großes hineingeraten sein.«

6

Mrs Gravesend und ich unterhielten uns noch zehn Minuten in der Waffenkammer, dann läutete sie eine Glocke. Kurz darauf erschien der Butler und brachte mich durch einen mit Marmor ausgelegten Gang zu einer Treppe, die zu Claires Kinderzimmer hinaufführte. Er drückte die Klinke, um zu demonstrieren, dass die Tür abgeschlossen war.

»Wir haben nach Claires Aufbruch im Dezember nur einmal saubergemacht«, sagte der alte Mann. Bevor Olivia Gravesend die Glocke geläutet hatte, musste er im Freien beschäftigt gewesen sein, denn er trug einen mit Regen bespritzten Überzieher. »Als dann der erste Brief kam, hat Mrs Gravesend es verschlossen.«

»Warum?«, fragte ich. »Glaubte sie, dass Claire nicht zurückkommen würde?«

»Das hat sie nicht gesagt.«

Aber sie musste es zumindest für möglich gehalten haben. Auch andere Gründe mochten eine Rolle gespielt haben, jedenfalls war sie aktiv geworden, um mögliche Beweise vor der Vernichtung zu bewahren. Das sprach nicht unbedingt für ein Schuldbewusstsein, war aber seltsam. Über den offensichtlichen Text hinaus musste irgendetwas an Claires Brief ihre Alarmglocken zum Läuten gebracht haben.

»Kannten Sie Claire?«

»Seit sie ganz klein war.«

»Waren Sie überrascht, als Sie gehört haben, was passiert ist?«

»Natürlich, Sir.«

»Warum?«

»So etwas sollte Leuten wie den Gravesends nicht passieren, oder?«

»Wem sollte es dann passieren?«

»Niemandem, Sir. Aber hier hätte man nicht damit gerechnet.«

»Nein.«

Er zog einen Schlüsselbund aus der Tasche, suchte auf der geöffneten Handfläche den richtigen heraus und schloss auf. Dann öffnete er die Tür ein Stück weit, trat aber nicht ein.

»Was glauben Sie?«, fragte ich. »Steckte Claire in Schwierigkeiten?«

»Bis Dezember hätte ich das nicht geglaubt«, sagte der alte Mann. »Aber mit dem Wissen von jetzt – dass sie weggelaufen ist, dass sie von einem Dach gesprungen ist – sehe ich es anders. Sie muss Schwierigkeiten gehabt haben.«

»Aber Sie haben keine Vorstellung, worum es ging?«

»Nein, Sir.«

»Haben Sie die Briefe gelesen?«

»Nein, Sir.«

Ich betrat das Zimmer und schaltete das Licht ein. Der Butler schloss hinter mir die Tür.

Ich stellte mich vor den gut drei Meter hohen Kleiderschrank, drehte den kleinen, im Schloss steckenden Messingschlüssel und zog die Türen auf. Das Ding war praktisch leer. Claire musste all ihre Lieblingskleidungsstücke mit nach Boston genommen haben. Wahrscheinlich auch alles andere, was ihr etwas bedeutete. Tagebücher und Briefe. Geschenke von Menschen, die sie liebten, von Menschen, die sie nicht vergessen wollte. Ich sah mich im ganzen Zimmer um. Über dem Bett hing ein signierter Klimt in einem glänzenden Rahmen. Irgendwie bezweifelte ich, dass es sich um eine Kopie handelte. Auf einem Regal über ihrem Schreibtisch standen Romane, die sie für einen Literaturkurs an der Highschool gelesen haben mochte. Tolstoi, Austen, García Márquez. Außerdem gab es eine beträchtliche Sammlung von Büchern mit verschwommenen Illustrationen und geprägten Goldbuchstaben auf dem Umschlag. Ein typisches Teenagerzimmer. Aber seit Claire aus diesem Haus ausgezogen war, war sie zur jungen Frau herangewachsen. Vielleicht zu einem anderen Menschen. Boston musste für eine Suche der interessantere Ort sein.

Trotzdem wandte ich mich noch einmal dem offenen Kleiderschrank zu. Dort hingen mehrere Schuluniformen – weiße Blusen, karierte Röcke, blaue Blazer. Ich durchwühlte die gefaltete Kleidung in den tieferen Schubladen, fand aber nichts. Nur Laufsocken, die paarweise zu kleinen Bällen zusammengerollt waren, Baumwollslips, ein paar T-Shirts.

Auf dem farblich abgestimmten Schminktisch fand ich ein Dutzend Lippenstifte in einem Spektrum zwischen Korallenrosa und Blutrot. Außerdem eine fast leere Flasche Dead-Sexy-Parfüm, deren Etikett ein Totenschädel samt gekreuzten Knochen zierte. Zwei Schubladen enthielten eine Sammlung Augenbrauenstifte und diverse vergoldete Köperpflege-Utensilien: Nagelknipser, Pinzetten, Scheren. Ich fand auch eine Haarbürste, hielt sie gegen das Licht und entdeckte ein blondes Haar, das sich – offenbar komplett mit Wurzel – in den Borsten verfangen hatte. Es konnte mir nützlich sein. Ich nahm eine Quittung aus dem Portemonnaie, wickelte das Haar darin ein und schob sie hinter eine überzogene Kreditkarte. Für alle Fälle hatte ich es jetzt zur Hand.

Im Rest des Zimmers fand ich nichts, was mich nur dazu brachte, noch gründlicher zu suchen. Ich hob die Matratze an und schaute unter dem Sprungrahmen nach. Ich zog die Schubladen ganz heraus und suchte ihre Unterseiten ab. Ich schob die Vorhänge beiseite und schaute aus dem Fenster, aber gleich hinter dem Glas ging es steil zum Ozean hinunter.

Wenn Claire sich aus einem Fenster in den Tod hatte stürzen wollen, hätte sie die Refugio Apartments mitten im Tenderloin nicht gebraucht. Sie hätte einfach nach Hause gehen können.

»Sir?«

Ich wandte mich vom Fenster ab. In der Tür stand der Butler und musterte argwöhnisch die hochgeklappte Matratze und die herausgezogenen Schubladen.

»Falls Sie hier fertig sind, wird Mr Gardners Fahrer Sie in die Stadt zurückbringen.«

Den Fahrer hatte ich völlig vergessen. Ein Blick auf die Uhr verriet mir, dass es kurz vor Mitternacht war.

»Mrs Gravesend hat von Claires Briefen gesprochen.«

»Sie sind schon in Mr Gardners Wagen.«

»Kopien? Oder die Originale?«

»Die Originale, Sir.«

»Wann kann ich mir das Haus in Boston ansehen?«

»Da müssen Sie Mrs Gravesend fragen, Sir.«

»Das werde ich tun«, sagte ich und trat an ihm vorbei in den Flur. »Ist sie noch in der Waffenkammer?«

»Nein, Sir«, sagte der Butler. »Ich fürchte, sie hat das Haus verlassen.«

»Vorbereitungen für die Beerdigung?«

Bei der Antwort starrte der Butler auf seine Schuhe.

»Ich glaube, sie wollte zur Carmel Mission.«

»Verstehe«, sagte ich. Als der Mann mir folgen wollte, winkte ich ab. »Nicht nötig. Ich finde den Weg hinaus.«

»Davon bin ich überzeugt«, sagte er. Dann folgte er mir bis zur Haustür.

Als ich wieder im Range Rover saß, schaltete ich die Innenbeleuchtung ein und öffnete das Päckchen, das Olivia für mich geschnürt hatte. In einem Umschlag waren die Schlüssel zum Haus in Boston. Die Adresse in der Beacon Street stand auf der hinteren Lasche. Ich schloss daraus, dass ich das Haus jederzeit betreten durfte. Außerdem fand ich die sechs Briefe von Claire. Sie hatte einfaches weißes Papier und anscheinend immer denselben Stift benutzt. Nicht auszuschließen, dass sie alles in einem Rutsch geschrieben und dann über eine Spanne von sechs Monaten hinweg verschickt hatte. Olivia verbürgte sich für die Handschrift, aber das bedeutete nicht, dass die Briefe freiwillig geschrieben worden waren. Vielleicht hatte jemand sie diktiert und Claire eine Pistole zwischen die Schulterblätter gedrückt.

Jedenfalls entsprach der erste Brief genau dem, was ich von Olivia Gravesend gehört hatte.

> *Mutter, ich verlasse das College für eine Weile. Ich kann jederzeit zurück. Was ich jetzt zu tun habe, kann nicht warten. Mach dir um mich keine Sorgen. Ruf nicht die Polizei. Ich kann selbst auf mich aufpassen. Das habe ich von dir gelernt.*
>
> *Claire*

Die fünf folgenden Briefe waren Variationen über dasselbe Thema. *Keine Sorge, Mutter, ich habe alles unter Kontrolle. Ich muss es tun. Anschließend mache ich weiter, wo ich aufgehört habe.* In der letzten, eine Woche alten Nachricht deutete sie an, dass sie es fast geschafft hatte. Was immer sie gesucht hatte, schien in greifbarer Nähe zu sein. *Zwei Tage*, schrieb sie. *Vielleicht auch drei.*

Die Briefe klangen beruhigend. Sie verrieten kein Anzeichen von Angst. Und praktisch keinerlei Informationen. Wären sie in den 1950er-Jahren geschrieben worden, hätte ich als Erstes an eine Schwangerschaft gedacht. Ich hätte geglaubt, sie wäre in ein Heim für unverheiratete Mütter verschwunden und würde in neun oder zehn Monaten wieder auftauchen. Die Möglichkeit bestand auch jetzt. Claire stand unter einem Druck, dem die meisten jungen Frauen heutzutage nicht ausgesetzt waren. Ihre Mutter konnte ihr aus welchem Grund auch immer ein Hundertachtzig-Millionen-Dollar-Vermögen entziehen.

Aber ich hatte Claire gesehen. Ich mochte nicht der Letzte gewesen sein, der sie lebendig gesehen hatte, aber wahrscheinlich war ich der Letzte, der ihren noch warmen Körper berührt hatte. Auf keinen Fall war sie im siebten Monat schwanger gewesen. Und für eine Abtreibung hätte sie kein komplettes Semester verpassen müssen.

Worum auch immer sie sich kümmern musste – eine ungeplante Schwangerschaft war es wahrscheinlich nicht. Aber vielleicht ein anderes privates Thema. Ein problematischer Freund. Eine Blitzhochzeit samt wilder Flitterwochen. Allerdings konnte ich mir schwer vorstellen, was eine Millionenerbin in diesen Zusammenhängen dazu gebracht haben sollte, vom Dach eines Mietshauses im Tenderloin zu springen. Das Einzige, was zu Claires Lebensstil passte, war der Rolls, aber der war, nach allem, was ich wusste, nur dank eines irrwitzigen Zufalls an Ort und Stelle gewesen.

Irgendwo nördlich von Salinas schlief ich ein und wachte erst wieder auf, als der Fahrer den Wagen sanft zum Stehen brachte und auf die Hupe drückte. Ich schaute aus dem Fenster und sah die Treppe zu meinem Büro. Kurz überlegte ich, gegen die Trennwand zu klopfen und ihn zu bitten, mich zu meiner Wohnung in Chinatown zu bringen. Aber der Mann hatte schon lange genug gearbeitet. Er musste früh aufstehen und Jim zum Prozess fahren. Also stieg ich aus und kletterte über einen Obdachlosen hinweg, der auf der untersten Stufe schlief. Um beide Unterarme trug er Verbände, als sei das Einzige, was er noch zu verkaufen hatte, sein eigenes Blut. Der Anblick ließ mich wieder an Claire und ihren tiefen Sturz denken. Wenigstens war der Mann auf meiner Treppe noch nicht ganz unten angelangt.

7

Ich legte Claires Briefe in meinen Tresor und steckte ihre Schlüssel in die Tasche. Der erste freie Platz in einer Maschine nach Boston war in der ersten Klasse, aber Olivia Gravesend konnte ihn sich leisten. Der Flug ging um acht, bis dahin blieben mir viereinhalb Stunden.

Ich konnte unterwegs schlafen und mir alles Notwendige gleich nach der Landung kaufen. Also vertrieb ich mir die Zeit, indem ich das tat, was ich den ganzen Sommer über getan hatte: Ich verließ das Haus und spazierte die Turk Street entlang ins Tenderloin. Nur dass ich statt zum Westchester diesmal zum Refugio ging.

Auf dem Bürgersteig vor dem Haus erinnerten nur noch einzelne Glasscherben an die Ereignisse vom Morgen zuvor. Der Snowsuit Man war nicht da. An der Straßenecke stand ein Auto im Leerlauf unter einer defekten Straßenlaterne. Aus dem Fenster beugte sich ein Mann und wickelte irgendeine Art von Geschäft ab. Ansonsten wirkte die Straße wie ausgestorben.

Die Haustür des Refugio war verschlossen. Wie alle anderen Apartmentgebäude im Tenderloin ließ es sich nur über ein elektronisches Tastenfeld öffnen. Ich kannte den Code nicht, hatte aber etwas ebenso Nützliches dabei. In der Gegend hier war die Polizei jede Nacht unterwegs. Man konnte nicht erwarten, dass die Beamten die Codes sämtlicher Wohnhäuser in der Turk Street kannten. Deshalb hatten die meisten Türen im Tenderloin eine Codebox, die sich mit einem speziellen Signal der Funkgeräte öffnen ließ. Ich hatte kein Polizeifunkgerät, aber ein Handy. Also spielte ich das zuvor aufgenommene Funksignal des SFPD ab und sah zu, wie das Licht auf der Box von Rot zu Grün wechselte. Dann trat ich ein.

Im Eingangsbereich war es so dunkel, dass ich die Taschenlampenfunktion meines Handys einschalten musste. Ich sah einen Empfangstisch, vermutete aber, dass hier auch tagsüber niemand saß. Auf dem Fußboden hinter der Rezeption lagen Nadeln und kurze Stücke von chirurgischen Schläuchen, Pergamenttüten und getrocknete Kotze.

Ich entdeckte die Briefkästen. An den stählernen Boxen waren keine Namensschilder angebracht, also hielt ich mich nicht lange mit ihnen auf. Beide Aufzüge waren außer Betrieb, aber in einem Gebäude wie diesem hätte ich den Aufzug sowieso nicht benutzt. Stattdessen ging ich ins Treppenhaus und stieg nach oben. Das Licht meines Handys half mir, nicht auf Spritzen, Schnapsflaschen oder nicht identifizierbare Gegenstände zu treten. Es kam mir unvorstellbar vor, dass jemand wie Claire Gravesend diese Treppen benutzt haben sollte, ohne auf der Stelle kehrtzumachen.

Aber offensichtlich war es so gewesen, also überlegte ich, wie ich meine Suche eingrenzen sollte.

Sie war mit genügend Wucht auf den Wagen gestürzt, um das Dach komplett einzudrücken, obwohl der Wraith wie ein Panzer gebaut war. Entweder war sie deutlich schwerer gewesen, als es den Anschein hatte, oder sie war von so weit oben gefallen, dass ihre schmale Gestalt mit sehr hohem Tempo aufgeprallt war. Ich ließ also die Stockwerke eins bis acht links liegen und begann in der neunten Etage. Aus dem Treppenhaus trat ich in einen langen Gang, der schräg um das Innere des Gebäudes verlief. Wenn Claire aus dem Fenster einer Wohnung gestürzt war, dann aus einer Eckwohnung auf der rechten Gebäudeseite. Unter der Tür von Apartment 801 war ein breiter Spalt, durch den aber kein Licht hervorschien. Ich war hier eingebrochen und hatte wenig Lust, der Polizei Rede und Antwort zu stehen. Also stieg ich Etage für Etage nach oben, bis ich unter der Tür von Apartment 1201 Licht entdeckte.

Leise klopfte ich gegen das Holz der Tür. *Tap, tap.* Nach zehn Sekunden versuchte ich es noch einmal. Dann hörte ich hinter der Tür eine leise Stimme.

»Ja?«

»Ma'am«, sagte ich so sanft, wie es nach einem Tag wie diesem noch möglich war. »Ich würde gern mit Ihnen über gestern Morgen sprechen.«

Die Tür öffnete sich einen Spalt, wurde aber von einer Kette gebremst. Ich sah mich einer achtzig- oder neunzigjährigen Frau im Rollstuhl gegenüber. Was bedeutete, dass sie das Apartment wahrscheinlich nicht mehr verlassen hatte, nachdem die Aufzüge ausgefallen waren. Was Jahre her sein konnte.

»Wissen Sie etwas über die junge Frau, die aus dem Gebäude gestürzt ist?«

»Ich hab sie vom Fenster aus gesehen.«

»Haben Sie beobachtet, wie es passiert ist?«

»Nein … erst nachher.«

»Was haben Sie gesehen?«

»Sie lag auf einem Auto. Ein Mann kam vorbei und berührte sie am Hals. Dann machte er Fotos von ihr.«

Dass mich eine Zeugin beobachtet hatte, war eigentlich kein Grund zur Beunruhigung. Schließlich waren die Fotos Beweis genug, dass ich sie als Erster entdeckt und nichts unternommen hatte.

»Haben Sie den Aufprall gehört?«

»Da war ein lauter Knall – ich bin davon wach geworden«, sagte sie. Dann deutete sie auf den Rollstuhl. »Aber es hat eine Weile gedauert, bis ich aus dem Bett und am Fenster war.«

»Haben Sie vor dem Knall schon etwas gehört?«, fragte ich. »Einen Streit oder Stimmen oder sonst irgendetwas?«

»Ich habe geschlafen.«

»Natürlich«, sagte ich. Es blieb nur noch eine Frage, die ich ihr stellen musste. »War die Polizei heute Morgen bei Ihnen?«

»Denen hab ich dasselbe gesagt wie Ihnen. Sie wollten reinkommen und haben mir ihre Dienstmarken gezeigt. Also hab ich sie reingelassen.«

»Haben Sie danach noch irgendetwas gehört?«

»Nein.«

»Kein Lärm von oben oder unten – von einer Verhaftung?«

»Nichts.«

Sie wollte die Tür schon schließen, da fiel mir noch etwas ein. Ich stützte mich mit der Hand am Rahmen ab und hielt die Tür offen.

»Ma'am – hat die Polizei auch gefragt, wie lange der Aufzug schon außer Betrieb ist?«

»Nein.«

»Ich könnte ein paar Anrufe für Sie machen«, bot ich an. »Beim Gesundheitsamt. Beim Bauamt.«

»Unterstehen Sie sich«, zischte sie mich an. »Wenn ich Ärger mache, schmeißen die mich raus. Und wo soll ich hin, wenn ich die Wohnung verliere?«

»Okay«, sagte ich und bedankte mich noch mal.

Ich ging weiter und sah mir die beiden Apartments über ihrem an. Beide waren dunkel. Also ging ich zurück ins Treppenhaus und stieg die restlichen Stufen zum Dach hoch. Die

Tür, die hinausführte, hätte abgeschlossen sein sollen, aber das Schloss war vor langer Zeit aufgebrochen worden. Ich legte die Hand auf das Metall und spürte den feinen Staub des Fingerabdruckpulvers. Die Cops gingen auf Nummer sicher. Ich stieß die Tür auf, dann stand ich draußen im Gestank und im Regen, über mir nur der Himmel.

Ich ging über den Kies zur hüfthohen Backsteinbrüstung und suchte die Stelle, von der Claire gestürzt sein musste, falls sie vom Dach und nicht aus einem der Fenster gefallen war. Das Refugio war fünf Etagen höher als sämtliche anderen Gebäude in der Gegend. Ich schaute also auf die Turk Street hinunter und über die dunklen Dächer anderer Apartmenthäuser und Wohnheime.

Ich hatte keine Ahnung, was ich hier oben zu finden hoffte. Selbst wenn Claire auf der Brüstung einen Abschiedsbrief hinterlassen hatte, würde die Polizei ihn schon am Morgen entdeckt haben. Ich überlegte, ob ich wieder hinuntergehen und an die Türen sämtlicher Eckwohnungen klopfen sollte. Wäre ich Polizist gewesen, hätte ich genau das getan. Aber ich würde nichts erfahren, was sie nicht schon wussten, und dabei eine Festnahme riskieren.

Was ich wirklich brauchte, waren die Polizeiberichte und die Ergebnisse aus der Gerichtsmedizin. Ich schaute auf die Uhr. Es blieb noch genügend Zeit. Ich konnte mir die Dokumente per E-Mail schicken lassen und sie im Flugzeug lesen.

8

Falls Sie je einen Privatdetektiv anheuern, gebe ich Ihnen einen Rat: Bedenken Sie, ehe Sie sich über seine hohen Honorarsätze beschweren, dass das meiste Geld sofort für seine Betriebskosten draufgeht. Informanten nehmen nur Bargeld, und ein Detektiv – jedenfalls ein guter – hat seine Quellen überall. Die Kosten summieren sich in Windeseile, und Bestechungsgelder lassen sich nicht von der Steuer absetzen.

Eine der ersten Einsparmöglichkeiten, die ich entdeckt hatte, war die Nachtschicht. Entweder schätzen diejenigen, die nachts arbeiten, die Risiken geringer ein, oder sie haben einfach weniger zu verlieren. So oder so fallen ihre monatlichen Umschläge weniger üppig aus als bei den tagsüber Beschäftigten. Außerdem sind sie meist begierig auf zusätzliche Arbeit für zusätzliche Bezahlung. Damit will ich sagen, dass ich nach Einbruch der Dunkelheit gute Kontakte zur Hall of Justice in der Bryant Street hatte.

Meine Verbindung zur Mordkommission war ein Gebäudereiniger, der gewöhnlich um drei Uhr morgens in den fünften Stock kam. Elijah zog mit einem Müllbehälter und einem Wischmopp von Büro zu Büro und durch das Labyrinth von Schreibtischen. Wenn niemand zusah, war er äußerst geschickt mit seiner Handykamera. In der Gerichtsmedizin hatte ich Cynthia Green. Als Archivarin verfügte sie über ein eigenes Büro und Zugang zu einem Scanner.

Ich stand noch auf dem Dach des Refugio, als ich mein Handy zückte und Nachrichten verschickte. Ich bat Cynthia um sämtliche Unterlagen zu Claire Gravesend. Bei Elijah forderte ich alles an, was er über die Frau finden konnte, die am gestrigen Morgen vom Refugio auf einen Rolls-Royce Wraith gesprungen war. Meine beiden Quellen antworteten, noch bevor ich das Erdgeschoss erreicht hatte. Sie versprachen, mir die gewünschten Unterlagen zu besorgen.

Dann ging ich zum Union Square, wo man zu jeder Tages- und Nachtzeit etwas zu essen bekam. Ich nahm am Tresen des Pinecrest Diner Platz, wo ich in aller Ruhe ein Denver-Omelett aß und vier Tassen Kaffee trank. Als der Mann neben mir aufbrach, ließ er seine Zeitung zurück. Ich schnappte sie mir, legte sie aber wieder weg, als ich merkte, dass sie schon einen Tag alt war. Aber schließlich hatte ich mein Handy.

Die Website des *Chronicle* hatte keine neuen Informationen zu Lorca, was mir nur recht war. Falls die Geschichte unbemerkt das Zeitliche segnen sollte, würde ich Blumen schicken. Aber es gab einen Artikel über Claire Gravesend, mit einem Foto, das nicht von mir stammte: Ein Detective in Zivilkleidung verlässt flankiert von zwei Streifenbeamten das Refugio. Sie tragen Latexhandschuhe und haben ihre chirurgischen Masken heruntergezogen. Laut Bildunterschrift handelte es sich bei dem Inspector um einen gewissen Frank Chang. Im Artikel selbst stand nichts, was ich nicht schon wusste: Eine junge Erbin hatte sich wahrscheinlich durch den Sprung vom Dach auf ein parkendes Luxusauto umgebracht. Die Polizei gab keinen Kommentar ab, die Ergebnisse der Obduktion waren bei Redaktionsschluss noch nicht bekannt.

Ich textete Elijah, der mit seiner Runde bei den Mordermittlern wahrscheinlich so gut wie fertig war: *Schau auf Frank Changs Schreibtisch nach. Es ist sein Fall.*

Verglichen mit Elijah hatte Cynthia Green in der Gerichtsmedizin die leichtere Aufgabe: Sie musste nur am Computer ihres eigenen Büros eine bestimmte Akte heraussuchen. Elijah dagegen durchsuchte die Notizen mehrerer Ermittler in einem laufenden Fall. Er wühlte sich durch Posteingangsfächer und die Schreibtische der Detectives. Die Dokumente, die er suchte, befanden sich nicht an einem einzigen Ort, dafür war der Fall noch zu frisch. In den ersten vierundzwanzig Stunden waren Unterlagen und Notizen sicher in der ganzen Abteilung verstreut. Zum Teil wahrscheinlich auch in den Notizbüchern von Streifenbeamten, auf den Armaturenbrettern von Polizeiautos oder einfach im Kopf von Beamten, die sie noch nicht zu Papier gebracht hatten. Ich konnte nur die Daumen drücken und hoffen, dass etwas bis zu Inspector Chang durchgedrungen war. Und dass Elijah es finden würde.

Ich steckte mein Handy weg und bezahlte die Rechnung.

Dann suchte ich mir ein Taxi und fuhr zum Flughafen. Auf dem Weg dorthin trafen die E-Mails ein. Elijah und Cynthia schickten ihre Ergebnisse.

Im Warteraum besorgte ich mir den fünften Kaffee und ging Elijahs Fotos zum zweiten Mal durch. Er hatte jedes einzelne Blatt Papier aus Inspector Changs Eingangsfach abgelichtet. Offenbar war Chang ein vielbeschäftigter Mann. Es gab den ballistischen Bericht nach einer ungeklärten Schießerei in Valencia; eine Zeugenaussage zu demselben Vorfall; eine Vorladung zu einer eidesstattlichen Aussage im Fall eines Kollegen, der der Verletzung von Bürgerrechten beschuldigt war; den handschriftlichen Brief eines Gefangenen aus Folsom, der behauptete, den Schützen bei einem 1977 in North Beach verübten Auftragsmord zu kennen. Zwischen alldem befanden sich zwei Seiten mit Notizen von Sergeant Luke Gifford, in denen die Ergebnisse der Tür-zu-Tür-Befragungen im Refugio zusammengefasst waren.

Genau wie ich hatten sich die Polizisten auf die Eckwohnungen an der rechten Gebäudeseite konzentriert. Aber im Gegensatz zu mir hatte Sergeant Gifford jede einzelne Wohnung von 201 bis 1401 betreten. Er hatte den Hauswart dabeigehabt, der jede Tür aufgeschlossen hatte, die nicht von einem Bewohner geöffnet worden war. Giffords Durchsuchungsaktion mochte nicht dem 4. Zusatzartikel der Verfassung entsprochen haben, aber das spielte keine Rolle. Er hatte nichts gefunden, sodass auch keine potenziellen Beweismittel bei einem Prozess ausgeschlossen werden mussten.

Seine Notizen öffneten die Türen, die mir heute Morgen verschlossen geblieben waren.

#201 – Estelle Ramirez. Zeugin zeigt ihren Ausweis und bittet mich hinein. Hausm. soll draußen bleiben. Improvisierte Betten auf den Böden. Sechs Kinder in Schlafz. Alle haben Knall gehört, aber nmd. hat nachgesehen. Autounfall vermutet. Zeit unklar – keine Wecker/Uhren. Opfer nie im Haus gesehen. Keine Einw. gegen Durchs. – nichts Interessantes gef.

#301 – Wohnung steht seit April leer. Hausm. öffnet Tür. Müll vom letzten Bew. noch nicht entsorgt. Rattennest unter Küchensp. Keine Besitztümer des Opfers.

#401 – Simone Anderson öffnet Tür. Hausm. sagt, Zeugin ist Mieterin, 19 Jahre. Blutergüsse an Hals und Gesicht – nicht frisch. Hausm. sagt, wir müssen Whg. durchsuchen. Sie lässt uns rein. Eine Matratze

in Schlafz. Fenster mit Pappe abgedunkelt. Zeugin sagt: Ich arbeite nachts, muss das Licht draußen halten. Opfer nie in Haus oder Gegend gesehen. Bis morgens 8 Uhr unterwegs. Niemand sonst benutzt Whg. Hausm. bestätigt. Zeugin mit Durchs. einverstanden – nichts.

Gifford machte mit den nächsten zehn Wohnungen und zehn Durchsuchungen weiter. Die an den Rollstuhl gefesselte Frau in 1201 hieß Leola Cummings. Die Notizen des Sergeants ließen nicht erkennen, ob er bemerkt hatte, dass sie praktisch gefangen war. Aber ich konnte ihm keinen Vorwurf machen. Bevor er Leola erreichte, hatte er elf Wohnungen gesehen, die ähnlich übel aussahen, Gifford hatte auch das Dach abgesucht und die unverschlossene Tür vermerkt. Ein Forensikerteam wurde gerufen, das im ganzen Haus nach Fingerabdrücken suchte.

Draußen auf der Balustrade, wo Claire vor ihrem mutmaßlichen Sprung gestanden hatte, fand Gifford eine leere Flasche Seagram's 7. Er tütete sie fürs Labor ein. Falls sich Claires Fingerabdrücke auf der Flasche fanden, nahm die Geschichte langsam Konturen an. Es würde nichts beweisen und nichts ausschließen, aber die Aufmerksamkeit in eine bestimmte Richtung lenken.

Außer der Flasche hatte Gifford keine Beweisstücke aus dem Refugio mitgenommen. Vor allem hatte er weder in den Wohnungen noch auf dem Dach irgendetwas gefunden, das möglicherweise Claire gehört hatte. Ich überlegte, welche Schlüsse ich daraus ziehen konnte, dann wandte ich mich dem vorläufigen Obduktionsbericht zu. Die ersten zehn Seiten waren voller Fotos. Schon auf Seite zwei hatte ich Giffords Bericht komplett vergessen.

Fünf Minuten lang verharrte ich ausschließlich über den Fotos. Als über Lautsprecher das Pre-Boarding für meinen Flug ausgerufen wurde, trat ich aus der Passagierschlange und ging ans andere Ende des Gates. Das Gespräch, das ich führen wollte, war nicht für die Ohren meiner Mitreisenden gedacht.

»Habe ich Sie geweckt?«, fragte ich, als sie sich meldete.

»Sind Sie das, Crowe?«

»Ja.«

»Sie haben Neuigkeiten.«

»Der leitende Ermittler in dem Fall heißt Frank Chang …«

»Das stand in der Zeitung.«

»Ich habe die Notizen, die sein Kollege gemacht hat, als er im Refugio von Tür zu Tür gezogen ist. Und alles andere, was sich in seinem Eingangsfach befindet. Ich lese nicht nur die Zeitung. Und ich erwähne ihn aus einem bestimmten Grund. Gehen Sie davon aus, dass er Sie heute besucht. Er steckt in einer Sackgasse. Der nächste logische Schritt wäre, dass er mit jemandem spricht, der das Opfer kannte.«

»Verstehe.«

»Werden Sie ihm von Claires Briefen erzählen?«

»Auf keinen Fall.«

»Sie sind unser bester Anhaltspunkt.«

»Deswegen hab ich sie Ihnen ja gegeben, Crowe.«

»Er verfügt über Ressourcen, auf die ich keinen Zugriff habe. Forensische Labore, Datenbanken für Fingerabdrücke und DNA, Handschriftenexperten …«

»Was immer er hat, können Sie kaufen.«

Jims anderer Klient, der aufrechte Bürger namens Lorca, hatte mir für meine Recherchen ebenfalls *carte blanche* gegeben. Meine Miete im Westchester war nicht besonders üppig gewesen, aber ich hatte Wege gefunden, die Rechnung ein wenig aufzupeppen. Wenn dies alles irgendwann vorbei war, würde ich mich erst wieder an normale Kundschaft gewöhnen müssen.

»Also gut«, sagte ich.

»Wollten Sie sonst noch etwas?«

»Ich habe eine Kopie des vorläufigen Berichts aus der Gerichtsmedizin.«

»Schicken Sie ihn mir zu.«

Ihre Stimme lieferte keinerlei Anhaltspunkt, ob sie davon beeindruckt war, was ich in nicht mal fünf Stunden beschafft hatte.

»Der Bericht enthält Fotos – explizite Fotos«, sagte ich. »Darunter eins von ihrem Rücken.«

»Unbekleidet, nehme ich an.«

»Woher stammen diese Narben, Mrs Gravesend? Die Fotos sind ziemlich deutlich.«

Das Schweigen zog sich hin. Aus dem Lautsprecher hörte ich, dass sämtliche Passagiere in sämtlichen Reihen an Bord des Fluges nach Boston gehen konnten.

»Die Narben sind nicht Ihr Problem«, antwortete sie schließlich. »Was Claire betrifft, hatte sie sie schon immer. Sie haben sie nicht gestört. Sie haben ihr keine Schmerzen bereitet. Sie hat sich ihretwegen nicht geschämt. Sie war eine wunderschöne junge Frau, der das Leben alles zu bieten hatte. In meinem Herzen glaube ich, dass ihr das klar war.«

»Wenn Sie nicht ehrlich zu mir sind, kann ich den Job nicht machen«, sagte ich.

»Sie ist nicht von diesem Gebäude gesprungen«, beharrte Olivia. »Denken Sie erst gar nicht in diese Richtung. Solange Sie nicht glauben, dass Claire von jemandem aus dem Fenster geworfen wurde, dem ihr Rücken nicht gefiel, haben die Narben nichts mit ihrem Tod zu tun.«

»Woher stammen sie – von irgendeiner medizinischen Behandlung?«

»Die Narben gehen Sie nichts an, Crowe«, sagte sie und betonte jedes einzelne Wort.

»War sie krank?«

»Sie war so gesund, wie sie auf Ihrem verdammten Foto aussieht. Herzlichen Glückwunsch übrigens. Das Magazin, dem Sie es verkauft haben, hat es an jede Nachrichtenseite lizenziert, die das Internet je hervorgebracht hat. Ich hoffe, Sie erhalten Ihren Anteil.«

Mögliche Lizenzierungen waren durch eine Klausel auf Seite drei abgedeckt. Aber ausnahmsweise war ich nicht aufs Geld fixiert.

»Falls sie misshandelt wurde, muss ich das wissen.«

»Unter meinem Dach? Niemals.«

»Sie hat ihr Studium unterbrochen und ist sechs Monate lang verschwunden. Was hat sie gesucht?«

»Ich habe Ihnen schon gesagt, dass ich das nicht weiß.«

»Wenn Inspector Chang Sie aufsucht, wird er nach den Narben fragen. Sitzen Sie nicht in Ihrer Waffenkammer herum und reden sich ein, dass dem nicht so ist. Sie sollten sich eine gute Antwort zurechtlegen.«

»Ich denke darüber nach«, erklärte sie. »War sonst noch etwas?«

»Nein.«

Aus den Lautsprechern drang der letzte Aufruf zu meinem Flug. Ich ging hinüber und zeigte meinen Boarding-Pass vor.

»Ich vermute, Sie sind am Flughafen«, sagte Olivia.

»Ich rufe Sie aus Boston wieder an.«

»Tun Sie das. Und schicken Sie mir die Dokumente.«

Sie legte auf.

Ich ging über die Fluggastbrücke, betrat die Maschine und fand meinen Platz in der ersten Klasse. Nachdem ich mein Handy die ganze Nacht und den ganzen Morgen benutzt hatte, ging die Batterie langsam zur Neige. Ich schaffte es gerade noch, Olivia die Berichte zu mailen, dann wurde das Display schwarz. Das war in Ordnung. Ich konnte in Boston ein Ladegerät kaufen. Während des Flugs würde ich nachdenken. Und schlafen.

Ich nahm das von der Flugbegleiterin angebotene Glas Orangensaft und streckte mich auf meinem Sitz aus. Die Fluggastbrücke wurde zurückgefahren. Ich schloss die Augen und sah Claire Gravesend in einer Regenpfütze auf dem eingedrückten Auto liegen. Dann auf einem stählernen Seziertisch, ohne ihr Kleid und ihren Schmuck und den Rest Würde, den sie bis zu diesem Zeitpunkt noch gehabt hatte. Auf dem ersten Foto aus der Gerichtsmedizin hatte sie mit dem Gesicht nach oben gelegen. Auf dem zweiten war sie auf den Bauch gedreht worden. Über ihren Hinterkopf verlief eine tiefe rote Schnittwunde, eine noch größere über dem Hintern, mit dem sie zuerst aufgeprallt sein musste. Dies waren die einzigen Verletzungen aus jüngerer Zeit, keine von beiden überraschend.

Mit den Narben hatte ich allerdings nicht gerechnet. Ich hatte noch nie etwas Vergleichbares gesehen. Beiderseits der Wirbelsäule, vom Hinterkopf bis zum unteren Teil des Rückens, wo der Bund ihres Slips sie wahrscheinlich verdeckt hatte, waren Reihen alter Wunden zu erkennen. Ein Paar pro Rückenwirbel. Die Narben waren kreisförmig. Einige hatten die Größe von Silberdollars, andere waren klein wie Zehn-

Cent-Stücke. An den Beckenkämmen waren noch kleinere Kreise zu erkennen, an den Schulterblättern verliefen Reihen winziger Punkte wie sich öffnende Flügel. Jede einzelne Wunde war perfekt platziert und unterstrich die Symmetrie ihres Körpers. Es hätte sich um eine Form von Körperkunst handeln können, mit Vernarbungen statt Tattoos. Allerdings waren die Wunden alles andere als schön: hässliche, erhabene Quaddeln, runzlig und rosa. Man konnte sich nur schwer vorstellen, dass solche Narben von einem einzelnen Vorfall stammen sollten. Jemand musste sie wieder und wieder verletzt haben.

Olivia Gravesend hatte erklärt, Claire trage die Narben schon ihr Leben lang.

9

Irgendwo über dem mittleren Westen wachte ich auf. Die Maschine umflog ein Gewitter und wurde durchgerüttelt, ich dachte an Agent White. Im Westchester hatte ich nichts zurückgelassen, da war ich sicher. Aber vielleicht hatte White mich in der Gegend gesehen. Er konnte Hotelbewohner aufspüren, die mich bereitwillig als den Mann identifizieren würden, der fünf Wochen lang im fünften Stock gewohnt hatte. Wenn er daraufhin mein Hotelzimmer durchsuchen würde, würde er nichts finden. Falls er sich einen Durchsuchungsbefehl besorgen und sich meine Wohnung oder mein Büro vornehmen würde, war auch dort nichts zu finden. Ich hatte die komplette Überwachungsausrüstung und jeden USB-Stick in einem Müllcontainer im Tenderloin entsorgt.

Aber inzwischen war DeCanza mit ziemlicher Sicherheit zur Rede gestellt worden. Vielleicht hatten die Feds von dem Handy und dem Whiskey erfahren. Das Telefon war gebraucht gekauft und bar bezahlt. Also war es nicht möglich, die Seriennummer mit einem bestimmten Geschäft in Verbindung zu bringen und sich mein Gesicht auf den Aufzeichnungen der Überwachungskamera anzuschauen. Andererseits wirkte White auf mich nicht wie jemand, der sich schnell geschlagen gab. Einen Mann wie Lorca schnappt man nicht, wenn man vor größeren Problemen in die Knie geht.

Ich war mit der Hoffnung auf ein bisschen Schlaf an Bord des Flugzeugs gegangen. Viel hatte ich nicht abbekommen.

Am späten Nachmittag stieg ich in ein Taxi. Ich war nie näher an Boston herangekommen als während eines Schulausflugs in der achten Klasse, bei dem wir Washington besucht hatten.

Als ich in der letzten Nacht mein Flugticket gebucht hatte, hatte ich auch einen Blick auf den Stadtplan von Boston geworfen. Ich hatte also eine ungefähre Vorstellung davon, wohin wir mussten. Es dauerte nicht lange. Wir fuhren in einen Tunnel und kamen in einem Gewirr enger Straßen wieder heraus. Fünfzehn Minuten später bog der Fahrer in die Beacon Street. Links von uns lag der Common, rechts drängten sich Back- und Sandsteinhäuser dicht aneinander. Manche hatten Blumenkästen vor den Fenstern, andere Betsy-Floss-Flaggen an Fahnenmasten, die bis über den Bürgersteig reichten. Ich hätte gewettet, dass jedes Haus zehnmal so viel kostete, wie ich in meinem ganzen Leben verdienen würde.

Vor uns sah ich die River Street auftauchen, wir waren nur noch wenige hundert Meter von Claires Haus entfernt.

»Lassen Sie mich hier raus«, sagte ich.

Der Fahrer fuhr an den Bordstein und hielt an. Als ich ihn bezahlt hatte, stieg ich aus und überquerte die Straße zur Parkseite. Die letzten anderthalb Blocks bis zur Bostoner Gravesend-Basis legte ich zu Fuß zurück, dann blieb ich im Schatten eines Ahorns stehen, um sie mir in Ruhe anzusehen. Die meisten Häuser in diesem Abschnitt der Beacon Street waren aus rotem Backstein, das der Gravesends dagegen aus glattem grauen Stein. Die Frontseite war leicht gekrümmt wie die Decke einer Geige. Die Haustür lag über dem Niveau des Bürgersteigs und war über steinerne Stufen zu erreichen. Das Gebäude hatte vier Stockwerke und ein schräges Schieferdach. Es hätte das Konsulat eines kleinen europäischen Fürstentums beherbergen können. Eines Staats mit Geld wie Heu. Monaco. San Marino.

An den Fenstern gab es weder Läden noch Vorhänge. Drinnen brannte nirgends Licht, aber beidseits der Tür hingen polierte Messinglampen, in denen kleine Gasflammen brannten. Ich kehrte zur Kreuzung zurück und überquerte die Straße. Anstatt die Stufen zu Claires Tür hinaufzusteigen, ging ich zum Nachbarhaus, läutete und wartete. Nach zwei Minuten versuchte ich es erneut. Diesmal wurde die Tür geöffnet, eine junge Frau trat heraus. Sie hielt ein nacktes, in ein Handtuch gewickeltes Baby, dessen Haare von Wasser geglättet waren.

»Tut mir leid«, sagte sie. »Wir konnten nicht schneller kommen.«

»Ich will Sie nicht stören«, erklärte ich. »Mein Name ist Lee Crowe, ich würde Ihnen gern ein paar Fragen stellen.«

Ich streckte ihr meine kalifornische Lizenz als Privatdetektiv entgegen, im Prinzip nur eine hellgrüne Karte mit meinem Namen und einer Registriernummer. Aber das kalifornische Siegel gab ihr einen offiziellen Anstrich. Ich hatte sie in einem Kopierladen laminieren lassen und bewahrte sie ein einem Lederetui auf, zusammen mit einem Passfoto, wodurch sie noch mehr hermachte.

»Hören Sie«, sagte die Frau. Das Baby wand sich an ihrer Brust und drückte sein Gesicht an ihren Hals. »Das ist nicht mein Haus, ich arbeite hier nur, also …«

»Es geht nicht um Sie. Oder um den Kleinen«, sagte ich und deutete auf das Haus nebenan. »Ich arbeite für die Nachbarin. Mrs Gravesend.«

»Sie meinen Claire?«

»Haben Sie sie in letzter Zeit gesehen?«

»Gestern«, sagte die Frau. »Aber es war komisch.«

Komisch klang untertrieben. Gestern war Claire Gravesend gestorben, am anderen Ende des Landes. Ich bemühte mich, keine Regung zu zeigen.

»Wie meinen Sie das?«

»Ich war da oben.« Sie hielt das Baby in beiden Armen, sodass sie nicht hinaufzeigen konnte. Also folgte ich ihrem Blick zu einem dreiteiligen Erkerfenster im zweiten Stock des Hauses ihres Arbeitgebers. »Ich saß am Fenster. Dann tauchte Claire auf, ging die Stufen hoch und klopfte an ihrer eigenen Tür. Sie hämmerte richtig dagegen, ganz fest mit beiden Handflächen. Sie wartete fünf Minuten und ging dann über die Straße.«

Wieder folgte ich dem Blick der Frau. Sie schaute zu dem Ahorn hinüber, unter dem ich selbst vor einer Weile gestanden hatte.

»Und dann?«

»Ich hab nicht so genau darauf geachtet. Ich wollte ihn in den Schlaf wiegen. Irgendwann war sie verschwunden. Ich dachte, sie hätte sich vielleicht ausgesperrt.«

»Wann war das?«, fragte ich.

»Keine Ahnung. Irgendwann gestern Nachmittag. Vor sechs, schließlich war ich noch hier. Um sechs mache ich Pause zum Abendessen.« Nachdenklich verzog sie das Gesicht. »Geht es ihr gut? Warum fragen Sie nach ihr?«

»Sind Sie sicher, dass es Claire war?«

»Ich meine … ja.«

»Wie gut kennen Sie Claire?«

»Nicht besonders«, sagte sie und hob sich das Baby auf die Hüfte, um es auf und ab wippen zu lassen. »Aber ab und zu unterhalten wir uns. Gestern, als sie an ihre Tür geklopft hat, waren ihre Haare zu einer Art Knoten hochgesteckt. Da konnte ich die Narben hinten an ihrem Hals sehen.«

»Runde Narben?«

»Ja.«

»Hat Claire Ihnen erzählt, woher sie stammen?«

»Sind Sie … Sie haben gesagt, Sie würden für sie arbeiten.«

»Ich arbeite für ihre Mutter. Hat Sie darüber gesprochen, wie sie an die Narben gekommen ist?«

»Ich kannte sie nicht«, sagte die Frau, schon auf dem Rückzug ins Haus. »Es steht mir nicht zu, über sie zu sprechen. Vielleicht war das keine gute Idee.«

Sie wollte die Tür schließen. Als ich noch einmal die Hand ausstreckte, schlug sie sie energisch zu. Ich höre, wie abgeschlossen wurde.

»Vielen Dank für Ihre Zeit«, sagte ich zur Tür. »Ich weiß das wirklich zu schätzen.«

Ich fand eine Drogerie, wo ich ein Ladegerät und eine Schachtel Latexhandschuhe kaufte, dann schlenderte ich durch Beacon Hill. Das Kindermädchen würde bald Pause machen. So, wie unser Gespräch geendet hatte, wollte ich vermeiden, dass sie durchs Fenster sah, wie ich Claires Haus betrat. Falls sie neugierig geworden war und Claires Namen gegoogelt hatte, ließ sich nicht vorhersehen, wie sie reagieren würde.

Ehrlich gesagt war mir selbst nicht klar, was ich unternehmen und wie ich ihre Behauptung einschätzen sollte. Den Eindruck einer Lügnerin hatte sie nicht gemacht, sodass ich spontan von einer Verwechslung ausgegangen war. Dann aber hatte sie die Narben an Claires Hals erwähnt. Sie musste die Tage verwechselt haben. Was sie gesehen hatte, konnte sich vorgestern abgespielt haben. Dann hätte Claire reichlich Zeit gehabt, noch den letzten Flug nach San Francisco zu erwischen. Sie wäre um kurz nach zehn abends angekommen und hätte sechs Stunden im Tenderloin umherstreifen können, bevor sie das Refugio betreten hatte.

Das war zumindest eine Möglichkeit. Die einzige Alternative klang ziemlich unwahrscheinlich – dass Stunden nach Claires Tod an der Westküste jemand in Boston herumlief und sich für sie ausgab.

Ich ging durch eine schmale Gasse. Hier waren die Häuser kleiner. Kutschhäuser vielleicht, oder Dienstbotenquartiere. Ich versuchte mir auszumalen, wie Claires Leben in dieser Stadt ausgesehen hatte. Sie war mit gerade mal achtzehn hergekommen und auf einen Schlag Herrin über eine vierstöckige Villa gegenüber dem Boston Common geworden. Zwanzig Millionen Dollar auf der Bank und niemand, dem sie Rechenschaft ablegen musste. Eigentlich ein Wunder, dass sie so lange durchgehalten hatte. Ich an ihrer Stelle und in ihrem Alter wäre nach zwei Wochen pleite, tot oder im Gefängnis gewesen.

Um halb sieben bog ich wieder in die Beacon Street und ging, Latexhandschuhe übergezogen und den Schlüssel schon in der Hand, zu Claires Haus, schloss die massive Eichentür auf und trat ein. Sobald ich die Tür hinter mir geschlossen hatte, war vom Straßenlärm nichts mehr zu hören. Im Licht, das durch das über der Tür angebrachte Fenster einfiel, sah ich sieben Meter vor mir eine Backsteinwand. Ein Porträt von Colonel Gravesend blickte finster auf mich herunter. Er hatte Olivias dunkle Haare und die schmalen, scharfen Gesichtszüge. Ich drehte mich um und wollte die Tür abschließen, dabei fiel mein Blick nach unten. Der Holzboden war gewachst, aber auf der polierten Oberfläche hatte sich eine dünne Staubschicht gebildet. Ich kniete mich hin, um die Schuhe auszuziehen, die Socken ließ ich an. In der Luft hing der vage Duft eines Parfüms.

Ich fing unten an und arbeitete mich langsam hoch. Das ganze Haus war seit der Zeit, in der Colonel Gravesend es gekauft oder erbaut hatte, gründlich renoviert worden. Im Keller befanden sich eine Bar und mehrere Loungebereiche. Weißer Teppich, aus hellem Ahorn gefertigte Möbel. Glasschiebetüren führten in einen tiefer gelegenen Garten mit einem efeuberankten Kamin und einem Tisch mit Bänken. Im Außenbereich waren ausschließlich Bruchsteinplatten verlegt, dick wie Eisenbahnschwellen. Ich ging wieder ins Haus und trat hinter die Bar. Die Flaschenregale waren ausreichend dimensioniert, um nach Herzenslust bestückt werden zu können. Das galt auch für den Weinkeller, den ich entdeckte, als ich eine Bodenluke hinter der Bar anhob, eine Eichenholzleiter hinunterstieg und mich in einer matt beleuchteten Höhle mit Backsteinbögen wiederfand. Sämtliche Flaschen waren staubbedeckt. Willkürlich zog ich eine heraus und drehte das Etikett ins Licht. Es war ein Vale-do-Douro-Portwein, Jahrgang 1922. Vorsichtig legte ich sie zurück. Im Keller mussten sich rund tausend Flaschen befinden, in den Regalen gab es keine freien Flächen mehr. Claire musste in ihrer Freizeit also andere Vorlieben entwickelt haben.

Erst im dritten Stock stieß ich auf Anhaltspunkte dafür, dass sie tatsächlich im Haus gelebt hatte. Die unteren Etagen waren ein Museum, ähnlich dem Haus ihrer Mutter in Carmel. Eine Küche aus dem Katalog; ein formell eingerichtetes Esszimmer; eine Bibliothek und mehrere Billardzimmer. Kamine in allen Gästezimmern, kunstvoll gestapelte Birkenscheite auf den rußfreien Kaminböcken. Die Betten waren gemacht, rochen aber muffig.

Im dritten Stock entdeckte ich Claires Schlafzimmer. Im Schrank hing ihre Kleidung, ihre Toilettenartikel lagen verstreut im Bad herum. Lippenstifte in verschiedenen Hauttönen; ein Deo-Stick; ein Pillenfläschchen ohne Etikett, das drei Kapseln eines Amphetamins enthielt – bis jetzt der einzige Hinweis darauf, dass in diesem Haus eine waschechte Studentin wohnte. Ich entdeckte eine Parfümflasche und schnupperte am Sprühkopf. Es war der Geruch, den ich beim Betreten des Hauses wahrgenommen hatte.

Eine schmalere und steilere Treppe führte vom dritten in den vierten Stock, der wahrscheinlich als Speicher gedient hatte, bevor er in einen Wohnraum mit Dachfenstern verwandelt worden war. Hier hatte Claire sich ihr Arbeitszimmer eingerichtet. Im Zentrum, wo das meiste Sonnenlicht hereinfiel, stand ein Schreibtisch, an allen vier Wänden Bücherregale. Anders als die Regale der Bibliothek im ersten Stock enthielten sie nicht nur ledergebundene Bände, die zu repräsentativen Zwecken gedruckt und gekauft wurden. Die Bücher hier waren zum Lesen gedacht. Ihren Rücken nach zu urteilen hatten sie diesen Zweck erfüllt.

Von Olivia hatte ich gehört, dass Claire sich auf Englisch konzentrierte, aber nach allem, was ich sah, war das nur die Spitze des Eisbergs. Mit geneigtem Kopf, um die Titel lesen zu können, drehte ich eine Runde durchs Zimmer. *Die Atombombe oder Die Geschichte des 8. Schöpfungstages, Darwin: A Life, The Feynman Lectures on Physics, The Second Creation.* Die Titel ließen einen klaren Trend erkennen. Abseits des Studiums galt Claires Interesse vor allem der Physik, ein zweiter Schwerpunkt lag auf der Genetik.

Ich nahm einen Band aus dem Regal. *Eingriff in die Evolution.* Die Autorin war Professorin in Berkeley, aber wir waren uns nie begegnet. Sie arbeitete in der Abteilung für Molekular- und Zellbiologie, ich hatte mich mit einem Boxer-Stipendium durchgeschlagen. In der Hoffnung, dass Claire Notizen hinterlassen oder Passagen unterstrichen hatte, blätterte ich die Seiten durch. Aber falls der Text ihr irgendwelche Reaktionen entlockt hatte, hatte sie diese für sich behalten.

Ich stellte das Buch ins Regal zurück und setzte mich an ihren Schreibtisch. In der Mitte war ein Schubfach für Bleistifte, in dem sich ein Plastikeinsatz mit der üblichen Mischung von Kugelschreibern, Haftnotizen und Büroklammern befand. Ich hob den Einsatz an und entdeckte einen an die Unterseite geklebten Umschlag. Ich zog ihn ab und öffnete ihn über der ledernen Schreibunterlage. Ein neuer Hausschlüssel aus Messing und ein kleiner Schlüssel fielen heraus. Auf dem Umschlag selbst war nichts notiert. Ich legte ihn wieder unter den Plastikeinsatz und ließ die Schlüssel in meine Tasche gleiten.

Als Nächstes öffnete ich die größte Schublade und fand einen Stapel Kladden mit liniertem Papier. Ich stapelte sie auf der Schreibunterlage. Fünfunddreißig Notizbücher, in denen jede einzelne Seite in der Schrift ausgefüllt war, die ich schon von Olivias Briefen kannte. Im Zeitalter von Tablets und Notebooks machte die Millionenerbin in ihren Kursen offenbar handschriftliche Notizen.

Ich schaute erst auf meine Uhr, dann auf das Dachfenster über mir. 21 Uhr, es war endlich dunkel geworden. Ich ging die vier Treppen hinunter. In der Küche hatte ich ein Päckchen Kaffee bemerkt, in einem der Schränke standen eine Mühle und eine Cafetière. Ich konnte später alles abspülen und den Kaffeesatz durchs Spülbecken entsorgen, dann würde ich keine Spuren hinterlassen. Das war wichtig, weil das Haus auf die eine oder andere Art durchsucht werden würde.

Wenn Inspector Chang von dem Haus erfuhr, würde er persönlich anreisen. Falls das Budget des SFPD es gestattete, würde er in spätestens zwei Tagen hier sein.

Was immer ich hier tat, es musste schnell gehen.

Irgendwann nach drei Uhr morgens wachte ich auf. Zuerst war mir nicht ganz klar, was mich aus dem Schlaf gerissen hatte, dann piepte mein Handy erneut. Ich war auf Claires Stuhl eingeschlafen und saß dort noch immer. Ich richtete mich auf, schob die Notizbücher beiseite und griff nach dem Telefon. Das Piepen hatte eine Textnachricht angekündigt, die das Alarmsystem in meiner Wohnung schickte.

Bewegungsmelder ausgelöst – 0:21 Uhr.

Ich brauchte einen Moment, bis ich begriff, dass der Text sich auf die Pacific Standard Time bezog. Eine zweite Nachricht folgte auf dem Fuß: ein Foto, das die als Rauchmelder getarnte Webcam in meiner Küche aufgenommen hatte. Ich vergrößerte das Bild und sah einen Mann im Wohnzimmer stehen, gleich neben meiner Schlafzimmertür. Sein Gesicht war nicht zu erkennen. Entweder war das Foto unscharf, oder er trug eine Strumpfhose über dem Kopf. Er hatte einen Akkubohrer in der Hand, am Rand meiner Couch stand eine schwarze Tasche.

White. Der Dreckskerl.

Ohne Zweifel wurde ich gerade Zeuge, wie die Feds meine Wohnung verwanzten. Wenn der Kerl tatsächlich maskiert war, hatte White keinen richterlichen Beschluss erhalten – was ihn nicht davon abhielt, Wanzen in meinen Wänden zu installieren. Ich überlegte gerade, ob ich das SFPD anrufen und einen Einbruch melden sollte, als ich im Erdgeschoss Geräusche hörte. Die Haustür wurde geöffnet und wieder geschlossen. Es ging schnell und weitgehend unauffällig, ein Klicken, dann ein zweites. Wäre ich nicht wach gewesen, hätte ich nichts davon mitbekommen.

Plötzlich fielen mir meine Schuhe ein. Sie standen unten im Eingangsbereich, einen halben Meter vor der Haustür. Außerdem roch es im Haus nach Kaffee, nachdem ich drei Kannen gemacht hatte. Wer immer der Eindringling sein mochte: Wenn er kein Idiot war, wusste er mit Sicherheit, dass ich hier war. Ich sah mich im Raum nach etwas um, das ich als Waffe benutzen konnte. Claire hatte hier oben nur Bücher. Im Schreibtisch lagen Kugelschreiber, außerdem gab es zwei Pflastersteine, die sie als Buchstützen verwendet hatte. Aber unten im dritten Stock, in ihrem Schlafzimmer, hatte ich etwas Besseres gesehen. Ich stand auf und schlich so leise wie möglich die Treppe hinunter, nahm nur jede zweite Stufe und hoffte, dass keine von ihnen knarrte.

Ich betrat Claires Schlafzimmer, eilte zum Kamin und griff nach dem eisernen Schürhaken. Von draußen drang genügend Licht ein, dass ich das Ziffernblatt meiner Armbanduhr erkennen konnte. Zwanzig Sekunden waren verstrichen. Ich ging zurück zur Tür, stellte mich mit dem Rücken zur Wand und lauschte.

Ich hörte ihn die Treppe heraufschleichen. Vorsichtige Schritte, aber er hatte die Schuhe nicht ausgezogen. Als er meine Etage erreicht hatte, blieb er stehen. Falls der Eindringling das Haus von der anderen Straßenseite aus beobachtet hatte, musste er durch die Dachfenster das Licht der Leselampe bemerkt haben. Jetzt, vor der Treppe zum vierten Stock, würde er das Licht oben noch deutlicher sehen. Falls er hochging, konnte ich mich hinunterschleichen.

Ich hielt den Atem an, bis ich ihn ins Dachgeschoss gehen hörte. Dann stahl ich mich aus dem Schlafzimmer und wartete an der Treppe, den Schürhaken in der rechten Hand. Ich sah einen Schatten, aber nicht den Mann selbst. Ich entspannte mich. Er saß im Dachgeschoss in der Falle, während ich das ganze Haus – und den Ausgang – hinter mir wusste. Außerdem hatte ich jedes Recht, mich hier aufzuhalten. Meiner Klientin gehörte das Haus, sie hatte mir selbst die Schlüssel gegeben. Wer immer da oben war, konnte das nicht von sich behaupten.

Während ich mir noch darüber klar zu werden versuchte, ob ich nach oben rufen sollte, nahm Agent White – viertausenddreihundert Kilometer entfernt in San Francisco – mir die Entscheidung ab. Er musste genau in diesem Moment mein Schlafzimmer betreten haben, um auch dort eine Wanze anzubringen. Über der Kommode hatte ich eine zweite Rauchmelderkamera angebracht, die mich warnte, wenn sie eine Bewegung wahrnahm.

In meiner Tasche piepte das Handy.

10

Ich zögerte, der Mann oben nicht.

Er drehte sich um, stürzte auf mich los und hob die rechte Hand, in der er etwas hielt. Den Schürhaken bemerkte er erst, als es zu spät war. Er rannte direkt in meinen Schlag hinein. Die hakenförmige Spitze traf sein Handgelenk. Mit einem metallischen Aufblitzen entglitt ihm ein Messer und fiel die Treppe hinunter. Der Mann ließ sich nicht bremsen. Er änderte nur seine Taktik und stieß mir den Kopf in die Brust, umschlang meine Taille und drückte sich mit den Füßen ab. Ich taumelte hintenüber und riss ihn mit mir. Er hätte mir auf der Treppe das Rückgrat gebrochen, wenn ich mich nicht im Fallen gedreht hätte. Gemeinsam landeten wir auf der Seite. Er ließ mich los und schlug mir ins Gesicht, noch während wir die Stufen hinunterrutschten.

Wir prallten auf den Absatz im zweiten Stock. Ich versuchte aufzustehen, aber er riss mir die Hände unter dem Körper weg. Mein Kinn schlug auf den Holzboden, meine Zunge verhinderte, dass ich mehrere Zähne verlor. Der Mann drehte mich auf den Rücken, hockte sich auf meine Brust und legte mir die Hände um die Kehle. Mein rechter Arm war frei, ich hörte, wie meine Hand auf der Suche nach dem Schürhaken auf den Boden klatschte.

»Wer weiß sonst Bescheid?«

Er kam so nahe, dass unsere Nasen sich fast berührten. Nur dass ich seine Nase nicht sehen konnte, weil er eine schwarze Skimaske trug. Seine Stimme war ein heiseres Flüstern.

»Wer hat es dir gesagt?«

Ich konnte nicht antworten, selbst wenn ich seine Fragen

begriffen hätte. Er drückte immer fester zu und presste die Daumen auf meinen Adamsapfel. Die Zeit verwandelte sich in eine Abfolge von Gedankenfetzen und Momentaufnahmen. Ich sah die breiten Schultern, als er sich vornüberbeugte und mich niederdrückte. Ich fragte mich, ob ich noch bei vollem Bewusstsein mein Zungenbein brechen hören würde. Plötzlich berührten meine Finger etwas Kaltes. Reflexhaft zogen sie das Objekt näher heran und packten zu. Das Messer. Mein Gesichtsfeld war nur noch stecknadelkopfgroß, mein Körper bäumte sich vom Adrenalin getrieben ein letztes Mal auf.

Ich stach ihm tief in den Rücken und hoffte, seine linke Niere erwischt zu haben. Die Klinge musste rasiermesserscharf geschliffen sein. Obwohl ich im Arm praktisch keine Kraft mehr hatte, spürte ich, wie die Klinge in seinen Körper drang. Er stöhnte, ließ aber nicht locker. Erst als ich das Messer drehte, griff er sofort mit beiden Händen nach seiner Wunde. Ich riss es heraus, holte keuchend Atem und stach noch einmal zu, diesmal fester und höher. Die Klinge drang ihm seitlich in den Hals und wurde erst durch einen Knochen aufgehalten.

Der Mann kippte zur Seite und glitt dabei von der Klinge. Er fing sich und stand langsam auf. Seitlich aus seinem Hals drang ein pfeifendes Geräusch. Ich krabbelte rückwärts über den Boden, bis ich eine Wand erreichte, und stemmte mich hoch.

Wir standen uns auf dem dunklen Treppenabsatz gegenüber.

Er starrte auf meine Hand, die noch immer das Messer hielt. Die Klinge war kurz, aber breit. Die Schneide glatt, die andere Seite grob gezackt. Mein Arm war fast bis zum Ellbogen glitschig von Blut. Aber nicht von meinem.

»Auf den Boden«, sagte ich.

Jetzt war ich derjenige, der flüsterte. Er hatte mir die Luftröhre auf Strohhalmdicke zusammengepresst. Ich trat einen Schritt auf ihn zu und hob das Messer. Einer von uns würde sehr bald ohnmächtig werden. Nach Möglichkeit nicht ich.

»Runter!«

Der Mann torkelte auf die Treppe zu und stampfte sie hinunter. Eine Hand bedeckte die Wunde am Hals, mit der anderen hielt er sich die Seite. Ich lehnte mich gegen die Wand und hörte zu, wie er verschwand. Am Fuß der Treppe im Erdgeschoss musste er zusammengebrochen sein. Es gab einen Knall, dann herrschte Ruhe. Im ganzen Haus war es still. Dann war er wieder auf den Beinen. Er war gebaut wie eine Mauer und setzte seine ganze Kraft ein, um nach draußen zu entkommen. Aber seine Kraft half ihm nur begrenzt. Mit jedem Herzschlag verlor er Blut. Je mehr er sich anstrengte, desto weniger Zeit würde ihm bleiben.

Die Haustür ging auf, aber ich hörte nicht, ob sie sich wieder schloss.

Ich ging ins Gästezimmer im zweiten Stock und kam gerade rechtzeitig ans Fenster, um den Mann über den Bürgersteig auf der anderen Seite der Beacon Street humpeln zu sehen. Er lehnte sich gegen den Ahorn und war in dessen Schatten kaum noch zu erkennen. Ein Auto fuhr vorbei, der Mann wartete, bis es weg war. Dann ging er tiefer in den Park hinein. Ich sah ihn hinfallen und wieder aufstehen. Zwanzig Schritte weiter fiel er zum zweiten Mal ins Gras.

Als ich mich vom Fenster abwandte, kroch er mühsam weiter.

Ich ging nach unten und schaltete im Vorbeigehen sämtliche

Lichter ein. Kampfspuren waren erst im Erdgeschoss zu sehen, dort, wo er gefallen war. Er hatte so lange am Boden gelegen, dass sich eine Blutpfütze gebildet hatte. Dann war er hineingetreten und hatte auf dem Weg zur Haustür, die er offen gelassen hatte, Fußspuren hinterlassen. Ich folgte den Abdrücken und warf einen Blick hinaus. Auf der obersten Stufe war ein dunkelroter Handabdruck, so als sei er ausgerutscht und habe sich gerade noch gefangen. Danach nichts mehr. Ich schloss die Haustür und ging in die Küche. Dort zog ich mein Hemd aus, legte es in das stählerne Spülbecken und wusch mir Hände, Arme und Gesicht. Unterhemd und Hose waren sauber geblieben. Aus einer Schublade nahm ich Handtücher, unter der Spüle fand ich Bleichmittel. Dann kümmerte ich mich um das Blut auf dem Boden.

Ich arbeitete schnell, aber gründlich. Die Polizei anzurufen, kam nicht in Frage. Es war mein gutes Recht, mich im Haus aufzuhalten. Ich war von dem Mann angegriffen worden und hatte ihn mit seinem eigenen Messer erwischt. Es war schlicht und einfach Notwehr gewesen. Aber ich wusste weder, wer er war, noch, was er hier gewollt hatte. Drei Möglichkeiten klangen plausibel. Im schlimmsten Fall hatte Agent White mir einen Verfolger hinterhergeschickt, dann war der Mann möglichweise FBI-Agent. Die zweite, kaum bessere Erklärung war, dass DeCanza draußen Freunde hatte, denen es nicht gefiel, was Jim und ich mit ihrem Mann gemacht hatten.

Vielleicht ging es auch gar nicht um mich, sondern um Claire. Der Kerl konnte ins Haus gekommen sein und dasselbe gesucht haben, was ich zu finden hoffte. Während ich ans Licht bringen wollte, was zu ihrem Tod geführt hatte, konnte jemand anders ein Interesse daran haben, diese Umstände zu verbergen. Keine schlechte Theorie, wenn man davon absah, dass ich im Haus bisher nichts entdeckt hatte, was einen Mord wert gewesen wäre.

Es gab nur eine Möglichkeit, mir Gewissheit zu verschaffen. Sie gefiel mir nicht, aber ich wusste nicht, was ich sonst hätte tun können. Und ich hatte eine Klientin, der ich Rede und Antwort stehen musste. Sie bezahlte mich für Informationen. Also schnappte ich mir eine Taschenlampe, die ich in der Speisekammer gesehen hatte, zog die Schuhe an und ging hinaus. Von der obersten Stufe vor dem Eingang aus ließ ich meinen Blick über den Park schweifen. Den Mann, den ich verletzt hatte, konnte ich nicht sehen. Genau genommen sah ich niemanden. Aber er konnte nicht weit gekommen sein. Und wenn ich erst die Stelle entdeckt hatte, an der er gestürzt war, würde ich eine Spur finden, der ich folgen konnte.

Als ich dreißig Meter weit in den Park vorgedrungen war, entdeckte ich im Gras sein Blut. Dort, wo er in der Lage gewesen war, aufrecht zu gehen, war seine Spur schwieriger zu verfolgen. Aber wo er gefallen war und sich kriechend weitergeschleppt hatte, war es kinderleicht. Lange dunkle Schmierspuren von Blut zeichneten sich im Gras ab. Aber egal ob kriechend oder auf den Beinen – er war einer groben Richtung gefolgt und hatte sich diagonal von der Beacon Street entfernt.

Die Charles Street trennte den Park in zwei Teile. Er musste dort eine Weile unter einem Baum gewartet haben, bevor er die Straße überquerte. Seine Skimaske lag auf dem Bürgersteig, aber ich dachte im Traum nicht daran, sie anzufassen. Sie war von seinem Blut getränkt und wie ein mit Farbe gefüllter Schwamm auf den Asphalt geklatscht. Als der Mann die Straße überquert hatte, schien seine Kraft deutlich nachgelassen zu haben. Das Blut war jetzt ein einziger langer Streifen – er kroch, ohne sich noch ein einmal hochzurappeln.

Seine Spur endete an einem schmiedeeisernen Zaun, der den an die Boylston Street grenzenden Friedhof umgab. Ich sah die schief stehenden Grabsteine und hörte den Wind in den Ahornbäumen. Dann entdeckte ich ihn. Er saß mit dem Rücken an den Zaun gelehnt und hielt die Beine vor sich ausgestreckt. Sein Kinn war auf die Brust gesackt. Ich schaltete die Taschenlampe aus und hockte mich neben ihn. Je länger ich hierblieb, desto größer die Wahrscheinlichkeit, dass ein Jogger vorbeikam.

»Hey«, sagte ich und stieß seine Schulter mit dem Ende der Taschenlampe an. »Sag mir einfach den Grund.«

Er antwortete nicht. Ich stieß ihn ein wenig fester an.

»Hat DeCanza dich geschickt?«

Wieder sagte er kein Wort. Ich war drauf und dran, ihm gegen die Stirn zu schlagen, aber er kippte einfach zur Seite. Ganz langsam, wie ein alter, entwurzelter Baum. Er fiel mit dem Gesicht voran auf den Weg und regte sich nicht mehr. Ich brauchte die Finger nicht mehr an seinen Hals zu legen. Er hatte zu bluten aufgehört, da sein Herz nicht mehr schlug.

Noch nie hatte ich einen Menschen getötet, auch nicht in Notwehr. Mir war klar, dass mir das später durch den Kopf geistern würde. Falls ich es zurück in meine Wohnung an der Grant Street schaffte und dort nicht von Agent White erwartet wurde, würde ich bei offener Schlafzimmertür im Bett liegen, dem Summen der Neonreklame lauschen und diesen Moment vor Augen haben. Fürs Erste allerdings musste ich entscheiden, was ich tun sollte. Ich tastete seine Taschen ab – er trug eine schwarze Bergsteigerhose und ein dazu passendes langärmeliges Hemd –, fand aber nur ein U-Bahn-Ticket. Ich behielt es, weil ich es berührt hatte und keine Handschuhe mehr trug.

Natürlich hatte er weder Brieftasche noch Führerschein dabei. Was eine letzte Möglichkeit ließ. Alles, was ich über polizeiliche Ermittlungen wusste, sprach dagegen. Mein gesunder Menschenverstand protestierte. Aber ich musste wissen, wen ich gerade umgebracht hatte. Ich stand auf und drehte ihn mit dem Fuß auf den Rücken. Dann fotografierte ich sein Gesicht mit dem Handy.

Auf Umwegen machte ich mich auf den Rückweg zu Claires Haus. Plötzlich spürte ich den Drang, meine Ex-Frau anzurufen. Juliette Vilatte war näher an meinem Alter als an Claires. Außerdem war sie hundertfünfzig Kilometer weiter nördlich aufgewachsen und kannte Claire höchstwahrscheinlich nicht. Aber ansonsten unterschied die beiden wenig. Wahrscheinlich hatten sie dieselben Pariser Privatschulen, dieselben Benefizveranstaltungen und Wohltätigkeitsbälle besucht. Die Flugzeuge ihrer jeweiligen Eltern mussten in benachbarten Hangars in San Jose gestanden haben, von wo sie im Sommer nach Cannes oder übers Wochenende nach Saint Vincent oder Tahiti gedüst waren.

Seit der Unterzeichnung des Abfindungsvertrags hatte ich kein Wort mehr mit Juliette gesprochen. Bis jetzt hatte ich auch nicht das geringste Bedürfnis danach verspürt. Aber vielleicht war es ganz folgerichtig, dass ich ihre Stimme hören wollte. Als ich das erste Mal einen Mann richtig verletzt hatte, war Juliette es gewesen, die mir Mut zugesprochen und mir versichert hatte, alles werde gut. Was nicht selbstverständlich war, denn der Mann, den ich angegriffen hatte, war Richter am Obersten Gerichtshof von Kalifornien – und ihr

Chef. Sie hatte ihre kurze juristische Laufbahn als Anwaltsgehilfin begonnen, war irgendwann seine Geliebte und später seine Frau geworden. Ihr Vater hatte die Wogen geglättet, so gut er konnte. Darauf hatte Juliette bestanden. Mir blieb das Gefängnis erspart, ihr Vater kaufte sich einen Schwiegersohn, der deutlich wertvoller und fügsamer war, als ich es je hätte sein können. Mir war immer noch nicht klar, was Juliette bei der Angelegenheit gewonnen hatte.

Aber sosehr ich es auch wollte, ich konnte sie nicht anrufen. Das war unmöglich.

Bevor es am Himmel zu hell wurde, kehrte ich in die Beacon Street zurück. Auch bei Tageslicht konnte ich auf den Stufen und dem Bürgersteig vor dem Park kein Blut finden. Ich betrat das Haus. Claires Parfüm roch ich nicht mehr, nur den beißenden Gestank des Bleichmittels. Es roch nach Vertuschung.

11

Ich brachte eine Stunde damit zu, im Haus nach Blutspuren zu suchen, die ich bei der ersten Säuberungsaktion übersehen hatte. Inspector Chang konnte schon heute Abend hier auftauchen. Ich wollte vermeiden, dass er auf der Vertäfelung einen einzelnen Blutstropfen entdeckte, und beschloss, die Böden mit Luminol einzusprühen, denn wenn er das tat und bei einem Blick aus dem Fenster entdeckte, wie die Bostoner Polizei den Park mit Hundestaffeln durchsuchte, würde er nicht lange brauchen, um zwei und zwei zusammenzuzählen.

Ich duschte in Claires Bad, zog mir dieselben Klamotten wieder an und verließ das Haus. Die Karte auf meinem Handy führte mich zu einem Kaufhaus auf der Boylston Street, wo ich ein Button-up-Hemd, eine Krawatte und ein Sakko kaufte. Ich zog alles direkt im Laden an, vor einem Spiegel in der Nähe des Ausgangs. Mein Rücken war von dem Treppensturz schon voll blauer Flecke, außerdem war mein Hals mit Handabdrücken übersät. Aber als ich den obersten Knopf geschlossen und die Krawatte gebunden hatte, war von den Verletzungen nichts mehr zu sehen. Meine Oberlippe war leicht geschwollen, das war alles.

Draußen hielt ich ein Taxi an und ließ mich über den Fluss nach Harvard fahren. Ich hatte in Erfahrung gebracht, dass die Professorin, die Claire im letzten Dezember so bewundert hatte, eine Autorin namens Julia Forrester war. Sie lehrte investigativen Journalismus und setzte in ihren Kursen auf eigenmotiviertes Arbeiten. Im Internet war eine Menge über sie zu finden. Sie hatte in Onlinemagazinen zu schreiben begonnen, für *Slate* und *Vice* zum Beispiel, bevor sie zu *Vanity Fair* gewechselt war und fast zehn Jahre für den *New Yorker* gearbeitet hatte. In ihren Veröffentlichungen gab es eine Lücke von drei Jahren, in denen sie an einem Buch über Minenarbeiter und Todesschwadronen in Brasilien gearbeitet hatte. Während ihres Aufenthalts in mehreren Amazonas-Dörfern hatte sie zwei regionale Sprachen gelernt. Sie war mit einem großen Verlagsvertrag und einem noch höheren auf sie ausgesetzten Kopfgeld aus dem Dschungel zurückgekehrt. Zwei Jahre später hatte sie ausführlich über die Verbindungen zwischen einer zur organisierten Kriminalität gehörenden usbekischen Familie und der CIA berichtet. Ein Aufkleber auf dem Umschlag des Buchs – das ich mit vielen Anmerkungen versehen in Claires Regal gefunden hatte – verkündete, es werde *von Hollywood verfilmt.*

Forrester hatte im letzten Jahr eine Gastprofessur übernommen. Aus Claires Notizbüchern, nicht etwa online, erfuhr ich ihre Sprechstundenzeiten.

Ich stieg am Harvard Square aus und ging zu Fuß zurück zum Barker Center for the Humanities. Ich folgte den Gehwegen zwischen den Backsteingebäuden und vermied den Augenkontakt mit entgegenkommenden jungen Leuten. Als ich eine Mülltonne entdeckte, warf ich eine zusammengerollte Zeitung hinein, in die ich mein blutbeflecktes Hemd gewickelt hatte. In einer zweiten entsorgte ich einen zugeklebten Umschlag mit dem Messer.

Ich machte auf einer Bank Pause und checkte auf meinem Handy den *Boston Globe*. Vor gerade mal zehn Minuten war eine Geschichte über ein mutmaßliches Mordopfer online gegangen, das in unmittelbarer Nähe des Central Burying Ground gefunden worden war. Der Name des Mannes wurde so wenig erwähnt wie die Tatsache, dass er eine Hunderte

Meter lange Blutspur bis zur Beacon Street hinterlassen und mitten im Park eine schwarze Skimaske weggeworfen hatte – keine typische Ausrüstung für einen morgendlichen Joggingausflug an einem Junitag, der schon mit einundzwanzig Grad begonnen hatte. Wenn die Polizei all das wusste, war ihr klar, dass es sich nicht um einen normalen, aus dem Ruder gelaufenen Raubüberfall gehandelt hatte. Nicht zum ersten Mal fragte ich mich, ob im Park Kameras installiert waren. Niemand hatte mich auf ihn einstechen sehen, aber eine Kamera konnte gefilmt haben, wie ich seiner Blutspur gefolgt war und ihn entdeckt hatte. Es gab so viele Dinge, über die ich mir Sorgen machen konnte, dass die einzige Möglichkeit darin bestand, das alles zu ignorieren. Ich musste es auf mich zukommen lassen.

Julia Forresters Büro befand sich in einem riesigen Backsteingebäude, einem Mix aus Monticello und einem Londoner Bahnhof. Ich stieg die breite Treppe zum ersten Stock hoch, fand ihr Büro und ging am leeren Schreibtisch des Sekretariats vorbei. Forresters Tür stand offen, sie saß hinter einem einfachen Holzschreibtisch. Ich erkannte sie von den Fotos auf den Buchumschlägen wieder. Lockige braune Haare mit etwas mehr Grau als auf den Pressefotos. Die knallrote Hornbrille lenkte von einer kleinen Narbe gleich unterhalb ihrer Nase ab. Vor ihr stand ein Laptop, auf dem sie etwas schrieb. Ich klopfte an die Tür neben der Wand, sie sah auf.

»Hi«, sagte ich.

»Ja?«

»Ich heiße Lee Crowe.«

Ich trat in ihr Büro und schloss die Tür hinter mir. Dann zückte ich meine Detektivlizenz und reichte sie ihr über den Schreibtisch hinweg.

»Ich komme aus San Francisco und würde gern mit Ihnen sprechen. Ich hoffe, ich komme nicht ungelegen.«

»Sie sind kein Student.«

»Nein.«

Sie schob mir die Lizenz herüber, auf die sie nur einen kurzen Blick geworfen hatte.

»Wenn es um etwas geht, das ich geschrieben habe …«

»Es geht um eine Ihrer Studentinnen … eine frühere Studentin … Claire Gravesend.« Sie sah mich aufmerksam an, offenbar sagte Claires Name ihr etwas. »Ihre Mutter hat mich engagiert, um die Sache zu untersuchen.«

»Welche Sache?«

»Wissen Sie nichts davon?«, fragte ich. »Sie war Ihre Studentin …«

»Sie hat den Kurs abgebrochen.«

»Verstehe.«

»Geht es ihr gut?«

»Es tut mir leid«, sagte ich. »Ihre Mutter hat mir erzählt, Claire habe Sie bewundert und Kontakt zu Ihnen gesucht. Da dachte ich, Sie stünden sich nahe. Claire wurde in San Francisco tot aufgefunden. Vor zwei Tagen.«

Ich wusste nicht, ob Claire irgendwem nahegestanden hatte. In ihren Notizen tauchten keinerlei persönliche Bemerkungen auf. Von Olivia wusste ich, dass sie mit Claires Journalismus-Professorin gesprochen hatte. Soweit ich wusste, hatte Olivia sich in Boston sonst an niemanden gewandt.

»Wie ist es passiert?«, fragte Forrester.

»Sie ist aus einem Gebäude auf der Turk Street gestürzt, im Tenderloin.«

»Was soll das heißen, aus einem Gebäude gestürzt?«

»Entweder ist sie vom Dach gesprungen, oder jemand hat

sie aus einem Fenster gestoßen«, sagte ich. »Auf dem Bürgersteig direkt darunter stand ein Auto. Ein Rolls-Royce Wraith.«

»Ihr Wagen?«

Ich schüttelte den Kopf. Aber es war interessant, dass sie diese Frage stellte. Sie musste genug Zeit mit Claire verbracht oder genügend recherchiert haben, um von Claires Vermögen zu wissen.

»Er war für Filmaufnahmen vor Ort«, sagte ich. »Für einen Fernsehwerbespot. Mit ihr hatte er nichts zu tun.«

»Soweit Sie wissen«, sagte Forrester.

Ich nickte.

»Natürlich könnte sie mit Rolls-Royce auch ein Hühnchen zu rupfen gehabt haben und richtig Eindruck machen wollen. Aber das bezweifele ich.«

Forrester klappte ihren Laptop zu und lehnte sich zurück.

»Olivia – die Mutter – hat gesagt, Claire sei seit September häufiger in Ihre Sprechstunde gekommen?«

Forrester nickte.

»Sie wollte in meinen Kurs. Er war voll. Claire wollte mich davon überzeugen, noch eine zusätzliche Studentin aufzunehmen.«

»Mit Erfolg?«

»Sie meinte es wirklich ernst und war sehr engagiert.«

»Worum ging es in dem Kurs genau?«

»Investigativer Journalismus. Sich wirklich tief in eine Geschichte einzuwühlen. Sie von Anfang bis Ende zu erzählen. Truman Capote zieht nach Texas und kehrt mit *Kaltblütig* zurück. Das war das Vorbild.«

»Oder Julia Forrester geht nach Brasilien und kehrt mit einem Blockbuster und einer frischen Narbe zurück«, sagte ich. »Ich vermute, jeder im Kurs sollte an einer eigenen Geschichte arbeiten?«

»Genau.«

»Welches Thema hatte Claire gewählt?«

»Ich weiß, dass sie eins hatte«, sagte Forrester. »Aber ich habe keine Ahnung, welches genau. Sie brach ab, bevor sie das Thema mit mir absprechen konnte. Sie hatte einen Kurs in Bioethik belegt. Und sie zeigte Interesse an Stammzellenforschung – eine kontroverse Thematik.«

»Dabei geht es um Behandlungsmethoden auf der Basis von Zellen, die Föten entnommen werden?«

»Embryonen«, sagte sie. »Das ist etwas völlig anderes.«

Alles, was ich über Stammzellen wusste, hätte ich bequem auf ein Reiskorn schreiben können. Und dann wäre noch Platz für mein Wissen über Bioethik und den Unterschied zwischen einem Embryo und einem Fötus gewesen.

»Glauben Sie, dass sie über Stammzellen schreiben wollte?«, fragte ich.

»Ich sage nur, welche Themen sie interessiert haben. Wenn sie nicht aus dem Kurs ausgestiegen wäre, hätten wir das Konzept zusammen entwickelt.«

»Hat sie Interviews geführt?«

Forrester nickte, dann richtete sie die rote Brille.

»Bei den Gesprächen, von denen ich wusste, ging es um Hintergrundinformationen. Sie hat mit den Professoren hier und am M. I. T. geredet. Um sich einen Überblick zu verschaffen, ehe sie loszog, um die unangenehmen Fragen zu stellen.«

»Ist es nicht gefährlich, junge Leute in kontroversen Themen wühlen zu lassen?«

»Wenn er etwas taugen soll, ist Journalismus immer gefährlich.«

»Welche Fragen hat sie den Professoren gestellt?«

»Keine Ahnung. Ich weiß weder, mit wem sie geredet hat, noch, in welchen Abteilungen diese Leute arbeiten.«

»Bleiben Ihre Sprechstunden mit Studierenden immer so vage, oder war sie verschlossen?«

»Sie war verschlossen, und zwar sehr.«

»Irgendetwas muss sie doch gesagt haben. Immerhin hatten Sie für Claire eine Ausnahme gemacht und sie nachträglich in den Kurs aufgenommen.«

»Sie konnte reden«, sagte Forrester. »Und sie hat mir Bücher genannt, die sie gelesen hatte.«

»Bücher über Genetik«, sagte ich. »Das meinen Sie doch, oder?«

Wieder nickte Forrester.

»Hat sie ihr Studium abgebrochen, um an ihrer Story zu arbeiten?«

»Ich weiß nicht, warum sie aufgehört hat. Mir hat sie nichts davon gesagt.«

»Aber Sie haben mit ihrer Mutter gesprochen?«

»Ja.«

»Wirkte sie besorgt?«

Ich sah, wie Forrester die Brauen über den Rand ihrer Brille hob.

»Ist sie nicht Ihre Auftraggeberin?«

»Ich versuche, keinen Blickwinkel außer Acht zu lassen. Wirkte sie besorgt?«

»Besorgt genug, um quer durchs Land zu fliegen und mich aufzuspüren«, sagte Forrester. »Auf mich wirkte sie außergewöhnlich gefasst. Aber das bedeutet nicht, dass sie sich keine Sorgen gemacht hätte.«

»Haben Sie je Claires Rücken gesehen?«, fragte ich.

»Wie bitte?«

»Ihren Rücken«, wiederholte ich. »Vielleicht in einem tief ausgeschnittenen Kleid oder einem Tanktop. Etwas, worin sie Haut zeigte.«

»Ich weiß nicht, worauf Sie hinauswollen.«

»Dann wissen Sie nichts von den Narben?«

»Welche Narben?«

»Sie haben sie also nie wahrgenommen?«

»Ich habe sie nie anders als in Pullovern und Jacken gesehen. Sie war zum ersten Mal im September bei mir, da herrschte schon Herbstwetter. Wir sind in Boston, nicht in Kalifornien. Von welchen Narben sprechen Sie, Mr Crowe?«

Ich nahm mein Handy heraus, suchte das Autopsiefoto und zoomte heran, um ihr die schweren Aufprallwunden an Hintern und Kopf zu ersparen.

»Ihre Mutter wollte mir nicht verraten, woher sie stammen. Und ich selbst habe keine Ahnung. Die Aufnahme stammt von ihrer Autopsie. Die Gerichtsmedizinerin hat sie in ihrem Bericht erwähnt. Sie hat keine Spekulationen darüber angestellt, woher sie stammten – es waren einfach gut verheilte alte Narben, die nichts mit ihrem Tod zu tun hatten.«

Ich reichte ihr das Handy. Sie nahm die Brille ab und hielt sich das Display dicht vor Augen.

»Mein Gott«, sagte sie.

»Ich weiß.«

»Die hab ich nie gesehen.«

»Nicht mal die an ihrem Hals?«

Sie schüttelte den Kopf. Dann berührte sie das Display und zoomte heraus, um sich das ganze Foto anzusehen. Sie zuckte zusammen und gab mir das Telefon zurück.

»Ich konnte sie nicht sehen«, sagte Forrester. »Sie hatte die

Haare nie hochgesteckt, manchmal trug sie auch ein Halstuch. Und ehe Sie fragen, warum ich mich daran erinnere: Sie hatte besonders schöne Halstücher.«

»Immer?«, fragte ich. »Haare offen, Hals bedeckt?«

»Anders hab ich sie jedenfalls nie gesehen.«

Das Kindermädchen aus dem Nachbarhaus hatte mir eine exakte Beschreibung von Claire geliefert. Demnach waren ihre Haare hochgesteckt gewesen. Vielleicht machte sie es im Sommer so, wenn es draußen wärmer war. Aber Forrester sprach von Pullovern und Jacken und Schals. Drinnen. Als hätte Claire ihre Haut bewusst verborgen.

»Möchten Sie sonst noch etwas wissen, Mr Crowe?«

»Eine Frage noch: Hat Claire einen Laptop benutzt?«

»Natürlich.«

»Dann machte sie handschriftliche Notizen, schrieb ihre Aufsätze aber auf einem Computer?«

»Vermutlich«, sagte sie. »Bei einem ihrer Besuche hier hatte sie einen dabei. Als sie versuchte, noch in den Kurs aufgenommen zu werden. Sie reichte ihn mir, um mir ihre Mitschriften zu zeigen.«

Ich stand auf. Bevor ich mich zur Tür wandte, reichte ich ihr eine meiner Visitenkarten.

»Rufen Sie mich an, falls Ihnen noch etwas einfällt. Zum Beispiel über das Thema ihrer Recherchen. Oder wohin sie gegangen sein könnte, nachdem sie das Studium abgebrochen hat. Alles kann wichtig sein.«

»In Ordnung.«

Ich öffnete die Tür und ging zur Treppe. Die Informationen, die ich von Forrester erhalten hatte, würden mir für eine Weile Stoff zum Nachdenken geben. Zumindest wusste ich, dass meine Instinkte noch funktionierten. Ich hatte Claires

Haus von oben bis unten durchsucht, ohne auf einen Laptop zu stoßen. Unwahrscheinlich, dass sie keinen besessen hatte. Falls sie von der Uni abgegangen war, um an einem Artikel zu arbeiten, würde sie den Computer mitgenommen haben. Leider hatte ich keinen Schimmer, wo sie sich die letzten sechs Monate aufgehalten hatte. Falls ich dahinterkam, würde ich vielleicht auch den Laptop finden.

12

Ich hatte nicht vor, noch einmal zu Claires Haus zurückzukehren. Ich hatte es so gut wie möglich gereinigt und alles entfernt, was ich am Tag zuvor mitgebracht hatte. Außerdem hatte ich ihre letzten fünf Notizbücher und die Schlüssel aus dem unbeschrifteten Umschlag in ihrem Schreibtisch.

Jetzt saß ich an einer Flughafenbar und starrte auf mein unberührtes Bier. Was die Schlüssel betraf, hatte ich eine Idee. Von Olivia Gravesend wusste ich, dass ihre Familie den Wert eines *pied-à-terre* immer zu schätzen gewusst hatte. Claire musste mit dieser Mentalität aufgewachsen sein. Vielleicht hatte sie also, als sie von Harvard zurück nach Kalifornien gegangen war, das Bedürfnis nach einem eigenen Rückzugsort verspürt. Am Geld konnte es nicht gescheitert sein. Sicher hatte sie einen Ort für sich allein haben wollen, und wirklich allein ist man in einem Hotelzimmer so wenig, wie die eigenen Habseligkeiten dort sicher sind. Sie musste genug herumgekommen sein, um das zu wissen.

Ich hörte den Aufruf für meinen Flug, trank mein Bier aus und ging zum Gate.

San Francisco erreichte ich vor Einbruch der Dunkelheit und nahm vom Flughafen ein Taxi zum Union Square. Nach Hause wollte ich nicht. Aber wenn White meine Wohnung verwanzt hatte, war er wahrscheinlich auch in meinem Büro gewesen. Dort hatte ich noch kein Alarmsystem installiert, also konnte ich nicht sicher sein.

Ich rief Jim von einem Münztelefon im Hotel aus an und erreichte ihn an seinem Schreibtisch.

»Herr Anwalt«, sagte ich. »Haben Sie schon Kaffee getrunken?«

»Nach fünfzehn Uhr trinke ich eigentlich keinen Kaffee mehr, sonst kann ich nicht schlafen.«

»Dann sollten Sie vielleicht einen koffeinfreien bestellen. Es ist wichtig.«

»Also gut.«

Als ich an der Werkstatt eintraf, war Jim schon da. Vor ihm auf dem Schreibtisch standen zwei Becher Kaffee.

»Wie war es bei Mrs Gravesend?«, fragte er.

»Prima. Die Eiserne Zicke lässt dich grüßen.«

»Das hat sie mitgekriegt?«

»Sei vorsichtig«, sagte ich. Er zuckte die Achseln. Sich Olivia Gravesend zur Feindin zu machen, störte ihn nicht, solange er den Gedanken an seinen Umsatz für einen Moment beiseiteschieben konnte. »Aber deshalb bin ich nicht hier.«

»Lorca?«

»Es könnte ein Problem geben.«

»Es gibt kein Problem. Das Verfahren wurde gestern eingestellt. Was hätten sie auch tun sollen, nachdem DeCanza gestanden hatte? Mein Klient wird nächste Woche noch einmal vorgeführt, dann kommt es wegen der Steuerhinterziehung zu einem Deal. Fertig.«

»Agent White war gestern Nacht in meiner Wohnung und hat Wanzen angebracht.«

»White?«

»Ich bin ziemlich sicher.«

Ich zeigte ihm das Foto meiner versteckten Kamera.

»Da ist kein Gesicht zu erkennen. Man sieht praktisch nichts. Woher willst du wissen, dass es White ist?«

»Ich hab so ein Gefühl«, sagte ich und streckte die Hand aus. »Gib mal her. Ich zeige dir noch etwas anderes.«

Er reichte mir das Handy, ich rief meine Fotogalerie und das Bild des Mannes auf, den ich getötet hatte. Seitdem hatte ich keinen Blick mehr darauf geworfen. Sein Hals war voller Blut, die Messerwunde klar zu erkennen, weil er den Kopf geneigt hielt. Ich legte die Hand auf das Bild, damit Jim es nicht sehen konnte.

»Als Verteidiger von Lorca und seinen Freunden hast du sicher eine Menge Polizeifotos gesehen. Stimmt's?«

»Klar.«

»Wahrscheinlich kennst du auch Fotoalben mit FBI-Spitzeln und Leuten im Zeugenschutzprogramm. Zeug, das Leute wie ich für dich gesammelt haben. Oder das du von deinen Klienten bekommen hast.«

Jim stimmte zu, indem er das Kinn leicht senkte.

Ich reichte ihm das Handy. »Dann sag mir, ob du diesen Kerl schon mal gesehen hast.«

Er sah sich die Aufnahme an. Ich beobachtete, wie seine Augen sich beim Nachdenken hin und her bewegten. Dann tippte er zweimal auf das Display, schaltete das Telefon aus und reichte es mir zurück.

»Hast du das gerade gelöscht?«, fragte ich.

»So etwas solltest du nicht bei dir haben«, sagte er. »Glaub mir. Aber wo hast du es her?«

»Das spielt keine Rolle. Außerdem bist du gerade meiner Frage ausgewichen. Kennst du ihn oder kennst du ihn nicht?«

»Hast du das selbst aufgenommen?«

»Du kennst ihn, stimmt's?«

»Das kann ich nicht sagen, ohne meine Schweigepflicht zu brechen.«

»Also ja«, sagte ich. »Du kennst ihn.«

»Ist er tot?«, fragte Jim. Er nahm den Deckel von seinem Becher und trank einen Schluck Kaffee. »Denn tot wäre besser.«

»Wer ist er?«

Als er nicht antwortete, wiederholte ich meine Frage. Er schloss den Deckel wieder und stand auf. Dabei rollte sein Stuhl auf wackligen Rädern ein Stück zurück. Jim strich mit einer Hand seinen regennassen Mantel glatt.

»Ich gebe dir einen wirklich einfachen Rat, Lee«, sagte er. »Du hast doch darüber nachgedacht, die Stadt zu verlassen. Mach das. Geh in La Paz ein paar Fische angeln.«

»Und Mrs Gravesend?«

»Vergiss sie«, sagte er. »Fahr in den Süden. Heute noch.«

»Ich scheiße auf deine Schweigepflicht«, sagte ich und stand ebenfalls auf. Dann lockerte ich die Krawatte und knöpfte mein Hemd auf, sodass er die Würgemale an meiner Kehle sehen konnte. »Ich weiß, was sie mit mir vorhaben, und ich komme mit ihnen klar. Ich muss nur wissen, wer sie sind.«

»Dann ist er also tot?«

Ich nickte.

Ich wollte es nicht laut aussprechen, nicht mal hier, wo Jim und ich über alles Mögliche redeten. Dabei war der Kerl tot. Mit seinem Schildchen am Zeh war er für niemanden mehr eine Gefahr.

»Gut für dich«, sagte Jim. »Aber es gibt noch mehr von der Sorte. Verschwinde in den Süden. Und ruf mich eine Weile nicht an.«

Er verließ das Büro und ging durch die Werkstatt. Durch das mit Spinnweben überzogene Glas sah ich, wie sein Handy aufleuchtete, als er es sich ans Ohr hielt. Er wies seinen Fahrer an, ihn vor dem Gebäude abzuholen. Ich ließ ihm fünf Minuten Vorsprung, ehe auch ich hinausging. Auf der Straße war viel los, und ich hatte kein Interesse daran, dass mich jemand sah. Ich rief mir ein Taxi und sagte dem Fahrer, er solle nach Chinatown fahren. Nach Hause wollte ich nicht, aber im Vorbeifahren wenigstens einen Blick durch die Fenster werfen.

Ich verbrachte die Nacht in einem Hotel für Rucksacktouristen in North Beach. Von Chinatown nahm ich zunächst eine Straßenbahn, dann ein Taxi zur Fisherman's Wharf, ehe ich zu Fuß ins Hotel ging und mein Zimmer bar bezahlte. Das Bett war eher eine Pritsche, die Wände waren papierdünn und meine deutschen Nachbarn heftig verliebt. Es war mir egal. Dank eines unterwegs gekauften Reisenecessaires konnte ich mir die Zähne putzen, dann duschte ich, schaltete das Licht aus, legte mich ins Bett und betrachtete den Widerschein der Straßenlaternen an der Zimmerdecke. Lange vor meinen Nachbarn schlief ich ein.

Ich wachte auch vor allen anderen auf.

Als Erstes griff ich zum Handy und checkte den *Globe* und den *Chronicle*. Ich fand nichts Neues über den Mann, den ich getötet hatte, und nichts über Claire. Aber es gab einen kurzen Einspalter über Lorca. Die Regierung hatte freiwillig die Klage gegen Jims Klienten zurückgezogen, der sich im Gegenzug eines einzigen Falles von Steuerhinterziehung schuldig bekannte. Kein Wort über mich.

Ich ging hinunter zur Rezeption, bezahlte für eine zweite Nacht und fragte nach dem WiFi-Passwort. Dann besorgte ich mir in einem Drugstore Socken, Unterwäsche und T-Shirts zum Unterziehen. Einen Tag konnte ich die Hose und das Hemd aus Boston noch tragen, dann musste ich darüber nachdenken, in meine Wohnung zurückzukehren.

Als ich mich umgezogen hatte, nahm ich die Straßenbahn von North Beach über Nob Hill bis an die Kreuzung von Market und Powell Street. Dort stieg ich aus, fuhr die Rolltreppe hinunter und nahm den ersten BART-Zug zur Haltestelle Civic Center. Falls Claire in San Francisco ein *pied-à-terre* gekauft hatte, war die Kaufurkunde ein öffentliches Dokument, das auf Mikrofilm gespeichert und im Grundsteuerregister zu finden sein musste. Sie aufzuspüren würde nichts weiter erfordern, als an einem Terminal ihren Namen einzutippen, die richtige Mikrofilmrolle und die Bildnummer herauszusuchen und den Angestellten um die Rolle zu bitten. Falls sie das Haus unter ihrem eigenen Namen gekauft hatte, war damit alles erledigt. Sollte sie es allerdings über eine Gesellschaft erworben haben, würde ich es nie aufspüren, weil ich nicht wüsste, nach welchem Namen ich suchen sollte. Ohnehin beruhten all diese Annahmen nur auf der These, dass sie ein Haus gekauft hatte und dieses sich in San Francisco befand.

Aber Claire war nicht DeCanza oder Lorca, sondern eine Zwanzigjährige. Sie mochte in den letzten sechs Monaten ihres Lebens zunehmend verschwiegen gewesen sein, neigte aber laut ihrer Mutter von Natur aus nicht zu Heimlichkeiten. Ich ging also von der Haltestelle zur City Hall, drängte mich durch eine Schar von Demonstranten die Marmortreppe hinauf und betrat das Gebäude.

Als ich Zimmer 190 erreicht hatte, winkte die Archiv-Angestellte mir zu.

»Lee«, sagte sie. »Hao jiu bu jian.«

»Mae – lange nicht gesehen«, sagte ich. »Ich hatte viel zu tun. Wie geht's dir?«

»Viel Arbeit. Aber im Moment gerade nicht. Was brauchst du?«

»Ich suche nach einer Urkunde. Der Name lautet Claire Gravesend.«

Mae stand hinter dem Tresen, hatte vor sich aber ein Terminal stehen. Als sie den Namen eingetippt hatte, sah sie zu mir auf.

»Ist das die Verkäuferin oder die Käuferin?«

»Käuferin«, sagte ich. »Und es kann nicht lange her sein. Innerhalb der letzten beiden Jahre, wahrscheinlich sogar in den letzten sechs Monaten.«

»Okay«, sagte sie, drückte die Return-Taste und schaute erwartungsvoll auf ihren Monitor. »Einen Moment.«

Sie nahm ein Stück Papier aus einer Holzkiste, notierte eine Nummer, drehte sich um und ging ins Archiv. Ich lehnte mich über den Tresen, um einen Blick auf den Monitor zu werfen.

GRAVESEND, CLAIRE
DOK.NR. J5989874-00
ROLLE: K919 / BILD 0956
DATUM: 27.01.2019
URKUNDE

Mae kehrte mit einer Mikrofilmrolle aus dem Archiv zurück, wahrscheinlich Behälter K919, und legte sie auf den Tresen.

»Bild neun-fünf-sechs«, sagte sie. Die Lesegeräte standen hinter mir und waren im Moment alle unbesetzt. »Wenn du einen Moment Zeit hast, kann ich es dir auch ausdrucken.«

»Klar«, sagte ich. »Das wäre toll.«

Fünf Minuten später verließ ich mit einer Kopie von Claires Urkunde das Gebäude. Ich setzte mich draußen auf die Treppe, um sie zu lesen. Der Kaufpreis versteckte sich hinter den üblichen Formulierungen – sie hatte zehn Dollar bezahlt, plus eine beiderseits als angemessen empfundene Vergütung. Die Immobilie war unbelastet und wurde bar bezahlt. Das Haus ging sofort in ihren Besitz über und war allein auf ihren Namen eingetragen.

Die Adresse lag in der Baker Street. Auf meinem Handy rief ich den Stadtplan auf. Das Haus war einen Block vom Presidio entfernt, ungefähr am Fuß der Baker-Street-Treppe. Der Kauf musste einen guten Teil ihres kürzlich erhaltenen Geldes verschlungen haben. In den Hang gebaute Villen prägten die Gegend. Zypressen warfen ihre Schatten, es roch nach Eukalyptus, über das Presidio hinweg hatte man freie Sicht auf das Golden Gate. Ich faltete die Urkunde zusammen und steckte sie in die Tasche. Dann rief ich ein Taxi, ging hinunter zur Polk Street und wartete dort.

Ich bat den Fahrer, mich ans obere Ende der Lyon-Street-Treppe zu bringen. Ich wollte ihm Claires Adresse nicht verraten. Nach allem, was bei meinem letzten Besuch in einem ihrer Häuser passiert war, wollte ich so wenige Zeugen wie möglich. Im Moment war Mae der einzige Mensch, der eine Vorstellung davon hatte, wohin ich wollte.

Ich stieg aus, trat ans Geländer und sah nach unten. Die Stufen führten vom Broadway zur Vallejo Street. In der Mitte wurde die lange Treppe von einem steinernen Pavillon unterbrochen. Ein halbes Dutzend Jogger kamen mir die Stufen herauf entgegen. Ich war der Einzige hier, der keine bunten Leggins oder Kopfhörer trug. Als ich die Vallejo erreicht hatte, bog ich nach rechts und ging einen Block bis zur Baker Street. Claires Haus lag links, an der abfallenden Seite des Hügels. Es hatte drei Stockwerke, um das oberste herum verlief ein hölzerner Balkon. Die oberen Etagen waren mit Redwood-

Schindeln verkleidet, aber das Erdgeschoss war aus Steinen gemauert, Säulen flankierten den Eingang.

Es war das einzige Haus im ganzen Block ohne Blumenkästen, kunstvoll geschnittene Hecken oder sorgfältig gekappte Pflaumenbäume. Das Gebäude war in gutem Zustand, wurde aber nicht übermäßig gepflegt. Für Putzfrauen war Claire wohl zu sehr auf ihre Privatsphäre bedacht, für Gartenarbeit zu beschäftigt.

Ich ging den Hügel hinab und stieg die drei Stufen zu ihrem Eingang hoch. Ohne zu klingeln oder den bronzenen Türklopfer zu betätigen nahm ich den größeren der beiden Schlüssel und schob ihn problemlos ins Schloss. Er ließ sich widerstandslos drehen. Der Riegel glitt zurück, ich öffnete die Tür.

Die Eingangshalle roch, als wäre sie vor gerade mal fünf Minuten von einer Frau durchquert worden. Ein Hauch Parfüm, der Anflug einer Lotion. Sehr zart und schwer einzuordnen. Dann nahm ich ihn nicht mehr wahr. Ich zog die Schuhe aus und trat in die Küche. Die Arbeitsplatten waren leer. In den Abfalleimer war eine Mülltüte eingespannt. Ich hob den Deckel an und entdeckte einen leeren Becher Ramen-Nudeln, ein zusammengeknülltes Küchentuch und ein benutztes Paar Essstäbchen. Darunter lagen Werbesendungen, die einen Tag vor Claires Tod abgestempelt worden waren.

Ich musste an Boston denken, an das letzte Mal, dass ich ein Claire gehörendes Haus durchsucht hatte. Die zwanzig Sekunden, die mir zum Suchen einer Waffe geblieben waren, hatten mich gerettet.

In Boston hatte ich Glück gehabt. Jims Warnung war mir noch so präsent wie die Druckstellen an meinem Hals. Ich nahm mein Handy aus der Tasche und schaltete es aus. Dann zog ich die Schubladen in der Küche auf. Die meisten waren leer, aber eine enthielt die Grundausstattung: Besteck, Pfannenwender, ein billig aussehendes Kochmesser. Claire hatte sich hier nicht zu Hause fühlen wollen, sondern sich nur das Notwendigste besorgt, wahrscheinlich auf einem kurzen Besuch der Grant Street mit ihren chinesischen Haushaltswarenläden.

Ich nahm das Messer, dann durchsuchte ich den Rest des Hauses.

Sämtliche Möbel im Wohnzimmer waren mit weißen Laken bedeckt. Ein ähnliches Bild bot sich im Esszimmer, von dem aus man die Baker Street überblickte: Der Esstisch und die Stühle mit ihren hohen Lehnen waren ebenfalls verhüllt.

Laut Kaufurkunde hatte Claire das Haus aus einem Nachlass gekauft. Die Erben mussten alles, einschließlich der Möbel, abgestoßen haben. Bei diesem Gedanken fiel mir ein, dass ich Olivia von dem Haus erzählen musste. Wenn ich sonst schon nichts vorzuweisen hatte, sollte sie wenigstens von den Vermögenswerten erfahren. Ich überlegte, wie ich die Herkunft der Kaufsumme zurückverfolgen konnte, damit Olivia Anspruch auf das erheben konnte, was von den zwanzig Millionen noch übrig war. Dann ging ich nach oben und öffnete die erstbeste Tür.

Es war ein Gästezimmer. Neben dem Bett stand ein Stuhl, auf dem eine Jeans mit schmal geschnittenen Beinen lag. Über dem Stuhlrücken hing ein schwarzes T-Shirt. Neben einem kleinen Koffer auf dem Boden standen Sandalen. Auf dem Bett lag eine schwere Daunendecke. Mein Blick folgte den Umrissen unter der Decke bis zu dem blonden Haarschopf auf dem Kissen. Der Anblick musste mir ein Geräusch entlockt haben – ein Keuchen, ein oder zwei hastig ausgestoßene Worte. Davon wurde sie wach.

Claire Gravesend setzte sich im Bett auf und schlug die Decke zur Seite. Noch mit geschlossenen Augen massierte sie mit den Fingern ihre Schläfe.

Sie trug einen BH und einen Slip. Als sie die Beine auf den Boden schwang und sich vorbeugte, sah ich die paarweise längs ihrer Wirbelsäule verlaufenden Narben. Als hätte irgendjemand sie am Boden festgehalten und auf ihrer Haut Zigarren ausgedrückt. Kiste für Kiste.

Sie war es. Es konnte niemand anders sein. Ihre Figur, ihr Gesicht, ihre Haare. Und jetzt auch noch die Narben.

Claire Gravesend.

Ich hatte sie in der Turk Street gefunden, hatte die Finger an ihren Hals gelegt und keinen Puls gespürt. Ihre Autopsiefotos würde ich nie vergessen: ihr Körper aus allen möglichen Blickwinkeln, entkleidet, mit einem Schlauch gereinigt und nackt auf einen Stahltisch gelegt. Ihr geöffneter Brustkasten mit der zur Seite geklappten Haut. Ihre entfernte Schädeldecke, ihr auf einer dreizehnhundertundfünfzig Gramm anzeigenden Obstwaage liegendes Gehirn.

Jetzt sah sie auf, unsere Blicke begegneten sich.

Sie zog sich die Decke bis zum Hals hoch. Ihr Schrei – als er endlich kam – war so schrill, dass ich das Messer fallen ließ. Ich ging ganz ins Zimmer hinein und trat die Tür hinter mir zu. Dann hockte ich mich hin und schob das Messer hinter meinen Rücken. Außerhalb ihrer Sichtweite, aber so, dass ich im Notfall danach greifen konnte.

»Claire«, sagte ich. »Claire … alles in Ordnung.«

Aber sie schrie und schrie einfach weiter.

13

»Claire!«

Ich nannte ihren Namen jetzt zum dritten Mal, endlich schien ich zu ihr durchzudringen.

Fünf endlose Sekunden lang starrten wir uns nur an. Sie hatte zu schreien aufgehört, glücklicherweise. Das Haus war groß und die Fenster wahrscheinlich doppelverglast. Aber auf dem Stück Baker Street, auf dem wir uns befanden, waren in Häusern schreiende Frauen nicht vorgesehen. Zumindest nicht, wenn sie laut schrien.

»Claire ist tot«, flüsterte sie.

»Und wer sind Sie?«

»Madeleine.«

»Gravesend?«

Sie schüttelte den Kopf.

»Adair«, sagte sie. »Madeleine Adair.«

Das musste wohl die Wahrheit sein. Was immer ich in meinem Schockzustand geglaubt hatte: Die Gerichtsmedizinerin hatte Claire anhand ihrer Fingerabdrücke identifiziert. In Kalifornien wurden die Abdrücke genommen, sobald man einen Führerschein beantragte. Es gab keinen Zweifel, dass die junge Frau, die ich auf der Turk Street entdeckt hatte, Claire Gravesend gewesen war. Das lag außerhalb jeder Diskussion. Und dass sie wiederauferstanden war, konnte ich nicht glauben.

»Was sind Sie?«, fragte ich. »Ihre Zwillingsschwester?«

»Ich weiß es nicht«, sagte sie und schüttelte den Kopf. »Es ist schwer zu erklären.«

»Ich habe den ganzen Tag Zeit.«

»Aber nicht, solange ich nichts anhabe.«

Während sie sich anzog, wartete ich vor der Tür. Bevor ich das Zimmer verlassen hatte, hatte ich knapp erklärt, wer ich war und warum ich den Schlüssel zu Claires Privathaus hatte: ein Privatdetektiv, der für Olivia Gravesend arbeitete und die Schlüssel von ihr bekommen hatte.

Hier draußen im Flur wurde mir plötzlich klar, dass ich das Messer im Zimmer gelassen hatte. Ich war immer noch durcheinander und verhielt mich, als könnte die Frau im Gästezimmer nicht gefährlich sein – bloß, weil sie Claires Ebenbild war. Aber genau das konnte Grund genug sein, sie zu fürchten. Ich hatte Claire nie lebend gesehen. Trotzdem hatte ich den Eindruck, dass Madeleine Adair in der Lage wäre, jeden hinters Licht zu führen, einschließlich Olivia Gravesend. Das wäre der Zweihundert-Millionen-Dollar-Trick, solange die echte Claire Gravesend nicht auf der Bildfläche erschien. Für eine oder zwei Sekunden erschien mir diese Theorie einleuchtend, nicht länger. Denn Madeleine mochte zwar einen Grund gehabt haben, Claire zu ermorden. Um den Platz der Millionenerbin einnehmen zu können, hätte sie die Leiche aber nicht auf einer öffentlichen Straße deponieren dürfen.

Ich hatte keine Minute für diese Gedanken, dann öffnete sich die Tür. Madeleine kam in Jeans, T-Shirt und Sandalen zum Vorschein. Sie hielt das Messer in der rechten Hand, die Klinge nach unten und dicht am Oberschenkel. Über der Schulter hing eine Tasche, die Haare waren mit überkreuzten Ebenholzstäbchen hochgesteckt. Als sie sich umdrehte, um die Tür zu schließen, sah ich die Narben in ihrem Nacken.

»Sie waren in Boston«, sagte ich. »Am Tag, als Claire gestorben ist, haben Sie an ihre Haustür geklopft.«

»Haben Sie mich beobachtet?«

»Lassen Sie uns runtergehen«, schlug ich vor. »Wir können uns in der Küche unterhalten.«

Sie nickte, rührte sich aber nicht. Stattdessen wartete sie, dass ich voranging, weil sie mich auf der Treppe nicht in ihrem Rücken haben wollte. Ich ging voran, sie folgte. Hätte sie gewollt, wäre es kein Problem gewesen, mich bei den Haaren zu packen, meinen Kopf nach hinten zu reißen und mir die Kehle durchzuschneiden. Aber als wir die Küche betraten, lebte ich noch.

Ich zog mir einen Hocker heran, setzte mich an die Kücheninsel und legte beide Hände sichtbar vor mich hin. Sie blieb neben dem Herd stehen. Hinter ihr waren die Waschküche und der Hinterausgang, von dem eine Holztreppe hinunter in den kleinen Garten führte. Ohne mich eine Sekunde aus den Augen zu lassen, ging Madeleine rückwärts durch die Waschküche zur Tür, schloss auf und öffnete sie. Aber sie drehte sich nicht um und lief nicht weg. Es ging ihr nur um den freien Weg zum Notausgang, falls sie ihn brauchen würde. Sie kehrte zurück und stellte sich auf die andere Seite der Kücheninsel, das Messer in der Hand.

»Danke, dass Sie geblieben sind«, sagte ich.

Sie nickte, sagte aber kein Wort.

»Ich möchte bloß begreifen, was Claire zugestoßen ist«, sagte ich. »Wir wollen dasselbe.«

»Vielleicht.«

»Wie lange kannten Sie Claire?«

»Zwei Jahre. Wir sind uns gleich nach ihrem Umzug nach Boston begegnet.«

»Wie kam es dazu?«

Sie nahm das Messer von der rechten in die linke Hand und drückte die Klinge gegen die steinerne Arbeitsfläche.

Durch die offene Hintertür hörte ich die Vögel im Garten singen.

»Ich arbeite im Harvard Book Store«, sagte sie und begegnete meinem Blick. Ihre Augen waren hellgrau, im selben Farbton wie Claires. »Vor zwei Jahren stand sie plötzlich vor mir und fragte, wo sie die Bücher von Oliver Sacks finden könne. Wir musterten uns von oben bis unten und beschlossen, stattdessen etwas trinken zu gehen.«

Ihr Akzent klang nach dem Mittleren Westen. Sie mochte von Boston nach San Francisco gekommen sein, aber ich hätte darauf gewettet, dass sie vorher in Minnesota gelebt hatte. Jedenfalls klang sie kein bisschen wie Olivia Gravesend, deren unbestimmbarer Tonfall zu einem Yankee aus Connecticut passte, der in einem Chalet in Gstaad aufgewachsen war.

»Haben Sie auch studiert?«, fragte ich.

»Ja, als wir uns begegnet sind. Aber ich habe vor einem Jahr meinen Abschluss gemacht. Am Emerson College, nicht in Harvard.«

»Dann sind Sie älter als Claire?«

»Drei Jahre, soweit wir es nachvollziehen konnten.«

»Was ist so schwer daran?«, fragte ich. »Sie nehmen Ihr Geburtsjahr und ziehen Claires davon ab. Claire wurde am 29. Dezember …«

»Ich habe schon gesagt, dass es schwer zu erklären ist. Wenn man einen näheren Blick darauf wirft … wann und wo wir geboren wurden … dann wird es seltsam.«

»Das verstehe ich nicht.«

»Ich auch nicht«, sagte Madeleine. Mit ihrer freien Hand rieb sie sich den Ellbogen, knetete ihn geradezu, als müsse sie fest zudrücken, um an die Wurzel des Schmerzes zu gelangen. »Aber ich glaube, dass Claire dahintergekommen ist.

Sie hat mir ein Flugticket und den Schlüssel zu diesem Haus geschickt. Sie sagte, wir müssten reden. Ich bekam den Brief an dem Tag, an dem sie gestorben ist. Zufällig hab ich ihr Foto online gesehen. Ich wusste nicht, was los war. Deswegen ging ich zu ihrem Haus – dem in Beacon Hill, in Boston –, aber sie war nicht da. Ich hab vermutet, es wäre ein Irrtum.«

»Haben Sie an eine Verwechslung geglaubt?«

»Wenn es zwei von uns gab, warum nicht auch drei?«, sagte Madeleine, als würde dieser Gedanke alles erklären. »Also flog ich nach San Francisco, aber sie tauchte nicht auf. Irgendwann musste ich mir eingestehen, dass Claire die Tote war. Keine Dritte oder Vierte oder Wievielte auch immer.«

Wahrscheinlich hatte Madeleine im Flugzeug gesessen, während ich mit der Nanny sprach, die sie an Claires Tür hatte klopfen sehen. Während ich im Park der Blutspur des Mannes gefolgt war, den ich getötet hatte, war sie vermutlich hier im Haus gewesen, um auf eine Frau zu warten, die niemals zurückkehren würde.

»Warum sollten Sie herkommen?«, fragte ich. »Was stand in dem Brief?«

»Wie gesagt – sie wollte reden. Ich dachte, sie hätte endlich etwas herausgefunden. Aber ich weiß noch immer nicht, was es war.«

»Das ergibt alles keinen Sinn.«

»Das hab ich doch gleich gesagt. Nichts ergibt Sinn, wenn es um uns beide geht.«

»Sie sind sich also im Buchladen begegnet, haben sich angeschaut und beschlossen, etwas trinken zu gehen«, rekapitulierte ich.

»Was würden Sie tun, wenn Ihnen plötzlich Ihr Doppelgänger gegenübersteht?«

Natürlich wäre ich etwas trinken gegangen. Aber vielleicht hätte ich mein Spiegelbild nicht mitgenommen. Allein zu trinken wäre schon übel genug gewesen.

»Worüber haben Sie geredet?«, fragte ich.

»Wir haben uns ein stilles Eckchen gesucht«, sagte Madeleine. »Wo wir für uns sein konnten. Gleich als Erstes hob sie ihre Haare an und zeigte mir die Narben. Meine hatte sie schon gesehen. Ich hab nie versucht, sie zu verstecken. Claire schon.«

Ich dachte daran, wie Olivia Gravesend mich abgebügelt hatte, als ich die Narben erwähnt hatte.

»Ihre Mutter hat sich wegen der Narben geschämt«, sagte ich. »Anscheinend hat es irgendwann auf sie abgefärbt.«

»Dann hat sie die Narben anfangs wegen ihrer Mutter versteckt«, sagte Madeleine. »Und irgendwann wurde es ihr zur zweiten Natur.«

»Was hat sie Ihnen dazu erzählt?«, fragte ich.

»Gar nichts, im Gegenteil. Sie wollte hören, was ich darüber wusste.«

»Und was haben Sie gesagt?«

»Dasselbe, was ich allen sage, die danach fragen. Dass ich sie schon immer hatte. Als ich das erste Mal im Badezimmer einen Handspiegel benutzt habe, um meinen Rücken zu sehen, waren sie da.«

»Aber Ihre Eltern …«

»Ich bin in Pflegefamilien aufgewachsen«, sagte Madeleine. »In Seattle, und später in St. Paul. Meine Eltern haben mich adoptiert, als ich acht war. Fragen Sie bei ihnen nach. Ich weiß mehr über die Narben als sie. Und ich weiß nichts.«

»Wer sind Sie dann wirklich?«, fragte ich.

»Wenn Claire noch leben würde, könnten Sie ihr dieselbe

Frage stellen. Oder fragen Sie einfach ihre Mutter. Sie glauben doch nicht wirklich, dass Olivia Gravesend Claire geboren hat, oder? Claire hat es jedenfalls nicht geglaubt.«

Madeleine hatte recht. Natürlich. Ich hatte die äußerlichen Unterschiede registriert, aber nicht hinterfragt. Olivia Gravesend und ihre Tochter sahen sich kein bisschen ähnlich. Olivia war kleiner, ihre Nase spitzer. Sie hatte die dunklen Haare der Gravesends, die mir auf Porträts in zweien ihrer Häuser begegnet waren. Offenbar reichten die rabenschwarzen Haare der Familie bis ins 18. Jahrhundert zurück. Olivia hatte erklärt, sie habe Claires Vater nicht geheiratet und Claire habe ihn nie kennengelernt. Beide Behauptungen mochten stimmen und mich gleichzeitig bewusst in die Irre geführt haben. Ich hatte es für selbstverständlich genommen, dass Olivia den Vater ihrer Tochter gekannt hatte, wenn auch vielleicht nur für eine Nacht. Vielleicht war sie ihm nie begegnet.

»Aber Sie stehen jetzt vor mir«, sagte ich. »Wer sind Sie?«

Mit ihrer freien Hand griff sie sich in den Nacken. Ich war nicht sicher, aber vielleicht berührte sie eine ihrer Narben.

»Mich hat das alles nicht interessiert, bis ich Claire begegnet bin«, sagte sie. »Ich hatte genug damit zu tun, irgendwie klarzukommen.«

»Und Claire hat das geändert?«

»Ich war einundzwanzig. Alt genug, um beim Staat Washington nach meiner Geburtsurkunde nachzufragen. Also schrieb ich ans Gesundheitsministerium. Falls meine leiblichen Eltern nicht ausdrücklich auf Anonymität bestanden hatten, stand es mir zu, ihre Namen zu erfahren.«

»Und?«

»Ich bekam eine Urkunde«, sagte sie. »Darin steht unter Geburtsort und Wohnsitz die katholische Kirche St. John in

Yakima. Wo die Namen meiner Eltern hätten stehen sollen, heißt es *Findelkind.*«

»Dann wurden Sie in einer Kirche ausgesetzt.«

»Laut Urkunde am 31. Oktober 1996«, sagte Madeleine. »Aber die Urkunde wurde am 31. Oktober 1999 ausgestellt. Was bedeutet, dass der Gesundheitsbeamte mich auf drei geschätzt hat.«

»Welcher Gesundheitsbeamte?«

»So ist es in Washington gesetzlich geregelt. Wenn jemand ein ausgesetztes Kind findet, muss er die Polizei rufen. Die bringt das Kind zum örtlichen Gesundheitsbeamten, der per Schätzung ein Geburtsdatum festlegt. Dann füllt er eine Findlingsurkunde aus.«

»Wer hat Ihnen den Namen Madeleine gegeben?«

»Der Gesundheitsbeamte, von Rechts wegen«, sagte sie. »Vielleicht war es der Vorname seiner Mutter. Bei der Adoption erhielt ich eine neue Geburtsurkunde. Ich wurde zu Madeleine Adair. Vorher war ich Madeleine St. John.«

»Nach der Kirche, in der Sie gefunden wurden.«

Sie nickte.

»Sie erinnern sich an nichts davon?«

»An nichts«, sagte sie. »Jedenfalls an nichts Konkretes. Ich erinnere mich, dass ich auf einem Bett gesessen und auf einen blauen Vorhang gestarrt habe. Eine Frau saß neben dem Bett auf einem Stuhl. Ich erinnere mich auch, dass ich wusste, dass es zu spät abends war. Ich hätte schlafen sollen, aber ich war wach. Immer wieder kamen Leute durch den Vorhang. Ich hatte Angst und dachte, ich könnte in Schwierigkeiten geraten.«

»War das im Krankenhaus?«, fragte ich. »Wo Sie von der Kirche aus hingebracht wurden?«

»Wahrscheinlich.«

»Und sonst?«

»Ich erinnere mich an eine Autofahrt. Ich glaube, dass ich zum allerersten Mal in einem Auto saß. Es war nachts, die Windschutzscheibe war voller Insekten – *klatsch, klatsch* –, alles ging furchtbar schnell.«

»Aber wer am Steuer saß, wissen Sie nicht?«

Sie schüttelte den Kopf.

»Was glauben Sie, wie oft ich versucht hab, mich an das Gesicht zu erinnern? Wie oft ich mich an der Highschool betrunken, auf den Boden gelegt und zugeschaut hab, wie die Decke sich drehte, immer mit dem Gedanken, dass ich mich vielleicht diesmal erinnern könnte?«

»Ich kann es mir vorstellen.«

»Claire hat versucht, mich durch die Erinnerung hindurchzuführen, meinem Gedächtnis auf die Sprünge zu helfen. Einmal hat sie mich von meiner Wohnung in Boston abgeholt. Um drei Uhr morgens klopfte sie, bis ich wach wurde. Ich sollte runterkommen und in ihr Auto steigen, dann hat sie mich aus der Stadt hinaus und in den Wald gefahren. Es war Frühling, sie nahm eine kurvige Nebenstraße an einem Flüsschen und fuhr sehr schnell, damit die Eintagsfliegen gegen die Scheibe klatschten. Ich weinte, weil ich mich nicht erinnerte und weil ich wusste, wie sehr sie darauf hoffte.«

»Und Claire?«, fragte ich. »Hatte sie nicht auch eine Geburtsurkunde?«

Madeleine nickte. Wieder rieb sie sich den Ellbogen.

»Ich habe oben eine Kopie. In meinem Koffer. Demnach wurde sie am 29. Dezember 1999 geboren. Auf Saint Thomas.«

»Auf den Jungferninseln?«

»Ja.«

»War sie auch ein Findelkind?«

»Laut Urkunde nicht«, sagte Madeleine. »Olivia Gravesend wird als Mutter aufgeführt. Vater unbekannt.«

Wenn alles, was Madeleine mir erzählt hatte, zutraf, war sie selbst also in einer Kirche in Yakima ausgesetzt worden. Drei Jahre später war Olivia in die Karibik geflogen und hatte ein Mädchen zur Welt gebracht, das Madeleine äußerlich bis aufs i-Tüpfelchen glich, einschließlich der Narben. Ich versuchte mir einen Grund vorzustellen, warum eine schwangere Milliardärin, die sich jedes Krankenhaus der Welt leisten konnte, für ihre Niederkunft ausgerechnet in die Karibik flog.

»Ich bin Olivia Gravesend nie begegnet«, riss Madeleine mich aus meinen Gedanken. »Aber ich kenne Fotos von ihr. Was glauben Sie?«

Ich antwortete nicht, schließlich war Olivia meine Klientin. Was ich über sie dachte, war Privatsache. Wenn es zur Sprache kam, dann nur unter uns beiden.

»Falls Claire nicht mit Olivia verwandt war«, fragte ich stattdessen, »stammten Sie beide dann vielleicht aus derselben Familie?«

»Wir glaubten, es reichte noch weiter«, sagte Madeleine. »An dem Tag, an dem wir uns kennenlernten und nachher in der Bar waren, gingen wir später zu ihr nach Hause und bestellten online einen DNA-Verwandtschaftstest. Als er nach drei Tagen kam, rief sie mich an. Wir haben uns gegenseitig beobachtet, wie wir die Abstriche machten, und die Tests dann per FedEx zurückgeschickt. Eine Woche später bekamen wir das Ergebnis. Wir waren dieselben.«

»Dieselben?«

»Das Labor hat siebenhunderttausend Gene verglichen. Alle stimmten überein.«

»Was bedeutet das?«

»Dass wir identisch sind«, sagte Madeleine. »Eineiige Zwillinge. Es gab ein Ei, das von einem Spermium befruchtet wurde. Die Zygote teilte sich, wir wurden zu dem, was wir sind – dieselben.«

»Das ist unmöglich. Jedenfalls, wenn Sie wirklich drei Jahre älter sind als Claire.«

Sie schüttelte den Kopf, sobald ich mit meinem Einwand losgelegt hatte.

»Man kann Embryonen einfrieren«, sagte sie. »Man kann sie über Jahre auf Eis legen. Über Jahrzehnte. Und sie dann einsetzen. Wir können also aus derselben Zygote stammen. Ich wurde als Erste eingesetzt, Claire blieb im Gefrierschrank. Wir können von derselben Mutter geboren worden sein oder auch von zwei verschiedenen. Von Leihmüttern höchstwahrscheinlich.«

Sie stand mir gegenüber, eine Hand auf die Hüfte gestützt, in der anderen das Messer, mit dem sie gegen die Kücheninsel tippte. Sie ließ mich nicht aus den Augen.

»Sie nehmen mich nicht auf den Arm, oder?«, fragte ich. »Sie beide haben sich ausführlich damit beschäftigt. Und wirklich geglaubt, dass es so war.«

»Ich hab Ihnen doch gesagt, dass es kompliziert ist mit uns.«

Ich konnte nicht widersprechen. Auf jeden Fall machte sie mein Leben komplizierter. Ich wollte das, was sie mir gerade erzählt hatte, verifizieren, was mich Stunden am Computer und am Telefon kosten würde. Ich wollte nach Carmel fahren und mit Olivia Gravesend sprechen. Weder beim einen noch beim anderen wollte ich Madeleine dabeihaben. Aber gleichzeitig konnte ich sie nicht allein lassen. Falls sie weglief, wäre das noch schlimmer, als sie bei mir zu haben.

14

»Was machen wir jetzt?«, fragte sie.

Ich schaute auf meine Armbanduhr und auf ihr Messer.

»Wenn Sie mir so weit trauen, dass Sie das weglegen, könnten wir etwas essen gehen.«

Sie öffnete den Reißverschluss ihrer Handtasche und steckte das Messer ein. Es war so lang, dass der Griff ein Stück herausschaute.

»Kompromiss«, sagte sie.

»Okay.«

Wir hätten zu Fuß zu einem Restaurant auf der Chestnut Street gehen können, hielten es aber beide nicht für besonders klug, wenn Madeleine in diesem Viertel herumlief. Falls Claire hier Bekannte hatte, würden sie inzwischen wahrscheinlich wissen, dass sie tot war. Ihr Auftauchen würde mehr als nur ein Stirnrunzeln auslösen. Also rief sie ein Taxi. Ich setzte mich auf den Beifahrersitz, sie sich nach hinten. Die Handtasche lag auf ihrem Schoß, ihre Finger berührten den Messergriff.

In einem Café bestellten wir Sandwiches und Mineralwasser und setzten uns an einen Tisch im hinteren Teil des Raums.

»Weiß Olivia von Ihnen?«

»Himmel, nein«, sagte Madeleine. »Claire hat ihr nichts von alledem gesagt.«

»Hatte sie Angst, ihr Erbe zu verlieren, wenn sie zu viel Straub aufwirbelte?«

»So hat sie es nie ausgedrückt.«

»Wie denn?«

»Mutter ist sensibel«, sagte Madeleine. *»Ich darf sie nicht aufregen.«*

Bei ihrer Imitation von Claires Stimme wich Madeleines lässige Sprechweise einem Gravesend-Tonfall, der vielleicht nicht nach Alter Welt, aber nach Altem Geld klang. Ich dachte an die Last des Reichtums, die Claire ständig mit sich herumgeschleppt hatte. Sicher hatte er ihre Möglichkeiten immens erweitert, aber er musste auch eine unsichtbare Grenze um sie gezogen haben. Sie musste immer damit rechnen, als leichte Beute betrachtet zu werden.

»Also ging es ums Geld«, sagte ich.

»Ich weiß nicht.«

»Was ist mit Ihrem Arm?«, fragte ich. »Sie reiben sich ständig den Ellbogen.«

»Nichts Besonderes«, sagte sie, zog ihre Hand weg und legte sie auf den Tisch. »Arthritis. Die habe ich schon lange.«

»Arthritis?«, fragte ich. »Ich wusste nicht, dass man die in Ihrem Alter bekommen kann.«

»Claire hatte dasselbe Problem. Also sind wir schon zwei.«

»Gibt es noch mehr gesundheitliche Probleme, die Sie gemeinsam hatten?«

»Eine Sehschwäche«, sagte Madeleine. »Ich trage Kontaktlinsen, aber sobald es etwas dunkler wird, brauche ich eine Lesebrille.«

»Und Claire?«

»Sie hat sich die Augen lasern lassen. Von einem Spezialisten in Tokio.«

»Und sonst?«

Sie schüttelte den Kopf. Letztlich war es sowieso egal, weil ich nicht wusste, was ich mit den Informationen anfangen sollte. Also wechselte ich das Thema.

»Weiß Olivia von dem Haus in San Francisco?«, fragte ich.

»Ich dachte, sie hätte Ihnen die Schlüssel gegeben.«

»Für das Haus in Boston«, räumte ich ein. »Ich war dort und habe in Claires Schreibtisch Schlüssel entdeckt. Mit Olivia habe ich noch nicht darüber gesprochen. Hat Claire ein Geheimnis aus dem Haus hier gemacht?«

»Bevor ich ihren Brief erhalten habe, wusste ich nichts davon«, sagte Madeleine. Sie schnitt ihr Sandwich in mehrere Teile und pickte mit der Gabel daran herum. »Warum?«

»Es geht mir um Claires Gemütszustand«, sagte ich. »Ich will wissen, wie sie sich in der letzten Zeit verhalten hat.«

Was zum Teil stimmte. Aber außerdem wollte ich wissen, ob ihr Haus ein sicherer Aufenthaltsort war. In meiner Wohnung wollte ich nicht schlafen, solange sie verwanzt war. Und Madeleine sollte nicht in Claires Haus schlafen, falls die Möglichkeit bestand, dass auch dort mitten in der Nacht ein maskierter Mann eindrang.

»Glauben Sie, dass sie gesprungen ist?«, fragte Madeleine.

Um ehrlich zu sein, wusste ich zu diesem Zeitpunkt nicht im Geringsten, was ich glaubte.

»Glauben Sie es?«, fragte ich.

»Das hätte sie nie getan«, sagte Madeleine und schüttelte voller Überzeugung den Kopf. »Sie war der Antwort nahegekommen und wollte mit mir darüber reden. Sie war zwar von dem Thema besessen, aber nicht so, dass sie durchgedreht wäre. Sie wollte einfach wissen, woher sie kam.«

»Das klingt, als sei es ihr deutlich wichtiger gewesen als Ihnen.«

»Warum auch nicht«?«, fragte Madeleine. »Ich bin mit Eltern aufgewachsen, von denen ich wusste, dass sie nicht meine leiblichen waren. Ich trug einen angenommenen Nachnamen.

Meine Vergangenheit war eine Blackbox. Ich musste nicht lernen, das zu akzeptieren, es war einfach immer so gewesen. Aber für Claire …«

»Wie war es für Claire?«

»Bei ihr lief alles wie am Schnürchen, ihr Leben war perfekt. Bis sie in einen Buchladen ging und mir plötzlich gegenüberstand.«

»Aber Sie wissen nicht, worauf Claire gestoßen ist, oder?«

»Nein.«

»Wie reagieren Sie unter Stress? Wenn es nicht gut läuft, wie gehen Sie damit um?«

»Sie wollen wissen, ob ich darüber nachdenke, mich umzubringen. Sie denken, wenn Claire und ich Zwillinge waren und gemeinsame charakterliche Veranlagungen hatten, könnten wir auf dieselbe Weise reagieren.«

»So ungefähr.«

»Ich hatte niemals Selbstmordgedanken«, sagte Madeleine. »Obwohl ich es nie leicht hatte. Für mich gab es weder Hausangestellte noch einen schnellen Flug nach Europa, um meine Probleme mal aus einer anderen Perspektive zu betrachten.«

Zum wiederholten Mal betonte sie die unterschiedlichen Verhältnisse, in denen sie und Claire aufgewachsen waren. Ich fragte mich, was dahintersteckte. Eifersucht muss keine Konsequenzen nach sich ziehen, Pläne sind längst keine Taten. Trotzdem hätte sie ein unbestreitbares Motiv gehabt – und dank ihrer Ähnlichkeit mit Claire auch die Möglichkeit. Vielleicht hatte sie einfach überlegt, Claire auszulöschen, an ihre Stelle zu treten und ihre Millionen zu kassieren. Aber es konnte auch komplizierter gewesen sein, vielleicht gab es Aspekte, die mir noch gar nicht in den Sinn gekommen waren. Ich musste vorsichtig sein.

Ich griff zum Handy und hielt es so, dass sie nicht aufs Display schauen konnte.

»Sorry, ich muss einen dringenden Anruf erledigen.«

Ich stand auf und ging nach draußen, ohne mich noch einmal umzudrehen. Auf dem Bürgersteig, mit dem Rücken zum Fenster rief ich meine Quelle in der Mordkommission an. Beim fünften Klingeln meldete Elijah sich mit belegter Stimme. Normalerweise verließ er die Hall of Justice erst um sieben Uhr morgens.

»Crowe.«

»Ja«, sagte ich. »Du und Jeremiah könnt diese Woche ein bisschen Extrageld verdienen, wenn ihr wollt.«

Elijah und sein Bruder teilten sich eine Wohnung über dem Haushaltsgeräteladen ihres Onkels auf der Mission Street. Im Gegensatz zu Elijah arbeitete Jeremiah tagsüber, was bedeutete, dass sie sich manchmal einen Monat lang nicht sahen. Sie kommunizierten über Notizzettel am Kühlschrank. Wenn sie für mich Überwachungsaufträge erledigten, reichten ein paar Zettel, ein Lieferwagen und eine gemeinsam genutzte Monatskarte, um eine Rund-um-die-Uhr-Observierung zu gewährleisten.

»Was für eine Art Job?«

»Es geht um eine Frau in Pacific Heights«, sagte ich. »Sie muss beobachtet werden.«

»Was springt dabei rum?«

»Zweitausend pro Woche.«

»Für jeden?«

»Genau«, sagte ich. Es war sechsmal mehr, als ich ihnen je bezahlt hatte, deshalb wurde Elijah nachdenklich.

»Bei der Summe geht's nicht nur um eine Observierung.«

»Sie steckt eventuell in Schwierigkeiten«, sagte ich. »Ihr

würdet sie also nicht nur beobachten, sondern auch auf sie aufpassen.«

»Wann soll es losgehen?«

»In einer Stunde sind wir im Haus zurück«, sagte ich. »Ich lasse sie dort, dann könnt ihr übernehmen. Aber sie braucht nichts von euch zu wissen. Ihr folgt ihr, falls sie das Haus verlässt.«

Ich nannte ihm die Adresse, wir legten auf. Als ich zurück ins Café kam, ging ich zu unserem Tisch. Madeleine war nicht durch die Hintertür verschwunden. Sie starrte auf das zerlegte Sandwich auf ihrem Teller und kaute auf ihrer linken Wange herum. Erst als ich mich ihr gegenübersetzte, sah sie auf.

»Wir hatten über Selbstmord gesprochen«, sagte Madeleine. »Ob es dafür eine genetische Disposition gibt. Keine Ahnung, ob es erblich ist oder nicht, aber ich kann ihnen etwas anderes sagen.«

»Nämlich?«

»Claire hatte Höhenangst. Wenn sie einen gläsernen Aufzug benutzte, stellte sie sich in die Mitte und starrte auf den Boden. Bei offenem Fenster hätte sie sich nie gegen die Fensterbank gelehnt. Sie träumte vom Fallen. Die Art Träume, in denen man kurz vor dem Aufprall schweißgebadet wach wird.«

Ich dachte an Claires Zimmer in der Villa in Carmel, dessen Fenster direkt über den Klippen hing. Ich malte mir ein kleines Mädchen aus, das nachts um drei aufwachte, wenn jedes Anbranden der Wellen das Haus mit einem leichten Zittern erfüllte. Sie konnte unmöglich ausgeblendet haben, wie hoch über den Felsen sie sich befand und wie verletzlich sie dort oben war.

»Sie beide müssen sich oft unterhalten haben.«

»Ständig.«

»Wie ist es bei Ihnen? Haben Sie auch Höhenangst? Und solche Träume?«

Sie nickte.

»Wenn Sie also ausgehend von mir und meinem Verhalten irgendwelche Schlüsse ziehen wollen, sollten Sie einen Punkt beachten. Falls ich mich umbringen wollte, wäre mir alles lieber als springen. *Alles.* Ich würde mir eher Benzin über den Kopf schütten und ein Streichholz anzünden. Ich würde Rattengift schlucken. Ich würde einen Schlauch vom Auspuff in den Wagen leiten. Aber springen würde ich nie.«

Allerdings waren zu allen Alternativen, die Madeleine aufgezählt hatte, irgendwelche Hilfsmittel nötig. Das Besorgen von Hilfsmitteln bedeutete Vorsatz. Man musste Benzin kaufen, sich die Streichhölzer besorgen und überlegen, wie man mit den starken Schmerzen umgehen konnte. Man musste das richtige Gift kaufen und es nicht nur schlucken, sondern auch unten behalten. Man musste für einen Schlauch, ein Auto ohne Katalysator und einen ruhigen Parkplatz sorgen. Was das Springen betrifft, sieht es für Stadtbewohner deutlich anders aus. Ein vorübergehender Impuls reicht völlig aus. Es gibt Millionen Fenster, Dächer und Parkhäuser. Es gibt Brücken, die sich verlockend über dunkle Gewässer spannen.

In der Stadt sind die Gelegenheiten allgegenwärtig. Das ist es, was Springer von den meisten anderen Selbstmördern unterscheidet. Sie sind impulsiver. Sie werden von Stimmen geplagt und zur Verzweiflung getrieben. Diejenigen, die lange genug überleben, um in der Notaufnahme zu landen, sagen alle dasselbe.

Auf dem Weg nach unten hab ich es mir anders überlegt.

Ich fragte mich, was Claire bei ihrem Sturz auf die Turk

Street gedacht hatte. Hatte auch sie ihre Meinung geändert? Schrie sie ihren Irrtum in den Wind hinaus?

Oder hatte jemand anders für sie entschieden?

»Was ist?«, fragte Madeleine.

»Nichts … Ich denke bloß nach.«

»Fahren Sie heute zu ihr? Zu Claires Mutter?«

»Ja.«

»Werden Sie ihr von mir erzählen?«

»Nicht, solange ich nicht weiß, was genau ich ihr sagen kann. Sollen wir zurück zum Haus?«

Madeleine legte ihre Serviette auf den Teller und bedeckte die Reste ihres Sandwiches. Als sie zur Tür ging, drehte ich mich um und tauschte meine halbleere Wasserflasche gegen ihre aus. Ich packte sie knapp über dem Boden, damit meine Fingerabdrücke ihre nicht überdeckten. Dann durchquerte ich das Café mit schnellen Schritten, um ihr die Tür aufzuhalten.

Wir winkten ein Taxi heran und teilten uns auf dem Weg zur Baker Street die Rückbank. Dass ich mich in Madeleines Gegenwart ruhig fühlte, lag daran, dass ich kaum Zeit hatte, über sie nachzudenken. Innerlich war ich noch mit Boston beschäftigt. Ich hatte einen Mann getötet und seine Leiche im Boston Common liegen gelassen. Weder wusste ich, wer er war, noch, warum er mich auf der Treppe angegriffen hatte. Wer weiß, welche Hinweise ihn mit mir in Verbindung bringen konnten. Nicht auszuschließen, dass ein Zettel mit meinem Namen und meiner Telefonnummer in seinem Schuh gesteckt hatte.

Es gab zu viele Möglichkeiten, zu viele potenzielle Feinde. Madeleine und Olivia. Agent White und DeCanza. Meinen alten Freund Jim, der vielleicht gar nicht mein Freund war. Ich hatte keinen Anhaltspunkt dafür, wem Claire auf der Spur gewesen war, aber möglicherweise wussten diese Leute von mir. Das alles war zu viel, weit mehr als das, worauf ich mich wissentlich eingelassen hatte, auch wenn ich gut bezahlt wurde.

Ich hätte gleich im Anschluss an den Prozess nach La Paz verschwinden sollen. Dort hätte ich mir in einem der alten Hotels ein Zimmer nehmen sollen. Für ein Zehn-Dollar-Trinkgeld hätte der Portier mich bar zahlen lassen, ohne dass ich mich ins Gästebuch hätte eintragen müssen. Und im Notfall wäre La Paz der bessere Ort, um jemanden zu töten. Die Wüste war voller Aasfresser, im Ozean wimmelte es von Haien. Falls doch eine Leiche auftauchte, war es keine große Sache. Die Polizei dort arbeitete nicht wie die in Boston. Sie musste sich ständig mit Männern wie Lorca herumschlagen und hatte ganz andere Sorgen.

Als ich vor den Stufen zur Haustür innehielt, sah Madeleine zu mir herüber. Sie musste mich am Ellbogen berühren, um sich meine Aufmerksamkeit zu sichern. Das Wetter war inzwischen umgeschlagen, auf ihren Haaren glänzten winzige Nebeltröpfchen.

»Fahren Sie jetzt zu ihr?«

»Ja.«

»Bin ich hier sicher?«

»Ich könnte Leute herholen, die auf Sie aufpassen«, sagte ich. »Männer, denen ich vertraue.«

Tatsächlich konnte ich den *Mission Appliance*-Lieferwagen am Ende des Blocks stehen sehen. Elijah saß nicht auf dem Fahrersitz. Wahrscheinlich hielt er sich auf der Ladefläche auf und beobachtete das Haus auf einem kleinen, mit der Dashcam verbundenen Monitor.

»Das ist nicht nötig«, sagte Madeleine. »Ich schließe die Tür ab und lasse niemanden rein.«

»Ich komme heute Abend zurück«, sagte ich und reichte ihr eine meiner Visitenkarten. »Rufen Sie mich an, falls etwas passiert.«

15

Ich besitze ein Auto, benutze es aber praktisch nie. Meine Arbeit ist zu unregelmäßig und hektisch. Wenn ich nicht binnen fünf Sekunden einen Parkplatz finde, bringt mir das eigene Auto bei einer Beschattung nichts. Es ist sinnlos, es auf halber Höhe des Nob Hill stehen zu haben, wenn die Zielperson die Rolltreppe zur einer BART-Haltestelle hinunterläuft. Also rufe ich Taxis oder benutze Fahrgast-Apps. Ich könnte mit geschlossenen Augen das Streckennetz des öffentlichen Nahverkehrs auf eine Serviette zeichnen. Währenddessen verbringt mein Auto – ein schwarzer Camaro, Baujahr 1965, den Juliette mir zur Hochzeit geschenkt hat – die meiste Zeit in einer Tiefgarage in der Nähe des Union Square.

Ich weiß nicht, woher Juliette den Wagen hatte. Wir kamen aus den Flitterwochen in das neue Haus zurück, ein Geschenk meines damaligen Schwiegervaters. Ich hatte es vorher nie gesehen, aber Juliette schien mit dem Grundriss vertraut. Sie führte mich auf der Stelle in die Garage. Es war zwei Uhr nachts, wir hatten gerade fünfzehn Stunden im Flugzeug ihres Vaters hinter uns, in dem wir von Hongkong mit einem Tankstopp in Anchorage herübergekommen waren. Trotzdem wollte Juliette eine Spritztour mit mir unternehmen. Die Schlüssel steckten im Zündschloss. Im 8-Spur-System steckte *Let It Bleed.* Eine Flasche Wild Turkey mit einer unbeschädigten Steuerbanderole von 1965 lag im Handschuhfach. Meine neue Ehefrau, die bald meine Ex-Frau sein sollte, biss mich ins Ohrläppchen und flüsterte:

Fahr mich zur Halfmoon Bay.

Wenn Juliette in der Stimmung ist, jemanden zu verwöhnen, tut sie es gründlich. Keine halben Sachen. In welchem Lebensbereich auch immer. Dann nimmt sie einen mit auf eine Mondlichttour über den Skyline Boulevard, und wenn man die Bucht erreicht, die sie mag, führt sie einen hinunter in den feuchten Sand. Vielleicht kriegt man nicht mal den Augenblick mit, wenn alles andere verschwindet. Dann existiert nur noch dieser eine Punkt, dieser kleine Lichtkreis, in dem nur Platz für zwei Personen ist. Wenn man ihre Aufmerksamkeit hat, dann hat man sie ganz. Das Problem war, dass ihre Aufmerksamkeit nicht lange vorhielt.

Sechs Jahre später ist nur noch das Auto übrig. Und ich habe keinen Moment daran gedacht, es zu verkaufen.

Zweihundertvierzig Kilometer die Küste hinunterzufahren, war eine Chance, das Biest ein wenig von der Leine zu lassen. Ich hatte es seit zwei Monaten nicht aus der Garage geholt. Allerdings musste ich die Möglichkeit einkalkulieren, dass Agent White den Wagen gefunden hatte. Wenn er in meine Wohnung eingebrochen war, würde er mit ziemlicher Sicherheit auch bei der Zulassungsstelle nachgefragt haben. Ich konnte also entweder paranoid oder rational reagieren. Meine Autonummer zu kennen war nicht dasselbe, wie zu wissen, wo sich mein Auto befand. Von der Tiefgarage ahnte White wahrscheinlich nichts, weil sie nicht in der Nähe meiner Wohnung oder meines Büros lag.

Ich schaltete mein Handy aus und ging mit schnellen Schritten die Baker-Street-Treppe hinauf. Auf der Jackson Street nahm ich den Bus, stieg zwanzig Minuten später am Union Square aus und ging dann wieder hügelaufwärts zur Bush Street und meiner Tiefgarage.

Ich fand das Biest, wo ich es zurückgelassen hatte: zwei Etagen unter der Erde, in einer dunklen Ecke neben diversen

Eisenrohren. Es war mit einer feinen Schicht Betonstaub bedeckt. Vor sechs Wochen hatte es oben auf der Straße eine Baustelle gegeben. Mit der Fingerspitze fuhr ich über die Motorhaube und brachte unter dem Staub den glänzenden schwarzen Lack zum Vorschein. Dann ging ich einmal um den Wagen herum und hielt nach anderen derartigen Spuren Ausschau. Aber soweit ich es feststellen konnte, hatte ihn niemand angerührt. Ich legte mich auf den Rücken und schaute unter beide Stoßstangen und die Kotflügel. Leute, die wissen, was sie tun, verstecken einen GPS-Tracker dort, wo er Satellitenempfang hat. Also kroch ich weder bis ganz unter den Wagen noch klappte ich die Haube hoch, um den Motorblock abzutasten. Ich verließ mich darauf, dass White sein Handwerk beherrschte. Und wenn es so war, konnte ich davon ausgehen, dass er mein Auto nicht gefunden hatte.

Ich öffnete die Tür und nahm auf dem ledernen, genähten Schalensitz Platz. Sobald ich den Schlüssel drehte und das Gaspedal antippte, sprang der Motor auf allen Zylindern an. Das Dröhnen hallte in der unterirdischen Garage wider.

Ich fuhr hinaus auf die Straße, beugte mich vor und öffnete das Handschuhfach. Auf dem Umschlag, der Zulassung und Versicherungsunterlagen enthielt, lag ein altmodisches Klapphandy mit Guthabenkarte und ohne jeden Vertrag. In meiner Branche sind gelegentlich Anrufe nötig, die sich nicht zurückverfolgen lassen. Ich schaltete das Gerät ein und sah, dass der Akku noch voll war. Auf dem Weg den Hügel hinunter Richtung Union Square rief ich Elijah an.

»Wer ist da?«

»Crowe«, sagte ich. »Ich kann mein übliches Telefon ein paar Tage nicht einschalten, deshalb benutze ich dieses.«

»Wirst du überwacht?«

Ich ignorierte die Frage. Dem Thema, wer mich möglicherweise verfolgte – und warum –, wollte ich mich im Moment lieber nicht widmen.

»Wenn mit der Frau irgendwas Ungewöhnliches vorfällt, ruf mich auf dieser Nummer an.«

»Bis jetzt rührt sie sich nicht vom Fleck.«

»Gut so«, sagte ich. »Habt ihr die Hintertür im Blick?«

»Hinter dem Gebäude steht ein Vogelhäuschen auf einem hohen Pfosten. Ich hab das Quad auf dem Dach gelandet und bis auf die Kamera ausgeschaltet. Da hinten gibt es eine Tür zum Erdgeschoss und eine zum Keller. Die hab ich beide im Blick.«

Letztes Jahr hatte ich für Elijah und Jeremiah zwei kleine, kamerabestückte Drohnen besorgt. Sie hatten mich keine fünfhundert Dollar gekostet. Jetzt konnte ein einziger Mann beide Seiten eines Hauses im Blick behalten, ohne aus seinem Lieferwagen zu steigen. Natürlich war das illegal. Aber die Vorteile waren gewaltig und das Risiko praktisch null.

»Glaubst du, jemand hat das Ding reinfliegen sehen?«

»Kaum«, sagte Elijah.

»Ruf mich an, wenn sich etwas tut. Nachbarn mit Mistgabeln oder so.«

»Mit den Leuten, die hier wohnen, komme ich klar.«

»Und wenn sie die Cops rufen?«

»Dann fällt mir schon was ein«, sagte Elijah. »Die meisten von den Typen kenne ich. Schließlich trage ich ihren Müll raus.«

Ich wünschte ihm Glück und beendete das Gespräch. Dann überquerte ich die Market Street, nahm die Auffahrt zur 101 und gab Gas. Als ich am Flughafen vorbeikam, war ich schon eingeknickt und hatte *Let It Bleed* eingelegt.

Bei einem Tankstopp in Monterey entdeckte ich neben dem Gebäude ein Münztelefon. Wenn ich für jeden Anruf mein Prepaid-Handy benutzte, wäre die Nummer bald nicht mehr geheim.

»Wer ist da?«, fragte Cynthia Green.

»Crowe«, sagte ich. »Ich bin unterwegs und rufe von einem öffentlichen Telefon an.«

»Hast du den Autopsiebericht erhalten?«

»Ja, danke. Du musst noch etwas anderes für mich tun.«

»Heute Nacht wird sowieso nicht viel los sein.«

»Kennst du jemanden in der Bostoner Gerichtsmedizin?«

»Keine Menschenseele«, sagte sie. »Aber ich kenne eine Frau in Cape Cod, die jemanden in Boston kennt.«

»So gut, dass sie dir einen Gefallen tun würde?«

»Kommt darauf an, was du willst.«

Ich atmete kurz durch. Inzwischen vertraute ich Cynthia seit einigen Jahren. Jetzt würde ich dieses Vertrauen auf die Probe stellen.

»Vor zwei Tagen hat ein Jogger morgens früh im Boston Common einen Toten entdeckt«, sagte ich. »Es stand in der Zeitung.«

»Hat das etwas mit Claire Gravesend zu tun?«

»Das weiß ich nicht«, sagte ich.

»Sie hatte nämlich einen Führerschein aus Massachusetts in ihrer Handtasche«, sagte Cynthia. »Mit einer Adresse in Beacon Hill.«

Das Besondere an Cynthia war, dass sie alles las, bevor sie es ablegte. Und dass sie sich an alles erinnerte, was sie gelesen hatte.

Für mich war das normalerweise ein Vorteil, jetzt aber eher ein Problem.

»Ich habe nur einen Verdacht«, sagte ich. »Und ich will sehen, wohin er führt.«

»Also willst du den gerichtsmedizinischen Bericht zu dieser Leiche im Common«, stellte Cynthia fest. »Den kann ich besorgen.«

»Halt meinen Namen raus«, sagte ich. »Und auch den von Claire. Ich will nicht, dass jemand an eine Verbindung glaubt, wo keine ist.«

»Klar, Lee«, sagte sie. »Verlass dich auf mich.«

»Okay. Danke.«

Ich beendete das Gespräch. Von jetzt an war ich praktisch gezwungen, mich auf Cynthia zu verlassen, denn ihr war klar, dass ich eine Verbindung zwischen Claire Gravesend und einem Toten in Boston vermutete. Inzwischen wussten einige Leute, dass ich in Boston gewesen war. Olivia und ihr Butler. Julia Forrester, Claires Journalismus-Professorin. Das Kindermädchen von nebenan, dem ich meine Zulassung als Privatdetektiv gezeigt hatte. Nicht nur, dass eine kilometerbreite Spur von mir zu Claires Haus führte. Gleich von der Haustür zog sich das Blut des Toten bis dorthin, wo man ihn gefunden hatte.

Wenn ein Cop in Boston am einen Ende ansetzte und einer aus San Francisco am anderen, würden sie mich von zwei Seiten in die Zange nehmen.

Ich ging zum Wagen zurück, ließ ihn an und drehte den verchromten Knopf, um die Musik auszuschalten. Den Rest des Wegs legte ich in Stille zurück.

Olivia Gravesends Haus zu finden, war schwieriger als gedacht. Beim ersten Mal übersah ich die private Zufahrt und irrte acht Kilometer über die Küstenstraße, bis ich merkte, dass ich zu weit gefahren war. Auf dem Rückweg fuhr ich langsam und entdeckte schließlich eine Schotterstraße zwischen zwei über den Weg hängenden Lorbeerbäumen.

Ich fuhr zwischen den Zweigen hindurch und ließ den Wagen im Leerlauf den Hügel hinunterrollen, bis ich an ein geschlossenes Tor kam. Auf der linken Seite sah ich eine Gegensprechanlage. Ich ließ das Fenster herunter, drückte auf den Knopf und wartete.

»Das ist ein Privatgrundstück. Sie müssten die Schilder gesehen haben, als Sie die Straße heruntergekommen sind.«

Ich erkannte die Stimme des Butlers. Eigentlich fehlten nur Frack und Monokel.

»So sieht es auch aus«, sagte ich. »Ich bin Lee Crowe und möchte mit Mrs Gravesend sprechen.«

»Erwartet sie Sie?«

»Sie erwartet, dass ich sie auf dem Laufenden halte. Geht das als Ja durch?«

»Warten Sie einen Moment.«

»Gut.« Schließlich bezahlte sie meine Zeit. Und solange ich hier im Wagen saß und dem gleichmäßigen Grollen des Motors lauschte, versuchte wenigstens niemand, mich zu erdrosseln. Ich machte mir die Hände nicht blutig und strich trotzdem mein Honorar ein. Eine Minute verging, dann knackte es in der Gegensprechanlage.

»Bitte kommen Sie herunter.«

Ich sah auf. Das Tor öffnete sich. Ich legte den ersten Gang ein und fuhr langsam zum Gravesend-Haus hinunter.

Ich rechnete damit, dass sie wieder in der Waffenkammer mit mir reden würde, aber damit lag ich falsch.

»Sie erwartet Sie auf der Terrasse«, sagte der alte Mann. »Folgen Sie mir.«

Olivia Gravesend saß in einem Adirondack-Gartensessel mit Blick auf den Ozean. Auf einer Armlehne stand ein halbleerer Becher Kaffee, auf der anderen ein Aschenbecher mit drei Stummeln. Als sie mich sah, blies sie den Rauch aus, drückte eine weitere Zigarette aus und stellte den Aschenbecher auf den Boden.

»Ich habe wieder mit Rauchen angefangen, Crowe.«

»So was passiert.«

»Das Päckchen hier war älter als Claire.« Sie hielt eine Schachtel Camel hoch. »An dem Tag, als mir klar wurde, dass ich sie bekommen würde, habe ich aufgehört. Und wieder angefangen, als ich wusste, dass sie tot war.«

In ihrer Nähe gab es keine weiteren Sitzplätze. Ein Zitronenbaum in einem badewannengroßen Steintopf kam der Sache am nächsten. Ich wischte die Erde vom Rand, setzte mich ihr gegenüber und betrachtete sie aufmerksam. Sie trug eine braune Hose und einen weißen Pullover. Ihre Haare waren in einem dichten Knoten zusammengesteckt. Nackte Füße, eine Schildpattsonnenbrille. Ich hätte gesagt, sie sehe angesichts der Umstände gut aus, nur dass ich ihre Augen wegen der Sonnenbrille nicht sehen konnte. Vermutlich hatte sie seit drei Tagen kein Auge zugetan.

»Sie haben etwas herausgefunden«, sagte sie. »Nicht wahr, Crowe?«

»Verschiedenes.«

Nichts sprach dagegen, ihr von einem Teil meiner Erkenntnisse zu berichten. Also erzählte ich, wie ich das Haus durchsucht und Julia Forrester besucht hatte. Dass ich einen Eindringling getötet und fast eine Stunde damit verbracht hatte, die Treppe vom Blut zu reinigen, ließ ich aus. Stattdessen sagte ich ihr, dass Claires Computer fehlte. Und dass ich als Resultat meines Gesprächs mit Forrester glaubte, Claire habe Harvard verlassen, um für eine Story zu recherchieren. Madeleine wollte ich noch nicht erwähnen. Auch von dem Haus sollte niemand wissen, solange Madeleine sich noch dort aufhielt.

»Sie hat die Uni verlassen, um einen Artikel zu schreiben?«, sagte Mrs Gravesend. »Das war der Grund?«

»Ich glaube schon.«

»Was für einen Artikel?«

»Claire hatte Interesse an Genetik. Stammzellen. Zwillingsforschung. Eingefrorene Embryonen. Das ist zumindest ein Teil dessen, womit sie beschäftigt war.«

»Ein Teil?«

Die Bemerkungen über Zwillinge und gefrorene Embryonen hatte ich eingestreut, um zu sehen, wie sie reagieren würde. Aber sie wirkte nur verwirrt.

»Sie wollte wissen, woher sie kam«, legte ich nach.

»Ich weiß nicht, wovon Sie reden.«

»Dann sage ich Ihnen, was Sie mir verschweigen. Claire wollte wissen, wo sie geboren war. Sie wollte wissen, wer sie in Wirklichkeit war. Und woher ihre Narben stammten.«

Olivia Gravesend öffnete eine Zigarettenschachtel und warf einen Blick hinein. Die Lüge bröckelte, das verriet ihre Körpersprache. Bei unserer ersten Begegnung hatte ihre kerzengerade Haltung noch herausfordernd gewirkt.

»Sie war meine Tochter. Meine Claire.«

»Mrs Gravesend«, sagte ich. »Wenn Sie nicht ehrlich zu mir sind, kann ich Ihnen nicht helfen.«

»Ich kann Ihnen ihre Geburtsurkunde zeigen …«

»Das auf den Jungferninseln ausgestellte Dokument, das Sie als Mutter und den Vater als unbekannt nennt.«

Sie warf mir einen scharfen Blick zu, dann nickte sie.

»Sie haben in Boston eine Kopie gefunden. Oder sie an der Uni besorgt.«

Es würde einfach sein, sie in diesem Glauben zu belassen.

»Sehen Sie es mal aus meinem Blickwinkel. Ich sitze hier der sechstreichsten Frau der Welt gegenüber …«

»Der fünftreichsten.«

»Okay, der fünftreichsten. Sie waren damals achtundvierzig und gebildet. Warum hätten Sie in die Karibik gehen sollen? Das Krankenhaus in Charlotte Amalie schickt alle schwierigen Fälle nach Puerto Rico.«

»Ich habe meinen eigenen Arzt dabeigehabt«, sagte sie. »Es war eine natürliche Geburt, zu Hause. Wir haben dort ein Haus in der Altstadt mit Blick auf die Bucht … Ich wollte …«

»Blödsinn«, sagte ich leise, sie schwieg auf der Stelle. Also machte ich weiter. »Dass Sie ein Haus dort haben, glaube ich gern. Und sicher hatten Sie auch einen Arzt dabei, der zu allem bereit war, worum Sie ihn baten.«

»Crowe.«

»Ich sage nicht, dass Sie irgendwas falsch gemacht haben«, erklärte ich. »Jedenfalls moralisch gesehen. Juristisch gesehen liegen die Dinge anders. Sie haben einige Gesetze gebrochen.«

»Sie müssen mich verstehen.«

»Das tue ich«, sagte ich. »Während der Fahrt bin ich dahintergekommen. Sie haben Claire irgendwo gefunden. Sie war ausgesetzt worden und krank. Sie konnten es nicht ertragen, sie aus den Augen zu verlieren. Also haben Sie sie nach St. Thomas gebracht und Ihren Arzt zum Standesamt geschickt, um eine Hausgeburt zu melden. Sie haben sich ausgerechnet, dass man nicht viele Fragen stellen würde. Und wenn doch?

Kooperation war käuflich. Am Ende erhielt Claire eine amerikanische Geburtsurkunde.«

Meine Klientin sah mich nicht mehr an. Schweigend nahm sie eine Zigarette aus ihrer Schachtel. Die letzte, wie ich sehen konnte. Sie zündete sie an und blies den Qualm zur Seite. Dann wandte sie sich mir wieder zu.

»Und den Namen Gravesend«, sagte sie. »Den bekam sie auch. Das war das Wichtigste.«

»Dann stimmt es also?«

»Auf meinen Namen kam es an. Er sollte das Unrecht, das sie erlitten hatte, wiedergutmachen.«

Sie drehte sich genau in meine Richtung und hielt die Hände in dreißig Zentimetern Abstand hoch.

»So klein war sie, als ich sie zum ersten Mal gesehen habe. Ein winziges Ding. Lila und schreiend. Und trotzdem in jeder Hinsicht perfekt. Sie strahlte – Sie machen sich keine Vorstellung.«

»Ich kann es mir ausmalen.«

»Nein, Crowe. Das versteht niemand, der es nicht gesehen hat«, sagte sie. »Jedenfalls nicht, solange Sie selbst keins haben.«

»Habe ich nicht.«

Nickend blies sie den Rauch aus.

»Das habe ich Ihnen bei unserer ersten Begegnung angesehen. Weil ich selbst mal so ausgesehen habe – als könne ich alles mir Wichtige in eine einzige Tasche packen und verschwinden.«

»Aber Sie wollten Kinder.«

»O ja«, sagte sie. »Und ich habe es weiß Gott versucht. Bedenken Sie, in welcher Lage ich damals war. Ich konnte alles haben, was ich wollte. Bis auf eins. Und dann, als ich gerade aufgegeben hatte, hielt ich sie in den Armen. Was um alles in der Welt hätte mich dazu bringen können, sie wieder loszulassen?«

»Keine Ahnung.«

»Ich sage Ihnen noch etwas«, fuhr sie fort. »Gleich als ich sie auf den Arm nahm, wurde mir klar, dass ich, wenn ich sie dem System überließ, keine Garantie dafür haben würde, sie wieder herauszubekommen. Finderlohn gibt es in solchen Fällen nicht. Nicht für kleine Kinder. Es ist ein Labyrinth, in dem Kinder sogar verloren gehen. Wissen Sie, wovor ich die meiste Angst hatte, Crowe?«

»Nein.«

»Dass derjenige, der ihr das alles angetan hat – der ihr die Löcher in den Rücken gebohrt und sie einfach allein gelassen hat, sodass sie verhungert wäre –, eines Tages zurückkäme. Dass er Anspruch auf sie anmelden würde. Um sie in Sicherheit zu bringen, um ihr ein Leben zu ermöglichen, musste ich die Regeln ändern.«

»Die Regeln brechen, meinen Sie.«

»Wenn es funktioniert, spielt das keine Rolle.«

»Sie haben sie also verschwinden und wiederauftauchen lassen.«

Sie nahm einen letzten Zug an der Zigarette und schnippte den Stummel übers Geländer. Er wirbelte über die tiefer liegende Terrasse, wurde dann vom Wind gepackt und sank hinunter zum Ozean.

»Als sie wieder in der Welt auftauchte, war sie eine Gravesend. Und ich war ihre Mutter.«

»Wir müssen noch mal von vorne anfangen«, sagte ich. »Sie müssen mir die Geschichte von Anfang an erzählen.«

»Möchten Sie einen Drink?«

»Gern.«

16

Wir zogen in eine walnussholzgetäfelte Bar um. Irgendein Gravesend-Ahne hatte sich mächtig ins Zeug gelegt. Es gab schmetterlingsförmige Saloontüren, polierte Messing-Zapfhähne und einen Blick über den Pazifik, der sich einer blauen Ewigkeit entgegenstreckte. Von irgendwoher tauchte der Butler auf, ohne dass ich mitbekam, wie Olivia Gravesend ihn gerufen hatte.

»Für mich einen Brandy«, sagte sie. »Crowe, was nehmen Sie?«

»Ganz egal. Wenn Sie Brandy trinken, schließe ich mich an.«

Der Butler schenkte ein und brachte die Gläser an unseren Fenstertisch. Wir warteten, bis der alte Mann gegangen war, dann nippte Olivia an ihrem Glas und fing ohne weitere Aufforderung an zu reden.

»Ich bin der Carmel Mission schon mein Leben lang verbunden. Ich spreche von der Basilica minor an der Rio Road – San Carlos Borromeo del Río Carmelo. Dort wurde ich getauft, genau wie meine Mutter. Immer wenn ich um etwas gebeten wurde, half ich gern. Das ging so weit, dass der Bischof wusste, dass er mich anrufen konnte, wenn irgendetwas anstand – wenn das Dach repariert werden musste oder irgendein Idiot nachts mit einer Sprühdose vorbeigekommen war. Ich sorgte dafür, dass es wieder in Ordnung kam.«

»Okay.«

Wie nahmen beide noch einen Schluck.

»Am 29. Oktober 1999 rief mich der Bischof in einer anderen Angelegenheit an. Der Gemeindepriester war abends noch in der Kapelle gewesen, um nach einer Hochzeit aufzuräumen. Er hörte es an der Tür klopfen, dann folgten Schreie.«

»Wo hat er sie gefunden?«

»Gleich vor der Tür zur Kapelle. In eine Windel gewickelt und in einen Karton gelegt. Er sah noch die Rücklichter eines davonrasenden Autos.«

»Sie lag in einem Pappkarton?«

»In einem Aktenkarton, mit ausgestanzten Löchern zum Tragen.«

»Okay.«

»Ich habe ihn noch«, sagte sie. »Auch die Windel und Fotos, die ich gemacht habe, um ihren Zustand zu dokumentieren. Damit ich notfalls zeigen konnte, was man mit ihr gemacht hatte.«

»Haben Sie das alles hier?«

»Ja.«

»Warum haben Sie mir das bei unserem ersten Treffen nicht erzählt?«

Sie trank ihr Glas leer. Noch bevor sie es wieder auf den Tisch gestellt hatte, trat der Butler durch eine Seitentür ein. Er wischte unseren Tisch mit einem weißen Tuch ab. Ich hatte meinen Brandy kaum angerührt, aber er füllte beide Gläser nach. Ich fragte mich, wie Olivia es in einem Haus wie diesem hier aushielt. Vielleicht hatte sie ihre Privatsphäre, wenn sie aus dem Fenster kletterte und sich aufs Dach setzte – aber auch darauf hätte ich nicht gewettet. Als ich in Boston auf mein Handy geschaut hatte, hatte ich gesehen, wie ein Mann in meiner Wohnung Wanzen angebracht hatte. Seitdem war ich nicht mehr dort gewesen und wusste nicht, ob ich je dorthin zurückkehren konnte.

Als der Butler wieder weg war, sagte sie: »Ich habe nichts davon gesagt, weil es keine Rolle spielte.«

»Wie hätte es keine Rolle spielen können?«

»Claire wusste nichts davon. Sie hatte keine Ahnung. Sie war meine Tochter. Punkt.«

»Mindestens fünf Menschen wussten Bescheid.«

»Der Bischof ist schon vor Jahren gestorben«, sagte Mrs Gravesend. »Krebs. Der Priester war in das, was der Bischof und ich organisiert haben, nicht eingeweiht. Außerdem wurde er in Uganda getötet. Kaum einen Monat später. Ich habe für seinen Transport nach Hause bezahlt.«

»Und der Arzt?«, fragte ich. »Ist der auch gestorben?«

»Keine Ahnung. Er hat eine andere Stelle angenommen.«

»Wann war das?«

»Als Claire drei war. Ich bezweifele also, dass er etwas gesagt hat. Außerdem wusste er nicht, wie und wo ich sie gefunden hatte.«

»Hatten Sie damals schon denselben Butler?«

Sie warf einen Blick auf die Tür, durch die er verschwunden war.

»Mr Richards würde niemandem etwas verraten.«

»Nicht mal Claire? Wenn sie ihn geradeheraus gefragt hätte?«

»Niemals.«

»Dann ist da noch die Person, die sie ausgesetzt hat«, sagte ich. »Vielleicht ihr Vater. Vielleicht hatten Sie vor zwanzig Jahren recht, und die Person wollte Claire zurück. Was, wenn er nach ihr gesucht hätte? Wenn Claire nicht als Einzige gesucht hat, würde das die Chancen verdoppeln, dass einer von beiden den anderen findet. Solche Dinge muss ich einfach wissen.«

Sie dachte eine Weile darüber nach.

»Ich hätte es Ihnen sagen sollen«, meinte sie dann. »Es tut mir leid. Manchmal gewöhnt man sich so sehr an eine Geschichte, dass sie zur Wahrheit wird.«

»Den Satz höre ich häufiger«, sagte ich. Dann sah ich ihr Gesicht und versuchte, der Bemerkung ein wenig die Schärfe zu nehmen. »Aber es ist kein Problem. Viel Zeit hab ich nicht verloren.«

»Vielleicht hätte ich mit ihr darüber reden sollen«, sagte Olivia Gravesend. »Wenn sie gewusst hätte, wie ich darüber dachte – dass es gefährlich war –, wäre sie vielleicht anders herangegangen.«

»Sie haben nur versucht, sie zu schützen«, sagte ich.

Aber innerlich stimmte ich ihr zu. Sie hätte Claire warnen sollen. Hätte sie das getan, würde ihre Tochter vielleicht noch leben.

»In welchem Zustand war Claire, als Sie sie gefunden haben – von den Wunden mal abgesehen?«

»Was meinen Sie?«

»Hatte sie noch andere medizinische Probleme?«

»Sie war schwach. Unterernährt und untergewichtig. An den Armen waren Einstiche von Infusionen zu sehen.«

»Irgendetwas, das trotz Zeit und guter Fürsorge geblieben ist?«

»Nein.«

»Seit wann hatte sie Arthritis?«

»Wie bitte?«

»Wussten Sie nichts davon?«

»Während der Highschool hat sie mit dem Laufen aufgehört, weil sie Schmerzen in den Knien hatte. Von Arthritis hat niemand gesprochen. Wer hat das behauptet?«

»Niemand«, sagte ich. »Wann war sie wegen ihrer Augen in Tokio?«

»Vor zwei Jahren. Sie hasste es, eine Brille tragen zu müssen.«

»Wenn sie eine schwerwiegende Diagnose bekommen hätte – Krebs zum Beispiel –, hätte sie Ihnen davon erzählt?«

»Ich denke schon. Aber wie hätte das sein sollen? In der Gerichtsmedizin ist nichts dergleichen aufgefallen.«

»Richtig.«

»Sie glauben nicht, dass sie gesprungen ist, oder?«, fragte sie.

»Zum jetzigen Zeitpunkt eher nicht.«

Wir tranken aus, dann führte Mrs Gravesend mich durchs Haus zu ihrem riesigen Schlafzimmer. Wie in Claires Zimmer gab es einen Kleiderschrank. Meine Klientin nahm einen Schlüssel und öffnete die oberste Schublade. Darin lag ein Pappkarton, braun mit Holzaufdruck. Ich kannte das Modell gut – die Anwaltskanzleien im ganzen Land sind voll davon. Sie stehen in leeren Büros und stapeln sich auf Gängen zu Türmen wie kleine Häuserblocks. Olivia hob den Karton mühelos heraus und reichte ihn mir. Offensichtlich enthielt er keine Akten. Ich stellte ihn aufs Fußende des Betts und legte den Deckel beiseite.

Drinnen lag eine dünne Windel mit blauen und rosafarbenen Streifen. Sie war zu einem ordentlichen Rechteck gefaltet, und zwar so, dass genau in der Mitte eine Reihe von gleich großen Blutflecken verlief. Das Blut hatte sich vom Alter rostbraun verfärbt. Neben der Windel lag ein Umschlag.

»Sind das die Fotos?«

»Ja.«

»Haben Sie die Windel gewaschen oder den Karton ausgewischt?«

»Natürlich nicht.«

»Wie viele Personen haben ihn berührt?«

»Der Priester, der Bischof und ich.«

»Und der Mann, der Claire ausgesetzt hat«, fügte ich hinzu. »Wenn wir mal davon ausgehen, dass es ein Mann war.«

»Ja, der auch.«

»Okay.«

Ich nahm den Stapel Fotos und legte den Deckel wieder auf den Karton. Die Aufnahmen klebten nach der langen Zeit aneinander. Es waren Abzüge im Format 12 x 7 mit sauberen Kanten und spitzen Ecken. Vermutlich hatte Olivia Gravesend sie in all den Jahren nicht mehr angeschaut. Als ich das erste Foto vorsichtig ablöste und umdrehte, verstand ich den Grund.

Claire war ein winziges Ding gewesen. Ich hätte sie in den hohlen Händen tragen können. Sie war noch so klein, dass ihre Augen eher schwarz als graublau wirkten. Von vorn sah sie unversehrt aus, aber die meisten Aufnahmen zeigten sie nicht von vorn. Olivia hatte sie auf den Bauch gedreht und von hinten fotografiert. Die Wunden waren gut zu erkennen und wirkten ganz frisch. Einige bluteten noch. Ihr Rücken glänzte von einer antibiotischen Heilsalbe. Claires winziges Gesicht war zur Seite gedreht, sodass es auf jedem Foto zu erkennen war. Sie schrie.

Ich schob die Bilder in den Umschlag zurück und reichte ihn Olivia.

»Den Karton nehme ich mit. Ich kenne einen guten Forensiker. Es wird teuer, aber er ist das Geld wert.«

»Was ist mit den Fotos?«

»Wenn ich sie brauche, rufe ich Sie an.«

In Wahrheit rechnete ich nicht damit, dass ich sie brauchen würde. Ich wollte sie auch ungern mit mir herumschleppen. Hier waren sie am besten aufgehoben.

Als ich das Gravesend-Haus verließ, war es noch mehrere Stunden vor Einbruch der Dunkelheit. Claires Karton stand im Kofferraum, Madeleines Wasserflasche lag daneben. Dazu kam noch das Haar in meinem Portemonnaie, sodass der Forensiker ordentlich zu tun haben würde. Aber vorher musste ich noch eine Zwischenstation einlegen. In Carmel bog ich auf die Rio Road und fuhr zur alten Mission. Die Kapelle diente immer noch als römisch-katholische Kirche, aber die in einem Rechteck angeordneten barackenartigen Gebäude daneben waren in ein Museum umgewandelt worden. Es gab einen Parkplatz für fünfzig Autos, fast alle Plätze waren leer. Ich stieg aus und ging den gepflasterten Weg zur Kapelle. Neben einer Gruppe geneigt stehender Grauer Palmlilien gluckerte ein Springbrunnen. Die Fassade der Kapelle wurde links von einem maurisch anmutenden Glockenturm begrenzt, rechts befand sich ein kleinerer Turm. Es war die Art Ort, den Sam Houston und Davy Crockett sich für ihr letztes Gefecht ausgesucht hätten. Ich ging zur Tür, stellte fest, dass sie nicht verschlossen war, und trat in die schattige Kühle der Kapelle.

Drinnen roch es nach Kerzenwachs und Rauch. Nach altem Holz und feuchten Lehmwänden.

Ein grauhaariger Mann in Arbeitskleidung saß in der vordersten Kirchenbank. Er drehte sich bei meinem Eintreten nicht um. Außer ihm war niemand hier. In einer Nische an der Seitenwand brannten zwei Votivkerzen. Ich setzte mich in eine der hinteren Reihen und wartete.

Nach zehn Minuten stand der Mann auf und ging den Mittelgang herunter. Ich sah, dass er einen weißen, struppigen Bart und einen dazu passenden Pferdeschwanz trug. An den Knien seiner Jeans waren Flecken von Erde zu erkennen, die Unterarme waren von der Arbeit an den Rosen zerkratzt. Auf einem trug er ein mit der Zeit verblasstes Tattoo: ein Kruzifix mit den Umrissen von Christus, der die Knie angewinkelt und den Kopf gesenkt hielt. Der Mann hielt auf die Tür zu, blieb aber auf meiner Höhe stehen.

»Kann ich etwas für Sie tun?«

»Arbeiten Sie hier?«

»Nicht für Geld.«

»Als Freiwilliger also?«

»Seit ich im Ruhestand bin – fünfzehn, sechzehn Jahre.«

Das war eine Enttäuschung. In der Nacht von Claires Ankunft war er also noch nicht hier gewesen. Andererseits konnte er in sechzehn Jahren mit einer Menge Leute geredet und einen Teil der kollektiven Erinnerungen seiner Gemeinde aufgeschnappt haben.

»Hätten Sie eine Minute Zeit?«, fragte ich. »Ich suche Informationen über einen Priester. Vor Ihrer Zeit, aber nicht lange davor.«

»Lassen Sie uns rausgehen.«

Ich folgte ihm zum Parkplatz. Außer meinem Auto standen noch zwei weitere hier. Ich hätte damit gerechnet, dass er sich dem alten Mazda-Pick-up näherte, aber als er seinen Schlüsselbund herausnahm und die Zentralverriegelung öffnete, blinkten die Lichter eines BMW auf. Sein personalisiertes Kennzeichen lautete TOPDOC und steckte in einer blankpolierten Halterung aus rosafarbenem Metall. Er lehnte sich an den Kofferraum und bemerkte meinen Blick.

»Gehört meiner Freundin«, erklärte er. »Ich muss mich um den Ölwechsel kümmern.«

Ich reichte ihm meine Karte. Leland Crowe. Private Ermittlungen.

»Meine Klientin ist eine junge Dame, die nach ihrer Familie sucht«, sagte ich. »Als Baby ist sie ausgesetzt worden. Hier an der Mission. Ein Priester hat sie gefunden.«

»Wann war das?«

»Vor zwanzig Jahren. Oktober 99.«

»Von einem Baby hab ich nie gehört.«

»Der Priester ging nach Afrika, gleich nachdem er das Mädchen gefunden hatte. Er wurde dort getötet.«

Er runzelte die Stirn.

»Warum ist er wichtig?«

»Er hat das Auto gesehen, mit dem sie gebracht wurde. Wie gesagt, er ist tot, aber vielleicht hat er mit jemandem darüber gesprochen. Oder ein Tagebuch geführt. Ich glaube nicht, dass er irgendetwas Falsches getan hat, falls Sie darauf hinauswollen.«

»Wenn Sie wollen, können Sie ihn besuchen.«

»Was?«

»Wenn Sie von dem Priester reden, der in Afrika gestorben ist, meinen wir wahrscheinlich denselben Mann.« Er drückte sich vom Kofferraum des Wagens ab und deutete auf die Mission. »Er liegt seitlich von der Kapelle, gleich an der Wand. Heute Nachmittag habe ich um sein Grab herum Unkraut gejätet.«

Ich durchquerte den Hof und fand den kleinen Friedhof neben der Kapelle. Die meisten älteren Gräber waren nur an den mit Seeohrenschalen markierten Umrissen zu erkennen.

Wahrscheinlich stammten sie noch aus dem 18. Jahrhundert. Aber ich fand auch einen Grabstein aus den 1930ern und einen kleinen schwarzen Stein mit einer Bronzetafel. Ich kniete mich hin und wischte den Staub von der Aufschrift:

HOCHWÜRDEN DAVID E. MARTINEZ
Geboren am 15. August 1964 in Salinas, Kalifornien
Der vielgeliebte Pfarrer gab sein Leben für die Verteidigung dreier Kinder, Kibaale, Uganda, 10. Februar 2000
Agnus Dei

Olivia Gravesends neue Geschichte war stimmiger als die alte. Ich ging um die Kapelle herum und fand den Eingang zum Museum. Es war fünf, eine Frau schloss gerade ab. Ich fragte sie nach Hochwürden David E. Martinez. Sie wusste zwar, dass er neben der Kapelle begraben war, hatte ihn aber nicht mehr kennengelernt. Davon, dass vor zwanzig Jahren ein kleines Mädchen mitten in der Nacht ausgesetzt worden war, hatte sie auch nichts gehört. Immerhin wusste sie, dass Martin Pascutti, der frühere Bischof der Diözese Monterey, vor einer Weile gestorben war. An Krebs, wie sie glaubte. Ich bedankte mich und folgte ihr zum Parkplatz. Als ihr kleiner Mazda-Pick-up verschwunden war, blieb nur noch mein Wagen übrig. Ich entriegelte die Türen, schwang mich auf den niedrigen Fahrersitz des Biests und ließ den Motor an.

Mrs Gravesends Geschichte war die passende Ergänzung zu dem, was Madeleine mir erzählt hatte. Wie zwei Teile eines Puzzles. Claire war am 29. Oktober 1999 an der Carmel Mission ausgesetzt worden. Zwei Tage später tauchte die dreijährige Madeleine in der St.-John-Kirche in Yakima, Washington, auf, ungefähr zwölf- bis vierzehnhundert Kilometer weiter nördlich. Eine machbare Strecke für zwei Tage. Er hätte sie sogar in einem Tag zurücklegen könnten, aber vielleicht war es mit einem kranken Kleinkind im Wagen nicht schneller gegangen. Vielleicht hatte er auch Zeit verloren, weil er, aus welchen Gründen auch immer, nicht über die Interstates fahren wollte. Vielleicht konnte er sich tagsüber sowieso nicht auf die Straßen trauen.

Aber all das waren Hypothesen. Im Moment wusste ich eigentlich nichts. Immerhin kamen mir meine Vermutungen teilweise plausibel vor. Madeleine musste ziemlich krank gewesen sein, ihre frühen Jahre waren von Vernachlässigung und Misshandlung geprägt gewesen. Ihre Erinnerungen setzten in Yakima ein, wo sich erstmals jemand um sie gekümmert hatte. Ich hatte keine Vorstellung davon, was man ihr angetan hatte, konnte aber wenigstens ein paar Vermutungen über den Kerl anstellen, der es getan hatte. Er war sorgfältig und entschlossen gewesen, wie das Muster der Narben bewies. Und er musste irgendwo südlich von Carmel losgefahren sein. Sein Weg führte ihn nach Norden, unterwegs entledigte er sich unerwünschter Dinge.

Den Ausgangspunkt südlich von Carmel zu vermuten, half mir allerdings kaum weiter. Der Priester in der Mission hatte ein Klopfen an der Tür und Schreie gehört. Claire war in eine Windel gewickelt und in einem Karton zurückgelassen worden. Offenbar hatte der Mann unentdeckt bleiben, das Baby aber keinem allzu großen Risiko aussetzen wollen. Er hatte dafür gesorgt, dass es nicht fror oder von einer Stufe fallen konnte. Er hatte geklopft, damit sie nicht zu lange im Freien lag.

Auffällig war, dass er die beiden Mädchen an verschiedenen Tagen an verschiedene Orte gebracht hatte. Erst Claire, zwei

Tage später Madeleine. Warum nicht beide auf einmal, und die Sache wäre erledigt gewesen? Vielleicht weil die Mädchen der deutlichste Hinweis auf seine Identität waren. Indem er sie so weit entfernt voneinander aussetzte, bestand die Chance, dass ihre Verwandtschaft und die identischen Gene unbemerkt blieben. Ein einzelnes Kind wird so häufig ausgesetzt, dass es kaum eine Erwähnung in der Lokalzeitung wert ist. Zwei blonde Mädchen mit identischen Verletzungen konnten es auf die Titelseite schaffen. Falls jemand einen DNA-Test durchgeführt hätte, bei dem herauskam, dass es sich um eineiige Zwillinge mit einem Altersunterschied von drei Jahren handelte, wäre mit einem internationalen Medienzirkus zu rechnen gewesen. Vielleicht fürchtete der Mann, dass sein Geheimnis bei einer gründlichen Untersuchung aufgeflogen wäre.

Anderseits konnte die Erklärung auch wesentlich simpler sein. Vielleicht hatte er die Mädchen behalten wollen. Aber die Kleine war krank und schwach und machte das Reisen schwer. Also setzte er sie zuerst aus und behielt die Kräftigere bei sich. Im Staat Washington fing sie dann ebenfalls an, ihn aufzuhalten. Vielleicht blutete sie oder weinte zu viel. Vielleicht hatte sie Fieber bekommen, und er war ängstlich. Sollte sich lieber jemand anders darum kümmern. Beide Male hatte er katholische Kirchen ausgewählt, als es darum ging, die Verantwortung abzugeben. Keine Krankenhäuser oder Feuerwehrwachen, sondern Priester. Dieser Umstand musste über ihn und das, wovor er weglief, irgendetwas aussagen. Wenn er nicht selbst der Retter der Mädchen sein konnte, sollten sie zumindest von anderen gerettet werden. Und es gab jemanden, vor dem er Angst hatte.

17

Statt zurück auf die Halbinsel Richtung San Francisco zu fahren, nahm ich bei San Jose die an der Ostseite der Bay entlangführende Strecke, um auf dem Weg nach Oakland nicht in den Stau zu kommen. Mein Forensiker, George Wong, wohnte in den Hügeln östlich der Stadt. Er hatte vor zehn Jahren seine Stelle beim FBI-Labor in Quantico gekündigt, war in seine Heimatstadt zurückgekehrt und unterrichtete in Berkeley. George hatte Zugang zu guten Laboren und nahm Nebenjobs an. In Monterey hatte ich noch einmal das Münztelefon an der Tankstelle benutzt, sodass er mich bei meiner Ankunft schon erwartete. Er trat aus dem Haus und begrüßte mich in der Auffahrt. Wie immer trug er ein Paar Latexhandschuhe. Statt mir die Hand zu schütteln, wartete er, bis ich den Kofferraum geöffnet hatte.

»Hast du die Flasche angefasst?«

»Nur ganz unten.«

»Und sie hat daraus getrunken?«

»Ja.«

»Wer hat den Deckel wieder aufgeschraubt?«

»Sie.«

»Sehr gut«, sagte er. »Und der Karton?«

»Den habe ich vom Boden aufgehoben. Außer mir können ihn auch vier andere Leute berührt haben.«

»Kennst du die Namen?«

»Olivia Gravesend. Ein Priester namens David Martinez. Und der kürzlich verstorbene Bischof von Monterey – Martin Pascutti.«

»Du hast von vieren gesprochen.«

»Der Vierte ist der Kerl, den ich suche. Der das kleine Mädchen ausgesetzt hat.«

»Hast du nicht auch von einem Haar gesprochen, dessen DNA ich mit der von der Flasche vergleichen soll?«

»Ja«, sagte ich, zog mein Portemonnaie aus der Tasche und nahm die Quittung heraus, in die ich das Haar von Claires Bürste gewickelt hatte. »Hier.«

»Bring es rein«, sagte er. »Du kannst die Tür für mich öffnen.«

Er balancierte die Wasserflasche auf dem Deckel des Kartons. Ich schlug den Kofferraum zu, wir gingen ins Haus, um Honorar und Zeitplan zu besprechen. Ich wollte alles so schnell wie möglich, sodass es sicher nicht billig würde. Aber solange Olivia Gravesend meine Anrufe noch entgegennahm, machte ich mir deswegen keine Sorgen.

Als wir fertig waren, fuhr ich die Hügel hinunter und stellte mich in den Stau vor der Bay Bridge. In der Stadt ging das Verkehrschaos weiter, sodass ich von der Brücke bis zu meiner Tiefgarage zwanzig Minuten brauchte. Ich grübelte über die verlorene Zeit und meine nächsten Schritte nach, ohne besonders auf meine Umgebung zu achten. Deshalb übersah ich die beiden uniformierten Cops, die neben meinem Parkplatz im Dunkeln warteten, bis ich aus dem Wagen stieg.

»Leland Crowe?«

Erst jetzt sah ich auf.

»Wen interessiert das?«

»Inspector Chang«, sagte der größere Cop. »Er erwartet Sie in der Bryant Street.«

»Er ist Mordermittler«, sagte der andere Mann. »Falls da etwas klingelt.«

Ich sah mich um. Hier unten stand kein Streifenwagen, aber ich erinnerte mich, auf der Straße einen gesehen zu haben, bevor ich in die Einfahrt der Garage gebogen war. Ich sah keine andere Möglichkeit, als die Ruhe zu bewahren und besser nicht zu viele Fragen zu stellen.

»Falls Sie beide mich abtasten wollen, bitte schön!«

»Hände auf den Kofferraum.«

»Klar.«

Sie tasteten mich mit den Händen ab, von den Fußgelenken bis zum Kragen. Einer nahm mein Portemonnaie und das Ledermäppchen mit meiner Lizenz.

»Halten Sie damit viele Leute zum Narren?«

»Leider nicht.«

»Warum haben Sie zwei Handys bei sich?«

»Eins, um meine Frau anzurufen, eins, um meiner Freundin zu texten. So komme ich nicht durcheinander, falls Sie verstehen, was ich meine.«

»Lee Crowe«, sagte der größere Polizist und klappte mein Portemonnaie zu. »Von Ihnen hab ich gehört. Sie sind ins Zimmer eines Richters spaziert und haben dem Kerl die Zähne ausgeschlagen.«

»Ich hab mich gebessert.«

»Nach allem, was ich gehört hab, hatte er es verdient. Und ich wette, Sie rufen Ihre Frau nicht oft an.«

»Soweit ich weiß, reden wir alle nicht gern darüber. Zu dem Thema steht etwas in der Vergleichsvereinbarung. Fahren Sie?«

»Rechnen Sie nicht damit, zurückgebracht zu werden.«

»Auf die Idee käme ich niemals.«

Sie reichten mir meine Sachen zurück. Der kleine Cop desinfizierte demonstrativ seine Hände mit Flüssigkeit aus einer

Plastikflasche an seinem Gürtel. Wenn er mich für schmutzig hielt, ahnte er wahrscheinlich nicht, wie richtig er lag. Jedenfalls hoffte ich das.

Auf dem Weg zur Hall of Justice befolgte ich Jims bevorzugten juristischen Rat. Ich saß auf der Rückbank, nicht in Handschellen, aber trotzdem eingesperrt, und hielt den Mund. Der kleine Cop fragte, warum Inspector Chang mich sprechen wolle. Ich zuckte die Achseln und schaute aus dem Fenster. Mir fielen drei oder vier plausible Gründe ein, aus denen Chang mich in einem fensterlosen Raum mit greller Beleuchtung sitzen haben wollte. Wenigstens gehörte er zum SFPD, nicht zum FBI.

Sie parkten in der Tiefgarage und brachten mich durch den Hintereingang in das Gebäude 850 Bryant Street, dann mit dem Aufzug hoch in den fünften Stock. Ich schaute auf meine Armbanduhr, es war zehn. Falls sie mich lange genug hierbehielten, würde ich möglicherweise Elijah auf seiner nächtlichen Runde über den Weg laufen. Das wäre eine Premiere für uns beide.

Sie führten mich an einem Großraumbüro und einer Herrentoilette vorbei, unter deren Tür sich ein Wasserrinnsal hervorarbeitete. Dann warteten wir kurz vor einer abgenutzten Metalltür, bis der große Cop sie geöffnet hatte. Drinnen stand der unvermeidliche Holztisch. Drei Plastikstühle mit Metallbeinen. Eine kegelförmige Lampe über dem Tisch, ein Spiegel an der Rückwand. Im Boden und am Tisch waren Ösen verankert, an die man einen Verdächtigen an Händen und Füßen fesseln konnte.

»Warten Sie hier«, sagte der kleine Cop. »Er ist gleich da.«

Ich trat in den Raum, sie schlossen die Tür hinter mir. Ich

hörte sie weggehen. Weiche Sohlen auf Linoleum, gedämpfte Stimmen. Ich wartete, bis ich nichts mehr hörte, dann versuchte ich es an der Tür. Sie war nicht abgeschlossen. Ich machte sie wieder zu und überlegte, was das zu bedeuten hatte.

Es war eine freiwillige Befragung, ich konnte jederzeit gehen. Falls die Kamera in der Ecke lief, könnten sie das auch beweisen. Was auch bedeutete, dass Chang mir meine Rechte nicht vorlesen würde. Er hoffte darauf, dass ich mich zu sicher fühlte, dass eine Mischung aus Sorglosigkeit und Zuversicht mich zu einem Fehler verleiten würde. Dass ich mir widersprechen oder ein unüberlegtes Eingeständnis machen würde. Dann würde sich der Ton der Befragung auf einen Schlag verändern.

Ich betrachtete mich im Einwegspiegel und fragte mich, ob Chang schon in Boston gewesen war. Wahrscheinlich beobachtete er mich von der anderen Seite des Spiegels aus. Ich tat so, als könnte ich ihn sehen, und nickte freundlich, von Ermittler zu Ermittler. Dann zog ich den Stuhl für die Verdächtigen hervor, setzte mich und stellte die Füße zu beiden Seite der Öse.

Eine Minute verstrich. Dann ging die Tür auf, Inspector Frank Chang trat ein. Grauer Anzug, weißes Hemd. Keine Krawatte. Er trug ein paar Aktenmappen unter dem Arm und in jeder Hand einen Kaffeebecher.

»Lee Crowe?«, sagte er. »Danke, dass Sie sich die Zeit nehmen.«

»Aber natürlich.«

Er setzte sich mir gegenüber und stellte einen Becher auf meine Seite des Tischs.

»Was ist mit Ihrem Hals passiert? Haben meine Beamten sich danebenbenommen?«

»Überhaupt nicht«, sagte ich. »Sie waren sehr professionell.«

»Und woher haben Sie die Blutergüsse?«

»Ein Handgemenge im Tenderloin. Letztlich ein Missverständnis. Ein Typ in einem geparkten Auto hat mich für einen Spanner gehalten. Wir haben es geklärt.«

Solche Vorfälle gab es immer wieder. Ich hatte keine Zeit, mir eine kompliziertere Lüge auszudenken.

»Haben Sie Anzeige erstattet?«

»Wenn ich das getan hätte, stünde der Name des Ehemanns jetzt in einem Polizeibericht. Das wäre für meine Klientin beschämend. Er befand sich in einer kompromittierenden Situation.«

»Wann war das?«

»Vor drei oder vier Nächten.«

Er zog eine seiner schwarzen Augenbrauen hoch, wodurch das Licht ein wenig anders auf sein Gesicht fiel. Jetzt bemerkte ich, dass seine Nase zwei- oder dreimal gebrochen war. Er hatte die Statur eines Boxers. Klein und drahtig, genau der Typ, der dem ersten Schlag ausweicht und dann mit so schnellen Jabs attackiert, dass man seine Handschuhe nur noch als feuerroten Klecks wahrnimmt.

»War das die Nacht, in der Sie Ihr berühmtes Foto gemacht haben?«

»Genau«, sagte ich. Jetzt wusste ich wenigstens, wie ich auf seinem Radar gelandet war.

»Dann waren Sie ziemlich fleißig und haben einiges erlebt, was Sie nicht gemeldet haben. Erst wurden Sie angegriffen, dann haben Sie die tote Frau entdeckt. In dieser Reihenfolge?«

»Ja.«

»Zwei Handys, aber kein Notruf.«

»Die Arbeit geht vor.«

»Wichtige Klientin?«

»Sicher.«

»So wichtig, dass sie einen Namen hat?«

»Mrs Jane Doe. Aber wahrscheinlich wird sie in Kürze wieder ihren Mädchennamen annehmen.«

»Der Name Ihrer Klientin fällt nicht unter die Schweigepflicht.«

»Einigen wir uns darauf, dass wir uns nicht einigen können. Dann kommen wir besser miteinander aus.«

Wieder die Nummer mit der Augenbraue. Ich war relativ sicher, dass es sich um eine unwillkürliche Reaktion handelte, die ihm vielleicht nicht mal bewusst war. Das machte ihn mir gleich sympathischer.

»Erzählen Sie mir, wie Sie die junge Frau gefunden haben«, forderte Chang mich auf. »Wann, wo – und was auf der Straße los war.«

»Ich ging zu Fuß die Turk entlang. Nach vier Uhr morgens.«

»In welche Richtung?«

»Richtung Van Ness Avenue.«

Er nickte. Wahrscheinlich hatte er schon mit dem Werbetypen und seinem Assistenten gesprochen. Sicher hatten sie ihm von mir erzählt.

»Sie waren als Erster am Tatort.«

»Als Erster, der bei Bewusstsein war.«

»Wie meinen Sie das?«

»Auf der anderen Straßenseite lag ein bewusstloser Mann. Ich nenne ihn Snowsuit Man. Er hat diesen Ganzkörperanzug und riecht wie …«

»Ich weiß, wen Sie meinen.«

»Er war jedenfalls da. Aber völlig weggetreten.«

»Offene Fenster, aus denen Leute rausgeschaut haben?«

»Keine, die ich bemerkt hätte.«

»Haben Sie am Tatort etwas verändert?«

»Ich hab die junge Frau berührt«, sagte ich. »Am Hals, unter ihrem Kinn. Um ihren Puls zu fühlen. Sie war noch warm.«

»Sie wollten den Puls fühlen, haben aber nicht die 9-1-1 gewählt?«

»Da war kein Puls mehr. Außerdem hab ich die Sirenen gehört.«

»Sie haben sie also berührt«, sagte er. »Nur am Hals?«

»Nur am Hals.«

»Nicht an den Händen?«

»Nein.«

»Da sind Sie ganz sicher?«, fragte er.

Vor vielen Jahren, als ich das Jurastudium hinter mir hatte und frisch bei Jim Gardner angefangen hatte, war ich dabei gewesen, wenn er Klienten, die vor Gericht aussagen wollten, aufs Kreuzverhör vorbereitet hatte. Seine Regeln waren ziemlich unkompliziert. Beantworten Sie einfach die Frage, die gestellt wurde. Nicht mehr und nicht weniger. Versuchen Sie nicht, die Antwort auf die nächste Frage vorwegzunehmen. Denken Sie gar nicht erst daran. Regeln, die einfach zu erklären, aber schwer zu befolgen sind. Inspector Chang interessierte sich für Claires Hände. Er stellte mir die Frage, um mich dazu zu bringen, meine Antwort zu ändern oder mir eine Bemerkung zu entlocken, in der ich mich später verheddern konnte. Denk nicht zu viel nach, würde Jim jetzt sagen. Trotzdem hätte mich interessiert, was ihm an ihren Händen aufgefallen war.

»Ja, ich bin sicher«, sagte ich. »Ihre Hände hab ich nicht berührt.«

»Würde es Ihnen etwas ausmachen, mir Ihre zu zeigen?«

Ich legte meine Hände mit gespreizten Fingern auf den Tisch. Keine Blutergüsse, keine Kratzer. Ich drehte sie um, sodass er einen Blick auf meine Handflächen und Unterarme werfen konnte. Jetzt begriff ich, warum er mir zu Anfang der Befragung einen Kaffee hingestellt hatte. Es ging ihm nicht darum, ein guter Gastgeber zu sein. Er hatte es auf eine DNA-Probe von mir abgesehen.

»Hat Ihr Gerichtsmediziner Hautpartikel unter ihren Fingernägeln gefunden?«, fragte ich.

»Wie kommen Sie darauf?«

»Ich besitze einen Fernseher und einen Bibliotheksausweis.« Ich nahm den Kaffee und trank einen Schluck. Dann reichte ich ihm den Becher. »Falls Sie wissen wollen, ob Sie mich ausschließen können, sollten sie ihn ins Labor geben, sobald ich hier raus bin. Vielleicht kann vom Becher eine anständige Probe genommen werden. Sie können aber auch Ihr DNA-Entnahmekit holen und es gleich richtig machen.«

»Damit wären Sie einverstanden?«

»Gern, wenn es Ihre Leute davon abhält, mir hinterherzuschnüffeln. Sie haben unter ihren Fingernägeln die DNA eines Mannes gefunden, stimmt's?«

Davon stand nichts im Autopsiebericht, hätte ich fast gesagt. Nachdem der Bericht fertig war, musste das Labor noch zusätzliche Untersuchungen angestellt haben. Vielleicht bluffte Frank Chang aber auch nur, um zu sehen, ob die Idee mich nervös machen würde.

»Bin gleich mit dem Kit zurück«, sagte er. »Genießen Sie Ihren Kaffee.«

Er stand auf und ging hinaus. Wäre ich nicht sicher gewesen, dass ein Aufnahmegerät lief, hätte ich auf der Stelle Cynthia Green angerufen. Sie musste noch einmal in Claire Gravesends Autopsieakte nach neu hinzugekommenen Laborberichten suchen. Kurz darauf kehrte Inspector Chang zurück. Er hatte Latexhandschuhe übergezogen und öffnete ein Päckchen mit einem Abstrichtupfer.

»Wissen Sie, wie es geht?«

»Klar«, sagte ich.

Er reichte mir den Tupfer, ich strich an der Innenseite meiner Wange und dem Zahnfleisch der unteren Mundhöhle entlang. Dann steckte ich ihn in das Transportröhrchen und reichte es Inspector Chang, der es in einem Beweismittelbeutel verstaute. Dann nahm er einen Marker mit feiner Spitze aus der Tasche und notierte auf dem Beutel seinen Namen und das Datum.

»Haben Sie außer dem Foto, das Sie verkauft haben, noch andere gemacht?«

»Eine Menge.«

»Sie waren sehr kooperativ, Mr Crowe.«

»Für meine Stadt tue ich alles.«

»Brauche ich einen Gerichtsbeschluss, damit Sie mir die Fotos aushändigen?«

»Nein, Sir«, sagte ich. »Haben Sie eine E-Mail-Adresse?«

»Ich hätte lieber die Originalspeicherkarte«, sagte er. »Wegen der Beweiskette.«

Er hatte Glück. Eine Stunde bevor ich Claire entdeckt hatte, hatte ich eine neue Karte in die Kamera gesteckt. Es gab also keine Fotos von DeCanza oder seinen FBI-Aufpassern, sodass ich nicht mit ihm über das Löschen von Fotos verhandeln musste, die ihn nichts angingen.

»Die Karte liegt in meinem Bürotresor«, sagte ich. »Wollen Sie mich hinfahren?«

»Drüben an der City Hall?«

Ich nickte. Je eher ich ihm gab, was er wollte, desto eher wurde ich ihn los.

Inspector Chang wirkte genauso erleichtert wie ich, den Befragungsraum verlassen zu können. Er schien ein paar Zentimeter zu wachsen, als wir die Hall of Justice mit ihren summenden Neonlampen verließen. Wir gingen um das Gebäude herum zur Parkgarage und holten sein Auto. Sein Privatwagen vermutlich, denn die Stadt stellte ihren Beamten sicher keine Jeeps aus den frühen Achtzigern zur Verfügung.

»An der Tür müssen Sie kräftig ziehen«, sagte er.

Ich öffnete sie und kletterte auf den Beifahrersitz.

»Wie haben Sie mich gefunden?«, fragte ich, als er eingestiegen war und den Motor angelassen hatte.

»So wie Sie es auch machen würden, wenn Sie als Ermittler etwas taugen«, sagte er. »Ich habe ein paar Anrufe getätigt, die Angeln ausgelegt und gewartet.«

Mit unbewegter Miene setzte er rückwärts aus der Parklücke.

»Was ist mit Claire?«, fragte ich. »Nachdem ich das Foto gemacht hatte, hab ich die Zeitungsberichte verfolgt. Man sollte denken, die Sache ist klar. Selbstmord, Fall abgeschlossen.«

»Das sollte man denken.«

»Aber Sie arbeiten noch daran.«

»Ich arbeite noch daran.«

»War sie vor dem Sturz auf dem Dach?«

»Keine Ahnung«, sagte Inspector Chang.

Ich nahm mir vor, Elijah zu bitten, bei der ersten sich bietenden Gelegenheit Changs Arbeitsplatz zu durchwühlen. Vielleicht hatte das SFPD schon einen vorläufigen Bericht zu der Schnapsflasche und den Zigarettenstummeln auf dem Dach. Falls Chang über Claires DNA oder Fingerabdrücke verfügte, musste er wissen, ob sie auf dem Dach gewesen war. Dann hatte er mich gerade belogen.

»Sie muss aus einem der oberen Fenster gestürzt sein«, sagte ich. »Oder vom Dach. Aus geringerer Höhe hätte der Aufprall niemals so viel Schaden an dem Auto angerichtet. Stimmt's?«

»Auch das weiß ich nicht mit Sicherheit. Warum interessiert Sie das?«

»Neugier.«

»Weil Sie das Foto gemacht haben«, sagte Chang. »Jetzt bleiben Sie an der Sache dran.«

»Ich bleibe nirgendwo dran. Sie machte einfach einen netten Eindruck.«

Das Licht über meiner Bürotür war ausgeschaltet, wir tasteten uns im Dunkeln die Treppe hoch. Als ich mich mit dem Schlüssel in der Hand der Tür näherte, spürte ich ein Knirschen unter meiner Schuhsohle. Inspector Chang, der mir folgte, knipste eine Taschenlampe an. In deren Schein sah ich die Glasscherben auf dem Boden. Ich schaute nach oben, Changs Lichtstrahl folgte meinem Blick. Die Fassung der Lampe sah aus, als habe jemand einen Besenstiel durch die Mattglaskugel hindurch in die Birne gestoßen.

Dann sahen wir uns die Tür an.

Im Rahmen und auf dem Türblatt selbst waren keilförmige Einkerbungen zu erkennen. Statt sich auf ein Set dünner

Picking-Werkzeuge zu verlassen, hatte sich jemand mit einer Brechstange zu schaffen gemacht.

»War das schon so, als Sie das letzte Mal hier waren?«

»Nein.«

Er schob mich beiseite, griff in die Tasche und zog seine Waffe.

»Darf ich?«

»Nach Ihnen.«

Mit zwei Fingern drückte er die Tür auf, ohne dass ich sie hätte aufschließen müssen.

»Haben Sie Feinde, Crowe?«

»Ein paar.«

»Jemand dabei, von dem ich wissen sollte?«

»Eigentlich nicht.«

»Bleiben Sie hinter mir, damit Sie keine Kugel abkriegen«, sagte er. »Ich hasse Papierkram.«

Er trat in mein Vorzimmer, ich folgte ihm. Rechts war ein Lichtschalter, den ich drückte. Die Lampen gingen an. Der Eindringling hatte draußen auf dem Treppenabsatz, der vom Bürgersteig aus zu sehen war, unsichtbar bleiben wollen. Sobald er im Büro war, hatte er die Tür schließen können.

»Was ist da drin?«, fragte Chang und deutete mit der Pistole auf eine Tür.

»Die Toilette. Ungefähr so groß wie eine Telefonzelle.«

»Und da?«

»Das ist mein Arbeitszimmer.«

»Öffnen Sie die Toilettentür.«

»Okay.« Ich stellte mich neben die Tür und öffnete sie. Der Raum war so winzig, dass sogar die Kakerlaken Probleme hatten, sich zu verstecken. Inspector Chang betrachtete meine Toilettenschüssel, meinen Putzeimer und das Spülbecken an der Wand. Dann gingen wir quer durch den Vorraum, ich öffnete die Tür zu meinem Arbeitszimmer.

»Himmel«, sagte Inspector Chang. »Sieht's hier immer so aus?«

Ich warf einen Blick hinein.

»Nein«, sagte ich. »Ich halte Ordnung.«

Ich betrat den Raum. Jemand hatte ihn gründlich auf den Kopf gestellt. Die Schreibtischschubladen lagen auf dem Boden, das Sofa war umgekippt und die Polster mit einem Messer aufgeschlitzt. Man hatte die Lithografien von den Wänden gerissen und die Rahmen zerschlagen. Mein PC war weg. Ich kniete mich hin und sah unter dem Schreibtisch nach.

»Fehlt etwas?«

»Mein Safe.«

»Was war außer der Speicherkarte noch drin?«

»Beweismittel aus einem Fall – Briefe. Mein Smith & Wesson, ein .38er. Der Verlobungsring von meiner Ex-Frau.«

»War die Waffe auf Sie zugelassen?«

»Ja.«

Zusammen knieten wir neben dem Schreibtisch, der auf einem imitierten Perserteppich stand. Der fehlende Tresor hatte im Flor einen quadratischen Abdruck von sechzig mal sechzig Zentimetern hinterlassen. Von meinem Revolver und Juliettes Ring abgesehen hatte alles, was sich im Safe befand, mit Claire Gravesend zu tun. Die Speicherkarte, die Briefe, in denen sie ihre Mutter zu beruhigen versucht hatte. Natürlich konnten das weder DeCanza noch Agent White wissen. Wer auch immer den Safe gestohlen hatte, wusste nicht, was er enthielt. Jedenfalls nicht, bevor er ihn in ein leeres Lagerhaus geschafft und geöffnet hatte.

Wieder dachte ich an den Mann, den ich getötet hatte.

Während unserer nächtlichen Begegnung hatte er genau neun Worte gesprochen.

Wer weiß sonst Bescheid? Wer hat es dir gesagt?

Ich sah zu Inspector Chang hinüber. Er stand auf und steckte die Waffe ins Holster.

»Ich kann dafür sorgen, dass die Kollegen in zehn Minuten hier sind.«

»Ich kümmere mich allein darum.«

»Dachte ich mir schon«, sagte Chang. »Aber im Safe lag die Speicherkarte, und auf der Karte sind meine Beweise. Es ist also nicht Ihr Problem.«

Hätte ich im Büro dasselbe Kamerasystem installiert wie zu Hause, hätte ich von dem Einbruch erfahren. Dann hätte ich vor einer Viertelstunde, als wir im Verhörraum saßen, wegen der Speicherkarte irgendeine dumme Entschuldigung vorgebracht. Aber jetzt war Inspector Chang hier. Mit ihm zu streiten, würde meine Lage nicht verbessern.

»Also gut«, sagte ich. »Fühlen Sie sich wie zu Hause.«

Er wirkte enttäuscht. Als habe er sich auf ein Streitgespräch gefreut, auf eine Möglichkeit, mich wegen der Blutergüsse an meinem Hals noch einmal unter Druck zu setzen. Als habe er auf einen Anhaltspunkt gewartet, an dem er sich im Fall Claire Gravesend abarbeiten konnte. Vielleicht hatte er gehofft, ich würde zugeben, kurz vor ihrem Tod in der Gegend gewesen zu sein. Wenn er mich für einen Lügner hielt, lag die nächste Schlussfolgerung auf der Hand: dass ich Claire nicht zufällig entdeckt hatte, sondern weil ich sie hatte fallen sehen. Nicht von der Straße aus, sondern von oben, aus dem Gebäude. Nachdem ich ihre Hände von meinem Hals gelöst hatte.

Wenn er mich also unter Druck hätte setzen wollen, hätten ihm einige Mittel zur Verfügung gestanden, einschließlich

Durchsuchungsbeschlüssen. Ein gründliches Nachbohren bezüglich meiner Aktivitäten in jener Nacht hätte meine Optionen ziemlich eingeschränkt. Schließlich bestand mein Alibi darin, dass ich im Westchester zu tun gehabt hatte. Um eine Millionenerbin zu ermorden, war ich zu sehr damit beschäftigt gewesen, einen Zeugen der Bundesanwaltschaft einzuschüchtern. Was die mögliche Gefängnisstrafe anging, würde ich wahrscheinlich besser dastehen, wenn ich zugab, sie im Vollrausch vom Dach gestürzt zu haben.

Aber Inspector Chang verzichtete auf die Daumenschrauben. Stattdessen griff er zum Handy, tippte eine Nummer ein und drehte mir den Rücken zu.

18

Als ich das Büro endlich verlassen konnte, war es drei Uhr morgens.

Als Inspector Chang erklärt hatte, er könne die Kollegen rufen, hatte er damit offenbar zwei Transporter voller Forensiker gemeint – plus sämtliche Cops, die sich in sieben Streifenwagen zwängen konnten. Anscheinend erlebte die Stadt eine ruhige Nacht. Das Team kroch auf der Suche nach Fasern und Fußabdrücken über meinen Boden. Es staubte jede glatte Oberfläche ein und nahm ein Terabyte an Fotodateien auf. Eine Frau mit Laser-Pointer und digitalem Winkelmesser stellte an den Kerben am Türpfosten ihre Berechnungen an. Eine andere Frau, unter deren Ärmel ein tätowiertes Kruzifix hervorschaute, versuchte, mir alle möglichen Details über Fabrikat, Modell, Inhalt und Gewicht des Tresors zu entlocken, worüber ich praktisch nichts wusste, weil das Ding bei meinem Einzug schon im Büro gestanden hatte, samt der auf eine Haftnotiz gekritzelten Kombination.

Irgendwann gingen sie, aber ich blieb noch dort, um auf den Schlüsseldienst zu warten. Der Mann traf um halb drei ein, installierte ein neues Bolzenschloss und sagte, ich solle mir eine Stahltür besorgen. Ich bezahlte und wartete, bis er verschwand. Dann schloss ich mit meinem neuen Schlüssel ab und trat auf den Absatz hinaus. Die Scherben der Glühbirne unter meinen Füßen waren pulverisiert. Tausende Schritte von hereinkommenden und hinausgehenden Polizistenstiefeln hatten sie zu Staub zermahlen.

Als ich auf den Bürgersteig trat, hatte ich weder ein Ziel noch jemanden, der dort auf mich wartete. Wie üblich. Nur dass ich zur Abwechslung völlig nüchtern war und blaue Flecken hatte – und eine Menge Geld auf dem Konto.

Auf der anderen Straßenseite blitzten die Scheinwerfer eines geparkten Autos auf.

Eines großen Autos. Es war ein pechschwarzer Bentley, der beinahe mit der Dunkelheit verschmolz. Ich hatte ihn nie gesehen und wusste trotzdem sofort, wer am Steuer saß. Seit ihrem sechzehnten Geburtstag hatte sie jedes Jahr einen neuen Bentley besessen.

Wieder blitzten die Scheinwerfer auf.

Ich überquerte die leere Straße diagonal und stellte mich vor das Fenster auf der Fahrerseite. Es glitt herab, Regentropfen liefen an der Tür hinunter.

»Lange nicht gesehen«, sagte ich.

Sie schaute zu mir auf. Unsere erste Begegnung war zwölf Jahre her, die letzte sechs. Ich hätte sagen können, sie hätte sich überhaupt nicht verändert. Ihr blasses Gesicht wurde von dunklen Locken gerahmt. Die straffen Rundungen einer Tänzerin wurden zum Teil von einer Jacke kaschiert, die sich dicht an ihren Hals schmiegte und sie wie einen Umhang wirken ließ. Dasselbe Parfüm. Aber in ihrem Gesicht entdeckte ich Züge, die ich noch nie gesehen hatte. Ein Schatten um die Augen, Anspannung im Kiefer. Vielleicht waren es nur die üblichen, vor niemandem haltmachenden Zeichen der Zeit, aber ich hatte so ein Gefühl, als seien die letzten sechs Jahre nicht leicht für sie gewesen.

»Steig ein«, sagte Juliette. »Komm schon – es gießt.«

Ich umrundete die riesige Kühlerhaube, öffnete die Beifahrertür und nahm auf dem Ledersitz Platz. Die Sitzheizung wärmte von unten. Draußen wurde der Regen stärker. Das Auto war derart solide konstruiert, dass ich von den auf seine metallene Haut prasselnden Tropfen nichts hörte.

»Du warst in der Gegend«, sagte ich. »Bist nur zufällig vorbeigefahren.«

»So ungefähr.«

Der Gerichtssaal ihres Mannes lag nur einen oder zwei Blocks entfernt. Vielleicht arbeitete er heute lange. Und weil Juni war, hatte er wahrscheinlich gerade eine neue Mitarbeiterin bekommen. So etwas konnte einen Mann aufhalten.

»Du brauchst einen Detektiv. Du fragst dich, warum dein Mann so lange arbeitet. Schließlich stellt er im Prozess niemals Fragen. Seit acht Jahren hat ihn der Präsident des Obersten Gerichtshofs kein Gutachten mehr schreiben lassen. Und die Schriftsätze muss er auch nicht lesen – er schaut auf seinen Kontoauszug oder ruft deinen Vater an, wenn er wissen will, wie er entscheiden soll. Was hat er um die Zeit also hier zu tun?«

»Lee.«

»Wahrscheinlich hast du selbst die eine oder andere Idee.«

»Ich bin nicht hier, um dich zu engagieren. So ist es nicht.«

»Wie ist es denn?«

»Ein paar echte Ermittler waren bei mir und haben sich nach dir erkundigt. Es klang, als würdest du in Schwierigkeiten stecken. Nicht so, dass du etwas verbrochen hättest – die andere Art Schwierigkeiten. Als könne dir etwas zustoßen. Ich wurde ängstlich und hab gesagt, was ich wusste. Aber als sie weg waren, hab ich mir Sorgen gemacht, dass ich etwas falsch gemacht haben könnte. Ich hab versucht, dich anzurufen, aber dein Handy war ausgeschaltet. Dann bin ich hier vorbeigekommen. Ich hab die Polizeiwagen gesehen und gewartet.«

»Als sie bei dir waren, hast du ihnen meinen Parkplatz verraten.«

»Ja«, sagte sie, nahm die Hände vom Lenkrad und wandte sich mir zu. »Hab ich Mist gemacht? Steckst du in Schwierigkeiten?«

»Nein.«

»Sicher?«

»Es war bloß ein Einbruch im Büro. Keine große Sache.«

»Okay«, sagte sie. Dann legte sie eine Pause ein, um ihre nächsten Worte abzuwägen. »Aber falls du in Schwierigkeiten gerätst und Hilfe brauchst …«

»Alles bestens«, sagte ich. Es klang nicht nach einer Lüge. Ich hoffte nur, meine nächste Frage werde mich nicht verraten. »Wann waren sie bei dir?«

»Nicht nur einmal. Sie waren zu zwei verschiedenen Zeitpunkten da.«

»Verschiedene Polizisten?«

»Ja.«

»Beschreib sie.«

»Ein Chinese. Ziemlich geradeheraus, ein städtischer Cop – er hat mir seinen Dienstausweis gezeigt. Inspector Chang. Beim zweiten Mal kam ein Weißer.«

»Beschreib ihn.«

»Blonde, kurze Haare. Wie beim Militär. Diese Augen – ich weiß nicht. Wenn du sie gesehen hättest, würdest du dich an sie erinnern. Als würde man vor einem Suchscheinwerfer stehen.«

»Der Weiße hatte keinen Dienstausweis?«

»Ich hab nicht danach gefragt.«

»Hast du beiden von meinem Parkplatz erzählt?«

»Nur dem Ersten. Der Weiße hat nicht danach gefragt.«

»Was wollte er denn wissen?«

»Ob ich dich gesehen hätte. Ob wir gemeinsame Freunde hätten. Ob ich irgendwie mit dir in Verbindung treten könnte. Außer über dein Handy oder E-Mail.«

»Nein, nein und nein.«

»Genau das hab ich gesagt.« Sie sah mir direkt in die Augen. Für einen Moment rechnete ich damit, dass sie sich herüberbeugen und mich berühren würde. »Mehr hab ich ihm nicht gesagt.«

»Wann war das?«

»Vor ein paar Tagen. Gleich nachdem du dieses Foto verkauft hast.«

»Du hast es gesehen?«

»Alle haben es gesehen.«

»Wann genau waren sie bei dir? Am selben Tag, an dem das Foto in der Zeitung war?«

»Praktisch in derselben Stunde«, sagte sie. »Aber was hat das Foto mit deinem Büroeinbruch zu tun? Kanntest du die Frau?«

»Nein«, sagte ich. »Du?«

Sie schaute durch ihre vom Regen gepeitschte Windschutzscheibe.

»Claire Gravesend«, sagte sie dann. »Olivia Gravesends Tochter. Ich muss sie kennengelernt haben. Oder zumindest im selben Raum mit ihr gewesen sein. Aber nicht in letzter Zeit, sondern als Mädchen. Als ich zu den Terminen meines Vaters mitmusste. Aber sie war jünger als ich, oder?«

»Ein bisschen«, sagte ich. »Ein paar Jahre vielleicht.«

In Wirklichkeit betrug der Altersunterschied zwölf Jahre. Aber Juliette brauchte nicht zu erfahren, wie viel ich über die Frau wusste, die ich fotografiert hatte.

»Dann kennst du sie also?«

»Nur das, was in den Zeitungen steht.«

»Soll ich dich zu deiner Garage fahren?«, fragte sie. »Es schüttet noch immer.«

»Gern.«

Sie legte den Gang ein, wir setzten uns Richtung Van Ness in Bewegung.

»Fährst du es noch immer?«

»Das Biest?«

»Ja.«

»Warum sollte ich nicht? Es läuft noch.«

»Das ist gut.«

»Ich trenne mich nicht gern von etwas. Jedenfalls solange es funktioniert.«

»Genau. Du wirst es bis zum bitteren Ende fahren. Bis es nur noch sterben will. Und dabei wirst du nicht mal Spaß haben.«

»Das ist der Plan.«

Wir hielten an einer Ampel und bogen dann rechts auf die Van Ness. Juliette musste auf der Mitte des Blocks abbremsen, um einen Mann mit Einkaufswagen die Straße überqueren zu lassen. Früher hätte sie vielleicht einen Bogen um ihn gemacht, um sich nicht aus dem Rhythmus bringen zu lassen. Vielleicht hatte sie sich tatsächlich ein wenig verändert. Ich sah die Reihenhäuser vorbeiziehen. Ein paar beleuchtete Hausaufgänge, viele lagen im Dunkeln. Männliche Umrisse auf Betonstufen. Dicke Regenjacken, Flaschen in Papiertüten.

»Ist es dir gut ergangen?«, fragte sie.

»Ja – gute Klienten, gute Jobs. Dir hätte es nicht gefallen, aber ich mag es. Ich verfolge betrügerische Ehemänner mit einem Revolver und einer Kamera. Salt-and-Pepper-Shrimps um zwei Uhr morgens, und so viel Tsingtao, wie ich die Treppe hochschaffen kann.«

»Ein Teil davon klingt gut.«

»Und du? Hast du es gut erwischt?«

Sie antwortete nicht sofort. Stattdessen beschleunigte sie, um es noch bei Gelb über die Ampel zu schaffen. Das Auto flüsterte nur. Schwer wie ein Schlachtschiff, aber still wie der Nebel.

»In den meisten Nächten wache ich um diese Zeit auf. Morgens um drei oder vier. Ich höre seinen Schlüssel in der Tür und tue so, als würde ich schlafen. Auf die Art und Weise müssen wir nicht reden. Und ich muss nicht nachdenken.«

»Dafür gibt es Tabletten.«

»Die meisten nehme ich schon.«

»Das ist gut.«

Danach hatten wir nichts mehr zu bereden. Tausendmal hatte ich mir diesen Moment ausgemalt, aber mit dem, was sie gerade gesagt hatte, hätte ich so wenig gerechnet wie mit meiner eigenen kühlen Reaktion. Ich hätte triumphieren sollen, fühlte mich aber mickriger denn je.

Fünf Minuten später hielt sie auf der Straße gegenüber meiner Garage. Ich stieg aus und beugte mich zu ihr hinunter. Sie erwiderte meinen Blick. Keiner von uns sagte ein Wort. Das Biest stand zwei Stockwerke unter uns. Juliettes Decke lag noch im Kofferraum. Noch vor Morgengrauen hätten wir jede einzelne von einem Dutzend Buchten am Highway 1 erreichen können. Also malte ich mir aus, wie es sein würde, wenn ich wieder in den Bentley stieg. Wenn ich mit der Fingerspitze über die schmale Linie zwischen Juliettes Ohr und ihrem Botticelli-Kinn fahren würde. Aber ich unternahm nichts, um es herauszufinden. Ich schloss einfach die Tür und ging über die Straße. Irgendwann muss sie losgefahren sein. Das Auto war zu leise, als dass ich es gehört hätte. Umgedreht habe ich mich nicht.

Ich stand hinter dem Biest und musterte es. Von den in großen Abständen angebrachten Lampen ging ein tiefes Summen aus.

Falls Inspector Chang Männer abstellte, um Juliette im Auge zu behalten und auf mich zu warten, hatte er keinen Gerichtsbeschluss für einen Sender bekommen. Er war der Typ, der sich an die Vorschriften hielt. So sauber, wie ein Polizist nur sein konnte, wenn er im SFPD aufsteigen wollte. Von ihm hatte ich nichts zu befürchten.

Was Agent White betraf, der Juliettes zweiter Besucher gewesen sein musste, war ich nicht so sicher. Er war weit von sauber entfernt. Hätte er mein Auto gefunden und irgendetwas mit Boston zu tun gehabt, wäre ein versteckter GPS-Tracker meine geringste Sorge gewesen. Angesichts des Schadens, den ich im Lorca-Prozess angerichtet hatte, wäre ein mit der Zündung gekoppelter Plastiksprengsatz im Rahmen des Möglichen gewesen. Aber von Juliette hatte White nichts über meinen Parkplatz erfahren. Vielleicht war es also sicher, den Wagen zu benutzen.

Ich nahm meine Schlüssel, öffnete die Tür und setzte mich hinein. Mit dem Auto zu fahren würde bedeuten, Juliette zu vertrauen. Ich konnte glauben, was sie über Whites Besuch gesagt hatte, oder auf der Stelle wieder aussteigen. Ich hatte sechs Jahre Zeit gehabt, über Juliettes Vertrauenswürdigkeit nachzugrübeln, und mir eine ziemlich klare Meinung gebildet. Aber heute Abend geriet ich ins Wanken. Sie hatte sich nicht entschuldigt, aber vielleicht wäre das geschehen, wenn ich noch eine Weile geblieben wäre. Falls ich im Wagen geblieben wäre, hätte sie noch alles Mögliche tun können. Ich war mir nicht sicher, wie weit ich diesen Gedankengang verfolgen wollte, also ließ ich den Motor an und gab Gas.

Brüllend erwachte das Biest zum Leben. Ich setzte rückwärts aus meiner Parkbucht und fuhr hinauf zur Straße.

Statt den direkten Weg zur Baker Street zu nehmen, fuhr ich durch den Park und über die Brücke. Dann blieb ich eine Weile auf dem erstbesten Parkplatz stehen und sah auf die Stadt hinunter, die als oranger Fleck unter dem die Hügel einebnenden Nebel lag. Schließlich überquerte ich die Brücke ein zweites Mal, parkte auf der Chestnut Street und ging zu Fuß zur Baker. Als ich den Hügel ein Stück hinaufgestiegen war, sah ich ganz oben den Lieferwagen stehen. Eine gute Stelle – von dort konnten sie den ganzen Block im Auge behalten.

»Was liegt an?«, fragte Jeremiah. »Bist du das, da unten an der Ecke?«

»Ja.«

»Sie ist noch im Haus. Vor drei Stunden ist sie hochgegangen. Ich hab sie am Fenster gesehen. Vor einer Stunde hat sie das Licht ausgemacht.«

»Okay.«

»Bist du fit, oder soll ich bleiben?«

»Ich bin fit.«

»Also gut.«

Ich beendete das Gespräch, ging zum Haus und schloss die Tür auf. Dann zog ich die Schuhe aus und ging, ohne Licht zu machen, durch die Räume im Untergeschoss. Sie hatte noch eine Schüssel Ramen-Nudeln gegessen und eine Flasche Wein gefunden, aber nicht viel davon getrunken. Die Türen zum Keller und zum Garten waren verschlossen. Ich ging nach oben. Ihre Schlafzimmertür stand offen. Ich schaute hinein und sah sie unter der Decke. Sie schlief auf der Seite, mit dem Gesicht zu mir. Am Nachttisch brannte ein gedämpftes Licht. Ich wartete, bis meine Augen sich an die Dunkelheit gewöhnt hatten und ich sehen konnte, wie ihr Brustkorb sich langsam hob und senkte. Ihre Haare waren auf dem Kissen ausgebreitet, als hätte sie in einer heftigen Reaktion auf einen Traum den Kopf ruckartig nach vorn bewegt.

Vielleicht war sie gefallen. Vielleicht hatte sie auf der Brüstung eines Dachs im Tenderloin gestanden, unsicher auf schwarzen hochhackigen Schuhen. Dann ein Schritt über die Kante. Die Stadt auf den Kopf gestellt, während sie selbst einen Salto machte, die Regentropfen zum Stillstand gekommen, weil sie sich im selben Tempo bewegte.

»Lee?«

»Ja«, sagte ich. »Hi.«

»Wie lange bist du schon da?«

»Nicht lange«, sagte ich. »Ich wollte nur nachsehen, ob mit dir alles in Ordnung ist.«

»Wie spät ist es?«

»Halb fünf.«

»Bist du gerade erst gekommen?«

»Ja.«

»Ich stehe auf«, sagte sie. »Lässt du mich einen Moment allein?«

»Schlaf weiter«, sagte ich. »Wir können uns später unterhalten.«

Ich schloss die Tür und ging nach oben.

Zum Schlafen war ich zu aufgedreht. Außerdem hatte ich Claires Arbeitszimmer nicht gründlich durchsucht. Das tat ich besser, ohne dass Madeleine mir über die Schulter schaute. Und es war eine Möglichkeit, Hände und Augen beschäftigt zu halten, damit ich nicht über White, den Mann in Boston und meinen fehlenden Tresor nachdachte. Oder, wo ich schon mal dabei war, über Juliette Vilatte, die morgens um drei frisch geduscht und leicht parfümiert auf der Straße gegenüber meinem Büro gewartet hatte. An nichts davon wollte ich denken.

19

Madeleine schlief nicht lange.

Bei Sonnenaufgang war der Himmel zehn Minuten lang rosarot und von unten beleuchtet. Durch das Fenster des Arbeitszimmers sah ich den Südturm der Brücke in einem satten Goldrot glänzen. Dann stieg die Sonne über die tiefen Wolken, der Morgen wurde grau und schattenlos, Madeleine wachte auf. In der Etage unter mir öffnete sich ihre Schlafzimmertür. Statt nach oben hörte ich sie nach unten gehen. Ich wartete auf das Geräusch der Haustür, aber offenbar war sie nicht auf dem Weg dorthin. Ich hörte typische Küchengeräusche: laufendes Wasser, eine Kaffeemühle. Ich suchte zusammen, was ich in Claires Schreibtisch gefunden hatte, und ging nach unten.

»Guten Morgen«, sagte Madeleine. »Noch mal.«

Sie hatte Kaffee gemahlen und einen Kessel aufgesetzt. Jetzt sah sie sich in den Schränken um.

»Ich habe eine Cafetière gesehen«, sagte ich. »Oben rechts.«

»Danke.«

»Kann ich eine Tasse haben?«

»Natürlich«, sagte sie. »Wie war es bei Mrs Gravesend?«

»Sie war ziemlich erschüttert, aber das kann ich ihr nicht verdenken.«

»Ich meinte, was du erfahren hast?«

»Zuerst ist sie bei ihrer Geschichte geblieben – Claire wäre ihre biologische Tochter und auf den Jungferninseln zur Welt gekommen. Aber sobald ich meine Zweifel auf den Tisch gelegt hab, hat sie geredet.«

»Claire war auch ein Findelkind.«

Ich nickte.

»Sie wurde an der Carmel Mission ausgesetzt, mit blutenden Wunden an beiden Seiten der Wirbelsäule. Das passierte zwei Tage bevor du in Yakima aufgetaucht bist. Ein Priester fand sie, nachdem jemand an die Tür der Kapelle geklopft hatte. Aber der Priester kam in Afrika ums Leben. Der einzige andere Mensch, der davon wusste, war der Bischof – und der ist auch tot. Krebs.«

»Und jetzt?«

»Kaffee«, antwortete ich. »Danach hab ich ein paar Fragen.«

Als der Kaffee fertig war, goss sie uns jeweils einen Becher voll. Dann zeigte ich ihr die Sachen, die ich von oben mitgebracht hatte. Zuerst ein dünnes, in Moleskin gebundenes Notizbuch. Es hatte Eselsohren und war wellig, als habe Claire es vorsichtshalber tief in ihre Hand- oder Hosentasche geschoben, wo niemand es entdecken würde.

»In Boston hab ich zwei Schlüssel gefunden«, sagte ich. »Einer passte zu der Haustür, der andere gehört zu einem Schließfach hinter dem Dalí-Druck in ihrem Arbeitszimmer. Da hab ich das hier entdeckt.«

»Was ist das?«

»Sag du es mir.«

Ich schob ihr das Notizbuch hinüber. Sie streifte das elastische Band ab und schlug es auf. Die nächsten fünf Minuten trank ich meinen Kaffee und sah ihr beim Lesen zu. Als sie aufblickte, wusste ich, was sie sagen würde.

»Das ergibt überhaupt keinen Sinn.«

»Okay.«

»Aber … irgendwie passt es auch.«

»Inwiefern?«

»Schau es dir an. Sie hat sich nicht nach Polizeiberichten erkundigt, nach ausgesetzten Kindern oder Kinderpornografie-Ringen. Sie dachte an Wissenschaft und Forschung. Typisch Claire. Sie tendierte von Anfang an immer in diese Richtung. Einmal saßen wir abends auf ihrer Terrasse, am Kamin – hast du den gesehen?«

Ich nickte.

»Als wir dasaßen, wollte sie über Experimente reden. Zum Beispiel darüber, ob wir aus einem Experiment stammen könnten.«

»Und?«

»Wenn wir Zwillinge gewesen wären und ich älter bin, musste mindestens eine von uns als Embryo eingefroren worden sein. Wo würdest du anfangen, wenn du nach vielen eingefrorenen Embryonen suchst? Menschlichen Embryonen?«

»In einem Labor?«

»Vielleicht. Aber noch besser in einer Reproduktionsklinik. Dort werden viele befruchtete Eier gelagert, aber nur wenige implantiert. Der Rest liegt auf Eis.«

»Und die Narben?«

»Hier kommt das Experiment ins Spiel.«

Ich stellte mir einen Reproduktionsmediziner mit einer Nebenbeschäftigung vor. Entweder zu reinen Forschungszwecken oder als zusätzliche Einnahmequelle. Irgendetwas, bei dem Genetik eine Rolle spielt, denn darauf hatte Claire gesetzt.

»Was glaubte Claire?«, fragte ich.

»Sie war nicht sicher, jedenfalls zum damaligen Zeitpunkt. Aber sie muss auf eigene Faust etwas herausgefunden haben, stimmt's?« Sie gab mir Madeleines geheimes Tagebuch zurück. »Das sind ihre Notizen. Sie hat Leute befragt.«

»Offenbar Wissenschaftler.«

Wahrscheinlich stand irgendwo in diesem Notizbuch, wonach Claire gesucht hatte. Das Problem war, dass sie an die Sache herangegangen war, als habe sie Angst gehabt, dass ihr jemand über die Schulter schaute. Ihre erste Verteidigungslinie hatte darin bestanden, die Namen der Quellen aus dem Spiel zu lassen. Außerdem hatte sie die tiefere Bedeutung ihrer Gespräche mit einer unverständlichen, altmodisch anmutenden Sprache verschleiert.

Habe Doktor A nach C… befragt – und nach dessen Auswirkungen auf T… Er redete eine Stunde, zeigte mir ein CT von D…s Gehirn und ein paar Videos, die kurz vor ihrem Tod aufgenommen wurden. Er nannte mir Professor B an der Columbia. ich nahm den nächsten Zug nach New York …

Sie besuchte die Columbia, fand *Professor B*, der wiederum *Quelle C* erwähnte. Quelle C erwies sich als weniger leicht aufzuspüren. Claire verließ Harvard, um sich auf die Suche nach ihm zu machen, und spürte ihn schließlich in Kalifornien auf. Sie fing ihn ab, als er von einer Dinnerparty in Santa Monica kam, und überredete ihn irgendwie zu einem Treffen in einer Bar. Dabei erzählte er ihr von *Madame X*. Der Rest des Notizbuchs – fünf Einträge, die sich über drei Seiten hinzogen – zeichnete Claires anscheinend fruchtlose Suche nach Madame X nach.

Madeleine las bis zum Ende, klappte das Buch zu und gab es mir zurück.

»Wer sind diese Leute?«, fragte sie. »Und was wollte sie von ihnen?«

Darauf gab das Notizbuch keine Antwort. Nach dem Lesen hatte ich mehr Fragen als vorher. Wer war D? Warum hatte Doktor A CT-Bilder ihres Gehirns? Warum hatte er vor ihrem Tod Videos aufgenommen?

»Die Columbia muss eine Liste der Fakultätsmitglieder haben«, sagte Madeleine. »Wir könnten jedem männlichen Professor im naturwissenschaftlichen Bereich eine E-Mail schicken und ihn fragen, ob er sich mit Claire getroffen hat – oder mit einer Frau, die wie Claire aussah, für den Fall, dass sie einen anderen Namen benutzt hat.«

»Ich glaube, damit sollten wir warten«, sagte ich. »Die Idee ist gut, aber falls jemand in diesem Notizbuch in Verbindung mit Claires Tod steht, wäre es besser, unseren ersten Zug nicht an die große Glocke zu hängen.«

»Aber was dann?«

Ich reichte ihr eine zweite Mappe, die ich oben in einem unverschlossenen Aktenschrank entdeckt hatte. Sie enthielt einen kleinen Stapel monatlicher Kontoauszüge von Claires Bank und ihrer Kreditkartenfirma. Alle Auszüge waren an die Adresse in San Francisco geschickt worden. Offenbar hatte sie lange genug gelebt, um sich ihre Post aus Boston nachsenden zu lassen.

»Und?«

»Vom Handy abgesehen bietet eine Kreditkarte die beste Möglichkeit, die Bewegungen einer Person nachzuvollziehen«, sagte ich. »Bei ihrem Tod hatte Claire kein Handy bei sich – es steht nicht auf der Liste, die an den Autopsiebericht angehängt war. Kreditkarten hatte sie auch keine dabei. Was bedeutet, dass wir eine Spur haben, über die die Polizei nicht verfügt. Wenn wir uns nicht an die Leute in ihrem Notizbuch halten wollen, können wir den zweitbesten Weg wählen.«

»Der Spur des Geldes folgen.«

»Schau dir das hier an«, sagte ich und zeigte ihr den letzten Auszug. Die Kontoaktivitäten lagen schon dreißig Tage zurück. »Sie hat sich in North Beach Autos geliehen, getankt und in Städten die Küste rauf und runter gegessen. Hier.«

Sie schob den Auszug zurück, kaum dass sie ihn gelesen hatte.

»Das ist Wochen her – wahrscheinlich vollkommen nutzlos. Du solltest dir bei Claires Bank die aktuellen Transaktionen besorgen.«

»Ich bin nicht die Polizei«, wandte ich ein. »Ich kann keine richterlichen Beschlüsse vorlegen. Wenn ich bei einer Bank anrufe und Fragen stelle, höre ich ganz schnell nur noch das Freizeichen.«

»Was können wir dann tun?«

Ich schob ihr die Mappe hinüber, in der ich die Auszüge gefunden hatte. Auf der Innenseite des Umschlags hatte Claire ihre E-Mail-Adresse notiert. Darunter stand etwas, das ich nicht begriff. Ich hoffte, Madeleine werde eine Idee haben.

»Ich glaube, die erste Zeile mit der E-Mail-Adresse ist ihr Log-in-Name«, sagte ich. »Damit kann sie sich online um dieses Zeug kümmern. Was bedeutet, dass darunter ihr Passwort steht.«

Ich deutete auf die zweite Zeile in Claires sorgfältiger Handschrift.

C x x x x x x x x x 99

»Ist das Konto denn nicht längst gesperrt?«

»Warum sollte es?«

»Weil sie tot ist.«

»Das weiß die Bank noch nicht.«

»Der Coroner oder Gerichtsmediziner oder wer immer die Autopsie durchgeführt hat, müsste doch eine Sterbeurkunde ausgestellt und irgendwo eingereicht haben.«

»Sterbeurkunden werden nur an die Social Security Administration geschickt. Aber Sozialleistungen dürfte Claire nicht in Anspruch genommen haben, oder?«

»Dann sind all ihre Konten noch aktiv?«

»Alles müsste noch da und aktiv sein. Bankkonten, Kreditkarten, soziale Medien – alles.«

Madeleine zog die Mappe zu sich herüber. Ich trank meinen Kaffee und sah ihr zu, wie sie auf das verschleierte Passwort starrte und dabei mit der Fingerspitze auf jedes X tippte. Dabei bewegte sie die Lippen. Sie schüttelte den Kopf und probierte es mit einem anderen Wort. Der zweite Versuch schien besser zu passen – sie wiederholte das Wort und flüsterte immer schneller. Dann hob sie den Blick.

»Claire Bear«, sagte sie. »So hat ihre Mutter sie genannt, als sie klein war. Sie liebte es. Manchmal hat sie sich selbst so genannt und sich mit der Stimme ihrer Mutter getadelt.«

»*Was* hat sie gemacht?«

»Claire Bear, wenn du jetzt noch ein Glas Wein trinkst, hast du morgen bestimmt Kopfschmerzen.« Madeleine klang auf unheimliche Weise wie Olivia Gravesend. *»Claire Bear, dein Verehrer wartet im Restaurant, und du bist nicht mal angezogen – aber ich glaube, es wäre nicht unbedingt eine Katastrophe, wenn du ihn versetzt.«*

Ich zog die Mappe wieder zu mir herüber und tippte beim Buchstabieren mit dem Finger auf die einzelnen Buchstaben.

»99 ist ihr Geburtsjahr«, stellte ich fest. »Hast du dein Handy hier?«

Sie zog es hervor, ich reichte ihr einen der Auszüge. Ganz unten auf jeder Seite stand die Webadresse. Die geschätzte Kundschaft wurde eingeladen, sich dort ausführlicher zu informieren.

Mit dem Daumen tippte Madeleine die Adresse ein. Dann hielt sie inne, legte das Gerät hin und sah mich an.

»Ist es okay, das zu machen?«

»Wir werfen nur einen Blick hinein. Und wer sollte es mitbekommen?«

Sie überlegte einen Moment. Dann tippte sie Claires Anmeldenamen und das Passwort ein. Der Bildschirm wurde weiß. Irgendwo – ich tippte auf eine unterirdische Serverfarm in der Wüste von Nevada – überprüfte ein Computer unsere Legitimation. Von gegenüberliegenden Seiten der Kücheninsel aus schauten Madeleine und ich gespannt auf das Display.

Sie haben es fast geschafft! Weil wir das von Ihnen genutzte Endgerät nicht identifizieren können, beantworten Sie bitte die folgenden Sicherheitsfragen.

Es gab drei von Claire beim Einrichten des Kontos vorgewählte Fragen: Was ist Ihr Lieblingsteam beim Sport? Wie hieß Ihr Klassenlehrer im ersten Schuljahr? In welcher Stadt wurden Sie geboren? Ich sah Madeleine fragend an.

»Hat sie jemals über eine Sportmannschaft gesprochen?«

»Wir waren bei ein paar Spielen der Red Sox. So etwas hatte sie vorher noch nie gemacht. Ich glaube, es hat ihr Spaß gemacht.«

»Also die Red Sox. Sie war auf der Stevenson School. Von der Vorschule bis zur Highschool – richtig?«

»Woher weißt du das?«

»Ich hab ihr Zimmer im Haus ihrer Mutter durchsucht. Da

gab es eine Schleife von einem Naturwissenschaftstest in der vierten Klasse. Zweiter Platz. Und das Manuskript einer Englischarbeit in der Oberstufe.«

»Aber wir brauchen den Namen ihres Lehrers.«

»Hat sie nie mit dir über die Schulzeit gesprochen?«

»Wieso hätten wir darüber sprechen sollen?«

»Ich dachte, ihr wärt die ganze Nacht aufgeblieben und hättet über alles Mögliche geredet.«

»Komm schon …«

Ich griff zu meinem Wegwerfhandy und rief Olivia Gravesend an. Beim zweiten Klingeln meldete sich der Butler.

»Hier bei Gravesend.«

»Hier ist Crowe.«

»Mrs Gravesend ist nicht da.«

»Ich nehme gern mit Ihnen vorlieb«, sagte ich. »Falls Sie sich an den Namen von Claires Lehrer in der ersten Klasse erinnern.«

Er schwieg einen Moment. Ich konnte die Räder in seinem Kopf beinahe arbeiten hören. Er mochte mich nicht besonders, aber ich war der Einzige, der Claires Tod ernsthaft unter die Lupe nahm. Und bei aller durch ihr eigenartiges Verhältnis notwendigen Distanz hatte er Claire geliebt.

»Das war Mrs Knore.«

»Buchstabieren Sie das.«

»K-N-O-R-E.«

»Danke, Mr Richards«, sagte ich.

Er legte auf, ich wandte mich Claire zu.

»Tipp *Mrs Knore* ein. K, N …«

»Ich hab's gehört.«

Sie tippte mit dem Daumen und berührte das Display, um zum Eingabefeld für die letzte Frage zu wechseln.

»Was ist mit dem Geburtsort?«, fragte sie. »Das ist pure Spekulation.«

»Charlotte Amalie«, sagte sie. »Sie wusste es nicht besser.«

Madeleine schnappte sich die Kreditkartenrechnung und blätterte zur ersten Seite zurück. Mit dem Finger stieß sie auf einen Textabsatz, auf den ich nicht geachtet hatte.

Herzlichen Glückwunsch! Du bist seit einem Jahr Geschätzte Kundin und hast schon den Gold-Medaillon-Status erreicht! Logg dich auf der Website ein, um mehr zu erfahren.

»Ich kenne sie seit etwas über einem Jahr«, sagte Madeleine. »Als sie sich diese Karte besorgt und die Fragen ausgewählt hat, war ihr ziemlich klar, dass sie nicht auf den Jungferninseln geboren war.«

»Hatte sie einen konkreten Verdacht?«

»Sie hatte nicht die geringste Ahnung.«

»Dann tipp *unbekannt* ein«, schlug ich vor. »Lass uns sehen, was passiert.«

Sie tippte die Buchstaben ein, schickte ein ENTER hinterher, wir warteten. Signale wurden übertragen, Server arbeiteten. Diesmal dauerte es nicht lange.

Willkommen zurück, Claire! Wusstest du, dass du den Gold-Medaillon-Status erreicht hast? Klick HIER, um mehr zu erfahren.

»Um dieses Medaillon-Programm machen sie ziemlichen Wind«, stellte ich fest.

»Wenn ich diesen Status angeboten bekäme, würde ich sofort an einen Betrug denken. Aber bei ihr meinen sie es sicher ernst. Gratis-Hotels in Monte Carlo oder so was.«

Ich wandte den Blick nicht vom Display ab, hatte aber bemerkt, dass sie ihre finanzielle Situation einmal mehr mit der von Claire verglichen hatte. Ab jetzt hatte sie die Möglichkeit, sich jederzeit in Claires Konto einzuloggen. Vielleicht wäre es interessant zu sehen, wie sie damit umging.

»Geh auf Account-Aktivitäten«, sagte ich.

Madeleine tippte auf den Link, wir beugten uns beide zum Telefon vor, um die banalen Kontobewegungen von Claire Gravesends letzten sechsunddreißig Tagen auf der Erde zu verfolgen. Hätte sie gewusst, dass ihre Zeit abläuft, hätte sie sich wahrscheinlich richtig verwöhnt. Aber für eine Multimillionärin hatte sie eine erstaunliche Fähigkeit besessen, mit Fünf-Dollar-Mittagessen an einer Tankstelle klarzukommen. Vielleicht lag es nur daran, dass sie viel auf Reisen gewesen war. Mehrfach hatte sie sich für einige Tage ein Auto gemietet und in Motels überall an der Küste übernachtet. Dann war sie gerade lange genug für einen Dreißig-Dollar-Einkauf im Gemüseladen in die Stadt gekommen. Falls sie Unsummen für Diamanten ausgegeben hatte oder für Autos wie das, das sie bei ihrem Sturz plattgedrückt hatte, dann jedenfalls nicht mit dieser Karte. Wobei sie es sich mit ihren Möglichkeiten hätte leisten können.

Wir scrollten ans Ende der Liste. Der vorletzte Eintrag war ein geblockter Betrag von fünfhundert Dollar für ein Bed & Breakfast in Mendocino. Das B&B hatte den Betrag seitdem weder freigegeben noch das Zimmer berechnet. Was bedeutete, dass sie wahrscheinlich nie ausgecheckt hatte.

Bei der letzten Buchung konnte es sich um eine Bar handeln. In einem Laden namens The Creekside hatte sie gut sechsundzwanzig Dollar bezahlt.

»Klick es an«, sagte ich. »Ich will mehr sehen.«

Madeleine klickte auf den Link, wir lasen die wenigen Zeilen, die daraufhin erschienen. Viele Informationen gab es nicht: das Datum der Transaktion und die Adresse und Telefonnummer des Empfängers. Was immer sich hinter The Creekside verbarg, lag an einer Forststraße nordöstlich von Mendocino. So abgelegen, wie es in diesem Teil Kaliforniens eben möglich war. Madeleine berührte das Display, ihre Fingerspitze fuhr an Datum und Adresse entlang.

»Das ist unmöglich«, sagte sie. »Oder?«

»Hier steht nicht die genaue Uhrzeit, aber es ist der Tag, an dem sie gestürzt ist.«

Die Transaktion musste nach Mitternacht ausgelöst worden sein, in derselben Nacht, in der Claire gestorben war. Wenigstens passte der Drink ins Bild – in ihrem Autopsiebericht war ein Alkoholspiegel von null Komma fünf Promille vermerkt. Damit war sie offiziell nicht betrunken gewesen, aber beim Verlassen der Bar hätte sie es sein können. Mendocino lag drei Stunden nördlich von San Francisco. Zweihundertvierzig Kilometer. Einige Straßen waren so kurvig, dass man nicht schnell fahren konnte, selbst wenn man wollte. Aber Tatsache war, dass ich Claire um kurz vor fünf gefunden hatte.

»Von der Zeit kommt es hin«, sagte ich. »Sie hätte einige Stunden Zeit gehabt, um zum Refugio zu fahren.«

Madeleine schüttelte den Kopf.

»Und dann? Dann hat sie das Schloss geknackt, ist die Treppe hochgelaufen und vom Dach gesprungen? Warum?«

»Ich hab nicht gesagt, dass es sinnvoll klingt. Nur, dass es möglich wäre.«

»Okay, aber es ergibt tatsächlich keinen Sinn«, sagte Madeleine. »Außerdem: Wenn die Polizei ihre Kreditkarte nicht gefunden hat, wo ist sie dann geblieben? Immer noch in dem Mietwagen? In der Bar?«

»Ich weiß es nicht.«

Ich überflog die Kreditkarten-Transaktionen und fand

die Autovermietung. Wie das B&B hatte auch die Autofirma einen Betrag geblockt. Und auch dieser Betrag war letztlich nicht abgebucht worden. Ich deutete auf die Zeile und sah zu, wie Madeleine sie las.

»Wo kann der Wagen sein?«, fragte sie.

»Vielleicht irgendwo im Tenderloin.«

»Was sollen wir machen?«

»Wir fahren rauf nach Mendocino und hören uns um. In der Bar und im Bed & Breakfast.«

»Wir?«

Ich hatte das Gefühl, sie könne mir nützlich sein, aber das wollte ich nicht sagen. Vielleicht weigerte sie sich dann, mitzuspielen. Entweder aus moralischen Erwägungen heraus oder einfach aus Sorge um ihre Sicherheit.

»Hast du etwas Besseres vor?«, fragte ich.

Anscheinend nicht, denn sie legte ihr Handy weg und brachte den Kaffeebecher zur Spüle. Während sie ihn abwusch, sagte sie über die Schulter hinweg: »Lass mir einen Moment Zeit. Ich packe ein paar Sachen.«

Sobald sie oben war, nahm ich mein Wegwerfhandy und textete Elijah, dass ich in etwa einer Stunde mit der geheimnisvollen Blondine im Schlepptau aufbrechen würde. Er und Jeremiah sollten das leere Haus im Blick behalten und jedem eventuellen Einbrecher folgen. In der City Hall hatte ich nur zwanzig Minuten gebraucht, um die Adresse zu bekommen. Dabei war mein einziger Anhaltspunkt ein Schlüssel gewesen. Wenn mir das gelungen war, würde es auch jeder andere schaffen.

20

Kurz vor Mittag erreichten wir Mendocino und durchquerten ohne anzuhalten die Stadt. Gut zwanzig Kilometer weiter nördlich verließen wir den Highway 1 und bogen auf eine Forststraße. Madeleine hatte zur Orientierung ihr Handy benutzt, legte es jetzt aber zur Seite.

»Diese Bar oder was immer es ist, The Creekside, hat keine Website.«

»Okay.«

»Und sie kann nicht zufällig vorbeigekommen sein und es entdeckt haben.«

»Also war sie mit jemandem verabredet« sagte ich. »Vielleicht hat sie Madame X gefunden.«

»Schau dir das an – eine einspurige Brücke. Und die Kurven«, sagte Madeleine. Durch den Wald hindurch folgten wir einem Bachlauf. Die Straße verlief in engen Kurven, die kaum breiter waren als die Achsen des Biests. »Wie sieht es aus? Noch fünfzehn Kilometer?«

»Zwanzig.«

»Wenn sie unbedingt sterben wollte, warum hätte sie den ganzen Weg zurück ins Tenderloin fahren sollen?«, fragte Madeleine. »Es müsste Stunden gedauert haben. Genug Zeit zum Abkühlen. Sie hätte jemanden anrufen können – mich anrufen können.«

»Ich weiß.«

»Dass sie gesprungen sein soll, ist einfach Quatsch.«

Da war etwas dran, aber ich antwortete nicht. Ich fuhr. Die Strecke erforderte eine Menge Konzentration, und die widmete ich ihr.

The Creekside war auf den ersten Blick nicht das, was ich erwartet hatte. Ich hatte mit einer Art Skihütte von den Ausmaßen eines Einkaufszentrums gerechnet, mit Gazellenfleisch auf der Speisekarte und zugedröhnten Rockstars in der Lobby. Aber als wir die soundsovielte hölzerne Trestle-Brücke überquert hatten und an eine Schotterzufahrt gelangten, verkündete Madeleines Handy, wir hätten unser Ziel erreicht. Endstation. Dabei deutete nichts darauf hin, dass wir irgendwo angekommen waren. Nur diese Zufahrt.

Ich bremste mitten auf der Straße ab. Sobald wir still standen, füllte sich die Luft um uns herum mit geflügelten Wesen. Eintagsfliegen vielleicht, im Bach geschlüpft. Sie prallten leise gegen das Auto. Weiche Körper mit Zellophanflügeln.

»Was denkst du?«, fragte ich und schaute die Zufahrt hinauf.

Madeleine warf einen Blick auf ihr Telefon.

»Es ist da oben. Oder es existiert nicht.«

»Hast du Handyempfang, oder ist es offline?«

»Offline.«

Was bedeutete, dass wir nur über eine minimalistische Karte und keine Chance auf Satellitenbilder verfügten. Wir konnten nur weiterfahren und uns selbst ein Bild machen.

Ich legte den Gang ein und bog auf die Zufahrt. Wir mussten durch eine bergauf führende Rechtskurve. Auf halbem Weg war links auf einem Pfahl eine kleine Bronzetafel montiert, auf Augenhöhe des Fahrers.

NUR FÜR MITGLIEDER

Das entsprach schon eher meinen Erwartungen. Ein Stück weiter zwischen den Bäumen, wo die Schatten schon länger wurden, sah ich zwischen den Nadeln eines jungen Mammutbaums rote Lichter flackern. Ich sah genauer hin und entdeckte einen verräterischen Ring aus LEDs. Das typische Beinahe-Infrarotlicht, das sich um die Linse einer Überwachungskamera mit Nachtsicht zog. Ich zeigte es Madeleine.

»Hübscher kleiner Club«, sagte ich. »Mit allen möglichen Vorsichtsmaßnahmen.«

»Sie hätten auch einfach einen Zaun aufstellen können.«

»Dann wüssten alle, dass sie hier sind.«

Hinter der Tafel und der Kamera änderte sich der Charakter der Zufahrt. Keine schlammigen Furchen mehr, der Schotter war geharkt und führte zwischen zwei Reihen gut gepflegter Rosenbüsche hindurch, die an einen Zen-Garten erinnerten. Blassgelbe Blüten lockten Schmetterlinge und Bienen an. Im Wald entdeckte ich drei weitere Kameras. Noch geriet ich nicht ins Schwitzen. Wir waren im nördlichen Kalifornien. Hier lebten Hausbesetzer Seite an Seite mit Milliardären. Eine Waldlichtung konnte sich als Abstellplatz eines Airstream-Trailers oder als Landeplatz eines zweiturbinigen Hubschraubers entpuppen. Für mögliche Betrachter der Kameraaufnahmen mussten wir wie normale Ausflügler wirken, die falsch abgebogen waren.

Vierhundert Meter weiter gelangten wir zu einem Parkplatz, dessen Boden aus schwarzem Bruchschiefer bestand. Am anderen Ende stand ein niedriges Steingebäude, das im Kontrast zu den dahinter wachsenden alten Mammutbäumen noch winziger wirkte. Die Bäume waren so hoch, dass sich in ihren Wipfeln die Brise vom Ozean fing und einen Mantel aus Nebel über die Erde breitete.

Ich stellte den Wagen zwischen einem Tesla und einem Land Rover ab. Ein halbes Dutzend andere Autos parkten seitlich vom Haus, von wo aus ein mit Steinen gesäumter Pfad in den Wald führte. Am hölzernen Geländer an der Seite des Pfads waren im Abstand von drei Metern Öllaternen montiert. Nachts würden sie genügend Licht werfen, dass man bequem über den Pfad wandern konnte, links und rechts aber völlige Dunkelheit herrschte. Ein Wald voller Geheimnisse.

»Was ist das hier?«, fragte Madeleine.

»Keine Ahnung.«

»Dann rate einfach.«

»Ein spiritueller Rückzugsort«, sagte ich. »Yoga für reiche Ladys. Kochkurse und Malen-nach-Zahlen bei Mondlicht.«

»Und sie lassen ihre Chakren harmonisieren. Während sie sich von einer hartnäckigen Tablettensucht befreien.«

»Stand Claire auf solche Sachen?«

»Kein bisschen. Und einen Entzug brauchte sie auch nicht.«

Sie öffnete die Beifahrertür und stieg aus. Ich folgte ihr über den Parkplatz zur Eichenholzveranda und ins Gebäude hinein. Hier erinnerte das Creekside an den Verkostungsraum eines Weinguts im Napa Valley. Unbehandelte Holzböden, eine Stehbar, ein paar zu Tischen umfunktionierte Weinfässer. Auf einer Seite befand sich ein großer Kamin – groß nicht nach Gravesend-Maßstäben, sondern nach meinen. Eine schlanke Frau in einem knappen schwarzen Kleid wartete hinter der Bar.

»Willkommen«, sagte sie.

»Ja. Hi.«

Mit einem Griff unter den Tresen förderte sie zwei hohe Weingläser zutage. Vielleicht war es tatsächlich ein Verkostungsraum. Der Weinberg konnte auf der anderen Seite des Hügels liegen, wenn man davon ausging, dass sie den Wald dort gerodet hatten.

»Und werden Sie bei uns wohnen?«, fragte sie.

»Wohnen? Nein.«

Sie wirkte erleichtert.

»Ich habe auf der Liste für heute Abend keine neuen Namen entdeckt«, sagte sie. »Ich dachte schon, es hätte eine Verwechslung gegeben.«

»Keine Verwechslung.«

»Aber Mitglieder sind Sie?«

»Mitglieder?«, fragte Madeleine.

»Es tut mir leid«, sagte die Frau. »Aber das hier ist ein Privatclub.«

Sie nahm die Gläser und stellte sie wieder weg. Ich warf einen schnellen Blick nach rechts. Madeleine schenkte der Frau keine Beachtung. Sie schaute zum Kamin hinüber. In die Wand über dem Sims war eine rechteckige Platte aus schwarzem Stein eingelassen, größer als ein Doppelbett. Darin war – als sorgfältig ausgeführtes Flachrelief – eine Schlange eingeritzt. Vielleicht auch ein Drache. Das Biest schien so etwas wie Flügel zu haben. Aus dem schuppigen Körper sprossen Beine. Es hatte sich zu einem Kreis gebogen, sodass das Maul mit den langen Fangzähnen den Schwanz verschlingen konnte. Das Gebäude selbst war relativ neu, aber das Relief wirkte uralt. Als wäre es an seinem ursprünglichen Ort von ägyptischen Tempelräubern abgeschlagen worden.

Madeleine griff nach hinten und berührte eine der runden Narben an ihrem Rücken. Mit einem Mal hatte sie Gänsehaut bekommen.

Ich wandte mich wieder an die junge Frau.

»Wir möchten nichts trinken«, sagte ich und zeigte ihr meine Lizenz, das aufklappbare Angeberding, das jeder Privatdetektiv im Fernsehen präsentiert, obwohl es im wirklichen

Leben von niemandem benutzt wurde. »Sie müssen uns nicht bedienen, also ist es egal, ob wir Mitglieder sind. Ich habe ein paar Fragen im Zusammenhang mit einem Kreditkartenbetrug. Sicher keine große Sache, aber wir müssen Klarheit schaffen.«

»Moment. Kreditkartenbetrug?«

»Ja, Ma'am«, sagte ich. »Ich ermittle wegen einer Abbuchung, die von diesem Unternehmen veranlasst wurde. Vor vier Tagen.«

»Davon weiß ich nichts«, sagte sie. »Ich hatte die ganze letzte Woche Urlaub. Vielleicht sollten Sie jetzt lieber gehen.«

»Aber da wird es kompliziert«, sagte ich. »Weil ich einen Bericht schreiben muss. Im Moment könnte ich nicht guten Gewissens schreiben, dass es keinen Betrug gegeben hat. Oder sonstige kriminelle Machenschaften. Also wird die Sache eskalieren. Dann bekommen Sie es nicht mehr mit mir zu tun, sondern mit den Feds. Vielleicht sollten Sie mir lieber helfen.«

»Und dann gehen Sie?«

»Werden Kreditkarten hier akzeptiert?«

»Natürlich.«

»Und Sie haben bis über Mitternacht hinaus geöffnet?«

»Normalerweise nicht.«

»Was bedeutet das?«

»Es hängt von den Mitgliedern ab. Von deren Wünschen.«

»Aber manchmal haben Sie so lange geöffnet?«

Sie nickte.

»Wenn jemand darum bittet.«

»Hat vor vier Tagen jemand darum gebeten?«

»Ich weiß nicht«, sagte sie. »Ich war ja nicht hier.«

»Gibt es eine Liste?«

»Von den Mitgliedern?«

»Von den Mitgliedern und ihren Wünschen.«

»Die dürfte ich Ihnen nicht zeigen.«

»Also gibt es sie.«

Sie wich zurück, bis ihre Schulter die Tür hinter der Bar berührte.

»Ich weiß nicht, ob wir eine haben. Ich habe nichts davon gesagt.«

»Aber wenn Sie eine hätten, könnten Sie sie uns nicht zeigen.«

»Ich weiß nichts über unsere Mitglieder«, erklärte sie. »Es ist ein Privatclub.«

»Ein Privatclub wofür?«

»Für unsere Mitglieder.«

»Die hierherkommen, um was zu tun?«

»Was immer sie wollen.«

»Klingt nach einem tollen Club. Wie kann ich mich aufnehmen lassen?«

»Sie brauchen eine Einladung.«

»Können Sie mich einladen?«

»Ich bin kein Mitglied. Ich arbeite hier nur.«

»Ist Claire Gravesend Mitglied?«

»Nein.«

»Aber Sie haben nicht auf die Liste geschaut. Woher wollen Sie es wissen?«

»Ich kenne den Namen nicht.«

»Kennen Sie die Namen sämtlicher Mitglieder? Ohne Ausnahme? Ich dachte, Sie wüssten nichts über die Mitglieder?«

Sie warf einen demonstrativen Blick zur Tür. Vielleicht hoffte sie, dass ich aufgeben und gehen würde.

»Aber vielleicht gibt es ein oder zwei Ausnahmen von dieser Regel?«, bemerkte ich.

»Das habe ich nicht gesagt. Sie drehen mir die Worte im Mund herum.«

Ich legte die Hand auf den Tresen. Kurz schaute die junge Frau sich nach der Tür hinter ihr um, aber sie wich nicht zurück.

»Ich möchte nur sichergehen, dass ich es richtig verstanden habe«, sagte ich. »Normalerweise haben Sie nicht so lange geöffnet, es sei denn, ein Mitglied bittet darum. Ob vor vier Tagen jemand darum gebeten hat, wissen Sie nicht, denn Sie waren letzte Woche nicht hier. Aber Sie können es nicht ausschließen. Und Sie akzeptieren Kreditkarten.«

»Ja«, sagte sie. »Und wenn das alles war, schlage ich vor, dass Sie jetzt gehen.«

»Was könnte ich hier für sechsundzwanzig Dollar bekommen?«

»Der ganze Aufwand wegen einer Abrechnung über sechsundzwanzig Dollar?«

»Betrug ist Betrug. Bei Kreditkarten werden Beträge über Staatsgrenzen hinweg transferiert. Wenn man das mit bestimmten Mustern abgleicht …«

»Ein Glas Cabernet.«

»Das kostet sechsundzwanzig Dollar?«

»Oder zwei Gläser Chardonnay.«

»Wenn Sie das plus Steuer und allem aufaddieren, wo landen wir dann?«

»Bei sechsundzwanzig Dollar siebenundfünfzig.«

Was genau dem letzten Posten auf Claires Kreditkartenabrechnung entsprach.

»Wann kann ich noch einmal kommen und mit dem Manager sprechen?«

»Sie wollen noch mehr wissen?«

»Ich muss einen Bericht schreiben. Die Leute, die ihn lesen, werden bestimmte Fragen stellen. Sie verstehen sicher, dass ich die richtigen Antworten parat haben möchte.«

»Morgen. Er ist morgen hier.«

»Morgen um diese Zeit?«

»Ja.«

»Im Augenblick ist er also nicht da?«

»Im Augenblick sind eine Menge Leute hier«, sagte sie mit einem weiteren Blick auf die Tür hinter ihr. »Nur er nicht.«

»Danke«, sagte ich.

Ich drehte mich um und ging, Madeleine an meiner Seite.

Das Biest brummte nicht leise vor sich hin. Es bebte und grollte. Ich spürte die Vibrationen in meiner Wirbelsäule. Wir saßen bei laufendem Motor auf dem Parkplatz mit Blick auf den Wald und den Pfad, der zwischen den Bäumen hindurchführte. Welche Geheimnisse auch immer der Club verbergen mochte, sie lagen dort.

»Was war da drinnen los?«, fragte ich Madeleine. »Kaum dass wir den Raum betreten hatten, hast du nur noch auf den Kamin gestarrt.«

»Ich hab das schon mal gesehen.«

»Den Kamin?«

Sie schüttelte den Kopf.

»Die Schlange. Oder etwas ganz Ähnliches. Ich kann mich daran erinnern.«

»Wo?«, fragte ich. »Wann?«

»Ich weiß es nicht – natürlich weiß ich es nicht.« Ihre Miene verriet pure Angst. »Ich will hier weg.«

Ich legte den Gang ein, wir verließen das Gelände. Kurz bevor das Gebäude außer Sicht geriet, schaute ich in den

Rückspiegel. Die junge Frau war herausgekommen. Sie stand neben einem Mann mit blonden, kurz geschnittenen Haaren. Seine Brust war so breit wie der Motorblock des Biests. Der Koch war er vermutlich nicht. Dann waren sie nicht mehr zu sehen, ich fuhr weiter Richtung Straße.

Ich wartete, bis wir die zweite Trestle-Brücke überquert hatten, dann bremste ich ab und wandte mich Madeleine zu.

»Erzähl es mir«, sagte ich. »Was jetzt eben passiert ist und woran du dich erinnerst.«

»Ich erinnere mich nur an das, was ich schon gesagt hab. Ich glaube, dass ich es schon einmal gesehen hab, aber ich weiß nicht, wann oder wo.«

Ich fuhr wieder los.

»Wir müssen mehr über diesen Laden in Erfahrung bringen.«

»Was soll das eigentlich sein?«, fragte Madeleine. Sie atmete langsam und tief und rieb sich pausenlos die Ellbogen. »Ein Hotel nur für Mitglieder?«

»Ich glaube, es ist das, was die Mitglieder jeweils erwarten.«

»Wie meinst du das?«

»Sie hat uns doch erklärt, dass die Mitglieder tun können, wonach ihnen ist. Genügend Abgeschiedenheit und Privatsphäre haben sie jedenfalls.«

Sie dachte eine ganze Weile nach. Die Schmerzen in ihren Gelenken schienen nicht nachzulassen. Wir überquerten drei weitere Brücken und gelangten an eine Lichtung, wo ein heftiger Sturm die Bäume entwurzelt hatte. Plötzlich fanden wir uns im Sonnenschein wieder, umgeben von den faulenden Stämmen umgestürzter Bäume. Bäume, die fünftausend Jahre alt hätten werden können, wenn nicht diese eine verhängnisvolle Nacht gewesen wäre.

»Was machen wir jetzt?«, fragte Madeleine.

»Es gibt dieses Bed & Breakfast in Mendocino. Wo sie als Letztes übernachtet hat.«

»Wir fahren dorthin?«

»Wir nehmen uns ein Zimmer«, sagte ich. Dann sah ich sie an. »Zwei Zimmer. Wir warten bis Mitternacht und kommen dann wieder hierher.«

»Wozu?«

»Zum Beispiel, um herauszufinden, wohin dieser Pfad führt.«

»Ich weiß nicht, wie sicher das ist«, sagte Madeleine. »Irgendetwas an diesem Ort fühlt sich falsch an.«

»Ich weiß.«

»Aber dir ist klar, dass Claire dort war, oder?«, fragte sie. »Sicher hat niemand ihre Kreditkarte gestohlen und ist dann damit aufs Gelände irgendeiner Sekte oder was auch immer gefahren, um sich zwei Gläser Chardonnay zu bestellen. Sie war selbst dort. Sie muss etwas gesucht haben.« Den restlichen Weg nach Mendocino legten wir schweigend zurück. Es war noch nicht dunkel, sodass ich ordentlich Gas geben konnte. Trotzdem brauchten wir fast eine Stunde. Was mich wieder auf Claire und ihre letzte Fahrt brachte. Als wir endlich das Discovery Cove Bed & Breakfast erreichten, erwartete uns eine Neuigkeit, die das Problem noch erheblich komplizierte.

Claire war vom Creekside nicht geradewegs nach San Francisco gefahren. Sie hatte einen Zwischenstopp eingelegt. Und ihr Mietwagen hatte Mendocino nicht mehr verlassen.

21

Wir befanden uns nördlich von Mendocino, in einer kleinen Felsbucht, die auf der Karte als Slaughterhouse Cove bezeichnet wurde. Hier, in einem Bed & Breakfast mit Blick auf den Ozean, hatte Claire die Nacht verbringen wollen. Die offizielle Bezeichnung der Bucht war eindeutig schlecht fürs Geschäft, weshalb der Besitzer von Claires Unterkunft sich einen etwas einladenderen Namen ausgedacht hatte: The Discovery Cove Bed & Breakfast. Was gut zur Umgebung passte. Die Bucht war wunderschön – ein breiter Finger tiefblauen Wassers, mit Felsen und Inselchen gespickt und auf drei Seiten von grasbewachsenen Klippen umgeben. Das Gelände des B&B war sogar noch ansehnlicher. Dort gab es Zypressen und Graue Palmlilien. An steinernen Vogelbecken und den weißen Holzgittern von Bogengängen rankten Rosen – gartengestalterische Highlights, die meine Ex-Frau als Brautmagneten bezeichnet hätte. Unter solch einem Bogen hatte sie mich in der Nähe von Point Reyes geheiratet, sie wusste also wahrscheinlich, wovon sie sprach.

Das Hauptgebäude war ein viktorianisches Lebkuchenhaus mit geräumigen Veranden und jeder Menge handbemalter Ornamente unter den Dachvorsprüngen. Sämtliche Zimmer lagen in separaten Häuschen. Laut Website, die ich gecheckt hatte, nachdem mir der geblockte Betrag auf der Kreditkartenrechnung aufgefallen war, hatten einige von ihnen eine eigene Veranda, es gab auch Zimmer mit Whirlpool oder Kamin. Alle boten Blick aufs Meer und die sich an den Klippen brechenden Wellen.

Ich hielt auf dem kleinen Parkplatz, wir stiegen aus. Seite

an Seite gingen wir die Stufen zur Veranda hinauf und an den dort aufgestellten Schaukelstühlen vorbei. Ich hielt Madeleine die Tür auf, wir gingen zur Rezeption am gegenüberliegenden Ende des Raums. Auf einer Schreibunterlage stand eine silberne Klingel. Hinter dem Tresen lag ein Durchgang, der von einem samtenen Seil mit einem NUR FÜR MITARBEITER-Schild versperrt wurde.

Ich drückte zweimal den Klingelknopf, wir warteten. Von oben näherten sich Schritte auf knarrenden Treppenstufen, dann tauchte im Durchgang eine Frau auf und löste das Seil vom Haken. Ihre von silbernen Strähnen durchzogenen schwarzen Haare waren am Hinterkopf zu einem perfekt runden Knoten hochgesteckt, sie trug ein Kleid, in dem sich sämtliche Farben des Gartens wiederzufinden schienen.

Als sie den Mund öffnete und zu einer Frage oder Begrüßung ansetzte, bemerkte sie Madeleine, riss die Augen auf und hielt sich am Türknauf fest. Schließlich drehte sie sich um und rief so laut, dass sie oben zu hören sein musste: »Larry! Sie ist wieder da!«

Aus dem Augenwinkel nahm ich wahr, dass Madeleine einen Schritt zurücktrat. Ich griff nach ihrer Hand, um sie am Weglaufen zu hindern. Das war genau die Situation, auf die ich spekuliert hatte. Der Durchbruch, den ich mir von Madeleines Begleitung erhofft hatte. Ich drückte ihre Hand. *Gib dich cool,* wollte ich ihr signalisieren. Offenbar kam die Botschaft an, denn sie begann sich zu entspannen. Von oben war eine gedämpfte Antwort zu vernehmen. Die Stimme eines Mannes, der aus einem Nickerchen gerissen wurde und nicht besonders glücklich darüber war.

»Larry!«, rief die Frau noch einmal. »Sie ist wieder da! Hol ihre Sachen!«

Ein zweites Brummen aus dem ersten Stock, diesmal lauter. Dann drehte die Frau sich wieder zu uns um. Eine Haarsträhne hatte sich gelöst und fiel ihr über die Stirn. Sie schob sie zur Seite.

»Es tut mir leid«, sagte sie zu Madeleine. »Sie hatten sich nur für die eine Nacht angemeldet und sind nicht zurückgekehrt. Am nächsten Abend hatte ich eine Hochzeit, alle Cottages waren ausgebucht. Da haben wir am Vormittag Ihre Sachen zusammengepackt und das Zimmer hergerichtet. Ihre Kreditkarte habe ich noch nicht belastet.«

»Ich bin nicht …« Wieder drückte ich Madeleines Hand, diesmal ein wenig fester. »Ich meine, ich muss mich entschuldigen.«

Ich ließ ihre Hand los, sie trat wieder vor.

»Es ist etwas dazwischengekommen, weswegen ich in aller Eile aufbrechen musste.«

»Wir haben Sie mit diesen Leuten gesehen.«

»Es ging um einen Notfall in der Familie.«

»Wenn Sie nachts um drei mit quietschenden Reifen vom Parkplatz losfahren, glaube ich das gerne.«

»Ich nehme meine Sachen wieder mit«, sagte Madeleine. »Und falls Sie irgendwelche freien Zimmer haben …«

Larry tauchte im Durchgang auf. Er zog den linken Fuß ein wenig nach, hielt den Rücken aber gerade. Er trug einen schwarzen Rollkoffer, der sich bequem im Gepäckfach eines Flugzeugs unterbringen ließ.

»Vielen Dank«, sagte Madeleine.

Larry sah weder sie noch mich an. Er stellte den Koffer ab und drehte sich um.

»Und ihre Autoschlüssel«, sagte die Frau. »Vergiss ihre Schlüssel nicht, Larry.«

Er deutete auf den außen liegenden Reißverschluss des Koffers und ging dann ohne ein weiteres Wort nach oben.

»Seit die Hochzeitsgäste abgereist sind, haben wir wieder ganz normalen Betrieb. Ich kann Ihnen wieder das Drake Cottage anbieten.«

Madeleine sah mich fragend an, ich nickte.

»Natürlich«, sagte sie. »Das nehmen wir.«

»Dann ist alles klar. Registriert sind Sie ja schon. Ich kann Ihnen einfach die erste Nacht berechnen und diese dann dazubuchen«, sagte die Frau. »Den Weg kennen Sie ja.«

Mit einem matten Lächeln betrachtete sie den Koffer. Sie wartete darauf, dass Madeleine ihn nahm und wir verschwanden. Wahrscheinlich verstrichen nur wenige Sekunden, aber sie schienen sich lange und unbehaglich hinzuziehen.

»Der Schlüssel?«, fragte Madeleine schließlich.

»Haben Sie ihn nicht?«

»Nein … ich … Ich bin sicher, dass ich ihn im Zimmer gelassen habe«, sagte Madeleine. Automatisch wechselte sie in den Tonfall, mit dem sie mir Claires Imitation von Olivia Gravesend vorgeführt hatte.

»Als wir das Zimmer morgens saubergemacht haben, ist er uns nicht aufgefallen«, sagte die Frau. Sie zog einen Schlüssel aus der Tasche und öffnete ein Schränkchen an der Wand gleich hinter ihr. Darin befanden sich kleine Fächer, die mit den Namen der Häuschen beschriftet waren. Ihre Hand bewegte sich an Vancouver und Cook vorbei und hielt bei Drake inne. Sie nahm den Schlüssel samt einem schweren, wie ein Segelboot geformten Zinn-Anhänger heraus und reichte ihn Madeleine. »Schauen Sie heute Abend mal, ob Sie Ihren finden. Sonst müssten wir Ihnen die Kosten für ein neues Schloss berechnen.«

»Natürlich«, sagte Madeleine. »Ich entschuldige mich für dieses ganze … Durcheinander.«

Madeleine nahm Claires Koffer, wir gingen den Weg zurück, den wir gekommen waren. Draußen auf dem Parkplatz hielt ich nach Kameras Ausschau. Ich entdeckte keine, was schade war. Denn die Reifenspuren von einem überstürzten Aufbruch waren auf dem asphaltierten Parkplatz noch deutlich zu erkennen. Sie führten bis zur Straße hinauf, wo der Fahrer eine harte Rechtskurve hingelegt hatte und ins Schleudern geraten war. Also lag das Ziel irgendwo nördlich, weiter weg von San Francisco.

»Den Schlüssel zum Drake Cottage werden wir nicht finden«, sagte ich. »Im Autopsiebericht gab es auch ein Verzeichnis der persönlichen Gegenstände. Dazu gehörte unter anderem ein Schlüssel an einem Anhänger aus Zinn.«

»Sie hat all ihre Sachen hiergelassen, den Schlüssel aber mitgenommen – also wollte sie hierher noch einmal zurück.«

»Aber der zeitliche Ablauf wird immer komplizierter«, sagte ich. »Madeleine wurde um drei abgeholt. Bis San Francisco blieben ihr höchstens anderthalb Stunden.«

»Wäre das möglich gewesen?«

»Eilig hatten sie es auf jeden Fall«, sagte ich und deutete mit dem Kopf auf die Reifenspuren. »Aber sie sind in die falsche Richtung gefahren.«

Ich öffnete den Kofferraum des Biests und nahm meinen Rucksack heraus. Außer meinem Laptop und einer Zahnbürste hatte ich praktisch nichts dabei. Aber bevor ich den Deckel schließen konnte, brachte Madeleine mich zum Innehalten, indem sie mir eine Hand ins Kreuz legte. Dann beugte sie sich dicht an mich heran.

»Wir werden über das Gelände laufen und nach dem richtigen Cottage suchen«, sagte sie. »Wenn Larry oder die Haarknoten-Lady uns zufällig dabei beobachten, wie wir den Schlüssel in jedes einzelne Schloss stecken, wird ihnen so langsam dämmern, dass hier etwas nicht stimmt. Falls es das nicht schon längst getan hat.«

Ich konnte ihr nicht widersprechen. Die Haarknoten-Lady hatte Madeleine als Claire akzeptiert. Und Claire hätte den Weg zu ihrem Cottage gefunden.

»Okay«, sagte ich. »Ich ziehe mit dem Schlüssel und dem Koffer los, denn ich kenne mich hier nicht aus. Du bleibst noch einen Moment, weil du einen wichtigen Anruf machen musst.«

»Gut.«

Ich machte mich mit dem Schlüssel und dem Rollkoffer auf den Weg. Einmal drehte ich mich um und sah Madeleine an der Motorhaube des Biests lehnen. Sie sprach in ihr Handy und gestikulierte mit der anderen Hand.

Es wirkte so echt, dass ich mich fragte, ob sie tatsächlich jemanden angerufen hatte.

Die Cottages waren mit kleinen Tafeln beschildert, was die Sache vereinfachte. Ich musste nicht an jede Tür treten und den Schlüssel ausprobieren. Stattdessen ging ich einfach an Magellan und Vancouver vorbei, bis ich den aus Trittplatten bestehenden Weg zu Drake erreichte. Dann stieg ich die Stufen zur Veranda hinauf und schloss die Tür auf. Das Schloss klemmte ein wenig, als habe der Ersatzschlüssel nicht exakt die richtige Form. Ich beugte mich hinunter, musterte das Schloss genauer und entdeckte helle Kratzer in der ansonsten matten Bronzepatina. Ich hatte genügend Schlösser geknackt, um die verräterischen Hinweise einordnen zu können.

Als ich mich zum Parkplatz umdrehte, telefonierte Madeleine noch immer, winkte mir aber mit zwei Fingern zu. Falls sie eine Vorstellung abzog, war sie eine talentierte Schauspielerin. Ihre Lippen bewegten sich schnell und entschlossen. Ich betrat das Häuschen und schloss die Tür hinter mir.

Der Bungalow hatte drei Räume: Wohnzimmer, Schlafzimmer, Bad. Das Bett hatte einen Baldachin, die Füße der Badewanne verzierte Klauen. Aus dem Bad führte eine Tür hinaus auf eine kleine Terrasse mit einem Whirlpool aus Zedernholz, der durch ein niedriges, mit Clematis beranktes Gitter vor Blicken von der Straße abgeschirmt wurde. Wenn man über das Gitter hinwegschaute, hatte man freien Blick auf Slaughterhouse Cove.

Das ganze Cottage war makellos sauber. Wer immer hier eingebrochen war, musste es getan haben, nachdem Larry und die Haarknoten-Lady Claires Sachen ausgeräumt hatten. Was mich gleichzeitig auf ein halbes Dutzend anderer verzwickter Gedanken brachte. Claire hatte das Häuschen um drei Uhr morgens verlassen und anderthalb Stunden später tot auf der Turk Street gelegen. Die Besitzer des B&B hatten den Raum irgendwann nach elf für Hochzeitsgäste hergerichtet, die später am Tag eingetroffen waren. Irgendwann in diesem Zeitfenster hatte jemand – bei hellem Tageslicht – das Schloss geknackt. Kaum vierundzwanzig Stunden später war in Claires Haus in Boston eingebrochen worden.

Anfangs hatte ich angenommen, dass der Mann, den ich in Boston getötet hatte, in Verbindung mit denen stand, die meine Wohnung verwanzt und mein Büro verwüstet hatten. Und dass alle drei Einbrüche irgendwie mit Agent White zu tun hatten.

Jetzt aber musste ich eine andere Möglichkeit in Betracht ziehen. Alles, was geschehen war, konnte auch in Verbindung mit Claire stehen. Man konnte es ihretwegen auf mich abgesehen haben. Weil ich ein Foto gemacht hatte. Weil Jim Gardner mich zu Olivia Gravesend geschickt hatte, in deren Auftrag ich die Wahrheit herausfinden sollte. Irgendjemand hatte davon erfahren und jemanden beauftragt, mich aus dem Verkehr zu ziehen.

»Lee?«

Ich drehte mich zu Madeleine um, die gerade eingetreten war und die Tür hinter sich schloss.

»Alles in Ordnung?«, fragte ich.

»Bisher keine Probleme«, sagte sie.

Ihr Handy war wieder in der Tasche verschwunden.

»Hast du tatsächlich mit jemandem geredet?«, fragte ich. »Du sahst da draußen ziemlich glaubwürdig aus.«

»Mit meinem Boss aus dem Buchladen. Ich hab ihm gesagt, dass ich noch ein paar Tage brauche.«

»Notfall in der Familie.«

»Es stimmt doch«, sagte sie. »Natürlich ist es ein Notfall in der Familie. Aber ich musste ein bisschen mehr reden, um noch Zeit herauszuschlagen.«

Bisher hatte ich praktisch keinen Gedanken an Madeleines Leben verschwendet. Sie war mehr als bloß meine Verbindung zu Claire, es gab ein Universum voller Dinge, die ich nicht von ihr wusste, eine Welt aus Familie, Freunden, Jobs, Haustieren, tropfenden Wasserhähnen und Mietzahlungen. Aus Triumphen und kleineren Scherereien. Das Einzige, was ich wusste, war, dass sie das alles stehen und liegen gelassen hatte, als Claire sie gebeten hatte, nach San Francisco zu fliegen. Ich nahm Claires Koffer und legte ihn aufs Bett.

»Was für ein Glück, dass wir ihn bekommen haben«, sagte ich. »Wenn Larry am nächsten Morgen nicht aufgeräumt hätte, wäre er jetzt weg.«

»Wie meinst du das?«

Ich erzählte ihr vom Türschloss und wartete, bis sie es sich selbst angeschaut hatte. Dann öffnete ich den Reißverschluss und klappte den Kofferdeckel auf.

Claires Kreditkartenabrechnung deutete darauf hin, dass die meisten ihrer Reisen höchstens vierundzwanzig Stunden gedauert hatten – hin und her, mit einer einzigen Übernachtung. Allerdings musste sie damit gerechnet haben, dass es diesmal länger dauerte. Sie hatte Kleidung zum Wechseln für mehrere Tage dabeigehabt. Ich fing an, den Koffer auszupacken, und legte die einzelnen Gegenstände auf die Tagesdecke. Zwei sorgfältig gefaltete Jeans, ein Wäschenetz mit drei Slips und einem BH. Ein purpurrotes Harvard-Sweatshirt für den Fall, dass es nachts kalt wurde. Der einzige nicht ordentlich zusammengelegte Gegenstand war eine leere Hangar Bag. Larry musste sie beim Aufräumen des Zimmers in den Koffer gestopft haben. Aber wenn sie das Kleid enthalten hatte, in dem Claire gestorben war, hatte sie es während der Autofahrt wahrscheinlich am Haken über der Rückbank ihres Mietwagens aufgehängt. Bei ihrem Tod hatte sie High Heels getragen, aber sie hatte auch Sandalen zu ihren Jeans dabeigehabt.

Unter ihrer Kleidung fand ich – in zueinanderpassenden Lederetuis – ihren Laptop und ihr Handy. Das Handy nahm ich heraus und versuchte, auf den Homescreen zu gelangen, aber der war gesperrt. Ich brauchte entweder das sechsstellige Passwort oder Claires Daumen. Also streckte ich Madeleine das Gerät entgegen.

»Kennst du das Passwort?«

»Nein.«

»Und wenn du deinen Daumen benutzt?«

»Eineiige Zwillinge haben nicht dieselben Fingerabdrücke«, erklärte sie. »Die Muster sind nicht rein genetisch festgelegt.«

»Ernsthaft?«

»Wir haben es ausprobiert«, sagte Madeleine. »Wir haben gegenseitig versucht, unsere Handys zu entsperren. Es funktioniert nicht.«

Als Nächstes kümmerte ich mich um den Computer. Als ich den Bildschirm aufklappte, erwachte er aus dem Schlaf und forderte mich auf, das Passwort einzugeben. Ich versuchte es mit *ClaireBear99*. Die meisten Menschen benutzen dasselbe Passwort für ein Dutzend verschiedener Accounts. Das ist reichlich riskant, spart aber Zeit. Bloß war Claire offenbar nicht wie die meisten Menschen. Als ich die Return-Taste drückte, zitterte das Bild auf dem Monitor, als hätte ich ihm etwas Bitteres zu essen gegeben. Dann wurde ich zu einem neuen Versuch eingeladen.

»Irgendeine Idee?«, fragte ich.

»Nein.«

Ich klappte den Computer zu und schob ihn wieder in seine Tasche. Wahrscheinlich hatte ich nur noch wenige Versuche, bis sich das Ding für acht Stunden selbst sperren würde. Ich wollte keine Risiken mit willkürlichen Versuchen eingehen, solange die Chance bestand, dass Madeleine sich an etwas erinnerte. Hätte ich gewusst, wie kurz unsere gemeinsame Zeit sein würde, wäre ich manches sicher anders angegangen.

22

Nach einer Diskussion, bei der ich mehr von meinen Plänen auf den Tisch legte, als mir eigentlich lieb war, einigten wir uns darauf, dass Madeleine im Cottage blieb. Ich ging hinaus auf den Parkplatz und durchsuchte Claires Mietwagen – ohne Ergebnis, obwohl ich mir große Mühe gab. Ich schaute unter dem Ersatzreifen nach, unter der Motorhaube, dann legte ich mich auf den Rücken und warf einen Blick unter den Fahrzeugrahmen. Aber da war nichts, ich hatte es einfach mit einem leeren Mietwagen zu tun. Das Einzige, was an Claire erinnerte, war ein Hauch ihres Parfüms, das ich bemerkte, als ich das Handschuhfach durchsuchte.

Als ich fertig war, ging ich zum Haupthaus. Dabei ließ ich mir Zeit, um noch einmal nach Überwachungskameras Ausschau zu halten. Hinter den verspielten Ornamenten am Dachvorsprung mussten sie sich perfekt verstecken lassen. Aber ich entdeckte nichts.

Ich ging ins Haus und durchquerte die Lobby zum Empfang, wo ich die Klingel drückte und wartete, bis die Haarknoten-Lady herunterkam. Als sie vor mir stand, zeigte ich ihr meine Ermittlerlizenz.

»Die Dame ruht sich in ihrem Zimmer aus«, sagte ich. »Aber ich habe ein paar Fragen.«

»Sie sind Detektiv?«

»Sie ist ziemlich durcheinander und verlegen wegen der Nacht neulich. Und auch empört.«

»Empört?«

»Nicht Ihretwegen«, erklärte ich. »Ich helfe ihr herauszufinden, was passiert ist.«

»Dann gab es keinen Notfall in ihrer Familie?«

»Nein, Ma'am«, sagte ich, trat ein Stück näher und senkte meine Stimme. »Sie kann sich an nichts erinnern, was in der Nacht passiert ist. Sie weiß weder, mit wem sie weggegangen ist, noch, wann oder warum. Oder was diese Leute mit ihr gemacht haben.«

»Ist sie unter Drogen gesetzt worden?«, fragte die Frau. »Mit einer dieser ... Date-Drogen?«

»Date-Rape-Drogen«, sagte ich. »Ausschließen kann man es nicht. Haben Sie die Leute gesehen, mit denen sie weggegangen ist?«

Die Frau wirkte schockiert. Ich konnte mir vorstellen, was sie mir am liebsten gesagt hätte: Im Discovery Bed & Breakfast wurden die Gäste nicht unter Drogen gesetzt und entführt. Geschweige denn vergewaltigt. So etwas passierte hier nicht.

»Larry hat sie gesehen«, erklärte sie schließlich.

»Tatsächlich?«

»Er schläft nicht gut. Also setzt er sich dorthin.« Sie deutete auf die Veranda. »Da draußen. Deswegen haben wir die ganzen Schaukelstühle.«

»Könnten Sie ihn holen?«

»Natürlich.«

Zum Reden nahmen wir nebeneinander auf zwei hölzernen Schaukelstühlen auf der Veranda Platz. Die Aussicht war fantastisch. Ich hätte nichts dagegen gehabt, hier zu sitzen, wenn ich nachts nicht schlafen konnte. Ohne den Kopf zu drehen, konnte ich den Pfad sehen, der zum Drake Cottage hinunterführte. Der Parkplatz lag direkt vor mir, dahinter die Straße und schließlich die Bucht.

»Sie kamen um drei Uhr morgens«, sagte Larry. Er war heiser, die Haut unter seinen Augen blutunterlaufen. »Ich hatte schon ein paar Stunden hier gesessen.«

»Was haben Sie gemacht?«

»Geschwitzt und gezittert.«

»Wie bitte?«

»Ich versuche, von diesen Tabletten wegzukommen«, sagte er. »Mein Arzt verschreibt sie mir schon seit ewigen Zeiten. Am Ende ging es mir schlechter als mit den Schmerzen, die mich meistens in den Nächten quälen. Also gehe ich runter und setze mich hier raus. Ich will sie nicht wecken.«

»Lassen Sie das Licht auf der Veranda an?«

»Sie will es so, der Gäste wegen. Aber meistens schalte ich es aus, damit ich einen besseren Blick über die Bucht habe.«

»Und in der Nacht, über die wir reden?«

»Da war es aus.«

»Es muss also ziemlich dunkel gewesen sein.«

»Völlig dunkel, ja«, sagte Larry. Er hob die Hände und fummelte an seinem Hemdkragen herum. Der rote Flanellstoff sah aus, als sei er Tausende Male gewaschen worden. »Sie kamen in einem schwarzen Auto. Keine Limousine, aber es fehlte nicht viel. Marke und Modell kann ich Ihnen nicht nennen. Europäisch vermutlich. Ein amerikanisches Auto hätte ich sicher erkannt. Und von so großen Autos, die aus Japan kommen, hab ich noch nie gehört.«

»Okay«, sagte ich.

»Zuerst sah es so aus, als wollten sie unsere Einfahrt nur zum Wenden benutzen«, sagte er und deutete Richtung Straße. »Das passiert ständig, wie Sie sich wahrscheinlich vorstellen können.«

Der Highway war nur ein schmaler Streifen Asphalt, der in westlicher Richtung zum Ozean hin abfiel. Wenn man nicht fand, was man in Mendocino suchte, und plötzlich die Stadt hinter sich gelassen hatte, brauchte man eine Einfahrt, um wenden zu können.

»Aber dann haben sie gehalten«, sagte Larry. »Sie saßen einfach da und warteten mit laufendem Motor.«

»Ist niemand ausgestiegen?«

»Zuerst nicht. Erst als sie herauskam.«

»Claire kam heraus, allein?«

Er deutete auf den Plattenweg, der sich – an Bänken vorbei und unter Rosenbögen hindurch – zum Häuschen schlängelte.

»Da kam sie raus. Ich hab sie zuerst gehört, dann erst gesehen. Schwarzes Kleid, sodass sie im Dunkeln kaum auffiel. Die Schuhe haben sie verraten. Diese High Heels.«

»Wirkte sie sicher auf den Beinen?«

»Sie hätte über ein Hochseil laufen können«, sagte Larry. »Auf mich wirkte sie nicht, als hätte sie unter Drogen gestanden.«

»Sie kam von allein raus? Die Leute haben nicht gehupt oder so etwas?«

Er schüttelte den Kopf und rieb sich den Nacken. Hinter seinen Ohren war eine gebogene Linie alter Narben zu erkennen, wo die Kopfhaut anscheinend geklammert worden war.

»Sie kam raus, als hätte sie auf die Leute gewartet. Oder als hätten die sie angerufen.«

»Sie sprechen von mehreren Personen.«

»Als sie zum Wagen ging, stieg ein Chauffeur aus. Ein riesiger Kerl mit Anzug und einer dünnen schwarzen Krawatte. Und so einer Mütze, wie Chauffeure sie tragen.«

»Wie genau konnten Sie ihn sehen?«

»Als er die Tür öffnete, ging die Innenleuchte an«, sagte Larry. »Also konnte ich ihn beim Aussteigen über das Autodach hinweg sehen, von der Brust aufwärts. Ein Weißer mit blonden, kurzgeschorenen Haaren. Wenn ich ihm in West Hollywood über den Weg gelaufen wäre, hätte ich auf einen Russen getippt. Aber hier draußen, wer weiß?«

»Was hat er gemacht?«

»Er ging um den Wagen herum und öffnete die hintere Tür. Eine Frau stieg aus. Als sie zur Seite trat, konnte ich noch einen Mann auf der Rückbank sitzen sehen.«

»Wie sahen sie aus?«

»Die Frau hatte lange blonde Haare. Zu einem dicken Zopf geflochten, wie ein Seil. Vielleicht war sie in den Vierzigern, auch wenn sie dafür ein bisschen zerbrechlich wirkte.«

»Was meinen Sie?«

»Sie bewegte sich sehr vorsichtig. Als könnte sie stolpern, und dann wäre alles vorbei. Außerdem trug sie jede Menge Schmuck – das ganze Gold und die Edelsteine hätten gereicht, um eine Leiche im Meer zu versenken. Bei jungen Leuten sieht man so etwas selten.«

»Ihr Gesicht haben Sie wahrscheinlich nicht gesehen?«

»Nicht richtig«, sagte Larry. »Sie ging nach vorn, der Fahrer hielt ihr die Tür auf, sie stieg wieder ein. Die junge Frau, mit der Sie hier sind, kam über den Parkplatz. Sie ging zum Wagen. Ich hatte den Eindruck, dass sie nicht wusste, dass ein Mann auf der Rückbank saß. Sie wollte einsteigen, wich dann aber ziemlich schnell zurück und sagte etwas.«

»Was?«

»Das konnte ich nicht hören. Auch nicht, ob ihr jemand geantwortet hat.«

»Okay«, sagte ich. »Und dann?«

»Der Chauffeur legte ihr eine Hand auf die Schulter, sie stieg ein, er schlug die Tür hinter ihr zu.«

»Hat er sie ins Auto geschoben?«

»Wenn, dann sanft.«

»Ein langsamer, aber fester Stoß?«

»Vielleicht.«

Wenn man bedachte, was Claire wenige Stunden später zugestoßen war, klang das plausibel. Andererseits hatte ich die bei der Autopsie aufgenommenen Fotos gesehen. Auf keiner von Claires Schultern war ein Handabdruck zu erkennen gewesen. Ein kräftiger Mann, der eine junge Frau rigoros in ein Auto stößt, hätte wahrscheinlich einen solchen Abdruck hinterlassen. Vielleicht war aber gar nicht viel Kraft nötig gewesen. Claire hatte gesehen, wie die Frau aus dem Wagen stieg und auf dem Beifahrersitz Platz nahm. Larry hatte mit keinem Wort erwähnt, dass sie beim Anblick der Frau gezögert hatte. Mit ihr musste Claire also gerechnet haben – im Gegensatz zu dem Mann. Offenbar hatte sie so dringend mit der Frau reden wollen, dass ihr Begleiter kein echter Hinderungsgrund war.

Vielleicht hätte sie es sich besser anders überlegt.

»Wie sah er aus?«, fragte ich. »Der Mann auf dem Rücksitz.«

»Blonde Haare bis über den Kragen. Leicht gewellt. Der Kerl sah nordisch aus, wie ein Wikinger, aber glattrasiert.«

»Was hatte er an?«

»Einen Anzug, aber ohne das Sakko. Es lag auf seinen Knien.«

»War er groß?«

»Mehr oder weniger wie sein Chauffeur.«

»Was ist passiert, als sie eingestiegen war?«

»Der Fahrer hat ihre Tür zugeschlagen. Dann ging er um

den Wagen herum und setzte sich ans Lenkrad. Im nächsten Moment fuhren sie mit Vollgas los. Ich weiß nicht, was es für ein Wagen war, aber er hatte einen starken Motor. Zehn oder zwölf Zylinder. Das Ding muss zwei Tonnen gewogen haben, ging aber ab wie eine Rakete.«

Larry lehnte sich auf seinem Schaukelstuhl zurück. Er hatte die Hemdsärmel aufgerollt. Über seine Unterarme zogen sich verblichene Tattoos. Grüne, in der sonnengebräunten Haut verlaufene Tinte. Ich konnte nichts davon entziffern, schätzte aber, dass es sich um die Nummern von Einheiten und um Rangabzeichen handelte. Was das eine oder andere über Larry aussagen mochte.

»Was haben Sie gemacht, bevor Sie das Bed & Breakfast eröffnet haben?«

»Zehn Jahre in der Navy. Dann zwanzig beim LAPD«, sagte er und machte eine Kopfbewegung Richtung Haus. »Meine Frau hat in der Immobilienbranche gearbeitet. Das hier ist ihr Ding.«

»Seit wann sind Sie im Ruhestand?«

»Seit neun Jahren.«

»Aber einen Kerl im Dunkeln sehen und die Einzelheiten registrieren können Sie noch immer.«

»Wohl wahr.«

»So etwas verlernt man nie.«

»Nein.«

Ich stand auf, er blieb sitzen. Ich war schon im Begriff, mich zu bedanken und zu gehen, als mir noch etwas einfiel.

»Haben Sie je von einem Laden dreißig Kilometer die Straße rauf gehört?«, fragte ich. »The Creekside?«

Er sah zu mir hoch, zögerte und schien über eine Antwort nachzudenken.

»The Creekside?«

»So nennen sie es.«

»Sie?«

»Die Mitglieder. Es ist eine Art Privatclub.«

»Nie gehört.«

»Übernachten hier schon mal Leute, die von einem geheimen Club reden? Irgendwo draußen in den Wäldern?«

Beim Nachdenken richtete er den Blick weit in die Ferne.

»Wenn es geheim wäre, warum sollten sie darüber reden?«

»Ich weiß nicht.«

»Ich auch nicht«, sagte er. »Aber ich hab noch nie gehört, dass es hier in der Gegend so etwas geben soll.«

Statt in das Häuschen zurückzukehren, überquerte ich den Highway und stieg auf einen Felsvorsprung rund zwanzig Meter oberhalb der Bucht. Die Wellen brachen sich gleich unter mir, aber die Brandung war heute nicht besonders stark. Ich nahm mein Klapphandy heraus. Die Anzeige für den Empfang zeigte nur einen Balken. Ich rief meinen Forensiker an, George Wong.

Beim fünften Klingelton ging er ran: »Wer ist da?«

»Bist du im Labor?«

»Lee Crowe?«

»Genau. Kannst du mich hören?«

»Die meiste Zeit schon. Ich hab die Nummer nicht erkannt.«

»Ich benutze vorübergehend ein anderes Telefon«, erklärte ich. »Hast du schon etwas unternommen?«

»Hat dich meine E-Mail nicht erreicht?«

»Ich konnte sie mir noch nicht genauer ansehen. Kannst du mir das Wichtigste kurz zusammenfassen?«

Ich drehte mich Richtung Süden, dann warf ich einen Blick nach links. Auf dem Hügel über der Straße sah ich das Drake Cottage. Die Vorhänge im Bad waren geschlossen. Claires Mietwagen stand noch auf dem Parkplatz. Es sah aus, als habe Madeleine es sich gemütlich gemacht.

»Ich fange mit dem älteren Zeug an«, sagte George. »Weil es, offen gesagt, mehr Sinn ergibt.«

»Okay.«

»Auf dem Karton hab ich sechs verschiedene Abdrücke gefunden. Ich hab alle überprüft, hatte aber nur zwei Treffer.«

»Du kannst sie tatsächlich identifizieren?«

»Ja, aber das hilft dir nicht weiter«, sagte George. »Ich habe einen Freund in Quantico angerufen, der sie mit sämtlichen Datenbanken abgeglichen hat, auf die ich keinen Zugriff hab. Der Treffer kam aus einem Datenpool des Militärs. Dein Priester, David Martinez, war G. I., ehe er Geistlicher wurde.«

»Und der andere Treffer?«

»Das warst du – aus der kalifornischen Zulassungsbehörde.«

»Dann sind die Abdrücke also eine Sackgasse.«

»Ja«, sagte George. »Dann hab ich mir die Decke vorgenommen.«

»Ich glaube, das ist eine Windel.«

»Was aufs selbe hinausläuft. Bei den Flecken handelt es sich um Blut, die DNA stimmt mit der des Haares überein, das du mir gegeben hast.«

»Also wissen wir jetzt, dass Claire in dem Karton war. Als sie vor der Kirche abgestellt wurde, hat sie geblutet.«

»Ja«, sagte George. »Das wissen wir. Aber ich hab die Decke mit einem Vergrößerungsglas und einem feinen Kamm abgesucht. Und ein Haar gefunden.«

»Was für ein Haar?«

»Kurz, schwarz und gerade. Es könnte vom Kopf eines Mannes stammen – aber jetzt mach dir keine falschen Hoffnungen, denn es war nicht so ein Haar wie das, das du mir gegeben hast. Es war nicht komplett mit Wurzel und Follikel.«

»Sodass du die DNA nicht bestimmen kannst«, sagte ich.

Auf dem Highway sah ich einen braunen SUV, der aus nördlicher Richtung kam und langsam abbremste. Er blinkte, fuhr auf den Parkplatz des B&B und hielt vor dem Haupthaus. Ein Mann stieg aus. Ich dachte mir nicht viel dabei. Natürlich musste hier irgendwann neue Kundschaft auftauchen. Auf dem Highway näherte sich ein LKW, ich drehte mich Richtung Ozean, um George über die Kakophonie des Dieselmotors und der Druckluftbremse hinweg verstehen zu können.

»Das ist nicht ganz richtig«, sagte er gerade. »Der Nukleus wird bei der Verhornung zerstört – beim Übergang von Zellen in Haare. Aber man kann aus einem Haar mitochondriale DNA entnehmen, weil die Mitochondrien erhalten bleiben.«

»Erklär mir kurz, was das bedeutet.«

»Jede Zelle hat Mitochondrien, klar? Sie sind sozusagen die Kraftwerke des zellulären Lebens.«

»Okay.«

»Und sie haben ihre eigene DNA. Deine mitochondriale DNA stammt ausschließlich von deiner Mutter. Deine ist also identisch mit ihrer, und ihre mit der deiner Großmutter und so weiter, es gibt nur die üblichen Varianten bei Mutationen.«

»Du willst also sagen, dass man sie nicht zur Identifizierung von Menschen nutzen kann.«

Ich drehte mich um und ließ den Blick über das Bed & Breakfast schweifen. Larry saß weiterhin in seinem Schaukelstuhl und sah zu mir herüber. Ich nickte ihm zu, konnte aber nicht erkennen, ob er die Geste erwiderte. Vor der Tür stand immer noch der braune SUV, aber der Fahrer war nicht mehr zu sehen. Entweder war er in seinem Zimmer oder noch beim Einchecken im Haupthaus.

»Das stimmt«, sagte George. »Aber sie liefert dir andere Hinweise.«

»Zum Beispiel?«

»Dass die Person, deren Haar ich auf der Decke gefunden habe, wahrscheinlich aus Korea stammt.«

»Aus Korea?«

Ich sah den Hügel hinauf zum Drake Cottage. Madeleine war auf der Terrasse und beugte sich über das Geländer. Neben ihrem Ellbogen stand ein Glas. Sie winkte mir zu, ich winkte zurück.

»Wir haben keine DNA des Priesters, aber wir können Martinez ausschließen, wenn seine Mutter keine Koreanerin war. Dasselbe gilt für den Bischof, für deine Klientin und für das kleine Mädchen.«

»Und für mich«, fügte ich hinzu. »Meine Mutter war keine Koreanerin.«

»Na siehst du«, sagte George. »Ein Hinweis.«

»Ich suche nach einem Koreaner. Das grenzt die Suche auf … ungefähr achtzig Millionen Menschen ein.«

George ignorierte meine Bemerkung und fuhr fort.

»Irgendwie könnte es auch zu etwas anderem passen, das ich herausgefunden habe. Und da wird es richtig seltsam«, sagte er. »Hast du noch einen Moment Zeit?«

»Red weiter.«

»Es geht um die Mädchen«, sagte George. »Du hast mir das Haar und die Flasche gegeben und mich gebeten, sie zu vergleichen. Das hab ich gemacht, und so etwas hab ich noch nie gesehen.«

Ich blickte wieder auf. Die Verandatür war ebenso geöffnet wie die Fenster des Wohnzimmers. Die weißen Vorhänge wurden von der sanften Brise hineingeweht.

Madeleine war nicht mehr zu sehen. Der braune SUV raste aus der Auffahrt hinaus auf die Straße. Richtung Norden.

23

»Möglicherweise hab ich nicht viel Zeit«, sagte ich, während ich von dem Felsvorsprung hinunter auf die Straße kletterte. »Lass mich die Kurzfassung hören.«

»Ich kann es in einem einzigen Satz sagen. Die beiden sind eineiige Zwillinge, haben aber verschiedene Mütter.«

»Was?« Ich überquerte die Straße. Nicht gerade im Laufschritt, aber zügig. »Wie kann das sein?«

»Erinnerst du dich, was ich eben über die mitochondriale DNA gesagt hab? Die hab ich auch getestet. Die nukleäre DNA ist identisch, also sind sie Zwillinge. Aber die Profile der mitochondrialen DNA sind komplett verschieden, was bedeutet, dass ihre Eizellen von verschiedenen Frauen stammten.«

»Ich dachte, eineiige Zwillinge stammten aus ein und demselben Ei. Und dieses Ei würde sich teilen und praktisch selbst kopieren?«

»Genau. So entstehen Zwillinge – richtige Zwillinge, meine ich.«

»Du sprichst in Rätseln.«

»Was weißt du übers Klonen?«

Ich brauchte einen Moment, um überhaupt etwas sagen zu können.

»Ich dachte, dabei ginge es nur um Schafe und Hunde«, sagte ich. »Oder Getreide. Ich dachte, es wäre bei Menschen nie versucht worden.«

»Bis heute Morgen hätte ich dir recht gegeben«, sagte George. »Wenn schon die wissenschaftlichen Hürden kaum zu überwinden sind, stell dir erst die juristischen vor. Aber beim Klonen geht es darum, die DNA aus dem Zellkern einer Spenderzelle zu entnehmen und in eine Eizelle einzupflanzen. Das ist im Prinzip alles. Wenn man das mehrmals mit derselben nukleären DNA, aber Eizellen verschiedener Frauen macht, bekommt man genau das, was ich vor mir habe. Eineiige Zwillinge mit nichtidentischer mitochondrialer DNA.«

»Ist eine andere Erklärung denkbar?«

»Ich wüsste keine, es sei denn, du willst alles über den Haufen werfen, was wir über die Vererbung mitochondrialer DNA wissen.«

Ein LKW näherte sich, ich war noch nicht ganz von der Straße herunter. Laut hupend umfuhr er mich in einem Bogen. Ich machte mich auf den Weg die Einfahrt hinunter.

»Du hast gesagt, irgendetwas würde im Zusammenhang mit Korea Sinn ergeben«, erinnerte ich ihn. »Dass es zu dem passt, was du herausgefunden hast.«

»Vielleicht hat es nicht viel zu bedeuten. Aber versetz dich zwanzig Jahre zurück und stell dir vor, du wolltest einen Hund klonen lassen. Oder ein anderes komplexes Säugetier. Wohin würdest du gehen?«

»Keine Ahnung«, sagte ich. »Nach Korea?«

»Genau. Die Südkoreaner waren Pioniere. Aber vor zehn Jahren hat ihr Ruf ziemlich gelitten. Ein Wissenschaftler wurde dabei erwischt, wie er Forschungsergebnisse fälschte. Er wurde von der Seoul National University gefeuert. Trotzdem ist Korea, wenn du Fluffy und Rufus für viel Geld klonen lassen willst, bis heute die einzige Adresse.«

»Du meinst, das Haar auf der Windel könnte von … einem Wissenschaftler stammen? Von irgendeinem Experten für Gentechnik?«

George machte eine Pause, was ihm nicht ähnlich sah. Ich

ging weiter und hielt mich möglichst weit vom Haupthaus entfernt, damit ich Larry nicht grüßen oder ihn auch nur ansehen musste. Ich schaffte es bis auf den Plattenweg, dann verblüffte George mich so sehr, dass ich ein weiteres Mal stehen blieb.

»Ich lehne mich jetzt ziemlich weit aus dem Fenster«, sagte er. »Ich glaube, es geht nicht um irgendeinen koreanischen Wissenschaftler. Ich glaube, ich kenne tatsächlich den Namen des Kerls.«

»Was?«

»Ich könnte ihm sogar einmal begegnet sein«, sagte George. »Vor seinem Verschwinden.«

Vor mir sah ich das Drake Cottage. Vorder- und Hintereingang standen offen. Mitten durch das kleine Haus konnte ich den Ozean sehen.

»Was redest du da, George?«

Ich setzte mich wieder in Bewegung. Um mich dem Häuschen geräuschlos zu nähern, verließ ich die Steinplatten und ging übers Gras.

»Natürlich ist es nicht sicher. Nur eine Vermutung. Aber ich glaube, die Daten passen«, sagte George. »Was hast du gesagt, wann die ältere der Frauen geboren wurde?«

»96«, sagte ich.

»Dann passt es mehr oder weniger perfekt. In den Neunzigern gab es in Seoul einen Kerl, der einen Artikel nach dem anderen über Zellkerntransfer und Gensynthese veröffentlicht hat. Auch über ein paar Themen, die näher an meinem Fachgebiet dran sind, zum Beispiel DNA-Amplifikation. Er hieß Dr. Park Kwung-ho. Hast du schon mal von ihm gehört?«

»Warum sollte ich?«

»Als er 1994 verschwunden ist, stand es auch hier in den Zeitungen.«

1994 war ich noch auf der Highschool gewesen. Ich verbrachte die allermeiste Zeit an zwei Orten, an denen ich mich nicht hätte aufhalten dürfen: in einem Boxclub in Tacoma und im Schlafzimmer meiner Freundin. Zwar warf ich manchmal einen Blick in die Zeitung, aber ich war komplett von naheliegenderen Themen in Anspruch genommen.

»Wusstest du darüber Bescheid?«

»In meinen Kreisen wurde viel darüber getratscht. Kennst du die alten Geschichten über Nordkoreaner, die an japanischen Stränden Leute entführt haben?«

»Klar.«

»Manche glaubten, so etwas wäre passiert. Die Nordkoreaner hätten ihn haben wollen – weiß der Himmel, wozu sie seine Fähigkeiten hätten nutzen können – und ihn sich einfach geschnappt.«

»Und du? Hast du das auch geglaubt?«

»Ich hab nicht viel darüber nachgedacht«, sagte George. »Aber wenn Mitte der Neunziger jemand in der Lage war, ein menschliches Wesen zu klonen, dann wahrscheinlich Dr. Park.«

»Was willst du damit andeuten?«

»Vielleicht ist er in Nordkorea gelandet oder hat sich im Wald verirrt. Vielleicht hat er aber auch einen Job angenommen.«

»In Kalifornien.«

»Wenn er nicht entführt wurde, hat ihn jemand engagiert«, sagte George. »Ihn hierhergebracht, um ein Labor aufzubauen.«

»Ein Labor wofür?«

»Für etwas, das so geheim war, dass er von der Bildfläche verschwinden musste. Und so lukrativ, dass er sich darauf einließ.«

Ich dachte an die Frau, die Larry in der Nacht von Claires Tod gesehen hatte. Eine Frau mit Chauffeur und so viel Schmuck, dass sich sogar ein altgedienter Cop darüber wunderte. Ich kannte ihren richtigen Namen nicht, aber von Claire wusste ich, wie ich sie nennen konnte.

Madame X.

»Ist er nie wiederaufgetaucht?«, fragte ich. »Dieser Doktor Park?«

»Nicht dass ich wüsste. Das FBI hatte eine Akte über ihn angelegt.«

»Woher weißt du das?«

»Zwei Agents haben mich seinetwegen befragt. Das muss 94 oder 95 gewesen sein. Ich hatte ein paar E-Mails mit ihm gewechselt, das FBI ging seine sämtlichen Kontaktpersonen durch.«

»Warum war das FBI damit befasst?«

»Er war prominent, außerdem konnten die Nordkoreaner ihre Finger im Spiel haben. Natürlich gab es eine Akte. Die gab es in solchen Fällen immer.«

»Wärst du informiert worden, wenn sie später etwas herausgefunden hätten?«

»Keine Ahnung – möglicherweise nicht.«

»Könntest du dich ein bisschen umhören?«

»Klar.«

Ohne die Stufen zu betreten, warf ich einen Blick ins Häuschen. Die Kissen des kleinen Sofas waren auf dem Boden verstreut. Auf der Terrasse lag ein zerbrochenes Glas inmitten von Eiswürfeln und Wasser.

»Danke erst mal, George«, sagte ich. »Aber ich muss jetzt Schluss machen.«

»Klar.«

Ich klappte das Handy zusammen und steckte es ein. Vor dem Häuschen, in einem Bett von Pfingstrosen, entdeckte ich eine kleine Statue aus Beton. Neptun möglicherweise, oder Zeus. Sie war einen knappen halben Meter hoch. Ich griff nach ihrem Kopf, packte sie so, dass ich sie mit einer Hand wie einen Hammer schwingen konnte, und trat durch die Tür.

Nach ungefähr zehn Sekunden war klar, dass ich keine Waffe brauchte. Das einzige Versteck war die Dusche, und die war leer. Claires Koffer und ihr Computer fehlten, wie auch der Rucksack mit meinem Laptop. Jemand schien den Raum planlos verwüstet zu haben: Schubladen standen offen, die Bettdecken waren zerfetzt und beiseitegeworfen. Im Bad war der Deckel vom Spülkasten gehoben und auf den Keramikfliesen zertrümmert worden.

Ich ging hinaus auf die Terrasse und schaute über den Ozean. Ich sah den Felsvorsprung, auf dem ich mit George telefoniert hatte, während die Sache hier passiert war. Es konnte keine Minute gedauert haben. Die Frage war, wie sie Madeleine weggeschafft hatten. Larry, der in seinem Schaukelstuhl saß, musste mitbekommen haben, ob sie in den SUV gezerrt worden oder freiwillig eingestiegen war. Der Wagen hatte zehn Meter von ihm entfernt gestanden. Er musste gesehen habe, wie ich über den Parkplatz zurückgegangen war. Hätte er mich angesprochen, wenn er beobachtet hatte, wie auf dem Parkplatz zum zweiten Mal in einer Woche dieselbe Blondine entführt wurde?

Mir blieb nichts anderes übrig, als zu ihm zu gehen und ihn zu fragen. Vor dem Eingang des Häuschens blieb ich kurz stehen, um die Statue wieder an ihren Platz zu stellen. Dann nahm ich den Weg unter den Bögen hindurch, deren in voller Blüte stehende Rosen die Bienen anlockten.

Sie hat mich verarscht, dachte ich.

Sie hat mich benutzt, um sich Claires Computer unter den Nagel zu reißen, und dann ihre Freunde hergerufen. Dann hat sie das Zimmer auf den Kopf gestellt, damit es so aussah, als wäre sie gewaltsam entführt worden, aber kaum dass sie das Häuschen verlassen hatte, gab sie sich entspannt. Larry hatte direkt danebengesessen. Wäre ihm etwas seltsam erschienen, hätte er Alarm geschlagen. Aber er hatte kein Wort gesagt.

In der Verwirrung des Augenblicks ergaben diese Gedanken Sinn. Sie erschienen mir komplett logisch. Jedenfalls erklärten sie die Fakten, die ich in diesem Augenblick kannte. Sie musste Claires Sachen gestohlen und sich meinen Computer geschnappt haben, um meine Ermittlungen zu behindern. Ich wusste noch immer nicht, wer sie war und was sie wollte. Aber ich war ganz sicher, dass sie nicht auf meiner Seite stand.

Ich bog um die Ecke und stieg die Stufen zum Haupthaus hinauf. Ein einziger Blick, und meine Geschichte löste sich in Luft auf. Alles hatte sich geändert.

Larrys Hemd war rot, der Flanellstoff vollgesogen. Von jenseits der Straße hatte ich nicht erkennen können, was jetzt offensichtlich war: Ihm war mitten in die Brust geschossen worden. Noch immer saß er im Schaukelstuhl, die Hände auf den Lehnen. Sein Kinn war auf die Brust gesackt. Auf seinem Schoß und der hölzernen Sitzfläche hatten sich blutige Pfützen gebildet.

Während der folgenden zehn Minuten war ich auf Autopilot. Ich wollte die Stufen zu ihm hochsteigen, hielt aber inne, als ich unter meinem Fuß etwas spürte: Ich war auf ein weißes Handtuch getreten. Ich muss mich gebückt haben, um es aufzuheben, denn ich erinnere mich an die Brandflecke in der Mitte und das Licht, das durch eine Reihe von Löchern fiel. Als sei es wie ein chinesischer Fächer gefaltet und dann um die Mündung einer Pistole gewickelt worden. Ein improvisierter Schalldämpfer. Sekunden nachdem er aus dem Wagen gestiegen war, musste der Mann geschossen haben. Das Handtuch hatte einen Teil des Lärms gedämpft, der Rest war durch den an mir vorbeifahrenden Lastwagen übertönt worden.

Quer über die Veranda trat ich direkt an den Schaukelstuhl.

»Larry?«

Natürlich konnte er nicht antworten, aber in diesem Moment hatte ich es noch nicht begriffen. Ich kniete mich neben ihn und tastete zum dritten Mal in wenigen Tagen vergeblich nach dem Puls eines Menschen. Dabei musste ich den Schaukelstuhl ein Stück zurückgeschoben haben, denn als ich losließ und wieder aufstand, neigte sich der Stuhl nach vorn, Larry fiel heraus. Er landete auf der Veranda, sein Kopf schlug mit einem dumpfen Geräusch auf den alten Mammutbaum-Dielen auf.

Mit Larry gleich vor meinen Füßen hielt ich nach Hilfe Ausschau. Aber niemand war in der Nähe. Eine zweischneidige Angelegenheit, denn einerseits konnte mich niemand des Mordes beschuldigen, andererseits gab es auch keinen, an den ich die Verantwortung delegieren konnte.

Ich war allein und wusste, was ich als Nächstes zu tun hatte.

Die Haustür stand weit offen. Ich trat über die Schwelle und ging zur Rezeption. Die kleine Klingel musste ich nicht läuten, denn hinter dem Rezeptionstresen ragten die Füße der Frau hervor. Ich hatte ihren Namen nie erfahren, jetzt spielte es keine Rolle mehr. Die Wand zierte ein dichtes Muster aus Blutstropfen. Auf dem Teppich und dem Tresen lagen Haarbüschel. Selbst in meinem Zustand konnte ich mir die Flugbahn der Kugel zusammenreimen. Ich ging um den Tresen herum, kniete mich aber nicht hin. Ein einziger Blick auf ihren Kopf machte klar, dass ich keinen Puls zu suchen brauchte.

Mir ist bewusst, dass zwischen den Zielen eines Mannes und dem, was er wirklich erreicht, oft eine große Lücke klafft. Zwischen dem Menschen, der er ist, und dem, der er sein will. Sicher bin ich keine Ausnahme. Schauen Sie mich an. Sehen Sie, was ich mit meinem Leben angefangen habe. Falls ich irgendeinen Fortschritt gemacht habe, dann diesen: Ich war schockiert. Ich dachte keine Sekunde daran, ein Foto zu machen. Es kam mir überhaupt nicht in den Sinn. Falls doch, kann ich mich jedenfalls nicht daran erinnern, denn wenige Stunden nachdem ich Slaughterhouse Cove verlassen hatte, erwartete mich ein zweites Trauma, diesmal ein viel persönlicheres. Nach allem, was ich über Kopfverletzungen weiß, nehme ich an, dass ich manche Einzelheiten dieses Tages vergessen habe.

Aber was ich weiß, ist Folgendes: Auf dem Parkplatz lehnte ich mich gegen das Biest und versuchte, zu Atem zu kommen. Als ich wieder halbwegs klar denken konnte, sah ich mich um. Hier standen zwei Autos – Claires und meins. Was wahrscheinlich bedeutete, dass die anderen Häuschen leer standen. Von zwei Leichen abgesehen war ich ganz allein. Mein Name stand nicht im Gästebuch, die Kreditkarte hatte ich nicht benutzt. Wir hatten Claires Zimmer genommen und dort angesetzt, wo sie verschwunden war. Allerdings waren meine Fingerabdrücke im Haupthaus und im Cottage. Das Letzte, was ich gebrauchen konnte, war, dass der Sheriff des Mendocino County bei Inspector Chang anrief und ihn darüber informierte, dass meine Abdrücke in Claire Gravesends Hotelzimmer gefunden worden waren, nur einen Steinwurf entfernt von zwei Leichen. Ich öffnete den Kofferraum des Biests und warf einen Blick in den Werkzeugkasten. Auf dem Steckschlüsselset lag ein sauberer Stofflappen.

Ich fing im Haupthaus an, machte im Cottage weiter und hörte mit Claires Mietwagen auf. Ich arbeitete schnell, konzentriert und ohne Spuren zu hinterlassen. Nach zehn Minuten war ich fertig. Dann wollte ich nur noch weg. Ich hatte ein klares Ziel.

24

Ich verließ Slaughterhouse Cove so schnell, dass ich auf dem Parkplatz ein neues Paar Reifenabdrücke hinterließ. Dann bog ich scharf nach rechts ab und fuhr, so schnell das Biest es zuließ, Richtung Norden. Mir war nicht ganz klar, was ich tun würde, falls ich den SUV einholte. Hinten auffahren, ihn von der Straße drängen. Dann so tun, als hätte ich eine Waffe bei mir, und mich so weit nähern, dass ich die Fäuste benutzen konnte. Ob das funktionieren würde, ließ sich nicht sagen, aber ich musste es versuchen. Madeleines Leben hing davon ab. – Vorausgesetzt, sie hatte das Ganze nicht geplant. Ich konnte nicht mit Sicherheit ausschließen, dass sie die beiden erschossen hatte.

Kurz vor Einbruch der Dämmerung bog ich auf den Forstweg. Dem SUV war ich nicht begegnet. Die letzten zwanzig Kilometer ließ ich es etwas langsamer angehen, um dem Himmel Zeit zu geben, langsam seine Farbe zu verlieren, während ich selbst mir einen Plan zurechtlegte.

Schließlich entdeckte ich einen überwucherten Abzweig rund anderthalb Kilometer vor der letzten Trestle-Brücke. Vielleicht war er ein Jahrhundert zuvor von Holzarbeitern genutzt worden. Ich setzte rückwärts in die schmale Lücke zwischen den Bäumen, weit genug, dass das Biest von der Straße aus nicht zu sehen war, aber nicht so weit, dass es im Schlamm versinken würde. Dann stellte ich den Motor ab, öffnete den Kofferraum und suchte im Werkzeugkasten nach einem Schraubenzieher mit langem Griff. Eine Taschenlampe hatte ich schon aus dem Handschuhfach genommen.

Ich machte mich zu Fuß auf den Weg Richtung Creekside, wobei ich mich im Wald hielt, weit genug von der Straße entfernt. Das Flüsschen überquerte ich unterhalb der Brücke, indem ich bis zur Mitte von Stein zu Stein hüpfte und dann durch kniehohes Wasser bis zu einem Baumstamm watete, auf dem ich ans andere Ufer balancieren konnte. Kurz bevor ich die Zufahrt erreichte, zog ich mich noch tiefer in den Wald zurück.

Ab hier musste ich mit Kameras rechnen. Ich hoffte, dass sie überwiegend auf die Zufahrt gerichtet waren und dass der Club kein weiteres Sicherheitssystem installiert hatte. Ich dachte an Laser-Stolperdrähte, Bewegungssensoren oder – im schlimmsten Fall – Hunde.

Es wurde dunkler, außerdem setzte Regen ein. Das immergrüne Blätterdach war so dicht, dass der Himmel nicht zu sehen war. Die Bäume fingen die meisten Tropfen ab, bevor sie den Boden erreichten, aber ich hörte das anhaltende Rauschen in den Ästen. Weiter vorn, im schwindenden grauvioletten Licht, konnte ich den Parkplatz und das niedrige Empfangsgebäude ausmachen. Dort standen vier Autos. Drei davon kosteten wahrscheinlich mehr als meine Eigentumswohnung in Chinatown.

Das vierte war ein brauner SUV.

Ich kniete mich auf den Waldboden, dicht neben den Stamm eines Mammutbaums. Von dort aus beobachtete ich die Lichtung und wartete auf die völlige Dunkelheit. Mitten im Hochsommer würde ich mich noch eine Weile gedulden müssen. Die Sonne senkte sich in einem steilen Winkel hinab. Ich nutzte die Zeit, um nach Kameras in den Bäumen und auf dem Gebäude Ausschau zu halten. Ich entdeckte keine, aber wahrscheinlich waren irgendwo welche versteckt. Damit musste ich leben.

Die Rezeption hatte große Fenster zum Parkplatz hinaus. Sogar von meinem Platz im Wald konnte ich deutlich erkennen, dass niemand im Gebäude war.

Ich stand auf und trat zwischen den Bäumen hinaus auf die Lichtung. Ich versuchte nicht, mich zu ducken oder in Deckung zu gehen. Als ich den Bruchschiefer erreichte, gab ich mir keine Mühe, meine Schritte abzudämpfen. Ich umrundete den SUV und prägte mir das Kennzeichen ein, dann ging ich an der Seite des Gebäudes entlang und schaute um die Ecke. An der Rückwand war Feuerholz gestapelt. Erst als ich es sah, registrierte ich den in der Luft hängenden süßlich Geruch von brennendem Laubholz. Er kam nicht vom Kamin in der Rezeption, sondern aus einer anderen Richtung.

Ich ging an dem Holzstapel vorbei und erreichte die Hintertür, in die ein Fenster eingelassen war. Beide Augen mit den Händen abschirmend, warf ich einen Blick hinein. Das einzige Licht kam von den grünen Ziffern einer Digitaluhr. Ich konnte gerade eben erkennen, dass ich in eine Profiküche schaute. Stählerne Arbeitstische, ein riesiger Gasherd, eine Stahltür, die wahrscheinlich in eine Kühlkammer führte.

Hier gab es nichts weiter zu sehen, also trat ich den Rückweg ums Gebäude an und suchte den Pfad, den Madeleine und ich gesehen hatten. Die Sturmlaternen brannten nicht, der Fußweg führte zum Wald und verlor sich im Schatten. Vor mir im Dunkeln hörte ich das scharfe Knacken eines Astes in einem offenen Feuer, außerdem das Gemurmel tiefer Stimmen. Ich setzte mich in Bewegung und hielt mich am Geländer fest, um nicht aus dem Tritt zu geraten.

Siebzig Meter weiter führte eine Treppe vom Hügel herunter und traf auf den Holzweg. Oben konnte ich die Umrisse einer Hütte erkennen. Auf dem Geländer der Veranda stand eine Petroleumlampe, gedämpftes Licht fiel durch ein Buntglasfenster in der Tür.

Aber immer noch hörte ich vor mir die Stimmen, sodass ich meinen Weg fortsetzte, vorbei an fünf weiteren Kabinen, jede größer als die vorherige, dann erreichte ich eine Lichtung. Im Schein eines Feuers waren die Stämme von Mammutbäumen zu sehen, groß wie Häuser. Offenbar war ich durch einen jüngeren Teil des Waldes zu einem Bestand von Giganten gelangt. Mindestens zehn dieser Bäume mussten tausend Jahre alt sein, sie standen in einem Kreis. Das Areal inmitten dieser natürlichen Umzäunung hatten die Mitglieder von The Creekside offenbar zu ihrem Versammlungsort gemacht. Ich schlich mich näher heran, bis ich den Blick in ein steinernes Amphitheater werfen konnte, das in eine natürliche Senke im Zentrum der Baumgruppe gebaut war. Ganz unten befand sich eine Feuerstelle, die darin brennenden Holzblöcke hatten das Ausmaß von Weinfässern.

Auf der dem Feuer am nächsten stehenden Steinbank saßen zwei Männer. Der eine trug eine verwaschene Jeans und ein kariertes Flanellhemd, der andere eine dunkle Hose und eine Sportjacke. Beide hatten üppig wachsende Haare, aber nicht die blonden Wellen, die Larry beschrieben hatte.

»Nein, so war das nicht«, sagte der Kerl mit der Sportjacke. »Es war nicht so knapp, wie die Historiker behaupten. So wie sie es darstellen, sind die Proportionen völlig verschoben.«

»So verkauft man mehr Bücher«, sagte der andere Mann. »Aber ich habe gehört, du warst nah an der ganzen Sache dran?«

Wieder knisterte das Feuer. Eine Fontäne aus Funken stob

auf. Die Männer hatten Weingläser in der Hand, zwischen ihnen auf der Bank stand eine Flasche. Ich trat in das Amphitheater und bewegte mich seitwärts, bis ich hinter den Männern stand.

»Wo hast du das gehört?«, fragte Sportjacke. »Dass ich dabei war?«

»Hier, am Feuer.«

»Du bist ziemlich neu hier.«

»Seit zwei Jahren.«

»Und wie findest du es?«

»So weit, so gut«, sagte Flanellhemd. »Wenn du der Maßstab bist, bin ich dabei. Schau dich an. Aber ernsthaft – stimmt es, dass du dabei warst? Mittendrin?«

Sportjacke nahm die Flasche und hielt sie vor die Flammen, um zu sehen, wie viel Wein noch übrig war. Er schenkte erst seinem Begleiter ein, dann sich selbst. Anschließend warf er die leere Flasche ins Feuer.

»Nicht nur dabei. Ich kannte sie. Alle wichtigen Akteure – Chruschtschow vor allem. Nimm zum Beispiel LeMay – Curtis war verrückt, aber wenn es darauf ankam, befolgte er seine Befehle. Und Jack wollte diesen Befehl nicht geben, solange Chruschtschow nicht als Erster losschlug.«

»Ja.«

»Nikita wollte nicht sterben. Dafür liebte er seine Hunde zu sehr.«

Ich konnte sein Gesicht nicht sehen. Nur die breiten Schultern und die dichten Haare. Das reichte, um zu begreifen, dass das, was ich sah, und das, was ich hörte, nicht zusammenpassten. Jeder, der alt genug war, um Jack Kennedy und Nikita Chruschtschow beim Vornamen zu nennen, musste mindestens hundert sein. Aber dieser Kerl hier sah aus, als wäre er höchstens Anfang fünfzig. Ich überlegte, wie ich weiter vorgehen sollte. In diesem Augenblick hörte ich eine sanfte Frauenstimme in meinem Ohr, ein Flüstern, das so intim wie vertraut war.

»Drehen Sie sich um, Crowe.«

Ich spürte den Druck ihrer Hand auf meiner Schulter und drehte mich um. Madeleine. Vor Wut verkrampfte ich mich am ganzen Körper. Aber als sie aus meinem Schatten heraus in den Schein des Feuers trat, merkte ich, dass ich nicht Madeleine vor mir hatte. Die Frau hatte dasselbe Gesicht, aber ihre Haare waren deutlich länger und kunstvoll zu einem dicken Zopf geflochten. Ihr Gesicht war nicht so glatt wie das von Madeleine oder Claire. Die Haut unter den Augen war weniger fest, kleine Falten erweckten den Eindruck, als habe sie die Augen häufiger zum Schutz vor der Sonne zusammengekniffen. Ich schätzte sie auf vierzig. Insgesamt entsprach sie Punkt für Punkt Larrys Beschreibung.

Sogar der Schmuck passte. An ihrem Handgelenk und dem Zeigefinger funkelten farbige Edelsteine. Ich sah den Schmuck in aller Deutlichkeit. Genau genommen konnte ich den Blick nicht von ihrer Hand abwenden, denn sie hielt eine kleine Automatikpistole und zielte damit auf meine Brust.

»Mein Sohn und ich haben gewettet«, sagte sie. »Er glaubte nicht, dass Sie es so weit schaffen würden. Ich schon. Und ich liebe es, recht zu behalten.«

»Herzlichen Glückwunsch.«

»Danke gleichfalls«, sagte sie. »Aber es gibt etwas, das ich Ihnen die ganze Zeit schon sagen will. Seit wir zum ersten Mal über Sie informiert wurden.«

»Nämlich?«

»Leben Sie wohl.«

Ich war voll auf die Waffe konzentriert gewesen und hatte die Männer nicht bemerkt, die auf beiden Seiten aus der Dunkelheit aufgetaucht waren. Plötzlich stand ein Kerl direkt neben mir und packte meinen linken Arm. Als ich mich zu ihm hindrehte, nahm ich aus dem Augenwinkel den zweiten Mann wahr. Undeutlich registrierte ich eine Bewegung seines Arms.

Vor einigen Jahren hatte ich im Gerichtssaal gesessen, nachdem ich in einem mit ungewöhnlicher Erbitterung ausgetragenen Scheidungskrieg meine Aussage gemacht hatte. Der nächste Zeuge war ein Arzt gewesen, der die Auffassung vertrat, es sei unmöglich, sich an den Schlag zu erinnern, der einen das Bewusstsein verlieren lässt. Jeder, der so etwas behaupte, sei ein Lügner. Damals war ich, schon wegen meiner Loyalitäten im verhandelten Fall, nicht bereit gewesen, ihm zu glauben.

Inzwischen bin ich mir nicht mehr so sicher.

An den Schlag und daran, dass ich gefallen bin, fehlt mir jede Erinnerung. Aber ich muss gefallen sein. Ich habe zwei angeschlagene Zähne, die ich nicht anders erklären kann, außerdem eine harte Stelle rechts an meinem Kinn, die sich anfühlt wie ein Knochensplitter.

Das Erste, woran ich mich erinnere – und das muss nach allem, was ich über die Nebenstraßen im Mendocino County und das Tempo weiß, das man dort fahren kann, ein oder zwei Stunden später gewesen sein –, ist der scharfe Geschmack von Erbrochenem in meinem Mund. Dann nahm ich auch den Geruch wahr, schließlich die kühle Feuchtigkeit, die es auf meiner Hemdbrust hinterlassen hatte. Als Nächstes erinnere ich mich an meinen Kopf, den pulsierenden Schmerz und die anschwellende Beule. Als ich versuchte, sie mit den Fingern zu berühren, spürte ich, dass ich meine Arme nicht bewegen konnte. Meine Hände waren hinter dem Rücken gefesselt. Diese Erkenntnis machte mich endgültig wach.

Ich versuchte, die Augen zu öffnen, was mir rechts nur teilweise gelang. Statt eines deutlichen Bilds sah ich dort nur hellen Nebel. Erst als ich es wieder schloss, erkannte ich, dass ich mich auf der Rückbank eines fahrenden Autos befand. Es war noch dunkel. Wir holperten mit fünfzehn bis zwanzig Stundenkilometern eine unebene Schotterstraße hinunter. Um uns herum war nur stockdunkler Wald. Ich drehte den Kopf zur Seite und merkte, dass neben mir auf der Rückbank ein Mann saß. Jung, fit, gepflegt und mir völlig unbekannt. Der Fahrer hätte sein Zwillingsbruder sein können.

Der Mann beugte sich zu mir herüber und stieß mir den Lauf einer Pistole in die Rippen.

»Hey«, sagte er, aber nicht zu mir. »Er ist wach.«

»Und?«

»Soll ich ihn wieder in den Schlaf schicken?«

»Wenn wir da sind, muss er Fragen beantworten. Meinst du, er ist dazu in der Lage?«

»Ich weiß nicht.«

»Dann lass ihn.«

Der Mann nahm die Pistole von meiner Brust und hielt sie mir unters linke Auge.

»Hörst du?«, sagte er. »Du hast Glück.«

Ich schloss die Augen und ließ mich nach vorn sinken, bis meine Stirn den Vordersitz berührte. Mit den hinter dem Rücken gefesselten Händen war diese Position bequemer. Minuten vergingen, der SUV holperte weiter die Straße hinunter. Er musste diese löchrige Strecke schon tausendmal gefahren sein. Die Stoßdämpfer hatten ihren Dienst längst quittiert. Die Furchen und Schlaglöcher machten mir nichts aus, ich ließ sie einfach über mich ergehen und spürte sie nicht deutlicher, als ein bewusstloser Betrunkener die Rüttelstreifen spürt. Oder den plötzlichen Ruck, mit dem sein Auto über den Klippenrand schießt.

Der Mann mit der Waffe sprach kein einziges Wort. Wahrscheinlich war ihm meine Bewusstlosigkeit nur recht.

Natürlich war ich völlig wach.

Ich ertrug die Holperei und analysierte meine Möglichkeiten. Viele waren es nicht. Meine einzige Hoffnung bestand darin, dass sie mich lebend brauchten, um ihre Fragen zu beantworten. Die Männer hier im Wagen wollten nichts von mir wissen, also spielten sie wahrscheinlich keine größere Rolle. Sie brachten mich zu demjenigen, der mit mir reden wollte. Falls ihr einziger Job darin bestand, mich lebendig abzuliefern, hatte ich vielleicht eine Chance. Vielleicht würden sie zögern zu schießen, wenn ich etwas unternahm.

Der SUV wurde langsamer, der Straßenbelag wechselte. Wir fuhren über ebenen Untergrund, gefolgt von schepperndem Metall und einem weiteren glatten Stück Straße. Ein zwischen zwei asphaltierte Abschnitte eingelassenes Viehgitter. Die nächsten zehn Minuten ging es wieder über Schotter, aber der Zustand der Straße war jetzt besser. Der Fahrer beschleunigte spürbar. Von den Reifen spritzten Steinchen gegen den Unterboden. Schließlich wurden wir langsamer, bogen rechts ab und kamen wieder auf eine asphaltierte Straße. Sofort gab der Fahrer Gas.

Vorsichtig versuchte ich, meine Füße ein Stück voneinander zu lösen. Meine Hände waren gefesselt, aber die Füße offenbar nicht. Außerdem waren sie nackt. Sie fühlten sich blutig an, was mich einen Moment lang verwirrte, bis ich begriff, was passiert sein musste. Nachdem sie mich im Amphitheater bewusstlos geschlagen hatten, mussten sie mich irgendwohin bringen. Wahrscheinlich hatten sie mich an den Händen gepackt und weggezerrt. Dabei musste ich irgendwann meine Schuhe verloren haben. Meine Socken, die noch nass von der Durchquerung des Flüsschens waren, hatten sich kurz darauf ebenfalls verabschiedet.

Ich bezog diese neuen Fakten in meine Kalkulation ein und berechnete meine Chancen erneut. Am Ende gelangte ich zu einem einfachen Schluss: Ich konnte damit leben.

25

Schon nach ein oder zwei Minuten auf der asphaltierten Straße kam mein Moment. Der Fahrer bremste und hupte. Ich öffnete mein funktionierendes Auge. Wir kamen in eine Kleinstadt. Vor uns bog ein Tanklaster von einem Parkplatz auf den Highway. Er musste voll beladen sein, fuhr in Schrittgeschwindigkeit und schlug einen riesigen Bogen, für den er nicht nur unsere und die Abbiegespur brauchte, sondern auch noch ein gutes Stück über die durchgezogene gelbe Linie fuhr. Aus den Auspuffrohren drangen schwarze Wolken. Kurz vor einem Zusammenstoß kamen wir schleudernd zum Stehen. Mein Fahrer reckte den Kopf, um nach möglichem Gegenverkehr Ausschau zu halten. Der Mann neben mir tat es ihm unwillkürlich nach.

Ich begriff, dass ich keine bessere Chance bekommen würde.

Ich warf mich nach vorn, legte all mein Gewicht aufs rechte Bein und trat mit dem linken zur Seite. In diese Bewegung steckte ich meine ganze Kraft. Mein nackter Fuß traf den Mann am Hinterkopf und stieß ihn gegen das Fenster. Der Aufprall war so hart, als hätte ich mit einem Vorschlaghammer auf einen Eisblock eingeschlagen. Das getönte Glas verwandelte sich in ein undurchdringliches Spinnwebmuster. Statt zu zerspringen, wölbte sich die Scheibe nach außen.

Ich musste nicht hinschauen, um zu wissen, wie es weitergehen würden. So wie der Batter im Augenblick, in dem sein Schläger trifft, schon weiß, wo der Ball landen wird, war mir klar, dass der Mann sich nicht wieder aufrappeln würde. Falls ich ihn nicht getötet hatte, war sein Zustand auf jeden Fall so nah daran, dass es für die kurze Zeitspanne, die ich brauchte, keine Rolle spielte. Ich fiel auf den Sitz zurück, drehte mich, bis ich mit dem Gesicht zu meiner eigenen Tür lag, und hob die nackten Füße an. Mit dem großen Zeh erwischte ich die Türverriegelung, mit den Zehen des anderen Fußes zog ich den Griff. Ich trat die Tür auf und wollte mich aus dem fahrenden Wagen fallen lassen. Jetzt erst reagierte der Fahrer und trat zunächst aufs Gas, wodurch wir mit einem Satz beinahe auf den Tanklaster aufgefahren wären, dann stieg er auf die Bremse. Meine offene Tür schwang nach vorn, prallte dann zurück und wäre wieder zugefallen, wenn mein rechtes Fußgelenk nicht im Weg gewesen wäre. Ich schrie und stieß mit dem linken Fuß gegen die Tür. Wieder wollte ich auf die Öffnung zustürzen, voll und ganz auf den vor meinen Augen verschwimmenden Asphalt konzentriert. Aber ich kam nicht weit.

Der Fahrer hatte sich umgedreht und meinen Hemdkragen gepackt. Er zerrte mich zurück. Ich drehte mich um, aber er ließ nicht los. Meine beiden Füße waren jetzt draußen und schleiften über den Asphalt. Mit gefesselten Händen blieb mir nur eine Möglichkeit. So fest ich konnte, biss ich ihm in den Unterarm. Dann riss ich den Kopf vor und zurück, bis mein Mund sich mit seinem Blut füllte. Er brüllte, ich würgte. Schließlich ließ er los.

Ich fiel zur Seite und landete auf der Straße.

Kurz spürte ich, wie der hintere Reifen des SUV meinen Rücken streifte. Dann rutschte ich über den groben Asphalt. Ich landete auf einer Grasfläche, überschlug mich und kam auf den Knien auf. In diesem Augenblick spürte ich keine Schmerzen – die würden sich später einstellen. Stattdessen war jeder Nerv meines Körpers mit Laserschärfe auf ein einziges Ziel fokussiert. Zu überleben.

Knapp zwanzig Meter vor mir kam der SUV schlingernd zum Stehen. Die roten Lichter des Tankwagens verschwanden im Dunkeln. Entweder hatte der Fahrer keine Ahnung, was sich hinter ihm abspielte, oder er vermutete richtigerweise, dass es sicherer war, sich rauszuhalten. Also war ich auf mich allein gestellt. In aller Eile sah ich mich um und traf meine Entscheidungen. Auf der einen Seite der Straße erhob sich ein steiler Hügel. Oben zeichneten sich vor den vom Mond beleuchteten Wolken die Silhouetten von Bäumen ab. Sie würden mir perfekte Deckung bieten, aber den Anstieg konnte ich nicht schaffen. Auf der anderen Seite, von der aus auch der Tanker auf den Highway gebogen war, gab es einen langgezogenen Parkplatz und ein hölzernes Gebäude. Ich sah eine Neonreklame. Boomer's Saloon. Der Parkplatz war leer.

Die Rückfahrscheinwerfer des SUV kamen auf mich zu – mein Stichwort. Ich rappelte mich hoch und rannte los.

Die ersten hundert Schritte lief ich im Dunkeln und hörte den hinter mir aufheulenden Motor, die auf dem Asphalt durchdrehenden Reifen. Dann sah ich plötzlich meinen eigenen Schatten vor mir. Auf dem Parkplatz lagen Glasscherben, Zigarettenkippen und Flaschenverschlüsse. Der SUV hatte anfangs zurückgesetzt, inzwischen aber gewendet. Er kam näher.

Ich war nur noch wenige Schritte von der Veranda des Saloons entfernt, wagte es aber nicht, einen Blick nach hinten zu werfen, um zu sehen, wie groß mein Vorsprung noch war. Ich konzentrierte mich auf das Gebäude, jagte meinen eigenen Schatten über die Veranda und stieß mit der Schulter gegen die Eingangstür. Wahrscheinlich musste sie aufgezogen, nicht aufgedrückt werden, aber mit den hinter dem Rücken gefesselten Händen waren meine Möglichkeiten begrenzt.

Natürlich gab die Tür nicht nach.

Die Scheinwerfer des SUV erfassten mich, die Tür und die Wand. Ich drehte mich zu dem Wagen um, der jetzt rund sieben Meter von mir entfernt im Leerlauf wartete. Die Fahrertür ging auf, ein Bein kam zum Vorschein. Natürlich war der Fahrer bewaffnet. Wenn er keine eigene Pistole hatte, konnte er sich einfach die seines Begleiters von der Rückbank geschnappt haben.

Ich wartete, bis er beide Füße auf den Boden gestellt hatte, dann lief ich quer über die dunkle Veranda. Der erste Schuss knallte. Die Kugel verfehlte meinen Kopf um Zentimeter und traf ein vergittertes Fenster. Die Glasscheibe zersplitterte nicht, aber die Neonröhre der Budweiser-Reklame explodierte funkensprühend.

Geduckt lief ich weiter.

Eine Alarmanlage heulte auf. Ich hörte einen zweiten Schuss. Wo die Kugel einschlug, konnte ich nicht sagen, jedenfalls traf sie nicht mich. Ich erreichte das Ende der Veranda und bog um die Ecke des Gebäudes.

Ich stand vor einem zweiten Laden: Anna's Asian Palace. Ich rammte die Schulter so fest gegen die Tür, dass sie splitterte. Vielleicht erhielt irgendwo in der Nähe ein Deputy des Sheriffbüros einen Funkspruch. Wobei ich nicht warten würde, um es herauszufinden. Stattdessen lief ich zur Rückseite des Gebäudes. Falls weitere Schüsse auf mich abgegeben wurden, hörte ich sie nicht. Ich erreichte das Ende des Parkplatzes, wo Unkraut aus dem rissigen Untergrund wucherte und ein überfüllter Container in einem glitzernden Meer von Glasscherben stand.

Ich rannte auf den Container zu und suchte hinter ihm Schutz. Den Mann konnte ich nirgends sehen. Der SUV stand auf der anderen Seite des Gebäudes – falls er nicht schon verschwunden war. Der Mann konnte nach dem zweiten Schuss auch beschlossen haben, seine Verluste zu begrenzen. Ich wusste nicht, ob es in dieser Stadt eine Polizeidienststelle gab. Wenn ja, wollte er sich vielleicht nicht zu lange in der Nähe zweier heulender Alarmanlagen aufhalten.

Ich warf einen Blick zurück. In einer Nebenstraße standen mehrere Häuser. Eine langgestreckte Mauer aus Schlackenbetonblöcken schien die Gegend vom Lärm des Highways abzuschirmen.

Der einsam am hintersten Ende des Parkplatzes stehende Container war das offensichtlichste Versteck weit und breit. Also lief ich zur Lärmschutzwand hinüber. Inzwischen konnte ich auf meinem rechten Auge wieder besser sehen, dafür wurden die Schmerzen immer heftiger. In meinem Kopf hämmerte es, die Schultern fühlten sich wie gerädert an, die nackten Fußsohlen wurden geschreddert.

Ich erreichte die Wand und duckte mich in ihren Schatten. Keine Sekunde zu früh.

Der SUV fuhr um die Ecke des Gebäudes und blieb kurz stehen. Der Fahrer schaltete das Fernlicht ein, raste auf den Container zu, bremste mit quietschenden Reifen und sprang mit gezückter Waffe aus dem Wagen.

Ich drückte mich gegen die Wand und kroch auf den Knien rückwärts. Vor der Wand wuchs ein Dornbusch, der an den Steinblöcken Halt fand. Irgendwie geriet ich zwischen die Wand und die gewundenen Zweige und verlor das Gleichgewicht. Mit den Händen hinter dem Rücken konnte ich nicht viel tun. Ich fiel flach auf den Bauch und sah die Welt plötzlich aus der Rattenperspektive. Ohne das Heulen der Alarmanlagen hätte mein Verfolger mich wahrscheinlich gehört.

Aber er reagierte nicht. Er hob den Deckel des Containers an, schoss zweimal hinein, stellte sich auf die Zehenspitzen und riskierte einen Blick.

Mich zu befragen, war offensichtlich nicht mehr die erste Priorität.

Der Mann ließ den Deckel fallen, sah sich um und überlegte, welchen Weg ich genommen haben konnte. Er betrachtete erst die Häuser, dann die Wand. Er sah geradewegs zu mir herüber. Ich spannte sämtliche Muskeln an, um mich zur Seite rollen und auf die Beine kommen zu können, sobald er die Waffe hob.

Stattdessen steckte er sie in die Tasche und nahm ein Handy heraus. Er hatte den Schatten und den Dornbusch gesehen, aber nicht mich. Ich sah, wie das Display des Handys aufleuchtete und er eine Nachricht tippte. Eine Weile blieb er einfach stehen, schaute aufs Display und wartete auf eine Antwort. Dann steckte er das Telefon ein und ging zurück zu seinem Wagen. Die verschwommene Erinnerung an etwas, das vor einigen Stunden geschehen sein musste, ging mir durch den Kopf. Ich war über eine Lichtung gegangen und hatte mich ebendiesem Fahrzeug genähert. Ich hatte mich hingekniet und mir das Kennzeichen angesehen. Aber was immer ich an diesem Speicherplatz meines Hirns abgelegt hatte, war zu Brei geschlagen worden. Jetzt in der Dunkelheit konnte ich das Kennzeichen nicht lesen, außerdem war ich zu weit entfernt. Ich sah zu, wie der Mann in den Wagen stieg, die Tür zuschlug und eilig den Parkplatz verließ. Er fuhr zurück zum Highway, bog rechts ab und verschwand.

Als der Mann weg war, war ich qualvolle Minuten lang damit beschäftigt, mich aus dem Dornbusch zu befreien, mich zur Seite zu rollen, mich aufzusetzen und gegen die Mauer zu lehnen, damit ich auf die Beine kam. Als ich endlich stand, war ich derart außer Atem, dass ich mich am liebsten gleich wieder hingelegt hätte. Stattdessen ging ich zum Anfang der Mauer zurück und scheuerte mit den Fesseln an den Handgelenken über die raue Kante der Steine.

Fünf Minuten später waren meine Hände frei. Ich nahm die Arme vor den Körper und sah mir die Handgelenke an. Mit den Zähnen löste ich die Reste des Klebebands, dann schlackerte ich so lange mit den Armen, bis ich meine Finger wieder spürte. Schließlich tastete ich mich ab. Kein Portemonnaie, kein Handy. Meine Uhr hatten sie nicht mitgenommen. Es war halb drei Uhr morgens. Das letzte Mal hatte ich um halb zehn oder zehn auf die Uhr geschaut. Offenbar war ich eine ganze Weile bewusstlos gewesen. Wie lange wir bei meinem Aufwachen schon gefahren waren, konnte ich unmöglich sagen. Deshalb hatte ich auch keine Ahnung, wo ungefähr ich mich befand.

Langsam humpelte ich an der Mauer entlang. Für den Fall, dass die Polizei auftauchte, wollte ich den Parkplatz lieber meiden. Die Wirkung des Adrenalins ließ nach, das Gehen fiel mir schwerer. Am liebsten hätte ich mich hingesetzt, meine nackten Füße liebkost und mich zum Schutz vor der Kälte zusammengerollt, aber ich ging weiter. Als ich das Ende der Mauer erreichte, drückte ich mich seitlich an einer Karosseriewerkstatt entlang. Ich sah Pick-ups in verschiedenen Stadien des Zerfalls. Einen stillgelegten Schulbus. Alle mit Kennzeichen aus Kalifornien. Aber das half mir nicht sonderlich dabei, herauszufinden, wo ich war.

Noch immer hörte ich die Alarmanlagen, inzwischen aber leiser. Ich erreichte den Highway und hielt mich auf dem Seitenstreifen. Ich nahm mir vor, in Deckung zu gehen, sobald ich Scheinwerfer sah. Aber in den nächsten fünf Minuten passierte nichts. Bis dahin hatte ich die Stadt fast erreicht. Es gab ein Café, das wie eine Scheune aussah. Einen Gebrauchtwagenhandel direkt gegenüber, an dessen Maschendrahtzaun leere Luftballons hingen. Ein Stück weiter passierte ich ein Schild, das auf einen Feldweg deutete und die Passanten wenig überzeugend auf einen Milchladen hinwies.

Die Luft war kalt und roch nach Erde und Kiefernnadeln. Ein Stück entfernt sah ich die Silhouette einer Hügelkette. Ich kam an einem handgemalten Reklameschild für Paco's Tacos vorbei, dann an einer geschlossenen Tankstelle, an der bis auf die Zapfsäulen alles im Dunkeln lag.

Ich wollte weitergehen, hielt aber plötzlich inne.

Neben dem Gebäude stand eine Telefonzelle. Ich fragte mich, ob sie funktionierte und wen ich anrufen sollte. Wieder schaute ich auf die Uhr. Es war drei Uhr morgens. Es gab eine Nummer, die ich auswendig wusste, und einen Menschen, der um diese Zeit garantiert nicht schlief.

Die Frau von der Vermittlung hatte gezögert, meinen Anruf durchzustellen. Zweimal wies sie mich auf die Uhrzeit hin. Jetzt lauschten wir dem Klingeln des Telefons. Zweimal, dreimal, viermal.

»Hallo?«

»Guten Morgen, Ma'am, hier ist die Vermittlung«, sagte die Frau. »Möchten Sie den Anruf eines gewissen Leland Crowe annehmen? Sie müssten die Gebühren tragen.«

Eine Pause folgte, lange genug, dass ich mich fragte, ob sie aufgelegt hatte.

»Lee? Ich meine … ja, ich nehme ihn an. Stellen Sie ihn durch.«

»Danke, Ma'am.«

Mit einem Klicken verschwand die Frau aus der Leitung.

»Lee?«

»Ich hoffe, ich hab dich nicht geweckt.«

»Du kennst ja meinen Rhythmus«, sagte sie. »Steckst du in Schwierigkeiten?«

»Ein bisschen.«

»Bist du verletzt? Du klingst … ich weiß nicht … du klingst nicht gut.«

»Alles in Ordnung«, sagte ich. »Aber ich brauche einen Chauffeur.«

»Ich komme dich abholen«, sagte Juliette. »Sag mir einfach, wo du bist.«

»Das ist es ja. Ich weiß es nicht.«

»Himmel, Lee. Was ist passiert?«

»Such nach Boomer's Saloon«, sagte ich. »Und nach Anna's Asian Palace. Da bin ich.«

»Moment.«

Ich wartete. Kurz darauf kam sie wieder an den Apparat.

»Laytonville«, sagte sie. »Du bist in Laytonville. Das liegt drei Stunden nördlich von hier, an der 101.«

»Kommst du trotzdem?«

»Ich bin schon auf dem Weg zur Garage. Treffen wir uns am Saloon?«

»Nein, da wimmelt es sicher von Cops.«

»Was?«

»Das möchtest du lieber nicht wissen«, sagte ich. »Ich warte an einer Chevron-Tankstelle neben Paco's Tacos. Dahinter ist ein Hügel mit ein paar Kiefern. Ich steige hinauf und lege mich hin. Falls du einen Verbandskasten hast, bring ihn mit.«

Auf dem Highway tauchte ein Auto auf. Es fuhr schnell,

aber das Wappen des Mendocino County Sheriff auf der Seite war nicht zu übersehen.

»Lee?«

»Ja?«

»Nichts … Ich bin auf dem Weg.«

Auf dem Gipfel des Hügels sah ich mich um, weil ich sichergehen wollte, dass ich nicht versehentlich in irgendeinem Garten gelandet war. Ich lehnte mich mit dem Rücken gegen einen Baumstamm. Meine Füße waren mit einer Kruste aus Blut und Dreck überzogen. Im Dunkeln betastete ich sie vorsichtig mit den Fingern und entdeckte ein paar Glasscherben, die sich auf den achthundert Metern vom Saloon bis hierher nicht gelöst hatten.

Ich fegte einen Stapel Kiefernnadeln und Waldboden auf meine Füße. Keine tolle Decke, aber besser als nichts. Weiter unter fuhr ein zweiter Wagen des Sheriffs mit heulendem Motor vorbei, aber ohne Blinklichter und Sirene. Abgesehen von mehreren Einschusslöchern und der beschädigten Glastür des chinesischen Restaurants würden sie kaum etwas finden. Aber in dieser Gegend reichte das wahrscheinlich, um sie mehrere Stunden auf Trab zu halten.

Ich dachte an Juliette, weil ich nicht über Madeleine nachdenken wollte. Schlimm genug, dass ich geglaubt hatte, sie hätte mich verraten. Die andere Möglichkeit, die mir jetzt unendlich wahrscheinlicher vorkam, war noch weit schlimmer. Also stellte ich mir Juliette vor, die barfuß durch ihr Haus lief, sich eine Jacke überzog und in Sandalen schlüpfte. Sie hatte das Licht in der Garage angemacht und dann auf einen Knopf gedrückt, um das Tor zu öffnen. Ich konnte mir den Weg von ihrem Schlafzimmer bis zum Auto mühelos ausmalen, schließlich hatte ich dort gewohnt, wenn auch nur kurz. Dann hatte der Richter meinen Platz eingenommen. Er schlug sich mit seiner eigenen Scheidung herum, und Juliettes Haus war sowieso besser als alles, was er sich allein hätte leisten können.

Ich musste zugeben, dass ich ihr nach dieser Sache hier etwas schulden würde. Noch vor zwei Tagen wäre das für mich undenkbar gewesen. Jetzt kam es mir gar nicht so übel vor. Beim Einschlafen dachte ich an Juliette und die Möglichkeit, dass wir wieder zusammenkommen könnten. Aber als ich eingeschlafen war, blieb von diesen Bildern nichts übrig.

Gegen Ende träumte ich von Claire Gravesend.

Sie ging unbekleidet durch einen verspiegelten Gang, auf beiden Seiten unendlich viele Kopien ihrer selbst. Hundert Millionen perfekte Claires, ganz nah und hinter dem Glas doch unerreichbar. Mit blicklosen Augen ging sie direkt auf mich zu. Dann trat sie in mich herein wie ein Geist, der durch eine Wand ging. Es fühlte sich an wie ein kalter Windhauch. Ich drehte mich um. Die Narben auf ihrem Rücken hatten sich wieder geöffnet. Neues Blut floss aus frischen Wunden und rann an ihrer nackten Haut hinunter.

»Lee.«

Sie entfernte sich von mir und hinterließ blutige Fußabdrücke auf dem zerbrochenen Glasboden.

»Lee!«

Ich schlug die Augen auf und sah, dass der Morgen dämmerte. Es war grau und bewölkt. Juliette kniete über mir, ihre Hände an meinen Wangen.

Als ich mich aufsetzte, ließ sie mich los. Ich schaute auf die Uhr. Es war halb sechs am Morgen.

»Drei Stunden, hast du gesagt.«

»Ich bin gerast«, sagte sie. »Gott, Lee … Schau dich an.«

»Ich weiß.«

»Was ist passiert?«

»Hast du den Verbandskasten mitgebracht?«

Sie nickte, dann schüttelte sie den Kopf. Sie hatte schon immer diese großen Augen gehabt, aber jetzt kamen sie mir noch riesiger vor.

»Der Verbandskasten reicht nicht«, sagte sie. »Wir müssen irgendwo anhalten. Was ist mit deinem Kopf passiert?«

»Ich weiß nicht«, sagte ich. »Ein Schläger. Eine Schaufel. Eigentlich ist es egal.«

»Kannst du aufstehen?«

»Ich habe es hier raufgeschafft, stimmt's?«

Aber es stellte sich heraus, dass ich zum Aufstehen Hilfe brauchte und dass sie mir stützend den Arm um die Hüfte legen musste, bevor wir langsam den Hügel hinunter zu ihrem Bentley gehen konnten. Sie zögerte nicht, mir ihre Hilfe anzubieten, ich dachte keinen Augenblick daran, sie abzulehnen. Alles war ganz natürlich, so wie Menschen miteinander umgehen, wenn es hart auf hart kommt und die Grenze zwischen Leben und Tod mit bloßem Auge sichtbar ist. Es sind die leichten Momente, in denen wir uns in Acht nehmen müssen.

Nach knapp zwei Kilometern erreichten wir einen Lebensmittelladen. Ich blieb im Wagen sitzen, sie ging rein. Ich hielt mich nur mit Mühe wach, denn der Beifahrersitz war breit und tief, außerdem war es warm. Nach zehn Minuten kehrte Juliette mit einer Papiertüte und zwei Bechern voll Eis zurück. Für einen Moment fragte ich mich, ob sie uns Cocktails mixen wollte, aber in der Papiertüte war Verbandsmaterial, und das Eis war für die Beule an meinem Kopf. Sie hatte Klammerpflaster und große Kompressen, Klebebandrollen und

Tuben mit antibiotischer Salbe. Sie reinigte meine Füße und legte Verbände an, dann half sie mir aus dem Hemd, damit ich die Wunden versorgen konnte, die ich mir beim Sturz auf die Straße zugezogen hatte. Sie klebte mir Heftpflaster aufs Kinn und auf die rechte Wange – auf Schnittwunden, von denen ich nicht mal wusste, dass ich sie hatte. Dann füllte sie einen Beutel mit Eis und reichte ihn mir.

»Ich bringe dich jetzt nach Hause.«

»Ich kann nicht nach Hause. Es ist verwanzt.«

»Deine Wohnung ist verwanzt?«

Ich nickte.

»Ich dachte, ein FBI-Agent, der sauer auf mich ist, würde dahinterstecken. Wegen des Falls, an dem ich für Jim arbeite – erinnerst du dich an Jim?«

»Natürlich erinnere ich mich.«

»Okay, sorry. Ich dachte, es hätte mit einem Prozess zu tun. Gegen einen Kerl namens Lorca. Aber ich hab mich geirrt. Es geht um etwas anderes. Erinnerst du dich an das Foto, das ich gemacht hab …«

»Claire Gravesend. Die junge Frau, die gesprungen ist.«

»Ich glaube nicht, dass sie gesprungen ist.«

»Wohin soll ich dich bringen, wenn du nicht nach Hause kannst?«

»Ich muss mit Frank Chang reden«, sagte ich. »Einem Mordermittler beim SFPD.«

»Also zur Bryant Street?«

»Ja.«

»Dann müssen wir noch einen Zwischenstopp einlegen. So kannst du nicht in einem Polizeirevier auftauchen.«

So früh am Tag wollte ich ihr nicht widersprechen. Zwischen hier und San Francisco lagen zweihundertfünfzig Kilometer Highway und mindestens so viele Möglichkeiten, sich zu streiten. Aber tatsächlich kann man jedes Polizeirevier in San Francisco mit blutigem Hemd, ohne Schuhe und mit nach außen gestülpten Taschen betreten, ohne besonders aufzufallen.

»Wir müssen nicht halten«, sagte ich. »Die Läden sind sowieso noch geschlossen, außerdem haben die Typen mir das Portemonnaie abgenommen.«

»Das kostet mich nur einen Anruf«, sagte sie. »Und keine Sorge wegen des Geldes. Das kannst du mir später zurückgeben. Wenn du willst.«

»Okay.«

Sie legte den Gang ein, wendete und verließ den Parkplatz. Wir durchquerten Laytonville, nahmen wieder den Highway 101 und rasten in südliche Richtung. Eine ganze Weile sprachen wir kein Wort. Wir fuhren zwischen Wäldern und flachen Hügeln hindurch, auf beiden Seiten zogen dicht an dicht stehende Bäume wie ein grüner Vorhang vorbei. Ich schloss die Augen, weil mir schwindlig wurde.

»Willst du es mir erzählen?«

»Okay.«

Also saß ich mit geschlossenen Augen im Bentley meiner Ex-Frau und sprach über alles, was passiert war, seit ich am letzten Tag von Claire Gravesends Leben aus dem Westchester Hotel getreten war.

26

Als ich fertig war, lag Santa Rosa vor uns. Juliette bog auf den Parkplatz eines Cafés. Sie ging hinein und kehrte kurz darauf mit zwei Pappbechern zurück. Nachdem sie mir einen gereicht hatte, kramte sie in ihrer Handtasche und zog ein oranges Pillenfläschchen heraus. Sie kippte sich zwei Tabletten auf die Handfläche, nahm eine und streckte mir die andere entgegen.

»Was ist das?«

»Es bringt dich in Schwung.«

»Dir ist aber klar, dass du gegen Bundesrecht verstößt, wenn du ein verschreibungspflichtiges Medikament weitergibst?«

»Halt einfach den Mund und nimm sie. Zier dich nicht so.«

»Okay.«

Mit einem Schluck Kaffee nahm ich die Tablette. Ein bisschen Schwung, auch illegalen, konnte ich gut gebrauchen.

»Laufen all deine Fälle so?«

»Sicher nicht«, sagte ich.

»Du hast von dem Relief einer Schlange gesprochen, die ihren eigenen Schwanz frisst ... die Madeleine und du im Creekside gesehen habt?«

»Ja.«

Sie war zum Rand des Parkplatzes gefahren und überprüfte im Seitenspiegel, ob die Straße frei war. Dann gab sie Gas.

»Das hab ich schon mal gesehen.«

»Was?«

»Na ja, nicht exakt dasselbe, aber so ähnlich. Man nennt es Ouroboros.«

»Wie bitte?«

»Ouroboros«, wiederholte sie langsam. »Ein ägyptisches Symbol. Später, um das dritte Jahrhundert herum, wurde es von den Alchemisten übernommen.«

»Woher weißt du das?«

»Von der Highschool in Paris. Im Gegensatz zu dir war ich im Unterricht meistens wach.«

Die Handtasche lag auf ihrem Schoß. Sie klopfte dagegen, sodass ihr Pillenfläschchen klapperte. Ich begriff, was sie mir sagen wollte. Schon als sie dreizehn war, hatte ihr Arzt sich um die Feinabstimmung ihrer Aufmerksamkeitsspanne gekümmert.

»Solches Zeug lernt man in französischen Highschools? Ägyptische Symbole und Alchemie?«

»Das nennt sich Kunstgeschichte«, sagte Juliette. »In der Ostfassade des Louvre ist ein Ouroboros herausgearbeitet.«

»Okay«, sagte ich. »Aber was hat er zu bedeuten?«

»Das *magnum opus*.«

»Das Meisterwerk?«

»Nein, in der Alchemie bedeutet es etwas anderes. Wortwörtlich die große Arbeit. Die Suche nach dem Stein der Weisen.«

»Du meinst das Streben nach ewigem Leben.«

»Genau.«

»Was hat das an der Wand über dem Kamin im Creekside zu suchen?«

Wir grübelten eine Weile nach.

»Vielleicht geht es bei diesem Club genau darum«, sagte Juliette schließlich. »Um das Verlangen nach Unsterblichkeit. Das ist in manchen Kreisen der letzte Schrei.«

»In deinen Kreisen.«

»Auf solches Zeug stehe ich nicht.«

»Aber du hast davon gehört.«

»Die Leute reden halt«, sagte sie. »Natürlich klingt das meiste nach absolutem Blödsinn. Bluttransfusionen. Präparate. Eingeschränkte Kalorienzufuhr. Manche Leute versuchen alles.«

»Und einige gehen dabei zu weit.«

Um halb zehn Uhr morgens erreichten wir San Francisco. Juliette hatte das Tempolimit die meiste Zeit ignoriert, aber unsere Aufenthalte hatten uns Zeit gekostet. Die Läden in Chinatown, in denen ich normalerweise meine Kleidung kaufte, hatten geöffnet, aber davon wollte Juliette nichts wissen. Sie parkte im Halteverbot an der Ecke Geary Street und Grant Avenue. Ihre bevorzugten Läden öffneten eigentlich erst um zehn, aber sie hatte – wie versprochen – vorher angerufen.

Für meine Ex-Frau war keine Tür je richtig verschlossen. Feste Regeln waren bloß die Verhandlungsbasis.

»Warte hier.«

»Okay.«

Sie stieg aus, ließ den Motor aber laufen. Ich sah sie die Grant hinaufeilen, an ihrem linken Arm baumelte die Handtasche. Sie bog rechts in die Maiden Lane und war nicht mehr zu sehen. Ihr Handy hatte sie mir dagelassen, das Display war entsperrt. Ich öffnete einen Webbrowser und suchte, fand aber nichts zu den Morden in Slaughterhouse Cove. Inzwischen musste jemand die Leichen entdeckt und die Polizei gerufen haben. Aber dort oben machten Neuigkeiten langsamer die Runde. Kleinstädte konnten Geheimnisse über Jahre bewahren. Und an Orten wie The Creekside, mitten im Nichts, konnten sie auf ewige Zeiten unentdeckt bleiben.

Immerhin konnte ich mit Juliettes Handy im Grundsteuerregister des Mendocino County recherchieren. Als lizensierter Privatdetektiv hatte ich Zugang zu verschiedenen öffentlichen Datenbanken. In eine loggte ich mich ein und gab dort die Adresse ein, die ich auf Claires Kreditkartenabrechnung gesehen hatte. Ein Link tauchte auf, ich tippte ihn an. Die gut vierhundert Hektar große Parzelle war im Besitz einer Limited Liability Company namens Creekside Management. Ich wechselte zur Website des Secretary of State of California und suchte die LLC im Unternehmensregister. Sie hatte ihren Sitz in Nevada, war aber in Kalifornien registriert, weil sie dort Land besaß. Vor Ort wurde sie durch eine Firma mit nichtssagendem Namen in Sacramento vertreten – wahrscheinlich ein winziges Büro in einer Einkaufsmeile mit niedrigen Mieten. Ich malte mir aus, dass es dort einen einzigen Angestellten gab, dessen Hauptaufgabe darin bestand, so wenig wie möglich zu wissen.

Eine LLC mit Sitz in Nevada ist so etwas wie das Gegenstück zu einem unter liberianischer Flagge fahrenden Frachter. Man findet sie überall auf der Welt, aber nichts verbindet sie mit dem Staat, in dem sie registriert sind. Sie wählen ihre Flagge der damit verbundenen Anonymität wegen. Wer keine Türen eintreten und einen Durchsuchungsbeschluss präsentieren kann, erfährt unmöglich, wer sie besitzt und zu welchem Zweck sie gegründet wurden. Sie kommen und gehen über Nacht, sie wechseln die Besitzer in verstohlenen Transaktionen. Trotzdem besuchte ich die Website des Nevada Secretary of State und suchte nach der Firma. Als Direktor wurde dort ein gewisser Terry MacAllen aufgeführt, der aber wahrscheinlich nur ein Strohmann war. Ein zwielichtiger Anwalt, der davon lebte, dass er Firmen registrierte und sie auf dem Papier leitete. Wahrscheinlich würde ich seinen Namen in Verbindung mit ein paar hundert anderen Gesellschaften finden.

Ich steckte in einer Sackgasse. Aber natürlich verfügte Inspector Chang über ganz andere Möglichkeiten. Er konnte Durchsuchungsbeschlüsse besorgen und einen Dienstausweis präsentieren, der nicht in einem rund um die Uhr geöffneten Kopierladen laminiert worden war. Ich würde in die Zentrale des SFPD marschieren, nach Chang persönlich fragen und ihm alles erzählen. Aber bevor ich das tat, wollte ich mich noch informieren, wo ich stand.

Cynthias Name war nicht auf der Website der Gerichtsmedizin verzeichnet, aber es gab eine Durchwahl fürs Archiv. Ich rief an und hatte Glück. Sie war noch im Büro, obwohl die Sonne schon aufgegangen war.

»Hi Cynthia, ich bin's.«

»Lee?«, fragte sie. Sie musste einen zweiten Blick auf die Anruferkennung geworfen haben. »Du kommst anscheinend viel rum.«

»Ich halte mich beschäftigt. Hast du irgendetwas von deiner Freundin in Cape Cod gehört?«

»Hast du meine E-Mail nicht erhalten?«

»Im Augenblick kann ich nicht auf meine Mails zugreifen.«

»Ich hab dir letzte Nacht den Bericht geschickt.«

»Hast du vorher einen Blick darauf geworfen?«

»Du kennst mich doch.«

»Hast du Zeit für eine schnelle Zusammenfassung?«

»Viel gibt es nicht zu sagen – der Kerl ist mit einer fünf Zentimeter tiefen Stichwunde im Hals verblutet. Die Drosselvene ist unversehrt geblieben, aber die Halsschlagader wurde durchtrennt. Auf dem Unterarm waren mehrere Abwehrverletzungen zu erkennen. Vor der Messerattacke muss ihn jemand mit etwas geschlagen haben, vielleicht mit einem Rohr.«

Was die Waffe betraf, hätte ich sie korrigieren können. Ich war auch nicht ganz sicher, ob man von einer Abwehrverletzung sprechen konnte, wenn er sie sich beim Versuch zugezogen hatte, mich zu erstechen.

»Hat man ihn schon identifiziert?«

»Nein, aber da wird es interessant.«

»Inwiefern?«

»Fingerabdrücke und DNA wurden mit sämtlichen Datenbanken abgeglichen. Kein Treffer, außer bei den unaufgeklärten Fällen.«

»Sag das noch mal.«

»Vor acht oder zehn Jahren wurde an einem Mordschauplatz ein Daumenabdruck sichergestellt. In New York. Irgendein Banker wurde in seinem eigenen Haus getötet. Auch zum rechten Zeigefinger deines Toten gab es eine Übereinstimmung – er war identisch mit einem Abdruck von einem anderen Mord in Nevada, vor vier Jahren. Verschiedene Finger, sodass bis letzte Woche niemand ahnte, dass beide Abdrücke vom selben Mann stammten.«

»Also weiß man nicht, wie er heißt«, fasste ich zusammen. »Aber er kann mit zwei Verbrechen in Verbindung gebracht werden.«

Irgendwie musste ich diese Information in das bisherige Bild einbauen. Wenn seine Abdrücke in keiner amtlichen Datenbank auftauchten, konnte er kein FBI-Agent gewesen sein. Was nicht ausschloss, dass Agent White einen Informanten dafür bezahlt hatte, etwas Inoffizielles für ihn zu erledigen. Aber wenn ich berücksichtigte, dass in Claires leeres Hotelzimmer in Mendocino ungefähr zur selben Zeit eingebrochen worden war wie in ihr Haus in Boston, wurde es wahrscheinlich Zeit, White ein für alle Mal von meiner Liste zu streichen.

»Ein unangenehmer Zeitgenosse«, stellte Cynthia fest. »Vielleicht ist es letztlich nicht schade …«

In diesem Moment öffnete Juliette die Tür und stieg ein.

»Hey, Cynth, ich muss Schluss machen.«

Ich beendete das Gespräch und reichte Juliette ihr Handy. Im Gegenzug gab sie mir einen Kleidersack und mehrere in Papier eingeschlagene Päckchen: eine Hose, ein schickes Hemd, ein Gürtel, Schuhe und Socken. Der Kleidersack enthielt ein Zweiknopf-Jackett. Wir hatten nicht über meine Größen gesprochen, aber wenn sie sich an die Ouroboros-Geschichte aus der zehnten Klasse erinnerte, wunderte mich nicht, dass sie sich meine Schuhgröße gemerkt hatte.

»Stört es dich, wenn ich mich umziehe, während du fährst?«

»Nur zu.«

An der ersten roten Ampel griff sie in ihre Tasche, nahm ein Bündel Zwanziger heraus und legte es neben meinem Bein auf den Sitz.

»Das sind fünfhundert. Mehr konnte ich am Geldautomaten nicht abheben.«

»Ich gebe es dir zurück.«

»Weißt du, was du tun könntest?«

»Nein.«

Die Ampel wurde grün, sie fuhr wieder an.

»Komm einfach mal vorbei. Jederzeit, wirklich. Den Weg kennst du ja.«

»Einfach vorbeikommen.«

»Ja«, sagte sie. »Und falls du deinen Wagen je zurückbekommst, bring ihn mit. Wir könnten einen Ausflug machen.«

Ich sah sie an, um herauszufinden, ob sie Spaß machte. Sie streckte den Arm aus und berührte meinen Ellbogen.

»Zieh das Hemd an. Ich glaube, es steht dir gut.«

Natürlich gab es vor dem städtischen Gefängnis, das gleich gegenüber dem Polizeirevier lag, eine Reihe von Münztelefonen. In meinen neuen Sachen stand ich im Nieselregen, warf Kleingeld aus Juliettes Portemonnaie ein und wählte die Nummer des Morddezernats. Eine Sekretärin meldete sich, ich fragte nach Inspector Chang, nannte ihr meinen Namen und sagte, es sei dringend. Etwas in meiner Stimme musste sie überzeugt haben, jedenfalls hielt sie mich nicht lange hin.

»Ich stelle Sie durch.«

Wieder hörte ich, wie es klingelte, dann nahm Chang ab.

»Crowe?«

»Genau der.«

»Ich hab gehofft, dass Sie anrufen – ehrlich gesagt hatte ich sogar vor, es bei Ihnen zu versuchen.«

»Wie bitte?«

»Wir müssen reden. Sofort.«

»Okay.«

»Wo sind Sie?«

»Direkt vor dem Revier. Drüben beim Gefängnis.«

»Bei den Münztelefonen?«

»Ja.«

»Ich komme runter«, sagte er. »Wir können spazieren gehen. Warten Sie zwei Minuten. Wir müssen uns beeilen, weil ich um zwölf die Stadt verlasse.«

Wir beendeten das Gespräch, ich lehnte mich gegen den Maschendrahtzaun vor dem Gefängnis und wartete. Nach anderthalb Minuten kam Chang im Laufschritt herüber. Er machte den Eindruck eines Mannes, der den Großteil seiner Freizeit mit Laufen oder einem Punchingball verbrachte. Als er mich sah, blieb er überrascht stehen.

»Ist das alles kürzlich passiert?«

»In den letzten Stunden.«

»Sie arbeiten am Gravesend-Fall.«

Es war keine Frage, er rechnete nicht mit einer Antwort. Aber ich nickte.

»Sie kamen gerade vom Grundstück ihrer Mutter, als ich sie befragen wollte.«

»Okay.«

Ich versuchte mich zu erinnern. Nachdem ich Olivia Gravesend das letzte Mal gesehen hatte, war ich zur Carmel Mission und von dort aus weiter zu Georges Haus in Oakland gefahren. Wenn er mich an dem Morgen dort gesehen hatte, war ihm klar gewesen, dass ich ihn über mein Engagement belogen hatte. Aber er hatte sich nichts anmerken lassen. Ich hatte geglaubt, in seinem Gesicht wie in einem offenen Buch lesen zu können. Und mich gründlich geirrt.

»Klar«, sagte er, als könne er meine Gedanken lesen. »Ich wusste Bescheid. Wissen Sie noch, wie Sie mich Ihre DNA-Probe haben nehmen lassen?«

Ich nickte. So etwas vergisst man nicht. Nicht wenn der Kerl, der die Probe nimmt, ein Mordermittler ist und man in einem Verhörraum sitzt.

»Sie sind nicht verdächtig. Nicht die geringste Übereinstimmung. Und ich erzähle Ihnen noch was: Wir haben Hautreste unter Claire Gravesends Fingernägeln gefunden. Die DNA haben wir mit ihrer eigenen verglichen, um sicherzugehen, dass sie sich nicht irgendwie selbst gekratzt hat. Ich habe gerade die Ergebnisse erhalten.«

»Es besteht eine familiäre Beziehung«, sagte ich. »Die DNA stammt von ihrem Vater.«

»Oder ihrem Sohn«, ergänzte Inspector Chang. »Laut Auskunft des Labors ist beides möglich – Vater oder Sohn.«

»Ich glaube nicht, dass sie einen Sohn hatte. Und selbst wenn, er wäre noch ein Kind. Aber ich weiß, dass sie auf der Suche nach ihrem Vater war.«

»Und deshalb müssen wir reden. Weil Sie noch an dem Fall arbeiten, ich aber nicht mehr.«

»Was?«

»Gehen wir ein Stück«, schlug er vor.

Er deutete in die Richtung, die er einschlagen wollte. Wären wir nordwärts über den rissigen Bürgersteig gegangen, hätten wir die Unterführung erreicht und ein bisschen Schutz vor dem Regen gefunden. Aber dort kampierten Gruppen von Männern, und Chang wollte ungestört sein. Also ging er Richtung Osten, durch den Regen. Wenigstens kam er mir so weit entgegen, dass er langsam ging, denn zu mehr wäre ich nicht in der Lage gewesen.

»Die Ansage erhielt ich gestern Abend«, sagte Chang. »Ich habe es von meinem Lieutenant gehört, der es direkt vom Polizeichef hatte. Keine Ahnung, wer ihm das eingeflüstert hat.«

»Welche Ansage?«

»Claire Gravesend hat Selbstmord begangen. Ende der Geschichte. Akte geschlossen. Dann hat mein Lieutenant mir das hier gegeben.«

Er reichte mir ein Blatt Papier, den Ausdruck einer Flugreservierung. Inspector Chang reiste heute Nachmittag nach Anchorage.

»Alaska?«

»Ich soll an einer Befragung in einem Gefängnis teilnehmen. Ein Kerl hat Geständnisse in mehreren Cold Cases angekündigt, die sich hier in der Stadt abgespielt haben.«

»Also kein Zusammenhang mit Claire Gravesend?«

»Überhaupt keiner. Es geht noch nicht mal um meine Fälle.«

»Versuchen Ihre Bosse, Sie von der Sache fernzuhalten?«

»Wenn sie das bezwecken, ist Alaska eine gute Wahl. Ich bin vierundzwanzig Stunden unterwegs.«

»Sie glauben nicht an einen Selbstmord?«

»Nein«, sagte er und blieb stehen. »Ich sage Ihnen etwas. Kennen Sie die NTSB?«

»Die National … was bedeutet es?«

»National Transportation Safety Board. Die Nationale Behörde für Transportsicherheit.«

»Okay.«

»Sie verfügt über jede Menge Experten für Autounfälle und arbeitet mit den Herstellern zusammen. Die Ingenieure führen Statistiken über jeden Autoverkauf im ganzen Land. Man nennt Hersteller und Modell des Wagens und erfährt in allen Einzelheiten, wie das Auto bei einem Unfall reagiert.«

»Wo ist der Zusammenhang?«

»Ich habe jemanden vom NTSB ins Depot kommen lassen, damit er den Wraith untersucht. Außerdem habe ich ihm Claire Gravesends Autopsiebericht gegeben. Er hatte also das Auto zur Verfügung und zusätzlich ihre Maße und ihr Gewicht. Am Ende kam er zu dem Ergebnis, dass es nicht passt.«

»Inwiefern?«

»Sie ist so hart auf den Wagen geprallt, dass sie ihn bis zu den Türgriffen eingedrückt hat.«

»Ja … das hab ich gesehen.«

»Sie wog deutlich unter fünfzig Kilo. Der höchste Ort in

der unmittelbaren Nähe war das Dach – fünfzig Meter hoch. Wenn man ihr Gewicht und die Strecke zugrunde legt, die sie gefallen ist, kann man die Wucht des Aufpralls errechnen. Der Kerl vom NTSB hat gerechnet und gerechnet und sämtliche gesammelten Daten über den Rolls-Royce Wraith herangezogen. Mit einem eindeutigen Ergebnis.«

»Sie hätte keinen solchen Schaden anrichten können?«

»Nicht mal annähernd.«

»Was glauben Sie also?«

»Sie muss etwas dabeigehabt haben, oder? Das ist die einzige plausible Erklärung. Sie hielt etwas fest, als sie auf das Auto gekracht ist. Ihr Gewicht allein hat nicht gereicht. Es muss Claire plus etwas anderes gewesen sein.«

»Woran denken Sie? Dass sie einen Koffer voller Goldbarren dabeihatte?«

»Was immer es war, es muss schwer gewesen sein.«

»Dann glauben Sie, dass derjenige, der sie vom Dach gestoßen hat, diesen Gegenstand haben wollte? Nach ihrem Sturz ist er nach unten gelaufen und hat ihn sich geschnappt?«

»Das ist die einzig mögliche Erklärung«, stellte Chang fest. »Sonst ergeben die Fakten keinen Sinn.«

Wir setzten uns wieder in Bewegung. Zwei Blocks weiter stand ein Taxi. Der Fahrer lehnte rauchend am Kofferraum. In meinem Magen breitete sich eine Eiseskälte aus. Ich war kreuz und quer durchs nördliche Kalifornien gefahren, um irgendwelche Spuren zu verfolgen, hatte die Geschichte aber von Grund auf missverstanden.

»Das ist es, was Sie mir sagen wollten?«, fragte ich Chang.

»Ich habe gehofft, Sie würden der Sache nachgehen. Ich darf es nicht mehr.«

»Okay«, sagte ich.

Chang meine Geschichte zu erzählen und ihm den Fall zu überlassen, kam jetzt nicht mehr infrage. Er war raus. Richtig gut war der Plan sowieso nicht gewesen. Ich war Madeleines beste Chance.

»Machen Sie weiter?«

»Ich bin schon dabei.«

Ich musste weg, musste hier verschwinden. Also winkte ich dem Taxifahrer, der einen letzten Zug nahm und die Zigarette in den Rinnstein schnippte.

»Wir sehen uns, Inspector.«

Wir schüttelten uns die Hand.

»Viel Glück«, sagte er. Ich hörte kaum zu. »Ich helfe Ihnen, wo ich kann. Aber niemand darf davon erfahren.«

»Klar.«

Ich stieg auf die Rückbank des Taxis und zog die Tür zu. Der Fahrer drehte sich zu mir um.

»Turk Street«, sagte ich. »Kennen Sie die Refugio Apartments?«

Die zehn Minuten erschienen mir wie eine Stunde. Schließlich erreichten wir die Turk Street, fuhren an meiner ehemaligen Behausung im Westchester vorbei und hielten vor dem Refugio. Ich bezahlte den Fahrer mit dem Bargeld von Juliette und humpelte über die Straße.

An der Gegensprechanlage drückte ich 1-2-0-1, obwohl ich nicht mal wusste, ob das Ding überhaupt funktionierte.

Neben mir knisterte es im Lautsprecher. Ich versuchte, mich an den Namen der Frau zu erinnern, mit der ich gesprochen hatte. Ihr Gesicht sah ich vor mir. Aber die Prügel im Creekside hatten jede Erinnerung an den Namen ausgelöscht.

»Ja?«

Ich schloss die Augen und stellte mir vor, wie ich an ihrer Tür gestanden hatte. Von drinnen war ein Geruch herausgeströmt. Als hätte jemand vierzig Jahre lang bei geschlossenen Fenstern Zwiebeln gebraten und Gemüse gekocht. Aber auch der Gedanke an die Wohnung triggerte die Erinnerung nicht. Dann fiel es mir ein: Sie hatte sich mir nicht vorgestellt. Ihren Namen hatte ich aus Elijahs Notizen erfahren.

»Ja?«, sagte sie noch einmal.

»Leola Cummings?«

»Das bin ich.«

»Wir haben uns neulich über eine junge Frau unterhalten, die vom Haus gesprungen ist.«

»Ja, ich erinnere mich.«

»Hätten Sie einen Moment Zeit?«

»Ich glaube schon.«

»Wären Sie dann so nett, mir die Tür aufzudrücken?«

Sie antwortete nicht. In der Gegensprechanlage klickte es zweimal. Ich nahm an, sie hätte aufgelegt. Dann aber hörte ich, wie die Türverriegelung sich öffnete. Ich zog am Griff und trat in den Eingangsbereich.

War mir die Taxifahrt von der Bryant Street hierher schon schmerzhaft langsam erschienen, so empfand ich das Treppensteigen jetzt in jeder Hinsicht als Qual. Pro Etage brauchte ich zwei Minuten. Als ich endlich das Dach erreicht hatte, war mir so schwindlig, dass ich mich gegen eine Wand lehnen und die Augen schließen musste, bis mein Puls sich endlich beruhigte. Dann schob ich die Tür auf und trat hinaus in den Regen. Über den mit Abfall übersäten Kies ging ich zur Brüstung an der rechten Seite des Gebäudes.

Direkt unter mir war Claire auf den Wraith geknallt. Aber

ich schaute nicht dorthin, sondern auf die Dächer der niedrigeren Gebäude. Direkt nebenan stand ein Apartmenthaus, nur drei oder vier Stockwerke hoch, gegenüber eine Reihe niedriger Mietshäuser. Die Dächer waren überwiegend flach und mit Kies bedeckt, die Fassaden gingen zur Straße hinaus. Außerdem schienen auf sämtlichen Dächern leere Starkbierflaschen und Fast-Food-Behälter zu liegen, dazu die von Ratten angenagten Überreste toter Tauben, genau wie auf dem Refugio.

Ich war mir nicht ganz sicher, wonach ich eigentlich suchte, bis ich es auf dem Dach gleich gegenüber entdeckte. Dreißig Meter vor mir, mitten auf einem zweigeschossigen Gebäude auf der anderen Straßenseite. Dort auf der Dachpappe mit dem Kies lag ein einsamer hochhackiger Frauenschuh.

Claire hatte, als ich sie gefunden hatte, nur einen Schuh getragen. Der andere war nackt gewesen. Die Polizei hatte an der Fundstelle alles eingepackt. Jeder einzelne persönliche Gegenstand war auf einer Seite des Autopsieberichts aufgeführt gewesen: eine Handtasche, der Schlüssel mit dem Zinnanhänger, das Abendkleid. Eine teure Uhr. Und ein hochhackiger Schuh. Der andere fehlte.

Die Polizei hatte ihn nicht gefunden, weil er sich nicht dort befand, wo er hätte sein sollen. Falls Claire vom Dach der Refugio Apartments gestürzt war, konnte ihr Schuh nicht auf dem Gebäude gegenüber gelandet sein. Ausgeschlossen. Aber auf einmal ergaben die unmöglichen Umstände ihrer Todesnacht einen Sinn. Die zeitliche Abfolge ihrer Reise von Mendocino nach San Francisco; der Umstand, dass sich im Refugio nicht die geringste Spur von ihr fand; das Übermaß an Zerstörung beim Rolls-Royce. Und jetzt der unmögliche Fundort des Schuhs.

Ich sah hinauf in die Wolken.

Claire war nicht mit einem zusätzlichen Gewicht aus relativ geringer Höhe gestürzt, sondern aus sehr großer Höhe. Hoch genug, dass das Gewicht ihres Körpers ausgereicht hatte, um das Auto zu zerstören. In den Refugio Apartments gab es deshalb keine Fingerabdrücke von ihr, weil sie das Gebäude nie betreten hatte. Die Strecke von Mendocino nach San Francisco hatte sie in Rekordzeit zurückgelegt, weil sie nicht auf die Straßen angewiesen war.

Sie war durch die Luft gekommen, mit einem kleinen Flugzeug oder einem Hubschrauber. Und dann hatte man sie hinausgestoßen.

Im Fallen hatte sie den Boden wahrscheinlich nicht gesehen, die Straßenlampen musste sie als diffuses oranges Leuchten wahrgenommen haben. Auf diesen Punkt war alles zugelaufen, auf die letzten Sekunden, die sie in ihren Träumen wieder und wieder vorweggenommen hatte. Sicher hatte sie geschrien und mit den Armen um sich geschlagen, um vor dem Aufprall aufzuwachen. Sicher hatte sie auf eine zweite Chance gehofft. Auf eine sanfte Landung zwischen schweißnassen Laken, schnell und schwer in ihre Kissen atmend, ihr Herz flatternd wie ein verwundeter Vogel.

Das einzige Glück bestand darin, dass ihr Ende schnell gekommen war. Als wäre ein Schalter umgelegt worden. Kein Schmerz, keine Angst. Nur die ewige Dunkelheit.

27

Ich ging den ganzen Weg bis zur BART-Station Powell Street, bis ich ein funktionierendes Münztelefon fand. Weil es kein Telefonbuch gab, musste ich bei der Vermittlung die Nummer von A-Star Appliance an der Mission Street erfragen. Dann rief ich den Laden an, bekam Elijahs Onkel an den Apparat und erfuhr, dass Elijah nicht da war – wenig überraschend, weil er im Laderaum eines Lieferwagens auf der Baker Street saß und in meinem Auftrag Claire Gravesends Haus im Auge behielt. Nach einigem Hin und Her war der Onkel bereit, mir Elijahs Mobilnummer zu geben.

Er meldete sich beim ersten Klingeln.

»Ja.«

»Hier ist Crowe.«

»Du rufst jedes Mal von einer anderen Nummer an.«

»Es hat ein paar Komplikationen gegeben«, sagte ich. »Irgendwelche Probleme im Haus?«

»Heute Morgen um sechs hat ein Kerl am Eingang geklingelt. Als sich nichts geregt hat, ist er wieder gegangen. Unten am Hügel wartete ein Auto. Er stieg ein, sie fuhren los.«

»Bist du ihm gefolgt?«

»Nein, Mann. Er hat schließlich nur geklingelt. Wenn ich ihm gefolgt wäre, hätte ich das Haus unbewacht gelassen. Er hat nichts Verdächtiges getan.«

»Okay«, sagte ich. »Gut gemacht. Wie sah er aus?«

»Ein Weißer. Gut eins achtzig, Bürstenschnitt.«

»Blond?«

»Ja.«

»Bist du noch im Wagen?«

»Ja.«

»Neuer Plan, doppelte Bezahlung: Kannst du mich um zwölf an der Ecke 8th und Market abholen?«

»Soll ich die Drohne reinholen oder an Ort und Stelle lassen?«

»Bring sie mit.«

Ich legte auf, stieg die Treppe hinunter und nahm eine Bahn zum Civic Center. Ich musste nach Informationen über die Flugsicherung suchen. Sicher waren irgendwelche Leute dafür zuständig, den Überblick über sämtliche Objekte am Himmel zu behalten und deren Daten aufzuzeichnen. Ich musste nur wissen, wer diese Leute waren und wo sie arbeiteten. Ohne Telefon war ich auf den altmodischen Weg angewiesen und ging vom Bahnhof geradewegs zur Bibliothek. Eine halbe Stunde später wusste ich Bescheid: Elijah und ich würden nach Rancho Cordova in der Nähe von Sacramento fahren. Auf dem Weg dorthin musste ich mir eine anständige Geschichte zurechtlegen. Plausibel genug, um mir Zugang zu einer gesicherten staatlichen Einrichtung zu verschaffen, und gleichzeitig so beeindruckend, dass die Leute, die dort arbeiteten, gar nicht anders konnten, als mir zu helfen. Für bürokratischen Bockmist hatte ich keine Zeit. Ich brauchte Hilfe, und zwar sofort.

Um eine Minute nach zwölf kam ein ramponierter A-Star-Appliance-Lieferwagen vor mir zum Halten. Ich stieg ein und warf einen Blick auf die Ladefläche, die mit einem Schlafsack, zwei Videomonitoren, einer Kühlbox und einem Kopfhörer mit direkter Verbindung zu einem Richtmikrofon ausgestattet war.

»Hast du in der Box noch etwas zu essen?«

»Nur Red Bull.«

»Lass uns bei einem Drive-Through halten, wenn wir aus der Stadt raus sind.«

Er musterte mich von oben bis unten. Falls mein Anblick ihn zweifeln ließ, ob er die richtige Entscheidung getroffen hatte, behielt er es für sich.

»Bist du sicher, dass du essen kannst?«

»Ich versuche es.«

»Wohin fahren wir?«

»NorCal TRACON«, sagte ich. »In Rancho Cordova, nicht weit von Sacramento.«

»Rancho Cordova – wo die ganzen Autofriedhöfe sind. Was bedeutet Track'em?«

»TRACON. Radar. Die Flugsicherheit für den größten Teil von Nordkalifornien.«

»Geht es um die Frau, die gesprungen ist? Oder arbeiten wir jetzt an einem anderen Fall?«

Ich erzählte ihm alles. Von jetzt an war ich auf seine Hilfe angewiesen, also war es nur fair, ihn entscheiden zu lassen, bis zu welchem Punkt er mitziehen wollte. Die Geschichte war länger als die, die ich Juliette erzählt hatte, denn inzwischen waren neue Fakten dazugekommen: der NTSB-Bericht über die Schäden am Wraith und der hochhackige Schuh, den ich vom Dach des Refugio aus entdeckt hatte.

Als ich fertig war, lagen Oakland und Richmond hinter uns. Auf dem Weg Richtung Vacaville ließ Elijah sich alles durch den Kopf gehen. Dann nickte er knapp. Er war so lange mit der Observierung beschäftigt gewesen, dass ihm ein Kinnbart zu wachsen begann.

»Die Flugsicherung ergibt Sinn.«

»Meinst du?«

»Sie muss aus einem Flugzeug gefallen sein«, erklärte Elijah. »Dein Freund Chang hat gut kombiniert, aber er wusste nichts von dem Schuh auf dem anderen Dach.«

»Sie wurde um zwei oder drei Uhr morgens in Mendocino gesehen. Davon wusste er auch nichts.«

Ohne die rechte Hand vom Steuer zu nehmen, deutete Elijah auf mehrere Fast-Food-Läden an einer Überführung.

»Was meinst du?«

»Gute Idee.«

In der Schlange vor dem Schalter borgte ich mir Elijahs Handy und rief Olivia Gravesend an. Dreimal verwählte ich mich, erst im vierten Versuch bekam ich die Nummer richtig hin.

»Hier bei Gravesend.«

»Mr Richards«, sagte ich. »Hier ist Crowe.«

»Neuer Tag, neues Telefon. Wir haben länger nichts von Ihnen gehört.«

»Ich bleibe gern in Bewegung. Könnten Sie Mrs Gravesend an den Apparat holen?«

»Einen Moment bitte.«

»Natürlich.«

Elijah stieß mich mit dem Ellbogen an, ich sah hoch. Wir hatten den Schalter erreicht. Eine junge Frau beugte sich heraus, sah Elijah an, sprach aber über ihr Headset mit jemand anderem. Ich reichte Elijah einen Zwanziger.

»Crowe?«

»Guten Tag«, sagte ich. »Es tut mir leid, dass ich mich nicht früher melden konnte.«

»Hatten Sie Schwierigkeiten?«

»Ja und nein.«

»Fangen Sie mit den Schwierigkeiten an.«

»In meine Wohnung wurde eingebrochen, mein Büro ist verwüstet. Ich bin mein Auto, mein Portemonnaie, meinen Computer und mein Handy los«, sagte ich. Auch die Zwillingsschwester ihrer toten Tochter hatte ich verloren, war aber noch nicht bereit, darüber zu sprechen. »Jemand hat versucht, mir den Schädel einzuschlagen, und mehrmals auf mich geschossen. Ich musste morgens um drei meine Ex-Frau anrufen und mir Geld von ihr leihen, um Kleidung ohne Blutflecken zu kaufen.«

»Okay«, sagte Olivia. »Das klingt, als kämen Sie voran.«

»So sehe ich das auch. Ich werde Sie dann persönlich informieren. Im Moment will ich Sie um einen Gefallen bitten.«

»Welchen Gefallen?«

»Sie müssten Ihren Einfluss ein bisschen spielen lassen.«

»Was soll ich tun?«

»Kennen Sie jemanden bei der Federal Aviation Administration?«

»Nein.«

»Und bei Homeland Security?«

»Ich schlage vor, Sie sagen mir einfach, was Sie brauchen. Dann sage ich, was ich Ihnen anbieten kann.«

»Ich brauche Zugang zu einer Flugsicherheitseinrichtung.«

Das folgende Schweigen dauerte nicht lange.

»Lassen Sie mich eine Freundin anrufen«, sagte Olivia. »Erklären Sie mir genau, was sie für Sie tun kann – ich habe den Stift in der Hand.«

»Wir fahren zu NorCal TRACON. Jemand muss mich reinlassen und mich die Radardaten der letzten Woche sehen lassen, soweit sie San Francisco betreffen. Ich brauche Flugstrecken, Flughöhen und die dazugehörigen Zeitstempel. Dann muss ich alles mit einem Stadtplan abgleichen können.«

»Und?«

»Wir kommen mit einem Lieferwagen von A-Star Appliance ...«

»Wir?«

»Mein Kollege Elijah und ich. Wir werden in einer Stunde dort sein.«

»Dann mache ich den Anruf jetzt gleich«, sagte sie. »Falls es Probleme gibt, melde ich mich bei Ihnen.«

»Einen Moment, Mrs Gravesend.«

»Ja?«

»Sie müssen mir den Namen Ihrer Freundin nicht verraten. Sagen Sie mir einfach, dass sie nicht fürs FBI, das SFPD oder das Büro des Bürgermeisters arbeitet. Und dass ich sie nicht persönlich kenne.«

Die Liste der Menschen, denen ich nicht vertraute, wurde immer länger, aber die wichtigsten hatte ich ihr genannt.

»Wenn Sie diese Person kennen würden, hätten Sie sie mit Sicherheit selbst angerufen.«

Sie beendete das Gespräch. Ich legte Elijahs Handy aufs Armaturenbrett, sodass ich bei einem Rückruf das Aufleuchten des Displays sehen würde. Aber es blieb die nächste Stunde über dunkel. Dann erreichten wir Rancho Cordova.

Die Radarstation lag am Rand eines Sumpfgebiets, eingezwängt zwischen den Start- und Landebahnen von Mathers Field und einer Ansammlung von Autofriedhöfen und Outdoor-Schießplätzen. Elijah hielt am Wachhäuschen und kurbelte sein Fenster herunter.

Der Wächter stand auf und trat ein Stück heraus.

»Mr Crowe?«

»Das bin ich.«

»Der Direktor erwartet Sie«, sagte er. »Fahren Sie einfach am Haupteingang vor. Sie können einen VIP-Parkplatz nehmen. Er holt Sie dann ab.«

»Okay.«

»Stecken Sie die hier an.«

Er reichte zwei laminierte Besucherausweise durchs Fenster, streckte den Arm ins Häuschen und ließ die Schranke hochgehen. Elijah schloss sein Fenster und fuhr hindurch.

»Die Dame muss ein paar gute Freunde haben«, stellte er fest.

»Sie weiß, wie sie ihr Geld richtig einsetzt.«

»Hier sieht's aus wie in Fort Knox.«

Ich deutete mit dem Kopf Richtung Hauptgebäude. Neben dem gläsernen Eingang stand ein Mann in marineblauem Anzug. Zur Begrüßung hob er die Hand. Elijah parkte und stellte den Motor ab.

»Also los«, sagte ich.

Wir stiegen aus und begrüßten den Direktor von NorCal TRACOM. Als er mein verpflastertes Gesicht sah, zögerte er, wenn auch nur für eine Sekunde. Dann streckte er beide Arme aus und schüttelte mir die Hand.

»Mr Crowe?«, sagte er. »Es ist mir ein Vergnügen. Ich bin Warren Reese. Lassen Sie uns in mein Büro gehen. An meinem Terminal kann ich Ihnen alles zeigen, was Sie brauchen. Wenn ich es richtig verstanden habe, geht es Ihnen um Flugdaten der letzten Woche?«

»Genau«, sagte ich. »Vielen Dank.«

Er führte uns ins Gebäude. An Metalldetektoren vorbei betraten wir den Eingangsbereich aus Marmor und Beton, dann ging es direkt ins Herz des Gebäudes, in einen großen kreisrunden Raum mit Arbeitsplätzen, die wie die Speichen eines Rads angeordnet waren. Es sah aus wie der Kontrollraum in Houston, nur dass die Menschen hier jedem Flugzeug in Nordkalifornien den Weg wiesen, das sich nicht im unmittelbaren Kontrollbereich eines Flughafens befand. Wir durchquerten den Raum und gingen eine Metalltreppe hoch zu einem verglasten Büro mit Blick auf die darunterliegende Etage.

Der Direktor lud uns mit einer Handbewegung ein, auf den Stühlen gegenüber seinem Schreibtisch Platz zu nehmen, dann setzte er sich selbst und zog sich eine Tastatur heran.

»Ich suche nach einem kleinen Flugzeug, das am Dienstagmorgen über San Francisco unterwegs war. Irgendwann zwischen 2 Uhr und 4:30 Uhr.

»Kein Problem«, sagte er. »Um die Zeit ist nicht viel los.«

»Wahrscheinlich ist es aus nördlicher Richtung gekommen.«

»Das grenzt die Suche noch weiter ein.«

Seine Finger flogen über die Tastatur. Die Bildschirme sah ich nur als Reflexion in seinen Brillengläsern. Ungefähr eine Minute lang ging er Dateien und archivierte Flugstrecken durch, dann drehte er einen Bildschirm zu uns hin.

»Das ist ein Hubschrauber«, sagte er. »Sie können hier die genaue Strecke verfolgen. Er ist nördlich von Mendocino gestartet. Offenbar von einem privaten Flugfeld, denn dort gibt es keinen Flughafen. Dann ist er südlich geflogen, über Marin und knapp westlich am Golden Gate vorbei. Um 3:49 Uhr hat er die Stadtgrenze von San Francisco erreicht. Ist es der Flug, den Sie suchen?«

»Können Sie noch näher heranzoomen?«, fragte ich. »Damit ich genau sehe, wo er über die Stadt geflogen ist?«

»Sicher.«

Er klickte mit seiner Maus und zoomte näher heran. Die unter die Flugstrecke projizierte Karte zeigte keine Straßen, aber ich kannte das Gelände gut genug. Der Hubschrauber hatte unmittelbar westlich des Presidio das Stadtgebiet erreicht und China Beach, den Richmond District und den Golden Gate Park überflogen. Vor dem Mount Sutro war er scharf Richtung Nordost geschwenkt, hatte ein paar enge Kreise gezogen und seinen Weg über Lower Haight und Hayes Valley fortgesetzt. Dann hatte er auf geradem Weg den Tenderloin überflogen und war wieder Richtung Süden verschwunden.

»Was ist an dieser Stelle passiert?«, fragte ich und deutete auf den Monitor.

Achselzuckend schob Reese seine Brille hoch.

»Vielleicht hat der Pilot heißen Kaffee über seine Hose geschüttet.«

»Vielleicht«, sagte ich. »Können Sie seine Höhe feststellen?«

»Wo genau?«

»Hier«, sagte ich und berührte den Bildschirm an der Stelle, wo die Flugbahn den Tenderloin überquerte.

Er klickte auf die Linie, ein Fenster öffnete sich.

»Zweitausend Fuß. Bei einer Geschwindigkeit von neunzig Knoten.«

Ich sah auf den Bildschirm.

»Ist das seine Registrierung?«

»Sein Luftfahrzeugkennzeichen, ja.«

»Können Sie nachsehen, wem der Hubschrauber gehört?«

»Kein Problem.«

Wieder tippte er auf der Tastatur herum und arbeitete an einem Bildschirm, den ich nicht im Blick hatte. Elijah hatte schon einen Stift aus der Tasche gezogen. Er öffnete sein

Portemonnaie, nahm eine Quittung heraus und reichte sie mir zusammen mit dem Stift. Ich notierte das Kennzeichen und sah auf, als der Direktor wieder das Wort ergriff.

»Creekside Management LLC.«

»Gottverdammt.«

»Wie bitte?«

»Nichts … nur wieder eine Sackgasse.«

»Ich könnte das Formular 8050 aufrufen, das bei der FFA eingereicht wurde«, sagte der Mann.

»Wie bitte?«

»8050. Sie können in den Vereinigten Staaten nur dann ein Luftfahrzeug registrieren, wenn bestimmte Anforderungen an den Wohnsitz erfüllt sind. Und das muss man mit seiner Unterschrift bestätigen.«

»Und dieses Formular können Sie einsehen?«

»Kein Problem«, sagte er. »Nur nicht von diesem Schreibtisch aus. Würden Sie einen Moment auf mich warten?«

»Klar doch.«

Er stand auf, verließ das Büro und ging mit schnellen Schritten die Metalltreppe hinunter. Elijah und ich traten an die Fenster heran und sahen, wie er den Kontrollraum durchquerte und in einem breiten Gang verschwand.

»Der Kerl legt sich ins Zeug«, stellte Elijah fest. »Er will dich wirklich beeindrucken.«

»Eher denjenigen, der ihn angerufen und ihm Druck gemacht hat.«

Wir beobachteten die großen Monitore im Zentrum des Kontrollraums. Flugzeuge, die den Himmel über der nördlichen Hälfte des Staats durchschnitten, die sich in Warteschleifen einreihten, um in San Francisco, Oakland oder auf der Beale Air Force Base zu landen.

Dann tauchte der Direktor wieder aus dem Gang auf. Mit einem gefalteten Blatt Papier in der rechten Hand stieg er die Treppe hinauf und öffnete die Tür.

»Ich weiß nicht, ob Ihnen das weiterhilft«, sagte er. »Das Formular wurde vom Anwalt der Firma unterschrieben. Sein Name steht auf dem Dokument.«

»Wie heißt er?«

Er streckte mir das Blatt entgegen.

»Jim Gardner.«

28

Vielleicht sollte ich ein oder zwei Worte über Jim Gardner verlieren. Ich war ihm in meinem ersten Jahr an der juristischen Fakultät begegnet, bei einem Bewerbungsgespräch direkt in der Boalt Hall, in Berkeley. Damals war ich in solchen Dingen noch völlig unerfahren. Ich trug einen geliehenen Anzug, eine defekte Armbanduhr und hatte Schulden. Als ich Jim anschaute, sah ich Macht. Ich verschwendete keinen Gedanken daran, woher diese Macht kam. Was mich interessierte, war nur, dass er sie hatte, nicht, wie er sie erlangt und über Jahre hinweg behalten hatte. Wenn es mir gelang, ihn zu beeindrucken, würde er mir vielleicht ein winziges Stück dieser Macht übertragen.

Im tiefsten Inneren ist Jim ein Prozessanwalt. Damit will ich sagen, dass er aus dem Moment heraus handelt und im Gerichtssaal ganz in seinem Element ist. Er agiert instinktiv, ohne langes Nachdenken. Aber er kennt seine Grenzen. Jim heuert scharenweise Mitarbeiter an, die seine Schriftsätze verfassen, ein Dutzend Assistenten kümmern sich um die Beweismittel, seine Sekretärin plant ihm den Tag durch – bis hin zur Bestellung des Mittagessens und der besten Route für seinen Chauffeur.

Während sein eigener Schwerpunkt auf dem Gerichtssaal lag, hatte er sich im Lauf der Jahre ein Team mit anderen Fähigkeiten zusammengestellt. Eine dieser Spezialitäten war das Steuerrecht, wodurch er seiner Klientenliste nach und nach jeden Mogul, Magnaten, Titan und Rockstar nördlich von Tijuana hinzufügen konnte. Und nicht wenige auch südlich davon. Sein Anwaltsteam wühlt sich durch die Finanzen der

Klienten und strukturiert sie neu. Es gründet gemeinnützige Unternehmen und fingierte Wohltätigkeitsorganisationen und sucht nach Wegen, das Geld offshore und zurück zu transferieren. Jim steht in dem Ruf, wegzuschauen und bestimmte Fragen nicht zu stellen. Er lässt die Ergebnisse für sich sprechen. Im engen Kreis derer, die er als Kundschaft im Visier hat, sprechen seine Erfolge sich schnell herum. Damit will ich nur sagen, dass ich weder hyperventilierte noch in Ohnmacht fiel, als ich Jim Gardners Namen auf dem Formular entdeckte.

Jims Geschäftsmodell besteht darin, reiche Leute zu betreuen. In den letzten vierundzwanzig Stunden war mir deutlich geworden, dass der Mann, der hinter Claire Gravesends Tod steckte, ziemlich reich sein musste. Wenn er hinter der Firma stand, auf die ich in den Grundbesitzunterlagen gestoßen war, besaß er ein Stück von Nordkalifornien in der Größe San Franciscos. Er verfügte über einen Wagen mit Chauffeur und einen zweiturbinigen Hubschrauber. Falls George richtiglag, war er in der Lage, einen südkoreanischen Top-Wissenschaftler vom Erdboden verschwinden zu lassen. Ein Anruf von ihm, und das SFPD stellte eine Ermittlung ein. Ich wusste weder, wer er war, noch, was er vorhatte.

Aber ich kannte den Mann, der mir auf die Sprünge helfen würde.

Auf dem Rückweg nach San Francisco griff ich zum Handy. Natürlich war mir klar, dass ich ein Risiko einging. Rosemary Townsend war schon ihr ganzes Erwachsenenleben lang Jims Sekretärin. Loyalität war ihre oberste Priorität, gleich gefolgt von Diskretion. Ich musste sie auf dem richtigen Fuß erwischen, damit Jim nicht erfuhr, was ich von ihm wollte. Ihn zu überraschen, war die aussichtsreichere Option. Jim wollte nicht mit mir sprechen und würde gegen die Fragen, die ich ihm stellen wollte, einiges einzuwenden haben. Er hatte mehr Feinde als all seine Klienten zusammen. Als Konsequenz daraus war er vorsichtig. Er umgab sich mit mehreren Wällen von Sicherheitsmaßnahmen bis hin zur offiziellen Erlaubnis zum verdeckten Tragen einer Waffe. Seine .40er Automatik trug er mit Ausnahme des Gerichtssaals überall bei sich.

Das Telefon läutete noch immer. Rosemary musste an Jims Schreibtisch gesessen und seinen Kalender handschriftlich auf den neuesten Stand gebracht haben. Beim siebten Klingelton nahm sie ab.

»Büro Mr Gardner.«

»Rosie – wie geht es Ihnen?«

»Lee?«

»Genau der«, sagte ich. »Ist Jim im Haus?«

»Ja, aber er ist in einem Meeting.«

Natürlich. Jims Leben spielte sich in Meetings ab, weil er weder das Telefonieren noch das Schreiben von E-Mails schätzte. Rosemary verbrachte den größten Teil ihres Arbeitstags damit, eine Folge eng getakteter Audienzen zu organisieren. Jim und ein Klient; Jim und ein Zeuge; Jim und ein von der Liste gestrichener Anwalt, der inzwischen Privatdetektiv war.

»Wissen Sie, wann er nach Hause will?«, fragte ich. »Ich sollte bei ihm vorbeischauen und ihm die Akte über Natasha zeigen, aber ich hab die Uhrzeit vergessen.«

»Davon habe ich in seinem Kalender nichts gesehen.«

»Ich hab für ihn an einer Sache gearbeitet – wahrscheinlich ist es eher ein persönliches Projekt. Vielleicht hätte ich ihren Namen gar nicht erwähnen sollen.«

Der Name Natasha war erfunden. Er klang nach dem Typ Frau, mit dem Jim sich zunächst einließ, nur um sie nach einer Weile wieder davonzujagen. Meine Andeutungen klangen glaubhaft, weil so etwas nicht zum ersten Mal passiert wäre.

»Schon gut«, versicherte Rosemary. »Ich sage kein Wort. Er dürfte gegen acht zu Hause sein.

»In der Eigentumswohnung?«

»Nein ... Er arbeitet morgen von zu Hause aus.«

»Dann fährt er zum Skyline Boulevard?«

»Genau.«

»Danke, Rosie.«

»Sagen Sie nicht, dass Sie es von mir haben – ich sage auch nichts.«

Wir legten auf. Während der nächsten fünfzehn Kilometer überlegte ich, wie ich weiter vorgehen sollte. Dann nahm ich das Handy und rief Olivia Gravesend an. Wieder einmal musste ich die kühle Begrüßung des Butlers über mich ergehen lassen, dann reichte er mich an Olivia weiter.

»Mr Crowe?«

»Ich habe jetzt eine vielversprechende Spur«, erklärte ich. »Deswegen wollte ich fragen, ob ich mir Mr Richards für heute Abend ausborgen könnte.«

»Sie hatten ihn doch gerade am Apparat.«

»Ich dachte, wenn Sie ihn bitten, stehen die Chancen vielleicht besser.«

»Was genau soll ich ihm sagen?«

»Er soll ein Auto besorgen – ein großes – und mich um halb acht abholen.«

»Wo?«

»Am Saratoga-Gap-Parkplatz, gleich am Skyline Boulevard. Und er soll den Kofferraum mit Plastikfolie auslegen.«

»Und?«

»Und um zehn ist er wieder zurück.«

»Bekomme ich dann ein paar Antworten?«

»Ich hoffe, wir alle bekommen sie.«

»Also gut, Crowe«, sagte sie. »Ich schicke ihn los.«

Der Skyline Boulevard folgte dem bewaldeten Rückgrat der Halbinsel – kilometerweit Biegungen, Haarnadelkurven und Möglichkeiten, an den Straßenrand zu fahren und einen Blick auf die tiefer liegenden Städte zu werfen. San Mateo, Menlo Park und Palo Alto – die Art Orte, in denen Leute wie ich nichts zu suchen hatten, bis etwas schieflief. Dann war ich willkommen, ich musste nur daran denken, den Wagen in einiger Entfernung abzustellen und am Dienstboteneingang zu klingeln.

An der Kreuzung mit dem Highway 9, der auf seiner bogenförmigen Route von San Jose nach Santa Cruz dort die Berge überquerte, gab es eine freie Fläche – den Ausgangspunkt einer Wanderroute mit einem Parkplatz für zwanzig bis dreißig Autos.

»Zehn Dollar, dass er das ist«, sagte Elijah.

Er reckte das Kinn in Richtung eines silbergrauen Jaguar, der am hinteren Ende des Parkplatzes stand. Ein weißhaariger Mann saß am Steuer, beide Hände auf dem Lenkrad.

»Das ist er«, sagte ich. »Halt neben ihm.«

Wir stiegen aus dem Lieferwagen und setzten uns auf die Rückbank des Jaguar. Dann erläuterte ich meinen Plan. Mr Richards hörte sich alles an und nickte an den richtigen Stellen. Er stellte keine Fragen, bis ich fertig war, und auch dann nur eine einzige.

»Hat James Gardner unsere Claire getötet?«

»Nein«, sagte ich. »Aber er weiß, wer es war.«

»Das reicht mir.«

Ich sah Elijah an. Er hatte vor zehn Minuten bei der Arbeit angerufen und laut hustend erklärt, warum er absagen müsse. Wäre es nur ums Geld gegangen, hätte er nicht lange überlegt. Ich hatte ihm für einige Stunden Arbeit zwei Monatsgehälter angeboten. Aber er musste auch die Konsequenzen bedenken. Fünftausend Dollar für fünf Stunden waren das eine. Wenn man mindestens zwanzig Jahre Haft für einen schweren Fall von Entführung einkalkulierte, sah das Ganze möglicherweise anders aus.

»Mir auch«, sagte er. »Alles cool.«

»Dann sehe ich euch ungefähr in einer halben Stunde.«

Mr Richards zog den Hemdsärmel hoch und sah auf seine Armbanduhr.

»Um fünf nach acht.«

»Auf die Sekunde«, sagte Elijah.

»Mehr oder weniger. Das ist kein militärischer Einsatz«, sagte ich.

Ich stieg aus und öffnete die seitliche Schiebetür des Lieferwagens. Dann schnappte ich mir den schwarzen Kissenbezug mit der Ausrüstung, die Elijah und ich zusammengestellt hatten, warf ihn mir über die Schulter, schloss die Tür und machte mich auf den Weg.

Zuerst zog sich der Wanderweg dicht am Kamm des Höhenzugs entlang, bis er schließlich abwärts führte. Anfangs ging ich durch feuchtes goldenes Gras, dann unter moosbewachsenen Eichen und niedrigen Lorbeerbäumen hindurch. Weiter vorn führte der Weg noch tiefer hinab und wurde schattiger. Meine neuen Schuhe mit den glatten Ledersohlen waren dafür nicht gemacht. Zweimal rutschte ich auf feuchten Felsstücken aus und landete schmerzhaft auf dem Boden. Vielleicht lag es nicht nur an den Schuhen. Nach den Prügeln im Creekside hatte ich immer noch Probleme mit dem Gleichgewicht.

Als ich noch ein Stück weiter in den Schatten der höheren Bäume vordrang, war von den Straßengeräuschen nichts mehr zu hören. Als wäre alles außer dem Wald verschwunden. Ich hörte das Rauschen des Windes. Irgendwo weiter oben, wo die Bäume lichter wurden und einer Wiese Platz machten, sang eine Spottdrossel sich für die Nacht ein. Ihr Gesang begleitete mich die nächsten anderthalb Kilometer.

Der Weg hatte mich in eine Senke geführt. Ich erreichte das Ende des kleinen Tals, wo zwei Höhenzüge aufeinandertrafen wie in der zarten Kurve zwischen zwei Fingern. Dort blieb ich stehen und zog Elijahs Handy aus der Tasche. Ich rief ein Satellitenbild auf und checkte meine Position. Die Stelle war genau richtig. Wenn ich mich den Hang hinauf durchs Unterholz schlug, würde ich nach vierhundert Metern von öffentlichem auf privaten Grund gelangen. Auf Jims Waldstück.

Ich schloss die App und rief Mr Richards an. Elijah antwortete sofort.

»Wie sieht's aus?«, fragte ich.

»Sind jetzt im Anflug.«

Er saß auf der Ladefläche des Lieferwagens, steuerte die Drohne und betrachtete auf den kleinen Flachbildschirmen die Aufnahmen ihrer Kamera.

»Das Tor ist zu«, sagte er. »Ich fliege jetzt über die Zufahrt – sieht aus, als würde sie in einem Wendekreis enden.«

»Irgendwelche Autos?«

»Draußen nicht. Aber es gibt eine Garage.«

Das bedeutete, das Margot und Elaine über Nacht nicht zu

Hause sein würden. Jims Sekretärin hatte mir verraten, dass Jim vorhatte, morgen früh zu Hause zu arbeiten. Diese beiden Fakten hätten mir etwas verraten sollen, aber ich stellte die Verbindung nicht her. Ansonsten hätte ich meinen Plan vielleicht geändert oder die ganze Sache abgeblasen. Ich hatte eine baseballgroße Beule am Kopf und war noch zittrig von den Medikamenten, die Juliette mir gegeben hatte. Hätte ich Schach gegen den Tod gespielt, wäre ich in drei Zügen matt gewesen. Das einzig Gute war, dass beim Schach Regeln galten, im richtigen Leben nicht. Abgesehen davon habe ich immer schon ein flexibles Verhältnis zu Regeln gehabt.

»Ich fliege ums Haus herum und schaue durch die Fenster«, kündigte Elijah an.

»Mach das.«

Ich nahm den Kissenbezug von der Schulter und fing an zu klettern. Alle zwanzig Meter musste ich zum Atemholen stehen bleiben. Als ich Elijahs Stimme hörte, nahm ich das Handy wieder ans Ohr.

»Ich konnte nichts sehen – im ganzen Haus ist es dunkel.«

»Okay. Ich komme jetzt rauf. Haltet euch bereit.«

Ich legte auf und sah auf die Uhr. Zehn vor acht. Jim hasste Überpünktlichkeit so sehr wie Verspätungen, ich konnte also darauf rechnen, dass sein Fahrer ihn in zehn Minuten am Haus absetzen würde. Um dort zu sein, wenn er ankam, musste ich mich beeilen. Ich öffnete den Kissenbezug und wühlte darin herum, bis ich die schwarze Skimaske fand. Ich zog sie mir über den Kopf und sorgte dafür, dass die Löcher exakt über meinen Augen lagen. Dann setzte ich meinen Anstieg fort.

29

Um drei Minuten vor acht wurde der Anstieg flacher. Als ich zwischen den Bäumen hervortrat, sah ich die Betonpfeiler, die den hinteren Teil von Jims Haus stützten. Ich trat unter die großzügige rückwärtige Terrasse, ging dann seitlich ums Haus herum. Als ich die Vorderseite erreicht hatte, sah ich zum grauen Himmel und zu den Ästen der Bäume hoch. Es dauerte einen Moment, bis ich die Drohne entdeckte. Ich hätte sie niemals bemerkt, wenn ich nicht nach ihr gesucht hätte. Sie schwebte in dreißig Metern Höhe hinter einem Vorhang aus jüngeren Mammutbäumen.

Ich ging zu der Baumgruppe hinüber, kniete mich auf die weiche rote Erdschicht und öffnete den Kissenbezug noch einmal. Er enthielt die Grundausstattung für eine Entführung. Einen hochwirksamen Taser in der Größe eines Elektrorasierers, der auf Knopfdruck einen lähmenden Stromstoß abgab. In der Annahme, dass er Jim außer Gefecht setzen würde, hatte ich außerdem Klebeband mitgebracht. Nach meinen Erfahrungen in Laytonville wollte ich keine Risiken eingehen. Das Klebeband würde ausreichen, um Jim in eine Mumie zu verwandeln. Sobald er den Kissenbezug über dem Kopf hatte und ich ihn um seinen Hals festzog, würde er sich so leicht transportieren lassen wie ein Koffer.

Mir war klar, dass es nicht reichen würde, Jim einen Schrecken einzujagen. Keine noch so fantasievolle Geschichte würde ihn dazu bringen, in Olivia Gravesends Wagen zu steigen. Wenn ich ihn mitnehmen wollte, dann nur gefesselt und geknebelt im Kofferraum. Eine rote Linie, die ich noch nie überschritten hatte. Ich nahm den Taser und hielt den Daumen über den Knopf. Die Anoden wirkten scharf genug, um die Kleidung zu durchdringen und ihre Ladung direkt in die Muskulatur abzugeben. Wenn alles nach Plan lief, würde ich mich leise von hinten nähern und ihm das Ding in den Nacken drücken. Er würde zu Boden gehen, ich hätte seine Schlüssel und die Fernbedienung für die Alarmanlage des Hauses. Damit hätte ich die Situation unter Kontrolle.

Im Kopf ging ich alles noch einmal durch, als sich plötzlich Licht über die Zufahrt ergoss und ich das Geräusch von Reifen auf dem glatten Belag hörte. Ich glaubte, es könne jeden Moment losgehen, aber als der Range Rover zehn Sekunden später im Wendekreis hielt, änderte sich auf einen Schlag alles.

Ich sah, wie Titus auf der Fahrerseite ausstieg und die hintere Tür öffnete. Das war normal. Mit nichts anderem hatte ich gerechnet. Dann aber tauchte ein wohlgeformtes nacktes Bein auf, ein hochhackiger Schuh suchte auf dem Asphalt Halt. Ich sah ein Knie, einen blassen Oberschenkel, dann den Saum eines purpurroten Kleids. Die Frau stand auf und entfernte sich von der Tür. Sie schob sich die roten Haare über die Schulter, machte einen Schritt rückwärts und wartete, bis Jim aus derselben Tür stieg und seinen Arm um ihre Taille legte.

Ich hielt den Taser noch in der Hand, aber mein Griff wurde lockerer. Für diese Situation hatte ich keinen Plan. Jim hätte allein aussteigen, sein Fahrer schnell wieder verschwinden sollen. So war es jedes einzelne Mal gelaufen, wenn ich bei Jim zu Besuch gewesen war. Auf dieses Szenario hatte ich mich vorbereitet, nicht darauf, dieser unbekannten Frau dasselbe anzutun, was ich mit Jim vorhatte. Ich wollte ihr nicht Hunderttausende Volt in den Körper jagen und ihr Herz irgendwelchen Risiken aussetzen. Ich wollte auch nicht mit den Fäusten auf sie losgehen, falls die Elektrizität nicht wie gewünscht funktionierte. Also blieb ich völlig reglos. Ich kniete zwischen den Bäumen und sah zu, wie Titus losfuhr, während Jim mit der Fernbedienung an seinem Schlüsselbund die Alarmanlage deaktivierte. Dann schloss er die Haustür auf, führte die Frau hinein und stieß die Tür mit dem linken Fuß wieder zu.

Ich sah, wie die Tür zufiel und die günstige Gelegenheit verstrich.

Langsam stand ich auf und verstaute die Waffe im Kissenbezug. Bevor ich mich zur Rückseite des Hauses schleichen konnte, spürte ich, dass Elijahs Handy in meiner Tasche vibrierte. Ich zog es heraus und nahm den Anruf an.

»Verdammt«, sagte Elijah. »Wer ist die Lady?«

»Hast du alles gesehen?«

Ich schaute nach oben. Die Drohne stand immer noch direkt über mir. Inzwischen war nur noch das kleine rote Licht an der Seite zu erkennen.

»Klar. Und was jetzt? Hast du einen Plan?«

»Eigentlich nicht.«

»Er ist mit einer Frau im Haus, stimmt's?«, sagte Elijah. »Ungestörter Abend zu zweit. Du musst dafür sorgen, dass er allein herauskommt.«

»Ich kann ja schlecht an der Haustür klingeln.«

Wenn ich das täte, würde er mich über eine Kamera oder durch den Spion sehen. Einem Maskierten würde er niemals die Tür öffnen. Und wenn ich mein Gesicht zeigte, würde er genauso reagieren.

»Warte mal«, sagte Elijah. »Ich hab eine Idee. Schau einfach zu.«

»Und dann?«

»Halt dich bereit.«

Bevor ich etwas erwidern konnte, unterbrach er die Verbindung. Wieder schaute ich nach oben. Die Drohne blieb noch einen Moment an Ort und Stelle, dann schwirrte sie Richtung Süden davon. Elijah holte sie zurück. Im Haus gingen jetzt Lichter an. In den unteren Zimmern, dazu die Außenbeleuchtung. Oben blieb alles dunkel. Soweit ich wusste, lag Jims Schlafzimmer im ersten Stock. Es war die einzige Etage, auf der ich noch nicht gewesen war. Sein Arbeitszimmer war ein verglaster Würfel im zweiten Stock, der ebenfalls im Dunkeln lag. Was mich nicht überraschte, schließlich hatte er Gesellschaft. Er würde sich unten ein bisschen mit ihr unterhalten, bevor er …

In meine Gedanken platzte das Quietschen von Reifen hinein, der lange Hupton eines Autos, dann der Knall von verformtem Metall.

Ich wirbelte herum. Die Zufahrt konnte ich nur teilweise überblicken. Sie stieg in einer Kurve zum Skyline Boulevard hin an. Die Geräusche waren von irgendwo dort oben gekommen, außerhalb meines Blickfelds. Trotzdem war mir klar, was ich gehörte hatte.

Elijah.

Ich drehte mich wieder zum Haus um und sah, wie Jim vor die Tür trat. Er zog sie hinter sich zu und ging mit entschlossenen Schritten die Zufahrt hoch. Sakko und Krawatte hatte er abgelegt. In der rechten Hand hielt er in Hüfthöhe eine halbautomatische Pistole. Er lief keine zwei Meter von meinem Versteck entfernt an mir vorbei. Nahe genug, dass ich das Parfüm der Frau riechen konnte.

Während ich darauf wartete, dass er um die nächste Kurve verschwand, löste ich meine Schnürsenkel, zog die Schuhe aus und packte sie in den Kissenbezug. Dann richtete ich mich auf, den Bezug in der einen, den Taser in der anderen Hand. Im schwindenden Tageslicht folgte ich Jim die Zufahrt hinauf. Auf Socken bewegte ich mich lautlos über den Asphalt.

An der Kurve blieb ich stehen und lauschte.

»Der Kerl ist einfach über die Mittellinie gefahren«, sagte Elijah. »Ich hatte keine Wahl.«

»Du dämliches Arschloch – zeig mir deinen Führerschein.«

»Meinen Führerschein?«

»Genau.«

»Mal langsam, Mann …«

Ich ging noch zehn Schritte. Weiter vorn sah ich das Tor. Es war gut drei Meter hoch und bestand aus Eisenstäben. Elijah hatte den Lieferwagen genau in die Mitte gefahren, wo es sich jetzt nach innen wölbte. Dass es sich dabei nicht geöffnet hatte, sprach für seine solide Konstruktion. Vielleicht hatte Elijah es aber auch nur so hart wie nötig gerammt. Genug, um für Unruhe zu sorgen und im Haus Alarm auszulösen.

»… was hat mein Führerschein damit zu tun? Der Kerl ist einfach auf der falschen Seite gefahren.«

»Du bist derjenige, der mein Tor beschädigt hat. Hast du überhaupt eine Vorstellung davon, was die Reparatur kostet?«

Jim stand fünfzehn Meter weiter, mit dem Rücken zu mir. Ich war in Elijahs Blickfeld, aber er ignorierte mich völlig. Ich ging weiter und stellte mir vor, über Wasser zu gehen, jeder einzelne Schritt so sanft, dass mein Gewicht die Oberflächenspannung nicht durchbrach.

»Ich hab zweihundert Dollar dabei«, sagte Elijah. »Und einen Viking-Herd auf der Ladefläche.«

»Das reicht nicht mal annähernd.«

»Der Herd ist richtig gut. Wenn Sie ihn verkaufen, kriegen Sie locker viertausend.«

Jim machte einen Schritt zur Seite, um an dem deutlich größeren Elijah vorbei einen Blick auf den Wagen werfen zu können.

»A-Star. Da arbeitest du?«

»Ziehen Sie meinen Boss nicht rein, Mann. Er hat nichts damit zu tun. Das ist eine Sache zwischen uns beiden.«

»Willst du deinen Job behalten?«

»Haben Sie sich doch nicht so ...«

»Du glaubst wohl, du kommst so einfach aus dieser Sache raus. Da täuschst du dich gewaltig, mein Junge.«

»Was haben Sie damit vor?« Elijah deutete mit einer Kopfbewegung auf Jims rechte Hand. »Es geht bloß um einen Unfall. Wir sollten es jetzt nicht übertreiben.«

Jim sah auf die Waffe in seiner Hand, als habe er vergessen, dass sie da war. Er schien einen Moment zu überlegen und zu dem Schluss zu gelangen, dass diese Auseinandersetzung keine weitere Eskalation brauchte. Er steckte sie in seinen Hosenbund. Ich war noch drei Meter von ihm entfernt.

»Also gut«, sagte Jim. »Wir wollen es nicht übertreiben. Jetzt lass mich den Führerschein sehen. Das Kennzeichen hat die Kamera schon aufgenommen. Was hast du also zu verlieren?«

»Ernsthaft? Sie wollen mich auf den Arm nehmen.«

»Ich meine es todernst.«

Elijah zog sein Portemonnaie aus der Tasche und blätterte den Inhalt langsam durch. Noch anderthalb Meter. Elijah reichte Jim eine Karte und trat einen Schritt vom Tor zurück.

»Das ist ein Bibliotheksausweis.«

»Aber mein Name steht drauf.«

»Irgendein Name steht drauf.«

Noch ein Meter.

»Jetzt mach schon«, sagte Elijah. »Worauf wartest du?«

Ich drückte Jim den Taser in den Rücken, fest genug, um die Anoden in die Muskulatur neben der Wirbelsäule zu stoßen. Gleichzeitig drückte ich den Knopf. Es gab einen lauten Knall wie bei einer herausspringenden Sicherung. Jim versteifte sich. Ich drückte den Knopf noch einmal, er fiel nach vorn gegen das Tor. Dann zog ich die Pistole aus seinem Hosenbund und schlug ihm mit dem Griff zwischen die Schulterblätter, sodass er endgültig zu Boden ging.

»Verdammt«, sagte Elijah.

Jim lag auf der Seite. Ich stieß ihn mit dem Fuß an, sodass er auf den Bauch rollte. Dann hockte ich mich auf seinen Rücken und drückte seine Hände mit meinen Knien zu Boden. Ich steckte die Pistole in meinen eigenen Hosenbund, nahm die erste Rolle Klebeband, zog seine Hände hinter dem Rücken zusammen und umwickelte sie fünfzehn-, zwanzigmal. Als Jim sich regte, schlug ich ihm gegen den Hinterkopf, was seine Nase unsanft auf dem Asphalt aufschlagen ließ.

»Verdammt.«

»Du könntest mir helfen.«

»Das Tor ist zu.«

»Na prima.«

Als Nächstes fesselte ich Jims Fußgelenke. Als ich damit fertig war, zog ich den Kissenbezug über seinen Kopf und umwickelte ihn am Hals gerade fest genug, damit er an Ort und Stelle blieb. Dann klopfte ich seine Taschen ab und fand seine Schlüssel, sein Portemonnaie und sein Handy. Schließlich stand ich auf und sah mich um. Auf Elijahs Seite des Tors stand eine niedrige Steinsäule mit einer Code-Box und einer

Gegensprechanlage, die ein Fahrer durch das heruntergelassene Fenster erreichen konnte.

»Schau dir seine Schlüssel an«, sagte Elijah. »An der Fernbedienung für die Alarmanlage muss ein Knopf sein.«

Ich fand den richtigen Knopf und drückte ihn. Das Tor schwang im Bogen auf mich zu. Elijah sah das Problem, schlüpfte durch die breiter werdende Öffnung und trabte zu mir herüber. Ich packte Jims Fußgelenke, Elijah seine Schultern, gemeinsam hoben wir ihn an und trugen ihn zur Seite, sodass er vom sich öffnenden Tor nicht getroffen wurde.

»Wir laden ihn besser schnell ein. Früher oder später fährt hier jemand vorbei«, sagte Elijah.

Wir näherten uns dem Lieferwagen, wobei Elijah den größten Teil des Gewichts trug.

»Wir müssen uns noch Gedanken um die Rothaarige machen«, sagte ich. »Wenn sie im Haus bleibt, versaut es den ganzen Plan.«

»Ich hab eine Idee.«

»Wenigstens einer von uns«, sagte ich. »Aber bitte nicht noch mal so etwas wie das hier.«

Wir erreichten den Lieferwagen, Elijah hielt seine Hälfte von Jims Gewicht mit einer Hand und öffnete mit der anderen die Seitentür. Wir bugsierten Jim auf die Ladefläche, wo er ein schwaches Stöhnen ausstieß. Elijah schloss die Tür, dann war es wieder still.

»Du solltest mich eigentlich besser kennen«, sagte er. »Sie bekommt eine nette Heimfahrt in einem schönen Auto mit einem professionellen Butler am Steuer.«

Am Ende funktionierte es genau so. Dreißig Minuten nachdem ich mit einem zunehmend außer sich geratenden Jim im

A-Star-Lieferwagen Richtung Süden aufbrach, fuhr Mr Richards an Jims Haustür vor, klingelte und erklärte der Rothaarigen, Mr Gardner sei zu einem dringenden Termin gerufen worden. Zu einem unvorhergesehenen Notfall. Jetzt sei es an Mr Richards, dem Aushilfschauffeur, die junge Dame zu fahren, wohin auch immer sie wolle. Elijah beobachtete das alles aus seinem Versteck zwischen den Bäumen und hielt mich übers Handy auf dem Laufenden. Als der Butler und die Rothaarige losfuhren, trat er aus seinem Versteck hervor, öffnete die Tür mit Jims Schlüssel und hatte das Haus für sich allein. Wir waren wieder im Geschäft.

30

Wir fuhren nach Süden, Jim wehrte sich gegen das Klebeband. Er hatte weder mein Gesicht gesehen, noch hatte ich mit ihm gesprochen. Als wir durch die Knoblauchfelder bei Gilroy fuhren, ließ ich das Fenster herunter. Nachtluft drang in den Wagen, kühl und feucht und duftend wie ein Keller voller Zwiebeln.

»Carl?«, fragte Jim. »Das bist du, stimmt's?«

Ich drehte das Fenster hoch, um ihn besser zu verstehen.

»Falls es um dieses Treuhandkonto geht: Kein Problem. Das kriege ich wieder hin.«

Ich hielt den Mund.

Auf dem Seitenstreifen vor mir stand ein Wagen des Sheriffbüros. Das Fenster auf der Fahrerseite war heruntergelassen. Ich fuhr in gleichbleibendem Tempo, knapp über der erlaubten Geschwindigkeit. Als ich vorbeifuhr, sah ich nicht zu dem Cop hinüber.

»Falls es um DeCanza geht: Ich weiß nichts«, sagte Jim. »Ich habe die Information aus einem Brief ohne Absender. Ich habe dem Mann nur ein paar Fragen gestellt.«

Ich musste lächeln. Er hatte die Ladefläche des Vans in einen Beichtstuhl verwandelt – und mich in den unsichtbaren Priester. Außerdem erzählte er schlichtweg Lügen, wobei ich bereit war, ihm zumindest die letzte zu verzeihen. Falls er den Verdacht hegte, mit einem außerhalb der Regeln agierenden Agent White zu sprechen, hätte er mich auch einfach ans Messer liefern können.

Noch einmal schaute ich in den Rückspiegel, sah aber nur Dunkelheit. Der Sheriff hatte sich nicht vom Fleck gerührt.

»Wenn es nur ums Geld geht« fuhr Jim fort, »finden wir eine Lösung. Leichter wäre es allerdings, wenn wir reden könnten und ich mein Handy zurückkriege. Ich würde die richtigen Leute anrufen.«

Wieder sagte ich nichts.

Jim mochte eine gestörte Auffassung von Richtig und Falsch haben, aber ansonsten funktionierte sein Hirn tadellos. Dass er noch nicht begriffen hatte, wer ich war und wohin ich ihn brachte, ließ mich nicht an seiner Intelligenz zweifeln. Er hatte genügend Feinde, um ein mittelgroßes Stadion zu füllen. Aus dieser Menge den richtigen herauszupicken, während man gefesselt und mit einem Sack über dem Kopf in einem Lieferwagen lag, konnte nicht leicht sein.

»Lansdale – stimmt's? Du bist letzten Monat rausgekommen. Vergiss nicht, dass ich dir davon abgeraten habe, das Geld so offen auszugeben. Zweimal. Schriftlich. Aber du hast es trotzdem gemacht. Du solltest mir dankbar sein, dass man dich nur zehn Jahre eingebuchtet hat. Es hätte schlimmer ausgehen können.«

Er sprach nicht aus irgendwelchen Schuldgefühlen heraus, sondern aus Angst. Wäre er bei klarem Verstand gewesen, hätte er den Mund gehalten. Natürlich war es leicht, den Klienten bei jeder sich bietenden Gelegenheit zum Schweigen zu raten. Wenn man gefesselt und ohne etwas zu sehen entführt wird, sieht die Sache anders aus. Ich hoffte, er werde weiterreden. Je mehr er plauderte, desto mehr Angst hatte er.

Und desto geringer würde sein Widerstand sein, wenn ich ihm endlich die erste Frage stellte.

Er tat mir den Gefallen.

In der Stunde, die wir bis zum Haus der Gravesends

brauchten, blätterte er eine ganze Kartei von Verfehlungen auf. Betrogene Klienten, den Wölfen zum Fraß vorgeworfene Zeugen. Komplotte und Vertuschungen. Ein paar verheiratete Frauen und mehr als ein paar von deren Töchtern. Claire Gravesend musste irgendwo weit unten auf der Liste stehen, denn als wir Olivias Tor erreichten, hatte er sie noch mit keinem Wort erwähnt. Ich stieg aus und schloss die Tür, bevor ich die Klingel drückte. Ich wollte nicht, dass Jim uns reden hörte. Nach einer Weile hörte ich die Stimme meiner Klientin in der Gegensprechanlage.

»Ja?«

»Hier ist Crowe.«

»Was fahren Sie da?«

»Einen Lieferwagen.«

»Wo ist Mr Richards?«

»Er bringt eine junge Dame nach Hause«, sagte ich. »Kommen Sie vor die Tür. Mr Richards hat einen Rollstuhl erwähnt …«

»Er hat meinem Vater gehört. Er steht in seinem Ankleidezimmer.«

»Bringen Sie ihn her.«

Sie beendete das Gespräch, das Tor glitt zur Seite. Ich öffnete die Wagentür und beugte mich hinein, um nach Jim zu sehen. Er lag zusammengerollt auf der Seite, die einzig sinnvolle Position mit hinter dem Rücken gefesselten Händen. Ich stieg ein und fuhr das letzte Stück zu Olivias Haus. Als ich den Motor abstellte und das Licht löschte, öffnete sie die Haustür und trat mit einem Rollstuhl heraus. Steinerne Stufen führten zur Tür hoch, sie trat bis an den Rand der obersten, dann blieb sie stehen.

Ich stieg aus, schloss die Wagentür und trat auf sie zu. Sie besah sich mein Gesicht mit den Blutergüssen und Verbänden. Dann musterte sie meine Kleidung, schätzte wahrscheinlich den Wert der einzelnen Stücke ab und fragte sich, ob ich vorhatte, sie auf ihre Rechnung zu setzen.

»Was läuft hier, Crowe?«

»Sie werden es gleich erfahren«, sagte ich. »Warten Sie in der Waffenkammer auf mich und schließen Sie die Fenstertüren auf. Ich bin gleich da.«

»Gut.«

Ich nahm ihr den Rollstuhl ab und trug ihn die Stufen hinunter zum Wagen. Als ich hörte, wie sie die Haustür schloss und verriegelte, öffnete ich die Seitentür des Vans und packte Jim an den Schultern. Ich zog ihn heraus und ließ ihn in den Rollstuhl fallen. Mit den Händen hinter dem Rücken bestand die Gefahr, dass er herauskippte. Mir blieb nichts anderes übrig, als ihn mit einer Hand am Hemdkragen zu packen, während ich mit der anderen Hand schob.

Wir nahmen einen Plattenweg, der um das Haus herum in den Garten führte. Irgendwo außer Sichtweite plätscherte ein Springbrunnen. Die Wellen waren hier lauter zu hören, weil von den Klippen herüber ein kräftiger Wind wehte. Wir erreichten die Terrasse, ich schob Jim bis zur Schwelle der Fenstertüren. Er zitterte. Ich beugte mich dicht an den Kissenbezug heran und flüsterte: »Versuch, dich nicht nasszumachen. Sonst sinkst du in ihrer Achtung.«

Dann öffnete ich die Tür und schob ihn hinein. Olivia wartete auf dem Stuhl mit dem geraden Rücken. Der Kamin war so kalt und tot wie bei meinem ersten Besuch hier. Ich schob Jim genau zwischen die beiden Stühle, dann legte ich ihm die Hände auf die Schultern. Bei meiner Berührung zuckte er zusammen.

»Möchten Sie ein paar Antworten?«, fragte ich Olivia.

Sie betrachtete den gefesselten Gefangenen mit dem Bezug über dem Kopf, den ich ihr ins Haus gebracht hatte. Ihr Gesicht verriet keinerlei Anzeichen von Erschrecken, nur Neugier. Sie nahm ein Glas Brandy von ihrer Stuhllehne und nippte daran.

»Er hat mir gesagt, dass Sie einen flexiblen Umgang mit Regeln pflegen«, sagte Olivia. »Dass Sie ein verbissener Dreckskerl sind. Jetzt weiß ich, was er gemeint hat.«

»Von wem reden Sie?«

»Von Jim Gardner.«

»Das hat Jim gesagt? So nett redet er sonst nie über mich.«

Ich löste das Klebeband, das den schwarzen Bezug an Ort und Stelle hielt, dann zog ich ihn hoch.

Anwalt und Klientin musterten einander schweigend. Soweit ich es beurteilen konnte, dauerte es mindestens zehn Sekunden, bis sie wieder zu atmen begannen. Ich hörte, wie die Wellen gegen die Felsen schlugen. Dann dachte ich an Claire. Wie sie abwärts wirbelte, der Dunkelheit entgegen. Olivia ergriff als Erste das Wort.

»Mein Gott, Jim.«

Ausnahmsweise hatte er keine Antwort parat. Er sah von ihr zu mir herüber.

»Du steckst in einem Interessenkonflikt, nicht wahr?«, sagte ich. »In einem ziemlich großen.«

Jim schluckte und fand seine Stimme wieder.

»Ich weiß nicht, wovon du sprichst, Lee.«

»Du hast zwei Klienten. Olivia und den Mann, der ihre Tochter getötet hat. Du kennst seinen Namen.«

»Ich habe keine Ahnung, wer Claire umgebracht hat.«

»Doch«, sagte ich. »Ich weiß, dass du es weißt.«

Ich wandte mich an Olivia, weil sie das, was jetzt kam, noch nicht gehört hatte. Aber gleichzeitig sprach ich auch mit Jim.

»Als ich in Boston war, in Claires Haus, ist ein Mann eingebrochen und hat mich angegriffen«, sagte ich. »Ich habe ihn umgebracht – nicht weil ich besonders gut darin bin, sondern weil ich Glück gehabt habe. Ich dachte, er hätte mit einem von Jims anderen Fällen zu tun – dass der Mann mir nach Boston gefolgt wäre und meinetwegen ins Haus eingedrungen wäre, nicht wegen Claire. Aber damit lag ich falsch.«

»Ein Mann ist in … Sie haben einen Mann getötet?«

»Ja, Ma'am.«

»Nennen Sie mich nicht Ma'am, Crowe«, blaffte sie mich an. »Sie haben in meinem Haus jemanden umgebracht?«

»Ich habe ihn in Ihrem Haus verletzt. Gestorben ist er draußen, im Park.«

Jim betrachtete den Kamin, reglos wie eine Statue.

»Was hat Jim damit zu tun?«, fragte Olivia.

»Ich bin der Blutspur durch den Park gefolgt. Es war nachts, Sie brauchen sich keine Sorgen zu machen. Niemand hat mich gesehen. Ich habe den Mann gefunden, ihm die Maske abgenommen und ein Foto gemacht. Als ich zurück in der Stadt war, habe ich es Jim gezeigt.«

»Und?«

»Er hat es gelöscht. Er sagte, ich solle es vergessen und nach Mexiko gehen.«

Olivia stand auf, postierte sich direkt vor Jim und sah auf ihn hinunter.

»Warum, Jim?«

Er hatte nicht nur in den Kamin gestarrt, sondern nachgedacht. Er hatte eine Ausflucht aus der Situation gesucht. Ich kannte ihn gut genug, um zu ahnen, welchen Weg er wählen würde. Er würde versuchen, sich als Olivias Retter darzustellen.

»Ich musste dich schützen«, sagte er. »Du hast mich wegen eines Detektivs angesprochen, der sich von nichts abhalten lässt. Ich habe dir Crowe vermittelt, aber er hat es zu weit getrieben. Ich weiß nicht, welchen Auftrag du ihm gegeben hast. Aber es war dumm, dieses Foto zu machen. Es war ein Beweis. Er hätte verurteilt werden und dich mit hineinziehen können.«

Er war in eine Falle getappt, die er selbst mich zu stellen gelehrt hatte. Er hatte zu lügen angefangen, bevor er wusste, was ich gegen ihn in der Hand hatte. Ein klassischer Fehler, aus dem er bei jedem Auftritt im Gerichtssaal Kapital schlug. Er wusste nichts von dem NTSB-Bericht über den Schaden am Wraith. Er wusste nichts von dem Schuh auf dem Dach oder meinem Ausflug zur Radarstation. Ich hatte ein Dokument zur Registrierung eines Luftfahrzeugs in der Tasche – mit seiner Unterschrift. Dabei ging es nicht mehr nur um einen Hubschrauber, sondern um eine Mordwaffe. Und Jim wusste, wem sie gehörte.

»Ich sage dir, was ich glaube, Jim. Als Olivia zu dir kam, wusstest du von nichts. Sie suchte einen Detektiv, du hast ihr den besten vermittelt, den du kanntest. Wenn du geahnt hättest, dass sie einen deiner Klienten aufspüren wollte, hättest du ihr einen Loser geschickt. Irgendeinen Typen, der zwei und zwei nicht mal zusammenzählen kann, wenn du ihm die Lösung auf einer Tafel präsentierst. Stattdessen hast du sie zu mir geschickt. Damit bist du für diesen Zeitpunkt entlastet.«

»So ist es«, sagte Jim. »Ich habe mir nichts vorzuwerfen.«

»Du hattest dir zu diesem Zeitpunkt nichts vorzuwerfen. Dann hab ich dir das Foto gezeigt. Du hast das Gesicht erkannt und deine Schlüsse gezogen. Plötzlich war dir klar, dass einer deiner Klienten Claire auf dem Gewissen hat. Vielleicht wusstest du nicht, wie und warum. Aber dass du ein Problem hattest, war offensichtlich. Also hast du gemacht, was du am besten kannst – wofür du berühmt bist.«

Jim sagte nichts.

»Was hat er gemacht?«, fragte Olivia.

»Er hat weggeschaut. Und mich aufgefordert, es genauso zu machen.«

»Jim?«

Olivia war einen Schritt zurückgetreten. Ich sah, wie ihr Blick zum Rand des Kamins wanderte. Sie hatte den Schürhaken im Auge und schätzte sein Gewicht und den Bogen ab, in dem sie ihn schwingen musste. Wir beide waren nicht so verschieden. Wir befanden uns in einem Raum voller Schusswaffen, aber sie wollte auf jemanden einprügeln.

»Das ist Blödsinn, Olivia«, sagte Jim. »Er will mehr Geld von dir. Er ist außer Rand und Band. Es tut mir leid, dass ich dir diesen Mann angeschleppt habe.«

»Wie ist Claire gestorben?«, fragte ich. »Schnell, Jim. Sag es deiner Klientin.«

»Ich weiß nur, was ich in der Zeitung gelesen habe. Sie ist von einem Dach im Tenderloin gesprungen.«

»Falsch.«

»Sagt wer?«

»Die Physik.«

»Jetzt ist er auch noch Physiker. Olivia, ist dir klar, wie gefährlich dieser Mann ist?«

Olivia trat an den Kamin und nahm den Schürhaken vom

Gestell. Als sie wieder vortrat, war Jim in ihrer Reichweite. Ich allerdings auch.

Ich wusste, dass ich richtiglag. Ich musste es nur erklären, bevor sie ausholte.

»Bevor er von dem Fall abgezogen wurde, bekam Inspector Chang einen Bericht vom NTSB über das zerstörte Auto«, sagte ich und gab mir Mühe, trotz der Nachwirkungen meiner Gehirnerschütterung die Fakten in die richtige Ordnung zu bringen. »Um es kurz zu sagen: Mit einem Sturz vom Dach hätte Claire niemals einen solchen Schaden an dem Auto anrichten können. Schließlich wog sie nicht viel. Das Refugio hat vierzehn Stockwerke, ringsum steht kein höheres Gebäude. Wussten Sie, dass einer ihrer Schuhe fehlte? Ich habe ihn auf einem Gebäude auf der anderen Straßenseite entdeckt.«

»Sie … Was?«, fragte Olivia. »Sie reden wirres Zeug, Crowe.«

Mir war bewusst, dass ich stotterte. Ich musste ihr zeigen, was ich meinte. Langsam zog ich das Blatt aus meiner Tasche und faltete es auseinander. Beim Überfliegen blitzten Olivias Augen mehrmals auf. Ich sah, wie ihr Blick an Jims Unterschrift hängenblieb und dort verweilte. Dann drehte ich mich um und hielt Jim die Seite vor die Nase.

»Ich war bei NorCal TRACON« sagte ich. »Denn wie du schon sagtest, bin ich ein verbissener Dreckskerl. Wir haben den Weg des Hubschraubers über der Stadt verfolgt. Am Dienstagmorgen ist er direkt über diesen Block an der Turk Street geflogen.«

»Was wollen Sie damit sagen?«, fragte Olivia.

»Sie ist von keinem Dach gesprungen«, sagte ich. »Sie wurde aus einem Hubschrauber gestoßen. Aus dem Hubschrauber von Jims Klienten.«

»Das ist kompletter Zufall«, sagte Jim. »Ohne den genauen Todeszeitpunkt kannst du sowieso nichts beweisen.«

»Ich habe den Autopsiebericht gelesen. Du auch?«

Er starrte mich schweigend an. Ich sprach zu Olivia, ohne sie anzusehen.

»Welche Art Uhr hatte Claire?«

»Eine Rolex. Ich habe sie ihr geschenkt.«

»Eine Pearlmaster«, sagte ich. »Sie ist im Anhang unter ihren persönlichen Gegenständen aufgelistet. Eine echte Qualitätsuhr, nicht wahr, Jim? Aber ob sie einem Sturz aus siebenhundert Metern Höhe standhält? Glaubst du wirklich, dass Claires genauer Todeszeitpunkt nicht bekannt ist?«

»Der Radar …«

»Sag die Wahrheit, Jim. Wenn jemand in Pjöngjang einen Baseball schlägt, können sie seine Flugbahn verfolgen. Sie wissen genau, wo der Hubschrauber war. Alles ist aufgezeichnet.«

Wieder schaute er in den Kamin. Ich wartete ab, weil ich wissen wollte, womit er als Nächstes kommen würde. Aus zehn Sekunden wurden zwanzig – eine Ewigkeit vor den Geschworenen, in diesem Fall vor Olivia Gravesend.

»Jim«, sagte sie.

Als er zu reden begann, sprach er fest und langsam. Er hüllte sich so mühelos in seinen zuversichtlichen Gerichtssaal-Tonfall wie andere Männer in eine Jacke.

»Ich habe einen Hubschrauber für eine LLC registriert. Ihr wollt, dass ich den Namen eines Mitglieds ausplaudere, der unter das Anwaltsgeheimnis fällt. Kein Richter würde mich zwingen, ihn zu verraten.«

»Ich frage keinen Richter«, sagte ich.

Dann machte ich mit Elijahs Handy einen Video-Anruf.

31

»Wie läuft's bei euch?«, fragte Elijah.

Er saß in Jims Küche und hielt das Handy des Butlers auf Armeslänge vor sich. Aus Jims Kühlschrank hatte er sich ein Glas Wein spendiert, daneben stand ein Teller mit *Horsd'œuvres*. Wahrscheinlich hatte der Koch sie vorbereitet, damit Jim der Rothaarigen etwas anzubieten hatte. Mit einem kleinen Messer schnitt Elijah ein Stück *Foie gras* ab. Seine offensichtliche Entspanntheit freute mich, denn sie bedeutete, dass er das, was ich brauchte, gefunden hatte.

»Ziemlich gut«, sagte ich. Ich drehte das Telefon so, dass Jim und Olivia das Display im Blick hatten. »Drei Leute, die in einer Waffenkammer am Kamin sitzen und über Mord plaudern. Nur der Butler fehlt noch.«

»Ist er noch nicht zurück?«

»Vielleicht hat er sich mit der jungen Dame angefreundet«, sagte ich.

»Willst du sehen, was ich gefunden hab?«

»Klar.«

Elijah drehte das Gerät so, dass die Kamera seinen Blickpunkt einnahm. Er stand auf, ging durch die Küche und ein paar breite Stufen hinunter in den Hobbyraum, an einer Bar vorbei zu dem antiken Käfigaufzug, den Jims Architekt einem bankrotten Hotel in Kansas City abgeschwatzt hatte. Elijah trat ein, zog die Messingtür zu und legte den Hebel um. Wir sahen, wie er durch den Hobbyraum und die erste Etage aufstieg, bis er schließlich den verglasten Raum ganz oben erreichte. Elijah stieg aus und schwenkte die Kamera. In der Mitte stand ein riesiger Schreibtisch, umgeben von hölzernen

Aktenschränken. Die leeren Schubladen standen offen. Auf dem Boden und dem Schreibtisch waren Papierstapel in ordentlichen Reihen angeordnet.

»Wie viele Klienten hast du gefunden?«, fragte ich.

»Zweiundsiebzig.«

»So viele? Mit den kompletten Daten – Kontonummern, Sozialversicherungsnummer, das ganze Paket?«

»Plus ausgedruckte E-Mails«, sagte Elijah. »Und Kassetten. Dein Junge ist alte Schule, er nimmt seine Anrufe auf Band auf.«

Auf dem Display war Elijahs Hand zu sehen, die nach einem kleinen Umschlag auf einem der Stapel griff. Er öffnete ihn und schüttelte eine winzige Kassette auf seine Handfläche.

»Hast du viele davon gefunden?«

»Dreißig, vierzig. Wer macht so etwas?«

Ich schaute Jim an und zuckte die Achseln. Von Jims Kassetten hatte ich gewusst. Er nahm sie für den Fall auf, dass er seine eigenen Klienten erpressen musste. Wenn sie Ärger wegen seiner Rechnungen machten, griff er zu den Aufnahmen. So tickte Jim Gardner. Dabei war ihm niemals in den Sinn gekommen, dass sie im Briefkasten des FBI landen konnten, ob seine Klienten nun bezahlt hatten oder nicht.

»Kannst du dir vorstellen, was passiert, wenn mein Freund das alles einpackt und Agent White vor die Tür stellt?«, fragte ich. »Du hast eine Menge Klienten. Lorca ist nicht der Einzige, der einen Mann verschwinden lassen kann.«

»Du bist selbst auf verschiedenen Bändern drauf.«

»Und du auf allen«, erwiderte ich. »Deine Klienten werden sich nicht lange fragen, woher sie stammen.«

Ich sah ihn an, während die Bedeutung meiner Worte langsam zu ihm durchdrang.

»Ich brauche nur einen einzigen Namen, Jim. Der Kerl muss nicht wissen, woher ich ihn habe.«

Er sah von mir zu Olivia und dann auf das Display des Telefons. Wieder machte Elijah einen Schwenk. Im Zimmer lagen Zehntausende Seiten Dokumente. Kontoauszüge. Belege für telegrafische Überweisungen. Fingierte Rechnungen. Schweizer Konten und nummerierte Schließfächer auf den Cayman Islands. Ganze Imperien konnten über Nacht zusammenbrechen. Die meisten von ihnen würden Jim verklagen, einige wenige würden zu drastischeren Maßnahmen greifen.

»Der Name«, sagte ich.

»Er wird dir nichts sagen«, erklärte Jim. »Er agiert nur über Strohfirmen und Holdinggesellschaften. Er drückt keinen Knopf im Aufzug, ohne vorher zwei Paar Handschuhe überzuziehen. Er ist ein Geist.«

»Dann sag mir seinen Namen.«

»Sheldon Lassen.«

»Wie reich ist er?«

»Sehr reich. Reicher als irgendwer in diesem Raum hier.«

»Womit hat er sein Geld gemacht?«

»Das weiß ich nicht.«

»Jim.«

»Ich weiß es wirklich nicht. Ich glaube, er hat einen wissenschaftlichen Hintergrund.«

»Du hast ihm 1994 geholfen, einen Dr. Park Kwung-ho aus Südkorea zu rekrutieren, stimmt's?«

Jims Miene verriet einen seltenen Moment des Erstaunens. Er unterdrückte es schnell, aber nicht schnell genug. Es war weder mir noch Olivia entgangen. Sie musterte mich genauso aufmerksam wie ihn. Schließlich hatte sie nicht die leiseste Ahnung, worum es ging.

»Rekrutiert … nein.«

»Was dann?«

»Lassen bat mich, ihm dabei zu helfen, Park aufzuspüren. Nachdem er ihn rekrutiert hatte.«

»Du solltest Park finden, nachdem er 1996 zum zweiten Mal verschwand. Meinst du das?«

»Ja.«

»Wovon reden Sie eigentlich?«, fragte Olivia. »Wer ist Park?«

Mit einer Handbewegung bat ich sie um Geduld. Jim sollte reden, solange er in der Stimmung dazu war. Wenn ich ihm eine Pause gönnte, würde er sie nutzen und sich eine Strategie zurechtlegen, um den Schaden abzuwenden, den ich ihm androhte.

»Hast du ihm einen Detektiv besorgt?«, fragte ich Jim. »So wie du Olivia und mich zusammengebracht hast?«

»In gewisser Weise.«

»In welcher Weise?«

»Lassen wollte Park finden. Aber außerdem sollten bestimmte Dinge passieren, wenn er ihn gefunden hatte. Dafür brauchte er einen Spezialisten. Ich habe die Verbindung hergestellt, anscheinend kamen sie ganz gut miteinander aus. Soweit ich weiß, hat Lassen ihn zum festen Mitarbeiter gemacht.«

»Du willst mir sagen, dass er einen Killer brauchte. Und du hast ihm geholfen, einen zu finden.«

»Du müsstest Lassen schon selbst fragen, was er brauchte.«

»Oder den Killer«, sagte ich. »Er wusste Bescheid.«

Jim schüttelte den Kopf.

»Die Chance hast du vergeigt. Er ist tot.«

»Seit wann? Wie?«

»Das kannst du besser beurteilen als ich«, sagte Jim. »Du hast ihn in Boston getötet.«

Ich brauchte einen Moment, um die Information zu verdauen.

»Als ich dir das Bild gezeigt habe, hast du gesagt: *Gut für dich*. Dann hast du gesagt, es gebe noch mehr von seiner Sorte. Ich dachte, du würdest von den Feds sprechen. Aber du meintest Lassens Männer.«

Er nickte kaum merklich.

»Wie viele?«

»Keine Ahnung. Ich hab ihm nur den einen Mann vermittelt. Aber er hat noch mehr. Nach einer Weile sahen sie für mich alle gleich aus.«

»Was wollte Lassen von Claire?«

»Ich weiß es nicht.«

»Weißt du, was Dr. Park für ihn gemacht hat?«

»Keine Ahnung, Crowe. So gut solltest du mich kennen.«

»Klar«, sagte ich. »Dein Klient übergibt einem Kerl einen Aktenkoffer, der damit nach Nassau fliegt und telegrafisch Geld an einen Piloten überweist, der mit einer Maschine voll Kokain den Rio Grande überquert. Aber du weißt nicht, womit der Kerl seinen Lebensunterhalt bestreitet. Nicht die geringste Ahnung. Vielleicht betreibt er ein Gepäcklager.«

»Soweit ich weiß, hat Lassen niemandem je einen Aktenkoffer übergeben.«

»Dann lass uns einfach auf den Punkt kommen«, sagte ich. »Wo finde ich ihn?«

»Keine Ahnung.«

»Wohin schickst du ihm die Rechnungen?«

»An eine E-Mail-Adresse.«

»Das reicht nicht, Jim«, sagte ich und sah auf das Handy.

Der Videoanruf war noch aktiv. »Wie lange brauchst du, um das Zeug einzupacken und zu Whites Haus zu schaffen?«

»Du hast den Lieferwagen mitgenommen«, erinnerte mich Elijah. »Aber keine Sorge. Dein Junge hat einen Porsche in der Garage stehen. Ich kann alles einladen und White den Schlüssel geben.«

»Mach noch eine Schleife drum.«

»Klar doch.«

Jim betrachtete das Display. Elijah hatte das Handy hingelegt und so platziert, dass wir zuschauen konnten, wie er die gestapelten Dokumente einsammelte.

»Jetzt musst du dich entscheiden«, sagte ich. »Rufst du deine Klienten an und sagst ihnen, was passiert ist? Oder hältst du dich bedeckt und wartest, bis sie es von den Feds erfahren?«

Jim dachte nach. Vielleicht wog er seine Chancen ab, sich mit einem Antrag auf Nichtzulassung der Beweise aus der Sache winden zu können. In der Beweiskette gab es ein schwaches Glied: Die Gespräche waren durch das Anwaltsgeheimnis geschützt. Vor Gericht waren sie für die Staatsanwaltschaft völlig nutzlos, das war unstrittig. Aber Jim kannte auch die Kehrseite. Dass die Staatsanwaltschaft nämlich – unabhängig davon, ob sie die Unterlagen benutzen konnte oder nicht – über alles Bescheid wüsste. Die Feds würden niemals vergessen, was sie mit eigenen Augen gesehen hatten. Und auch Jims Klienten würden es nicht vergessen.

Der Ton des Anrufs fiel für eine halbe Sekunde aus. »Hast du das gehört, Jim?«, fragte ich. »Du weißt, was das bedeutet, oder? Seine Batterie geht zu Ende. Wenn sie leer ist, kann ich ihn nicht mehr erreichen. Selbst wenn ich es wollte.«

»Ich hab dir den Namen genannt.«

»Sag mir, wo er ist. Dann sorge ich dafür, dass deine Akten in Sicherheit bleiben.«

»Wo er sich im Moment aufhält, weiß ich nicht. Aber ich weiß etwas, das fast so nützlich ist«, sagte Jim.

Er senkte den Kopf, runzelte die Stirn und legte eine kurze Pause ein – wie im Gerichtssaal, wenn er sich die volle Aufmerksamkeit der Geschworenen sichern wollte. So war er halt, er konnte es nicht lassen.

»Ich weiß, wo er morgen Abend sein wird.«

»Ach was.«

»Er hat mich zu einer Veranstaltung in Beverly Hills eingeladen.«

»Zu was für einer Veranstaltung?«

»Er hat von einer Zusammenkunft gesprochen«, sagte Jim und räusperte sich. »Einer Gelegenheit. *Nicht nur die Chance des Lebens, sondern die Chance auf mehrere Leben* – falls dich der exakte Wortlaut interessiert.«

»Klingt nach einer Verkaufsmasche.«

»Genau das hab ich auch gedacht. Ich hab gesagt, vielleicht komme ich vorbei. Wahrscheinlich hätte ich es sogar gemacht, einfach um seine Freunde kennenzulernen. Frisches Blut …«

»Wann und wo?«

»Morgen Abend um neun. In einem Haus in den Hügeln. Die Adresse musste er mir nicht sagen – es ist das Haus von Meredith.«

»Bitte?«

»Meredith Miles. Die Schauspielerin.«

»Sie ist deine Klientin?«

»Olivia hat mich empfohlen.«

Auf meinen fragenden Blick hin nickte Olivia.

»Haben Sie ihre Adresse?«

»Natürlich.«

Ich hielt mir das Handy dicht vor den Mund und sagte zu Elijah: »Pack den Porsche. Fahr, wohin du willst. Wechsel ab und zu den Wagen und such dir irgendwo ein Hotelzimmer. Nimm die Akten mit und rühr dich nicht, bis ich dich anrufe.«

»Alles klar.«

Ich unterbrach die Verbindung und sah mich in der Waffenkammer um. Es gab reihenweise englische Jagdgewehre. Duellpistolen in mit Samt ausgekleideten Kistchen. Der Wert dieser Waffen konnte bestimmt und auf dem Markt erzielt werden. Unter Sicherheitsaspekten war das ein Problem. Das ganze Haus stellte eine einzige Versuchung dar, sein Inhalt konnte gestohlen und an einen Hehler verkauft werden. Sicher hatte Olivia sich Gedanken darüber gemacht, dass sie bestohlen oder bedroht werden könnte. Ich hätte darauf gewettet, dass sie Vorkehrungen getroffen hatte, um sich zu schützen.

»Haben Sie einen Panikraum?«, fragte ich sie.

»Gleich neben meinem Schlafzimmer.«

»Ist er von außen abschließbar?«

Sie nickte.

»Mit einem Schlüssel«, sagte sie.

»Wenn wir Jim gehen lassen, könnte er seine Meinung ändern. Vielleicht würde er Lassen warnen. Sie müssen ihn ein paar Tage als Ihren Gast aufnehmen.«

Ich wollte nicht wissen, mit welchem Blick Jim mich bedachte, also zog ich ihm den Kissenbezug wieder über den Kopf.

32

Es war zwei Uhr morgens, ich fuhr in Olivias Jaguar Richtung Süden. Mein Ziel war das Haus einer Oscar-gekrönten Schauspielerin in Beverly Hills. Ich wollte eine Party sprengen, auf der ich nicht das Geringste zu suchen hatte. Bei mir hatte ich ungefähr vierhundert Dollar in bar und eine halbautomatische Pistole, die meinem früheren Boss gehörte. Ich trug einen guten Anzug ohne Krawatte und hatte Elijahs Handy dabei, aber weder Ausweis noch Portemonnaie. Mir blieben vierhundertfünfzig Kilometer, um mir einen Plan zurechtzulegen.

Olivia und ihr Butler kümmerten sich in Carmel um Jim Gardner. Wir hatten das Telefon aus dem Panikraum entfernt und ihm drinnen die Fesseln abgenommen. Es gab eine Kochnische, einen gut ausgestatteten Kühlschrank und ein kleines Bad. Falls nötig, würde Jim es sich dort zwei oder drei Wochen gemütlich machen können – hinter einem guten Meter Beton und einer Stahltür, die dick genug war, um ein Panzergeschoss aufzuhalten. Nachdem Olivia die Tür zugeschoben und den Schlüssel umgedreht hatte, konnten wir ihn nicht mal mehr schreien hören.

Ich hatte Olivia nicht alles erzählt, was ich in den vergangenen achtundvierzig Stunden gesehen und erfahren hatte. Sie wusste das Wesentliche – dass ein Mann namens Sheldon Lassen ihre Tochter durch einen Stoß aus seinem Hubschrauber ermordet hatte. Von Claires Zwillingsschwester und dem Creekside hatte ich bisher nichts erwähnt. Sie wusste auch nicht über alles Bescheid, was Dr. Park im Auftrag Lassens erledigt hatte. Genau genommen wusste ich das selbst nicht, auch wenn ich so langsam eine Vorstellung bekam. Wie Jim gesagt hatte: Lassen verkaufte eine Chance.

Die Chance auf mehrere Leben.

Auf meiner Fahrt durchs Central Valley sah ich die Sonne aufgehen. Zu beiden Seiten der Interstate erstreckten sich bewässerte Felder, über denen morgendlicher Nebel hing. Durch die Belüftung drang der Geruch von Dünger.

Ich hatte es nicht besonders eilig.

Ich hielt an einem Truck Stop, nahm ein gutes Frühstück zu mir und ging zu den Toiletten, um mich am Becken gründlich zu waschen. Dann nahm ich die Gesichtsverbände ab und begutachtete den Schaden. Nur ein paar Schürfwunden auf einem Wangenknochen. Die Beule an meinem Kopf ging zurück. Sie sah schlimm aus, aber ich hatte schon deutlich heftigere Prügel kassiert. Nichts, was sich mit zehn Stunden Schlaf in einem miesen Hotel, einem Glas Bourbon und etwas Tylenol nicht heilen ließe. Über meinem Hirn schwebte noch leichter Nebel, der sich aber langsam lichtete.

Zuerst wollte ich allerdings noch ein wenig die Gegend erkunden. Ich fuhr das letzte Stück zur Stadt über die Berge und durch Century City, dann nahm ich Kurs auf die Hügel. Meredith Miles wohnte auf der Deseo Lane, nahe am Rand eines Canyons. Ich kam an Villen vorbei, die Claires Haus auf der Baker Street wie eine Hausmeisterwohnung aussehen ließen. Ein Stück weiter wohnten offensichtlich die Leute mit richtig Geld, weil ich nicht mal mehr die Häuser sah. Nur Zäune und Mauern.

Merediths Grundstück lag am Ende der Straße. Ihr schmiedeeisernes Tor war so hoch, dass sie auf der anderen Seite Tiger und Schimpansen hätte halten können. Das Haus war nicht zu sehen, aber am Tor gab es ein Wachhäuschen. In Anbetracht der Bewohnerin des Hauses war ich überrascht, darin nur einen einzigen Mann zu sehen. Der allerdings ließ mich, während ich langsam vorbeifuhr, nicht aus den Augen. Zum Glück saß ich im Jaguar, nicht im Biest. An einen 65er Camaro würde der Wächter sich später vielleicht erinnern, aber Olivias Wagen wirkte in diesem Viertel vollkommen unauffällig.

Langsam wendete ich. Ich war nur ein Typ, der sich die Zeit vertrieb, indem er ein bisschen durch die Gegend fuhr. Wenn es eine für L.A. typische Tradition gab, dann diese. Ich fuhr den Canyon wieder hinunter. In L.A. kannte ich mich nicht besser aus als in Boston. Ich fuhr einfach weiter, bis die Gebäude gedrungen und von der ständigen Sonneneinstrahlung mitgenommen wirkten, dann verließ ich den Freeway, fand ein Motel und bekam problemlos das Sonderangebot: ein Zimmer im Erdgeschoss für das Doppelte des angegebenen Preises. Barzahlung im Voraus, kein Eintrag im Gästebuch.

Das Zimmer entsprach exakt meinen Erwartungen. Es gab eine rostige, ins Fenster eingebaute Klimaanlage, einen Stuhl, einen Tisch mit Brandflecken. Eine blassviolette Tagesdecke lag über der fadenscheinigen, von Knötchen übersäten Bettwäsche. Das Motel lag direkt in der Einflugschneise des Flughafens. In den zwei Minuten, die ich damit zubrachte, mich umzuschauen und das Bett herunterzuklappen, dröhnten vier Jets über mich hinweg.

Ich stellte die Klimaanlage auf die kühlste Stufe und zog die PVC-gesäumten Vorhänge zu. Dann hängte ich Hemd und Sakko über die Stuhllehne und breitete meine Hose auf dem Tisch aus. Ich duschte, dachte kurz an das Glas Bourbon, begnügte mich aber mit dem Tylenol. Dann legte ich mich ins Bett, ohne mich richtig abzutrocknen. Mit Jims Pistole auf dem Nachttisch schlief ich ein.

Um sechs Uhr abends wachte ich auf und blieb eine Weile auf der Bettkante sitzen. Ich zählte das, was noch von Juliettes Geld übrig war, dann die Kugeln in Jims Pistole. Alles in allem war meine Lage nicht übel. Ich konnte mir dreißig Tassen Kaffee leisten und neun Menschen erschießen. Die Chancen standen nicht schlecht, dass ich um zehn auf dem Weg ins nächste Gefängnis sein würde – wenn ich Glück hatte. Wenn es nicht so gut lief, könnte ich auch gefesselt in einem Kofferraum liegen.

Um beides zu vermeiden, fehlte mir ein solider Plan. Wahrscheinlich hätte ich aufgeben sollen, aber ich wurde von meiner Klientin bezahlt. Außerdem konnte ich ein gewisses Eigeninteresse nicht leugnen: Diese Leute hatten mein Büro verwüstet, waren in meine Wohnung eingebrochen und hatten mich zweimal zu töten versucht. Nicht zu vergessen, dass ich mein Auto zurückhaben wollte. Das Biest hatte einen emotionalen Wert, weniger während der vergangenen sechs Jahre als wegen der letzten vierundzwanzig Stunden. Aber trotzdem.

Außerdem war da noch Madeleine. Womöglich hatte ich die Gedanken an sie beiseitegedrängt. Falls sie und Claire Produkte irgendwelcher Laborexperimente waren, dann war sie so sehr Opfer wie Claire. Wenn diese Leute sie entführt hatten, um mit einem zweiten Mord ihre Fährte zu verwischen, hatte sie wahrscheinlich keine Chance gehabt. Das war eine realistische Möglichkeit, an die ich nicht hatte denken wollen.

Um Viertel vor acht stand ich an dritter Stelle der kleinen Autoschlange vor Meredith Miles' Zufahrt. Der erste Wagen wartete mit heruntergelassenem Fenster neben dem Wachhäuschen. Ich konnte weder den Fahrer noch den Wächter sehen, aber offenbar sprachen sie miteinander. Nach dreißig Sekunden öffnete sich das Rolltor, der Wagen fuhr durch. Jetzt war ich auf der zweiten Position, hinter mir folgten zwei weitere Autos, so dicht hintereinander, dass an eine schnelle Flucht kaum zu denken war. Ich hatte Olivia keine Versprechungen gemacht, was den Zustand ihres Wagens bei der Rückgabe betraf, das ließ mir immerhin einiges an Spielraum.

Das Fenster des zweiten Wagens wurde heruntergelassen. Wieder konnte ich das Gesicht des Fahrers nicht sehen, nur den linken Arm des Wächters, der darauf schließen ließ, dass es sich um einen sehr kräftigen Mann handelte. Dreißig Sekunden, wieder öffnete sich das Tor. Der Wagen fuhr durch, das Tor begann sich zu schließen. Ich nahm den Fuß von der Bremse und ließ mich langsam zum Wachhäuschen rollen. Meine Fensterscheibe war schon unten. Zum ersten Mal konnte ich den Wächter richtig erkennen. Man konnte kaum sagen, dass er im Häuschen saß, eher schien er es wie ein Kleidungsstück zu tragen, das eine Nummer zu klein für ihn war. Vielleicht verdiente er sich zu seinem regulären Job in der NFL noch etwas dazu. Sein Anzug konnte die Tattoos am Hals und den Armen nicht verbergen.

»Guten Abend«, sagte ich.

»Ihr Name, Sir?«

Er hatte eine seltsam hohe Stimme. Vielleicht hatte er mit den Steroiden schon vor der Pubertät angefangen.

»Jim Gardner«, sagte ich.

Er sah mich blinzelnd an wie ein Mann, der eine Brille braucht, sie aber nicht trägt. Ich fragte mich, wie oft Jim – wenn überhaupt – hier zu Besuch gewesen war. Normalerweise ließ er die Klienten zu sich kommen. Aber hier ging es um Meredith Miles, vielleicht reichte das für eine Ausnahme. Der Wächter lehnte sich zurück und griff nach einem Klemmbrett. Mit dem Fingernagel fuhr er an einer Liste entlang. Seine Finger waren groß wie die Papprollen im Küchenpapier. Hätte er gewollt, dann hätte er wahrscheinlich den Arm ausstrecken, meine Haare packen und mir den Kopf bis an die Schultern abreißen können.

»Da haben wir Sie«, sagte er mit Kinderstimme. »Ganz unten.«

»Wo ich auch hingehöre.«

»Einen schönen Abend, Sir.«

Er drückte einen Knopf, das Tor rollte zur Seite. Ich nickte ihm zu, ließ die Fensterscheibe hoch und fuhr los. Die Auffahrt führte einen Hügel hinauf, an vertrocknet wirkenden Kiefern vorbei. Nach zweihundert Metern entdeckte ich das Haus. Es sah aus, als würde es in die Hügel der Toskana gehören. Glatter Sandstein mit Stuck, Säulen und Kuppeln. Dazu große Bogenfenster, die zweierlei Zwecken dienten: Sie gestatteten einen Blick über die Außenanlagen und sorgten gleichzeitig dafür, dass man von draußen die in die hohen Kassettendecken eingelassenen Lampen bewundern konnte. Beiderseits der Zufahrt parkten Autos, ich reihte mich hinter dem letzten ein.

Es war ein SUV, ein brauner, an dessen Radkästen noch der verkrustete Lehm klebte. Ich hätte ihn überall wiedererkannt. Beinahe empfand ich Erleichterung. Der Besuch auf einer Party fällt eben leichter, wenn man auf ein vertrautes Gesicht trifft. Auf jemanden, den man kennt und mit dem man sich gegenseitig auf den neuesten Stand bringt.

Ich stellte den Motor ab und schaltete das Licht aus. Dann blieb ich kurz im Wagen sitzen und sah mich um. Auf der breiten Terrasse vor dem Haus standen Menschen, aber im Garten war niemand zu sehen. Ich stieg aus, nahm Elijahs Handy und rief ihn an. Dabei ging ich nicht Richtung Haus, sondern ganz langsam am Rand des erleuchteten Rasens entlang. Ein Mann, der ein privates Gespräch beenden wollte, bevor er sich einer Gruppe Gleichgesinnter anschloss.

»Was gibt's, Lee?«

»Ich bin bei Meredith«, sagte ich. »Ich laufe draußen rum und benutze dein Handy, um mein Gesicht zu verbergen, während ich nach jemandem Ausschau halte.«

»Du bist also drinnen?«, fragte er. »Gut so.«

»Das war der leichte Teil.«

»Was ist der schwere?«

»Alles, was jetzt kommt.«

»Klingt, als hättest du einen echten Plan«, stellte Elijah fest.

»Falls ich bis morgen früh nicht anrufe, wirf die Papiere in einen Müllcontainer und ruf von einem Münztelefon das FBI an.«

»Was mache ich mit dem Porsche?«

»Behalt ihn. Oder verkauf ihn an einen Hehler. Für mich ist das dann kein Problem mehr.«

»Okay«, sagte Elijah. »Fragst du mich noch, wie es mir geht?«

»Wie geht's dir?«

»Großartig. Ich hab eine Suite im Drake genommen, am Union Square. Nur ich und zehn Kisten Dokumente. Und eine Minibar … das kannst du dir nicht vorstellen.«

»Du bist im Drake?«, fragte ich. »Im Ernst?«

»Quatsch, ich nehm dich auf den Arm.« Er legte eine Kunstpause ein. »Ich bin im Ritz.«

Inzwischen war ich um das Haus herumgegangen und konnte die Rückfront sehen. Das Gebäude war an die Flanke eines Hügels gebaut worden. Von vorn wirkte es wie ein normales Haus – gigantisch, aber normal –, aber von hinten erinnerte es an ein auf dem Kopf stehendes Treppenhaus, das sich in den Hang schmiegte. Auf halber Höhe befand sich eine Terrasse mit der üblichen Ausstattung. Hottubs, Sitzgarnitur, Schirme. Am Geländer lehnte ein Mann, der dasselbe tat wie ich: Er hatte sich einen Platz zum Telefonieren gesucht, wo ihn niemand sah oder hörte. Ich hätte ihn nicht bemerkt, wenn er sich beim Annehmen des Anrufs nicht umgewandt hätte. Als er das Handy hochhielt, sah ich sein Gesicht im Profil.

Mein Fahrer. Der Mann, der mich vom Creekside nach Laytonville gebracht hatte. Dem mein vorzeitiger Ausstieg so gegen den Strich gegangen war, dass er versucht hatte, mir eine Kugel in den Rücken zu jagen. Er war allein, was Sinn ergab. Sein Kumpel von der Rückbank lag entweder im Leichenschauhaus des Mendocino County auf Eis oder hatte einen langen Krankenhausaufenthalt vor sich.

»Hey, Elijah«, flüsterte ich. »Amüsier dich im Ritz oder wo immer du bist. Lass es krachen. Ich muss auflegen.«

Ich steckte das Handy ein und zog Jims Pistole aus dem Hosenbund. Sie fühlte sich gut an, kompakt und schwer wie der Kopf eines Zimmermannshammers. Ich vergewisserte mich, dass sie gesichert war, und schob sie wieder unter meinen Gürtel. Dann setzte ich mich im Schatten der Bäume in Bewegung. Ich erreichte die Terrasse und schlich mich von hinten an ihn heran.

»Kein Problem«, sagte er gerade. »Es wird noch heute Abend erledigt.«

Er hörte einen Moment zu und sagte: »Ja, Sir.«

Ich wartete, bis er das Gespräch beendet hatte, dann schlang ich den rechten Arm um seine Kehle und zog ihn dicht an meine Brust. Der feste Knorpel seiner Luftröhre drückte in die Beuge meines Ellbogens. Mit der linken Hand zog ich die rechte Faust noch näher an seinen Körper, dann spannte ich den Bizeps an, um die Zange immer fester zu ziehen. Ein klassischer Würgegriff, ein zerstörerischer Druck, der den Blutfluss zum und vom Gehirn komplett unterbrach. Er hielt fünf Sekunden durch, die Hälfte der Zeit, auf die ich gehofft hatte.

Seine Knie gaben nach, aber ich ließ ihn nicht zu Boden. Auf einen derart offensichtlichen Trick wollte ich nicht hereinfallen. Stattdessen beugte ich mich zurück, hob ihn vom Boden und ließ ihn zappeln. Er trat einmal aus, die harte Kante seines Absatzes schrammte an meinem Schienbein hinunter. Mein Mund war so dicht an seinem Ohr, dass ich es hätte abbeißen können. Aber ich hatte schon Bekanntschaft mit dem speziellen Geschmack des Kerls gemacht und war nicht scharf darauf, die Erfahrung zu wiederholen. Also verdoppelte ich den Druck auf seine Kehle. Wir waren auf dem besten Weg zu einem irreversiblen Schaden. Ein gebrochenes Zungenbein, ein platzender Augapfel. Ich hatte kein Problem damit.

Er bewegte sich nicht mehr. Ich hielt ihn noch drei Sekunden fest, dann ließ ich los und versetzte ihm einen kräftigen Stoß. Er fiel auf den Terrassenboden und landete bäuchlings hinter dem Podest, auf dem der Hottub stand. Er zuckte nicht einmal.

Ich kniete mich neben ihn und tastete ihn ab. Portemonnaie, Handy, Autoschlüssel. Eine schlanke Handfeuerwaffe, möglicherweise eine Walther PPK, auch wenn ich das im Dunkeln nicht erkennen konnte. In der Tasche am anderen Revers steckte ein aufschraubbarer Schalldämpfer, doppelt so lang wie die Pistole, für die er gedacht war. Ich drehte den Mann um und legte zwei Finger an seine Kehle. Es dauerte fast eine Minute, bis ich seinen Puls fand. Ich war mir nicht mal sicher, dass ich ihn mir nicht nur einbildete. Schließlich hob ich den Kopf und schaute mich um. Auf der Terrasse war niemand, auch in der ausgedehnten Gartenanlage neben dem Haus entdeckte ich keinen Menschen. Weiter oben drang Licht aus mehreren Fenstern, aber niemand schaute heraus. Die Party spielte sich im vorderen Teil des Hauses ab.

Mein Problem war fast gelöst, ich musste nur noch einen Platz finden, an dem ich den Kerl verstecken konnte. Ausgeschlossen, ihn zur Vorderseite des Hauses und über die Zufahrt zu zerren, um ihn dann in den Kofferraum des Jaguar zu hieven. Man würde mich unweigerlich bemerken. Ich beugte mich ein Stück vor und sah mir den Hottub an. Er hatte eine hölzerne, in der Mitte aufklappbare Abdeckung. Ich entriegelte die Hälfte auf meiner Seite und warf einen Blick hinein. Das Becken war leer, aber ich will nicht lügen: Auch wenn es voll Wasser gewesen wäre, hätte ich mich nicht aufhalten lassen. Ich klappte die Abdeckung auf, packte den Kerl unter den Schultern und wuchtete ihn erst auf das Podest, dann über den Beckenrand, bis die Schwerkraft mir zu Hilfe kam. Ich ließ ihn los, klappte die Abdeckung zu und verriegelte sie.

Kurz ließ ich mich in einen Deckchair sinken, um Atem zu holen. Dann stand ich auf, stopfte mir das Hemd in den Hosenbund, strich mein Sakko glatt und ging ums Haus herum zur Party.

Die unterschied sich komplett von allem, was ich je mitgemacht hatte.

Auch in der Zeit als Juliette Vilattes Ehemann, als ich mich in Penthouses und Wochenendhäusern im Marin County zeigen musste, um Leuten die Hände zu schütteln, mit denen ich eigentlich nichts zu tun haben wollte, hatte ich nicht annähernd etwas wie das erlebt, was sich an diesem Abend in Meredith Miles' Haus abspielte.

Ich ging die Stufen zur Veranda hinauf und sah mich um. Hätte ich eine Kamera dabeigehabt und wäre von niemandem gehindert worden, hätte ich die Fotos an *Just Now!* verkaufen und ein Vermögen damit machen können. Da war der Regisseur, dieser Mafiafilm-Typ, der die Karriere unserer Gastgeberin in Schwung gebracht hatte. Er hatte den Arm um die Schauspielerin aus *The Scars at Night* gelegt. Sie sprachen mit einer Frau, die in die Schlagzeilen geraten war, als sie einen Außenminister zu Fall gebracht hatte. Es gab acht oder zehn andere Gesichter, die ich erkannte, aber nicht zuordnen konnte.

»Sie müssen einer seiner Freunde sein«, sagte eine Stimme rechts von mir. »Jedenfalls sind Sie keiner von meinen.«

Ich drehte mich um und sah mich einer Frau gegenüber, die mir seit zehn Jahren von der Kinoleinwand und riesigen Reklametafeln vertraut war. Sie war barfuß und trug ein Kleid, das aus einem kleinen schwarzen Laken und möglicherweise einer Sicherheitsnadel zu bestehen schien. In jeder Hand trug sie ein Glas.

»Weiß oder rot?«

»Das, was Sie weniger gern trinken«, sagte ich. »Und ja … Ich gehöre zu seinen Freunden.«

Sie reichte mir das Rotweinglas, ich stieß mit ihr an.

»Schön, Sie kennenzulernen«, sagte sie. »Ich bin Meredith Miles.«

»Lee Crowe.«

»Was machen Sie beruflich, Lee?«

»Jeder Tag ist ein bisschen anders«, sagte ich. »Ich folge Leuten durch die Gegend und mache Fotos. Manchmal mögen sie das nicht, dann passieren Sachen wie das hier.«

Ich berührte die Beulen an meinem Kopf und strich mit den Fingern über meine aufgeschürfte Wange.

»Fotos?«

Sie machte einen Schritt rückwärts.

»Nein«, sagte ich. »Ich bin keiner von denen. Ich arbeite überwiegend für Jim.«

»Jim?«

»Gardner.«

Sie trat wieder auf mich zu. Diesmal machte sie zwei Schritte, sodass sie mir näher war als vorher. Dann griff sie nach meinem Ellbogen und senkte die Stimme.

»Sie arbeiten für Jim? Tatsächlich?«

»Seit meinem Jura-Abschluss. Er war wie ein Vater zu mir … oder das, was ich mir unter einem Vater vorstelle.«

»Kommt er heute Abend? Er hat gesagt, er wolle es sich überlegen.«

Ich schüttelte den Kopf und legte die Stirn leicht in Falten. Mach es nicht zu kompliziert, Crowe. Schlechte Schauspielerei durchschaut sie auf der Stelle.

»Es ist etwas dazwischengekommen – er hängt im Haus eines anderen Klienten fest und konnte sich nicht freimachen.«

»Ich wollte mit ihm sprechen.«

»Sie könnten es auf seinem Handy versuchen«, sagte ich, was ebenfalls der Wahrheit entsprach. Sie konnte versuchen, was immer sie wollte. »Aber wenn er nicht drangeht, können Sie es auch mir sagen. Ich sehe ihn morgen früh.«

»Es geht um das alles hier«, sagte sie mit leiser Stimme. »Ich habe so langsam Zweifel.«

»Und?«

»Es hätte mich interessiert, was Jim denkt. Wenn er einen Blick auf den Vertrag werfen könnte – ob es sicher ist? Gibt es irgendeine Entschädigung, wenn es schiefgeht? Ist es überhaupt legal?«

»Ich weiß nicht. Ich habe den Vertrag noch nie gesehen.«

»Ich auch nicht. Es ist alles so geheimnistuerisch, nicht wahr?«

»Warum auch nicht? Es geht um die Chance auf mehrere Leben.«

»Hat er Ihnen das auch erzählt?«

»Lassen?«, entgegnete ich. »Das ist sein Slogan.«

»Woher kennen Sie ihn?«

»Jim hat den Kontakt vermittelt. Ich habe geholfen, seine Organisation zu rationalisieren. Sie zu verschlanken. Die Herde auszudünnen. Wie immer man es ausdrücken will. Ich kann nicht ausführlicher darüber reden, ohne meine Verschwiegenheitspflicht zu verletzen.«

»Geht es um das hier?«, fragte sie. »Um das, was er uns verkauft? Falls er juristischen Ärger hat und es mit … was es auch ist … zu tun hat, lasse ich ihn nicht in meine Nähe. Ganz sicher nicht mit einer Nadel.«

»Sie sind vorsichtig.«

Sie zog kaum merklich die Augenbrauen hoch.

»Wie kann man ewig leben, wenn man nicht vorsichtig ist? Man kann genau die richtigen Gene haben. Man kann die besten Upgrades bekommen. Alles, was sich mit Geld kaufen lässt. Aber wenn man nicht zweimal hinsieht, bevor man die Straße überquert, spielt das alles keine Rolle mehr. Hier … Folgen Sie mir.«

Sie nahm meinen Arm und führte mich ins Haus.

Unterwegs wurden wir dreimal aufgehalten.

Beim ersten Mal begrüßte sie einen New Yorker Produzenten und eine spanische Schauspielerin. Die drei tauschten Luftküsse aus, ohne dass ihre Wangen sich näher als fünfzehn Zentimeter gekommen wären. Der Produzent reichte mir die Hand, die Schauspielerin nickte nur. Meredith stellte mich als Lee vor, einen ihrer Anwälte. Vor nicht allzu langer Zeit hätte mir das einen Stich versetzt. Weil es so hätte sein können. Ich hätte Jims Partner werden und ohne irgendwelche Tricks hier stehen können. Als geladener Gast.

Aber inzwischen kannte ich mich gut genug, um zu wissen, dass ich nicht glücklich geworden wäre, wenn ich meine damaligen Ziele erreicht hätte. Ich wäre dienstlich hier und würde Jims Anweisungen befolgen. Ich wäre eingeladen, weil ich nützlich war, so wie die Caterer. Ich wäre nicht unter falschem Namen gekommen. Ich hätte weder die Pistole im Hosenbund bei mir noch die in der Reverstasche – beide gestohlen. Ich hätte keinen Mann in Merediths Hottub eingesperrt.

Ich täuschte alle außer mir selbst. Und das war in Ordnung. Ich war zufrieden mit dem, was ich machte, weil ich das Sagen hatte, die Regeln auf meine Weise interpretierte und entschied, welche einfach über Bord geworfen werden konnten.

Meredith führte mich von der Menge weg. Auf halbem Weg in ein tiefer gelegenes Wohnzimmer hielt sie eine Kellnerin an, die uns die Gläser abnahm. Dann gingen wir durch ein Prachtexemplar von Küche, in der wahrscheinlich niemals auch nur Wasser gekocht wurde, und kamen in eine zweite Küche, wie man sie auch in einem gut besuchten Restaurant hätte finden können. Hier arbeiteten sechs Personen in weißer Kochmontur. Meredith trat zu dem größten Mann im Raum und klopfte ihm auf die Schulter.

»Harry«, sagte sie. »Ich bin einen Moment in meinem Arbeitszimmer. Sagen Sie Leon, er soll mich anrufen, sobald Sheldon auftaucht.«

»Okay.«

Sie verließ die Küche durch eine Seitentür, dann durchschritten wir einen Gang und traten durch eine weitere Tür ganz am Ende.

»Leon ist der Kerl am Tor?«

»Genau.«

»Wo haben Sie ihn gefunden? Bei den Chargers?«

»Ich glaube nicht, dass er je Football gespielt hat«, sagte sie. »Jedenfalls nicht für Geld. Vielleicht für Zigaretten auf dem Gefängnishof.«

Sie ging bis zur Mitte des Arbeitszimmers. Dort drehte sie sich um und sah mich an.

»Das ganze Haus ist verkabelt. Egal wo ich rufe: Leon und Harry sind in Windeseile da.«

»Verstehe.«

»Ich rufe sie mit moderner Technologie, aber sobald sie hier sind, läuft es wie im 14. Jahrhundert«, sagte sie. »Fäuste und Messer. Also, wer sind Sie wirklich?«

»Lee Crowe.«

»Auf der Liste steht kein Lee Crowe …« Sie hielt inne und musterte mein Gesicht. »Dass ich mir einen Text merken kann, dürfte Sie eigentlich nicht überraschen.«

Das Zimmer war mit Filmplakaten dekoriert. Einige sehr

alte, andere von ihren eigenen Filmen. In der Mitte stand ein Zeichentisch, auf dem ungebundene Manuskripte herumlagen. In der Mitte stand ein Laptop, der Bildschirm war dunkel. Sie hatte den ersten Oscar für ihre Schauspielerei erhalten, den zweiten aber für ein Drehbuch. Mit beidem hatte sie weitergemacht.

»Nein«, sagte ich. »Das überrascht mich kein bisschen.«

»Welchen Namen haben Sie benutzt, um hereinzukommen?«

»Jims – welchen sonst?«

»Hat er Sie geschickt?«

»Natürlich«, sagte ich.

Was in gewisser Weise stimmte. Jim hatte mir verraten, wohin ich gehen und wann ich dort sein musste, vielleicht hatte er es wie eine Art Triage-Situation in der Notaufnahme empfunden – oder ganz simpel seine Möglichkeiten abgewogen. Olivia Gravesend und Meredith Miles waren gute Klientinnen und mächtige Frauen. Sheldon Lassen warf Menschen aus Hubschraubern. Jim mochte über keinerlei Moral verfügen, aber eine positive Außenwirkung war sein Markenzeichen. Was auch immer seine Gründe gewesen sein mochten, ich musste das Gespräch an mich ziehen.

»Sheldon Lassen macht Ihnen Angst, stimmt's?«, fragte ich.

»Ein bisschen«, räumte sie ein. »Sind Sie deswegen hier?«

»Wir machen uns Sorgen, Ms Miles«, sagte ich. »Und nach allem, was ich hier gesehen habe, sollten Sie das auch tun.«

Ich griff in meine Tasche und zog die schlanke Waffe heraus, die ich dem Mann draußen abgenommen hatte. Ich legte sie auf meine flache Hand, mit der Mündung in meine Richtung. Dann streckte ich sie ihr entgegen.

»Was ist das?«

Sie machte keine Anstalten, die Waffe zu berühren.

»Ich habe sie Lassens Mann abgenommen, vor fünf Minuten. Er stand auf Ihrer hinteren Terrasse.«

»Was soll das heißen, Sie haben sie ihm abgenommen?«

»Ich habe mich von hinten an ihn herangeschlichen und ihn überwältigt. Dann habe ich seine Taschen durchsucht.«

»*Was* haben Sie getan?«

»Alles in Ordnung … Er steht nicht wieder auf.«

»Sie haben ihn getötet?«

»Ich habe ihn niedergeschlagen und in Ihren Hottub gesperrt. Das Ding war leer, er wird nicht ertrinken.«

»Sprechen Sie von diesem blonden Kerl – Michael? Er war hier, um die Präsentation vorzubereiten.«

»Hiermit?«, fragte ich. »Mit einer schallgedämpften Walther PPK samt Hohlspitzgeschossen? Hat Lassen dafür Ihr Einverständnis eingeholt?«

Ich hatte keine Ahnung, womit die Pistole geladen war. So wie ich auch nicht wusste, ob Hohlspitzgeschosse schlimmer waren als irgendwelche andere Munition. Aber sie klangen schlimm.

»Er hat kein Wort davon gesagt.«

»Lassen und seine Männer haben drei Menschen getötet, vielleicht auch vier. Und das sind nur die, von denen wir wissen.«

Sie sah mich und die Pistole auf meiner Handfläche lange an.

»Legen Sie die weg«, sagte sie schließlich. »Sie wollen sicher nicht, dass man Ihre Abdrücke darauf findet.«

»Die sind schon überall.«

»Trotzdem.«

Ich legte die Waffe an den Rand ihres Zeichentischs.

»Hat Jim Sie tatsächlich geschickt?«

»Ja.«

»Warum sollte ich Ihnen vertrauen?«

Ich schaute auf die Waffe auf dem Tisch und trat mehrere Schritte zurück. Leute wie sie wussten, wie man damit umging. Regisseure arrangierten Unterrichtsstunden mit Soldaten im Ruhestand und schickten ihre Schauspieler auf Schießstände, wo sie dieselben Kurse besuchten wie Cops. Es ging um Realismus. Kleine Details in der Bedienung und der Körperhaltung machten viel aus, wenn die Kamera erst lief. Jedenfalls glaubten sie das.

»Sie haben die Waffe des Kerls. Und falls Sie ihn fragen möchten, was er vorhatte – wahrscheinlich wacht er so langsam auf. Sie könnten Leon von seinem Posten abrufen, damit er sich darum kümmert.«

Jims Pistole steckte immer noch in meinem Hosenbund, aber ich hatte sie eigentlich nicht belogen. Im Wesentlichen ging es darum, dass sie mir vertrauen konnte. Ob ich ihr die Gründe nun plausibel machen konnte oder nicht.

»Leon ist da, wo er ist, gut aufgehoben. Und wenn Sie die Wahrheit über Lassens Mann gesagt haben, gilt das auch für ihn.«

Ich sah zu, wie sie ein Papiertaschentuch aus einer Box auf dem Tisch zog und damit die Waffe aufnahm. Was ich über ihr Training vermutet hatte, schien zuzutreffen, denn als Erstes entsicherte sie die Pistole. Dann nahm sie ein zweites Papiertuch in die andere Hand und lud durch. Eine frische Patrone fiel auf den Teppich.

»Sie haben die Waffe entsichert. Eine Patrone fehlt, aber am Gewicht erkennen Sie, dass noch genügend übrig sind«, sagte ich. »Sie können jederzeit abdrücken. Sechs Pfund Abzugsgewicht auf Ihrem Zeigefinger, dann schießen Sie mir ein Loch in die Stirn. Niemand wird auch nur etwas hören.«

Sie senkte den Arm mit der Waffe und sah mich an. Zwar atmete sie schwer, aber nicht so schwer, dass sie nicht mehr hätte schießen können.

»Möchten Sie jemanden anrufen, der sich für mich verbürgen kann?«

»Sie haben gesagt, Jim sei unabkömmlich.«

»Wir haben noch eine andere gemeinsame Bekannte. Eine Frau, der Sie vertrauen. Ihr ist die Angelegenheit sowieso wichtiger als Jim.«

»Von wem sprechen Sie?«

»Von Olivia Gravesend. Sie sagt, Sie hätten ihre Nummer.«

Sie schwieg eine ganze Weile, den Finger immer noch am Abzug.

»Wir kennen uns schon einige Jahre.«

»Ich habe gehört, Sie organisieren zusammen Wohltätigkeitsveranstaltungen.«

»Was hat sie mit der ganzen Sache zu tun?«

»Rufen Sie an und fragen Sie sie.«

Sie trat zurück zum Tisch und griff nach einem Handy. Sie wählte sprachgesteuert, sodass sie mich nicht aus den Augen lassen musste. Den Anruf stellte sie auf Lautsprecher, ich hörte den Klingelton. Vierhundertfünfzig Kilometer weiter nördlich nahm Mr Richards ab.

»Hier bei Gravesend.«

»Meredith Miles, ich möchte Olivia sprechen.«

»Ja, Ma'am«, sagte er. »Natürlich.«

Sie mussten sich im selben Raum aufgehalten haben, denn Olivia meldete sich sofort. Er musste ihr einfach den Apparat gereicht haben.

»Ja, meine Liebe«, sagte sie. »Ich habe mit deinem Anruf gerechnet.«

Meredith schaltete den Lautsprecher aus und hielt sich das Telefon näher ans Ohr.

»Wer ist Lee Crowe? Hast du ihn hergeschickt?«

Dann war es still, sie hörte zu. Von Olivias Antwort bekam ich nichts mit, aber sie schien ausführlich zu sein. Meredith presste den Mund zu einem engen Schlitz zusammen. Ihr Zeigefinger tippte auf den Abzugsbügel der Walther.

»Warum?«, fragte sie.

Die Antwort war kurz, aber Meredith schien sie nicht verstanden zu haben.

»Wie bitte?«

Beim Zuhören runzelte sie die Stirn. Dann begann sie zu nicken, wie Leute es am Telefon tun, obwohl ihr Gesprächspartner die Geste weder sehen noch darauf reagieren kann.

»Ist Claire etwas zugestoßen?«

Wieder folgte eine kurze Erklärung, diesmal blickte Meredith zu mir auf.

»Olivia … okay.«

Sie nahm das Handy herunter und schaltete den Lautsprecher wieder ein.

»… und dann hat er sie umgebracht«, sagte Olivia gerade. »Er wird nie dafür geradestehen müssen, weil er mehr Menschen in der Hand hat als ich. An der Stelle kommt Crowe ins Spiel.«

Meredith Miles wirkte nachdenklich.

»Was kann ich für dich tun?«, fragte sie.

»Vertrau ihm«, antwortete Olivia. »Gib ihm ein bisschen Spielraum.«

»Verstehe.«

»Er kann etwas grob sein«, sagte Olivia. »Nicht der Typ Mensch, mit dem man normalerweise …«

»Ich rufe dich zurück.« Mit einem Druck ihres Daumens beendete Meredith das Gespräch.

In Filmen war ihr Gesicht ein offenes Buch. Sie konnte Emotionen mit einer unvergleichlichen Intensität zum Ausdruck bringen, jeder ihrer Gedanken übertrug sich mit achtundvierzig Bildern pro Sekunde auf das Publikum. Hunderte Millionen von Menschen glaubten sie zu verstehen.

Im wirklichen Leben und aus kurzer Distanz bekam ich einen anderen Eindruck.

Ich stand vor der Mündung einer schallgedämpften Walther PPK und las in ihrem Gesicht buchstäblich nichts.

»Was ist mit Claire passiert?«, fragte sie schließlich. »Über das Wie und Warum hat sie kein Wort gesagt.«

»Sie haben aufgelegt.«

»Ich will es von Ihnen hören.«

»Claire hat sich auf die Suche nach ihm gemacht – nach Lassen. Wahrscheinlich wollte sie ihn zur Rede stellen. Aber es lief nicht gut. Er hat sie aus einem Hubschrauber gestoßen.«

»Ist das Ihr Ernst?«

»Er hat Geheimnisse. Und wenn jemand kurz davorsteht, sie aufzudecken …«

Ich brauchte den Satz nicht zu beenden.

»Stand Claire so kurz davor?«, fragte Meredith. »Was hatte sie herausgefunden?«

Das konnte ich nicht beantworten. Zu diesem Zeitpunkt wusste ich nicht genau, womit er seine Geschäfte machte. Ich verfügte über einige Puzzleteile, aber sie ergaben noch kein Bild. Da waren die geklonten Mädchen und die Männer im

Creekside, die locker über die Kubakrise plauderten. Da waren die Narben. Falls Lassen mit den Mädchen Experimente durchgeführt hatte, war er vielleicht einen Schritt weitergegangen. Vielleicht hatte er ihnen etwas entnommen.

»Würden Sie mir sagen, wie Sie ihn kennengelernt haben und was er Ihnen versprochen hat?«

»Persönlich kennengelernt habe ich ihn nie. Ich habe seinen Namen von Leuten gehört, denen ich vertraue. Von Leuten in bestimmten Kreisen. Sie sagten, er habe ein Heilmittel. Eins, das tatsächlich wirkt.«

»Ein Heilmittel wofür?«

»Für die Zeit«, sagte sie. »Für manche von uns tickt sie ein bisschen schneller, nicht wahr? Und niemand wird je so viel davon haben, wie er oder sie möchte. Die Menschen, die heute hier sind, können sich alles kaufen. Nur eine Sache nicht.«

»Und die verkauft ihnen Sheldon Lassen.«

»Entweder ist es zu gut, um wahr zu sein. Oder es ist wahr und hat Konsequenzen, die noch niemand absehen kann.«

»Was glauben Sie?«, fragte ich.

»Ich möchte noch mehr über Claire Gravesend erfahren – warum er sie getötet hat.«

»Genau das will ich herausfinden, Ms Miles«, sagte ich.

Ich sah, wie sie mich musterte. In meinem Gesicht waren die Abschürfungen von meinem Sturz auf den Highway 101 und die verblassenden Prellungen von einem Kampf auf Leben und Tod in Boston zu erkennen. Vielleicht war durch den Kampf auf ihrer Terrasse noch etwas dazugekommen.

Zum ersten Mal seit sechs Jahren schämte ich mich für nichts davon.

»Nennen Sie mich Meredith«, sagte sie. »Ms Miles klingt nach Grundschullehrerin.«

33

Ich hatte keine Gelegenheit, ihr mehr zu erzählen. Ihr Handy klingelte, sie nahm den Anruf an. Obwohl er nicht über Lautsprecher lief, konnte ich Leons hohe Stimme hören.

»Ich hab den beiden gerade das Tor geöffnet«, sagte er. »Sie fahren jetzt zu Ihnen hoch.«

»Wer ist bei ihm?«

»Seine Mutter.«

Sie legte auf und sah mich an. »Sagen Sie mir, was Sie von mir wollen. Dann sage ich, wozu ich bereit bin.«

»Er hat eine Präsentation geplant, stimmt's?«

»Genau, eine Verkaufsveranstaltung. Sind Ihre Eltern zu Tupperware-Partys gegangen, als Sie klein waren? So ungefähr müssen Sie es sich vorstellen. Nur dass das kleinste Paket zehn Millionen Dollar kostet.«

»Dafür kriegt man eine Menge Tupperware.«

»Was soll ich also tun?«

»Schauen Sie hin, hören Sie zu. Wenn er wieder geht, will ich ihm folgen.«

»Das ist alles?«

»In Ihrem Haus unternehme ich nichts.«

»Das haben Sie schon … der Mann draußen.«

»Davon abgesehen.«

»Sonst noch etwas?«

»Lassen hat einen Mann nach Boston geschickt, der mich umbringen sollte. Am selben Tag haben seine Leute mein Büro durchwühlt und meine Wohnung verwanzt. Er weiß, wie ich heiße und aussehe. Es wäre besser, wenn ich mich nicht unter Ihre Gäste mische.«

»Einverstanden.«

»Was können Sie mir noch anbieten?«

»Ich mache Ihnen einen Friss-oder-stirb-Vorschlag. Sie haben dreißig Sekunden Zeit zum Nachdenken.«

»Also los.«

»Ich habe schon gesagt, dass das ganze Haus verkabelt ist.« Sie griff nach einer Fernbedienung und richtete sie auf den Flachbildfernseher an der gegenüberliegenden Wand. Dann klickte sie sich durch ein Menü und drückte auf einen Knopf. Wir schauten in das tiefer gelegene Zimmer, durch das wir gekommen waren. Die Kamera war irgendwo weit oben versteckt, sodass wir auf ihre Gäste hinunterblickten. Der Ton war relativ leise gestellt, aber ich hörte das Gemurmel von einem halben Dutzend Gesprächen. Menschen, die sich hier mit ihresgleichen versammeln, Wein trinken und sich ein teuflisches Angebot anhören wollten.

»Sie können von hier aus zuschauen«, sagte sie. »Und Sie verschwinden vor ihm. Zur Tür raus, dann rechts, zur Rückseite des Hauses. Die Terrasse kennen Sie ja schon.«

»Ja.«

»Einverstanden?«

»Prima«, sagte ich. »Aber da ist noch das Problem mit dem Kerl in Ihrem Hottub.«

»Darum wird Leon sich kümmern«, sagte sie.

»Wenn Sie ihn freilassen, geht er noch mal auf mich los.«

»Leon hatte schon mit dem einen oder anderen Herumtreiber zu tun. Das Einzige, wozu Lassens Mann in den nächsten Tagen in der Lage sein wird, ist Aspirin nehmen.«

»Und wenn er Sie bei der Polizei anzeigt?«

Sie war schon auf dem Weg zur Tür, drehte sich aber noch einmal zu mir um.

»Keine Sorge«, sagte sie. »Das ist noch nie vorgekommen.«

»Wenn es für Sie so in Ordnung ist, bin ich einverstanden.«

»Wir werden uns nicht wiedersehen, Mr Crowe. Also leben Sie wohl.«

Sie öffnete die Tür und ging hinaus. Nachdem ich hinter ihr abgeschlossen hatte, kehrte ich an den Zeichentisch zurück. Meredith Miles schrieb ihre Manuskripte auf einem Regiestuhl aus Teakholz und Segeltuch. Ich zog ihn unter dem Tisch hervor und setzte mich, dann nahm ich die schallgedämpfte Pistole und sah sie mir gründlich an. Sie war in gutem Zustand. Eine liebevoll gepflegte Waffe. Ich nahm den Geruch verbrannten Schwefels von kürzlich abgegebenen Schüssen wahr. Nach der letzten Reinigung war mit der Waffe geschossen worden. Das Beste wäre es, die Waffe dem LAPD zu übergeben, das sie ballistisch untersuchen würde. Wahrscheinlich würde man sie mit ungeklärten Verbrechen im ganzen Land in Verbindung bringen können. Aber das kam nicht infrage. Die Wahrscheinlichkeit, dass ich sie heute Abend noch brauchte, war hoch.

Lassen und seine Mutter tauchten fünf Minuten später auf dem Bildschirm auf. Es war die Frau, die ich zwischen den Mammutbäumen im Creekside gesehen hatte, bevor ich bewusstlos geschlagen worden war. Eine hochgewachsene Blondine, deren Haare kunstvoll geflochten und am Hinterkopf hochgesteckt waren. Es hätte sich um Claire oder Madeleine handeln können, die auf Besuch aus der Zukunft waren. Alle drei hatten dasselbe Gesicht, dieselben Rundungen, dieselbe glatte Haut. Nur dass diese Frau sich vorsichtig bewegte. Nicht mit der geschmeidigen Eleganz einer Tänzerin, sondern mit der Fragilität eines gebrechlichen Menschen. Sie durchquerte den Raum und nahm in der Ecke eines Sofas Platz, distanziert und ganz für sich. Eine Kellnerin näherte sich mit einem Tablett voller Weingläser, zog aber nach einem Blick der Frau gleich wieder ab.

Lassen verhielt sich völlig entgegengesetzt. Er nutzte den Raum und bewegte sich locker von einer Gruppe zur nächsten. Natürlich schüttelte er so viele Hände wie möglich. Er hatte große Ankündigungen gemacht, für die er entsprechende Preise verlangen würde. Wenn ein Drittel der Anwesenden sein günstigstes Paket kaufte, würde er das Haus um fünfzig Millionen Dollar reicher verlassen. Er trug ein dunkles Sakko über einem schwarzen kragenlosen Hemd. Seine blonden Haare fielen bis auf die Schultern. Sein Körper wirkte unter der Jacke breit und muskulös. Er und seine Mutter hätten als Zwillinge durchgehen können. Womit ich sagen will, dass zwischen den beiden kein Altersunterschied zu erkennen und ihr tatsächliches Alter unmöglich zu schätzen war.

Nachdem er sämtliche Gäste begrüßt hatte, setzte er sich auf den leeren Platz neben seiner Mutter und zog das Handy aus der Tasche. Ich sah ihn wählen und das Gerät dicht ans Ohr halten. Dann begann in meiner Tasche ein Handy zu vibrieren. Es war nicht Elijahs, sondern das von Lassens Mann.

Ich zog es heraus und starrte auf das Display. Die Anrufernummer war keinem Namen zugeordnet. Lassen hatte den Mann sorgfältig instruiert. Er wollte nicht in der Kontaktliste auftauchen. Was bedeutete, dass das von Lassen benutzte Gerät wahrscheinlich ein Wegwerfhandy oder auf undurchschaubaren Pfaden auf irgendeine LLC registriert war. Ich schnappte mir einen von Merediths Stiften, nahm eine Seite aus dem unbetitelten Manuskript und notierte die Nummer. Auf keinen Fall würde ich rangehen, aber das Handy bot mir eine Reihe anderer Optionen. Ich konnte auf einen Knopf drücken und einen vorprogrammierten Text versenden.

Sorry, kann jetzt nicht reden.

Bin unterwegs.

Rufe später zurück.

Mir war klar, dass ich nicht mit Lassen reden durfte, aber ein bisschen provozieren konnte ich ihn schon. Ich entschied mich für die letzte Option, weil sie am wenigsten unterwürfig klang. Ich steckte nicht bis zu den Ohren in einem großen Problem, das ich für ihn löste. Ich eilte ihm nicht zur Seite. Ich hatte ihn in Laytonville enttäuscht, was mir aber nicht allzu viel ausmachte. *Ich weiß, dass Sie anrufen, Boss, aber ich ignoriere Sie. Ich rufe Sie an, wenn mir danach ist. Lassen Sie mich bis dahin einfach in Ruhe.*

Ich schaltete das Handy aus und steckte es wieder in die Tasche. Dabei ließ ich den Bildschirm nicht aus den Augen. Lassen las meinen Text und versteifte sich am ganzen Körper. Er beugte sich zu seiner Mutter hinunter und flüsterte ihr etwas ins Ohr. Dann wandte er sich zur Tür. Meredith Miles war gerade hereingekommen und zu einer Gruppe am anderen Ende des Raums getreten. Lassen ging auf sie zu, es folgte der unvermeidliche Luftkuss. Auf einer Seite, dann auf der anderen. Kein Kontakt, aber nicht, weil Lassen es nicht versucht hätte. Ich verstand nicht, was er zu ihr sagte. Dazu waren zu viele andere Gespräche im Gange.

Als er fertig war, machte Meredith einer Kellnerin in ihrer Nähe ein Zeichen. Zeit zum Rückzug. Binnen fünfzehn Sekunden waren alle in Uniformen steckenden Personen verschwunden. Übrig blieben fünfzehn Hollywood-Strippenzieher plus Lassen und seine Mutter, die noch dieselbe kühle, herablassende Miene zur Schau stellte wie bei ihrer Ankunft.

Ich sah, wie Meredith mit einer Cocktailgabel den Rand ihrer Champagnerflöte antippte. Es wurde still im Raum, alle Gesichter wandten sich ihr zu.

»Vermutlich wissen wir auf die eine oder andere Art alle, weshalb wir hier sind. Inzwischen dürftet ihr Mr Lassen begrüßt haben. Die Kellner habe ich weggeschickt. Wenn ihr also noch etwas wollt, müsst ihr euch selbst bedienen – obwohl hier wahrscheinlich niemand mehr weiß, wie das geht.«

Ihre Zuhörer lachten höflich.

»Also dann, Mr Lassen, fangen Sie an.«

Lassen griff in seine Tasche und zog eine kleine schwarze Fernbedienung hervor. Er musterte sie mit gesenktem Kopf, dann drückte er auf eine Taste. Seine Vorhut hatte an mehreren Stellen im Raum Geräte installiert, die jetzt sirrend zum Leben erwachten.

An der Decke hingen schwarze Motorengehäuse, an die eine Reihe von Spiegeln montiert waren. Sie begannen sich zu drehen, ein Dutzend Laserprojektoren an den Wänden warfen ihre Strahlen nach oben. Was jetzt sichtbar wurde, konnte man nur als Taschenspielertrick bezeichnen: ein sorgfältig komponiertes Wunder aus Licht und Interferenzen.

Ein winziger Stern schwebte einen guten Meter über Merediths Fußboden. Er rotierte sanft, seine hellrosafarbene Corona pulsierte und dehnte sich aus. Die versammelten Gäste traten zurück, um ihr Platz zu machen.

»So haben Sie angefangen – so haben wir alle angefangen«, sagte Lassen. »Mit einer einzigen Zelle, die sich in zwei geteilt hat.«

Der Stern hatte inzwischen die Größe einer Orange. Langsam zog er sich in der Mitte zusammen, als hätten unsichtbare Hände einen Gürtel um seinen Äquator gelegt. Aus einem

Himmelskörper wurden zwei, die sich dicht aneinanderschmiegten.

»Von diesem Augenblick an tickte die Uhr«, sagte Lassen. Er sah sein Publikum an, suchte Augenkontakt mit allen, die nicht auf das Hologramm fokussiert waren. »Unser Leben hat eine begrenzte Anzahl von Tagen. Die Zeit rinnt durch das Stundenglas. Ihr Tod hat bereits im Moment Ihrer Geburt begonnen.«

Die holografischen Zellen begannen sich in exponentieller Geschwindigkeit zu teilen. Ein Embryo nahm Gestalt an. Er wuchs zu einem Fötus und einem Neugeborenen heran. Das Kind senkte sich auf den Fußboden herab. Dort lag es, nackt und zitternd – und alternd. Das Kind wurde zur Frau. Gerade als ihre Schönheit in voller Blüte stand, verwandelte sie sich in eine Hundertjährige mit grauer, verschrumpelter Haut.

Lassen drückte einen Knopf und stoppte die Präsentation. Die nackte alte Frau lag reglos auf dem Boden, eine schimmernde Lichtskulptur.

»Das ist der Weg, auf dem Sie sich befinden. Den Sie für den einzig möglichen Weg hielten. Sie haben ihn sich nicht ausgesucht. Es gab keine Wahl. Bestenfalls haben Sie sich damit abgefunden, dass Sie altern, verkümmern, sterben.«

Wieder sah er in die Runde.

»Aber vielleicht haben Sie sich doch nicht ganz abgefunden, stimmt's? Schließlich sind Sie hier. Sie haben etwas gehört. Ein Gerücht. Und wenn Sie je etwas gewollt haben, dann den Glauben daran, dass es einen anderen Weg geben könnte.«

Er hob die Fernbedienung. Die schimmernde Frau auf dem Boden begann sich zu regen. Sie stand auf. Nackt und gebeugt. Ihre Haut hing an ihr herab. Sie schlang die Arme um den Oberkörper, um sich vor der Kälte zu schützen. Ihr

Gesicht war zum Boden gerichtet und verschwand hinter Strähnen ungewaschener Haare.

»Jede Uhr kann neu gestellt werden. Noch eine Minute vor Mitternacht lässt sie sich zurückstellen.«

Die Frau stand jetzt aufrechter. Ihre Hautfalten strafften sich. Sie nahm die Hände vom Oberkörper und entblößte volle Brüste. Sie schob die plötzlich erblondeten Haare zur Seite und hob ihr makelloses Gesicht.

Wir sahen Madeleine.

Nur dass es nicht Madeleine war. Nicht ganz. Die holografische Frau wirkte zehn bis fünfzehn Jahre älter. Sie drehte sich einmal langsam um sich selbst. Dann, als würde eine Glühbirne ausgeschaltet, verschwand sie ganz plötzlich. Lassen nahm ihren Platz in der Mitte des Raums ein.

»Ich glaube, Sie alle kennen meine Mutter.«

Alle Augen richteten sich auf sie, aber sie reagierte nicht. Sie saß am Rand des Sofas, den Kopf zur Seite gedreht und schaute ins Nichts.

»Vor ungefähr zwanzig Jahren wurde bei ihr eine aggressive Form der Leukämie diagnostiziert«, fuhr Lassen fort. »Sie hatte kein Jahr mehr zu leben. Ihre Ärzte schlugen eine Chemotherapie vor, die ihr Knochenmark zerstört hätte. Sie hätte es später durch Transplantate von Spendern ersetzen lassen müssen. Ein Prozess, der ganz eigene mögliche Komplikationen und Risiken birgt. Von den beträchtlichen Schmerzen nicht zu reden. Aber ich hatte eine bessere Idee. Eine Therapie nicht nur für den Krebs, sondern eine viel umfassendere Behandlung.«

Wieder sah er sich um. Die meisten seiner Zuhörer hatten sich gesetzt. Meredith stand dicht neben ihrem ersten Regisseur und flüsterte ihm etwas zu. Lassen räusperte sich.

»Wie viele von Ihnen haben von der Jungblut-Therapie gehört?«

Die meisten Zuhörer hoben die Hände.

»Und wie viele von Ihnen haben es versucht?«

Diesmal gingen nur zwei Hände hoch, darunter die des neben Meredith sitzenden Regisseurs.

»Das Konzept ist simpel«, sagte Lassen. »Ein Kind hätte es sich ausdenken können: den Jungen Blut abzapfen und es den Alten übertragen. Die Idee ist aus einer Studie an Mäusen hervorgegangen. Die Kreislaufsysteme junger Mäuse wurden mit denen älterer verbunden. Neues Blut in alte Arterien. Die älteren Mäuse blühten auf. So sehr, wie man mithilfe eines von außen aufgepfropften Organismus eben aufblühen kann.«

Meredith beugte sich vor. Der Regisseur legte seine Hand auf ihr nacktes Knie, sie schob sie weg, ohne den Blick von Lassen abzuwenden.

»Was haben Sie mit Ihrer Mutter gemacht?«

»Fast genau das, was ihre Ärzte empfohlen hatten. Wir haben ihr Knochenmark entfernt und durch transplantiertes Gewebe ersetzt.«

»Wessen Gewebe haben Sie benutzt?«

»Ihr eigenes«, sagte Lassen mit einem Blick auf seine Mutter. »Wir haben Knochenmark aus ihrer Kindheit genommen. Man spricht von einer autologen hämatopoetischen Stammzellentransplantation. Man ersetzt das kranke Gewebe durch gesundes Gewebe desselben Patienten. Es gab keinerlei Komplikationen durch Abstoßungsreaktionen. Und weil das Gewebe schon in ihrer frühen Jugend entnommen wurde, gab es weitere Vorteile, von denen Sie nicht einmal träumen würden – erlauben Sie mir.«

Er verließ die Raummitte und ließ die Projektoren wieder

laufen. Ein Wirbel blauen Lichts senkte sich langsam von der Decke herunter, bis er auf Augenhöhe zum Stillstand kam. Das Licht verschmolz zu einer neuen Gestalt. Jetzt sahen wir ein Gebäude aus Beton, das auf einem verschneiten Feld stand. Das Bild begann zu rotieren. Die Doppeltür an einer Seite des Gebäudes wurde von einem geschmacklosen Säulengang verziert. Davor stand ein uralt aussehender Krankenwagen, dem alle vier Reifen fehlten.

»Mein erstes Labor«, sagte Lassen in leicht nostalgischem Ton. »Es stand weit weg von hier. Die herrschenden Kräfte missbilligen das freie Denken. Wenigstens in diesem Land. Für Stammzellen gilt das ganz besonders.«

Das Krankenhaus löste sich auf. Jetzt sahen wir das Innere eines Labors. An einem Experimentiertisch arbeitete ein Mann mit blonden, schulterlangen Haaren, dessen Aufmerksamkeit von einem Mikroskop und mehreren flackernden Computermonitoren beansprucht wurde. Sein Gesicht konnten wir nicht erkennen, aber das war auch nicht nötig.

»Eine Stammzelle ist etwas Fantastisches«, sagte der echte Lassen. »Sie kann sich in jede Art von Gewebe ausdifferenzieren. Sie kann sich regenerieren und erneuern.«

Aus den Okularen strömte Licht, das in der illusionären Laborluft eine feste Form annahm und zeigte, was Lassen unter dem Mikroskop betrachtete. Zellen pulsierten und teilten sich in einer Suspension.

»Die Stammzellen in Ihrem Rückenmark bilden Ihr Blut. Aber sie sind noch zu mehr in der Lage. Mit einigen wenigen Modifikationen können sie durch Ihr Kreislaufsystem wandern und alles erneuern, womit sie in Berührung kommen. Herzgewebe. Ihre Leber. Ihre Augen. Die Organe werden so gesund, wie sie in Ihrer Kindheit waren. Ganz ohne Tabletten,

Chemikalien oder trendige Diäten. Es ist Ihr eigener Körper, der die Zeit zurückdreht.«

Wir sahen zu, wie ein graues Herz fest und gesund wurde, eine marmorierte Leber glatt und braun. Als Nächstes spielte ein Kind auf einer Wiese. Ein geschmeidiger Teenager sprang von einer Klippe in den Ozean. Dann verwandelte sich der Raum blitzartig in eine sepiagetönte Leichenhalle. Boden und Wände bestanden aus kleinen weißen Fliesen. Auf stählernen Wagen lagen grob aussehende Instrumente. Scheren, die von einem Schmied hätten gefertigt sein können. Skalpelle und Knochensägen. Mitten im Raum stand eine fahrbare Trage, darauf lag eine verhüllte Gestalt. Lassen trat in seine Illusion hinein und stellte sich neben die Leiche.

»Kaum jemand von Ihnen – oder kein Einziger – wird Knochenmark aus der eigenen Kindheit irgendwo in einem Gefrierschrank gelagert haben. Nun, wie wäre es, wenn jemand einen Weg fände, Ihre DNA zu entnehmen und sie in eine Zelle einzupflanzen?«, fragte er. »Und wenn wir dieser Zelle einen Funken neuen Lebens einhauchen könnten, sodass sie neu geboren wird und ihre Uhr bei null beginnt? Frei von jeglichen Spuren des Alters. Stellen Sie sich vor, wie es wäre, wenn diese Stammzellen – Ihre Stammzellen – in einem Gefäß auf Sie warten? Wenn sie in einer perfekten Umgebung wachsen, bis Sie bereit sind, sie zu empfangen?«

Er machte eine Kunstpause und ließ seinem Publikum Zeit, die Leichenhalle zu betrachten.

»Wenn wir das tun könnten – wenn wir über einen grenzenlosen Vorrat Ihrer eigenen Stammzellen verfügen könnten, frisch und dynamisch, wie Sie in Ihrer Jugend waren –, hätten wir eine Quelle in uns. Einen Jungbrunnen, in unseren eigenen Knochen.«

Jetzt verschwand die Leichenhalle. Wir wurden in einen Gang geführt. Ein Mann schob die Trage durch das dämmrige Licht. Weiter vorn war eine Tür. Durch den Spalt, längs des Türpfostens und durch das Schlüsselloch strahlte weißes Licht.

»Ich kann diese Tür öffnen«, sagte Lassen. »Ich kann Sie auf die andere Seite führen. Ich kann …«

»Worauf wollen Sie hinaus?«, fragte Meredith.

»Ich habe einen Weg gefunden«, sagte Lassen. Falls sie ihn aus dem Konzept gebracht hatte, fand er die Fassung schnell wieder. Er machte diese Präsentation nicht zum ersten Mal und musste mit Fragen rechnen. »Ich kann eine winzige Probe von Ihrer DNA nehmen. Ich kann sie in einen Zellkern übertragen. Ich kann die Zelle zum Wachsen bringen. In weniger als einem Jahr – in ungefähr zehn Monaten – kann ich Knochenmark entnehmen. Ihr Knochenmark, aber mit zurückgedrehten zellulären Uhren.«

»Reden wir übers Klonen?«, fragte Meredith. »Das Klonen von Menschen?«

»Natürlich nicht.« Seine Stimme klang ernst und ruhig. Auf der anderen Seite des Raums hatte seine Mutter noch keinen Muskel bewegt. »Hier geht es nur um Stammzellen.«

»Wie kommen Sie an diese Zellen?«

»Ich habe einen ganz einzigartigen Prozess entwickelt. Nachdem ich die DNA – Ihre DNA – übertragen habe, kultiviere ich die Zellen in einem absolut entbehrlichen Gefäß.«

»Was bedeutet das – ein entbehrliches Gefäß?«

»Genau das ist das Einzigartige.«

»Ein patentiertes Verfahren, meinen Sie?«

Lassen schüttelte den Kopf.

»Patente sind in öffentlichen Verzeichnissen zugänglich

und nur für begrenzte Zeit geschützt. Aber Geheimnisse hat man, solange man schweigen kann. Und schweigen kann ich sehr gut.«

»Für zehn Millionen Dollar müssten Sie schon ein bisschen mehr anbieten.«

»Das ist ein Viertel Ihres letzten Jahreseinkommens.«

»Aber mehr, als ich verlieren möchte«, sagte Meredith. »Ich will wissen, was genau ich kaufe.«

»Es ist nicht so einfach zu demonstrieren«, sagte er. »Schließlich können wir meine Mutter nicht aufschneiden und die Jahresringe zählen.«

Seine Mutter blickte auf, zeigte ansonsten aber keine Regung.

»Wie wollen Sie dann beweisen, dass das alles wirklich funktioniert? Dass Sie es wirklich hinkriegen?«, fragte Meredith.

Als Lassen seine Fernbediendung hob, schüttelte sie den Kopf. »Das ist nur Blendwerk. Wie man einen Film macht, wissen wir hier alle.«

»Mein Labor kann ich Ihnen nicht zeigen. Aber ich kann Ihnen etwas anbieten, was fast so gut ist.«

»Nämlich?«

»Menschen, denen Sie vertrauen«, sagte er. »Ich habe es vor zwanzig Jahren für meine Mutter getan. Anfangs gab es Probleme. Ich habe versucht, neue Zellen aus alter DNA zu erschaffen – aus Chromosomen, die all die Schäden und Mutationen aufwiesen, mit denen man nach einem langen erfüllten Leben rechnen muss. Einige dieser Unvollkommenheiten haben in meinen Gefäßen fortgelebt, selbst durch den Prozess der Wiedergeburt hindurch. Inzwischen hat die Technologie diese Probleme behoben. Ich kann Gene redigieren wie eine

Textzeile. Ich kann Ihre DNA nehmen und in den Zustand bei Ihrer Geburt versetzen. Ich kann …«

Ich hatte genug gehört. Ich wusste, wie Lassen argumentierte und warum er sich Meredith Miles gegenüber nie würde erklären können. Er redete um den heißen Brei herum und sprach von Wiedergeburt und entbehrlichen Gefäßen, weil er schlecht sagen konnte, dass er alle zum Essen einlud und ihnen Menschenfleisch vorsetzen würde.

Ich öffnete die Tür des Arbeitszimmers und trat leise auf den Gang hinaus. Von der Vorderseite des Hauses hörte ich, wie die Präsentation fortgeführt wurde, aber ich ging nicht in diese Richtung. Stattdessen schlug ich den Weg zur Rückseite ein, wie Meredith mir aufgetragen hatte. Auf der Terrasse, neben dem immer noch verriegelten Hottub, blieb ich stehen und hielt den Atem an. Dann ging ich weiter. Meine Arbeit war noch nicht erledigt, aber ich stand kurz davor.

34

Ich wendete in drei Zügen. Dann fuhr ich die Zufahrt hinunter zum Tor. Der letzte in der Reihe geparkter Wagen war ein schwarzer Maybach. Mein inzwischen verstorbener Bekannter Larry hatte einen Wagen genau wie diesen beschrieben. Lang und leistungsstark, ein europäisches Modell, das er nicht genau benennen konnte. Der Chauffeur war ausgestiegen und machte sich mit einem weißen Tuch am Lack zu schaffen. Lassen war als Letzter eingetroffen, es musste sich also um sein Auto handeln. Beim Vorbeifahren wandte ich den Blick vom Chauffeur ab, dann wartete ich, bis das Tor sich öffnete.

Ich folgte der Deseo Lane dreihundert Meter den Canyon hinunter, bis ich die erste Seitenstraße erreichte, eine kurze Sackgasse. Dort bog ich rechts ab, wendete am Ende der Straße und blieb dann stehen. Die Scheinwerfer schaltete ich aus, ließ aber den Motor laufen. Ich behielt die Abzweigung im Auge und wartete.

Mit einem Anruf bei George Wong vertrieb ich mir die Zeit.

»Was kann ich für dich tun?«, fragte er, als wir die einleitenden Floskeln hinter uns gebracht hatten.

»Findet man in der Wirbelsäule eines Menschen Knochenmark?«

»Deine Interessen sind breit gefächert, Crowe. Ja, dort gibt es Knochenmark. Generell gilt: Je größer der Knochen, desto mehr Mark.«

»Wie entnimmt man es?«

»Mit einer großen Nadel.«

»Kann man es schon einem Baby entnehmen?«

»Man kann einem Baby viele schreckliche Dinge antun. Die Frage ist: Was solltest du damit anfangen?«

»Aber wenn man es wieder und wieder tut, bleiben Narben zurück, stimmt's?«

»Natürlich bleiben Narben zurück. Worauf willst du hinaus?«

»Lass mich noch eine andere Frage stellen«, sagte ich. »Bei unserem letzten Gespräch hast du mir von Dr. Park erzählt. Er hat mittels Zellkerntransfer geklont. Nehmen wir einfach mal an, man könnte einen Menschen klonen …«

»Nach allem, was ich im Labor mitbekommen habe, ist das nicht nur eine Hypothese.«

»Okay, klar. Wenn Dr. Park nun die DNA einer alten Frau genommen und sie in eine Eizelle übertragen hat, was dann?«

»Vorausgesetzt, man hat eine Leihmutter für die Zeit der Schwangerschaft, entsteht ein Baby.«

»Wäre es zum Zeitpunkt der Geburt achtzig Jahre alt?«

Ich malte mir ein Baby mit weißen Haaren und Falten aus, das sterben würde, bevor es überhaupt richtig gelebt hat.

»Nein, das ist der Trick beim Klonen. Wenn sich die Eizelle zum ersten Mal teilt, also aus einer Zelle zwei werden, starten die Uhren neu.«

»Welche Uhren?«

»Zellen haben alle möglichen Uhren, aber im Grunde reden wir von Telomeren. Das sind Kappen auf den Enden deiner DNA-Stränge. Wenn eine Zelle sich teilt, kopiert deine DNA sich selbst. Die Telomere sorgen mit dafür, dass dieser Prozess ordentlich abläuft. Je älter man wird, desto abgenutzter werden sie und desto mehr Mutationen schleichen sich ein.«

»Der Verfall beginnt«, sagte ich.

»Das Zentrum hält nicht stand«, antwortete er. »Aber das Klonen dreht die Uhr wieder auf null. Frag mich nicht, wie das funktioniert. Ich bewege mich sowieso schon auf wackligem Boden.«

Er machte eine Pause, ich schaute durch die Windschutzscheibe. Ein Auto fuhr vorbei, aber es war niemand, dessentwegen ich mir Sorgen machen musste.

»Erinnerst du dich noch an Dolly?«, fragte George.

»Du meinst das Schaf?«

»Das Schaf, genau. Dolly wurde aus einem sechsjährigen Mutterschaf geklont. Für Schafe ist das ein mittleres Alter. Damals fragten sich viele, ob ihr Verfall deshalb schneller gehen würde als normal.«

»Und?«

»Mit vier hatte sie Arthritis. Mit sechs starb sie an Lungenkrebs.«

»Ist das ein Ja?«

»Es ist ein entschiedenes Vielleicht. Denn sie lebte ausschließlich in geschlossenen Räumen und bekam viele Leckereien.«

»Was glaubst du?«

»Ich glaube, als Klon wäre ich vorsichtig«, sagte George und legte die nächste Pause ein. »Ich würde meinen jährlichen Gesundheitscheck niemals versäumen. Wenn eine bestimmte Vorsorgeuntersuchung mit fünfzig empfohlen wird, würde ich sie mit fünfundzwanzig machen. Jedenfalls, wenn ich zur selben Zeit wie Dolly geklont worden wäre.«

»Läuft es heute anders?«

»Vor fünf oder sechs Jahren ist ein neues System entwickelt worden, mit dem sich Gene Buchstabe für Buchstabe neu schreiben lassen. Es heißt CRISPR. Wenn du heute klonen würdest und dein Handwerk verstehst, könntest du irgendwelche Anomalien sicher vermeiden. Du könntest perfekte Kopien erschaffen.«

»Danke, George«, sagte ich.

Ohne den Blick von der Straße zu nehmen, beendete ich das Gespräch. Ich versuchte, fokussiert zu bleiben und mich auf die vor mir liegende Aufgabe zu konzentrieren. Mein Job für Olivia Gravesend war im Wesentlichen erledigt. Sie hatte mich engagiert, damit ich herausfand, was mit ihrer Tochter passiert war. Inzwischen war ich wahrscheinlich in der Lage, es ihr zu erklären. Vielleicht glaubte sie mir die Geschichte nicht, vielleicht brach sie zusammen, wenn sie sie hörte. Aber ich hatte nichts anderes zu erzählen. Ich konnte auf der Stelle nach Carmel zurückfahren, meinen Bericht und die Rechnung schreiben. Aber wenn ich das tat, hatte Madeleine definitiv keine Chance.

Aufhören kam nicht infrage.

Eine Stunde später fuhr Lassens unverwechselbares Auto an der Einmündung vorbei. Ich hatte es drei Sekunden im Blick, bevor es verschwand. Ich wartete weitere zehn, bis ich den Gang einlegte und ihm folgte. Ich musste davon ausgehen, dass Lassens Fahrer auf mögliche Verfolger achtete. Sein Boss wusste, dass ich hinter ihm her war. Wenn man jemandem wie Lassen folgte, musste man entweder das Risiko eingehen, entdeckt zu werden. Oder man nahm die Gefahr in Kauf, ihn zu verlieren. Ich entschied mich für Letzteres. Wenn ich ihn verlor, konnte ich ihn wiederfinden. Aber wenn er mich jetzt sah, würde er mich möglicherweise nie an den Ort führen, an den ich wollte.

Ich schaute auf das Navi. Wieder befand ich mich auf der

Deseo Lane. Ein Stück weiter machte die Straße eine scharfe Rechtskurve, dann endete sie am Angelo Drive. Lassen musste abbiegen – aber ich war nicht nahe genug, um zu sehen, in welche Richtung er fuhr. Wenn er sich links hielt, würde er noch einen knappen halben Kilometer in die Hügel hinauffahren und in einer Sackgasse landen. Wenn er rechts abbog, gab es ein Dutzend Möglichkeiten. Sämtliche Sackgassen konnte ich ausschließen. Ich suchte nach Auswegen, nach Fluchtrouten. Wenn er aus den Hügeln hinauswollte, gab es eigentlich nur eine einzige Option – den Benedict Canyon Drive. Nahm man diese Straße in die andere Richtung, kam man in noch höheres Gelände, bis zum Kamm der Hügelkette und darüber hinweg. Nach Sherman Oaks, Van Nuys oder North Hollywood.

Von der vor mir liegenden Kreuzung erreichte man den Benedict Canyon Drive auf zwei Wegen, einem kurzen und einem langen. Vermutlich würde Lassens Fahrer die schnellste Strecke nehmen. Sein Boss war ein vielbeschäftigter Mann. Bei der Kreuzung nahm ich also den langen Weg, der mich den Benedict Drive ein Stück nördlich von Lassen erreichen lassen würde. Wenn ich von dort hinunter Richtung Stadt raste und er dieselbe Strecke fuhr, würde ich mich ihm von hinten nähern. Falls er hügelaufwärts kutschierte, würde er mir entgegenkommen. Ich schaltete herunter und probierte aus, was der Jaguar auf einer einspurigen, geschlängelten Straße zu bieten hatte.

Für Drag-Racing war das Viertel nicht gebaut. Wahrscheinlich wurde so etwas hier auch nicht toleriert. An den Straßenrand gewinkt zu werden, wäre ein Desaster. Ich hatte keinen Ausweis bei mir, dafür aber zwei gestohlene Pistolen. Außerdem war der Wagen, den ich fuhr, auf Olivia Gravesend zugelassen. Eine der beiden Waffen war vermutlich bei mehreren Morden benutzt worden, unter anderem in einem Bed & Breakfast, das ich kürzlich besucht hatte. Trotzdem fuhr ich nicht langsamer.

Schlitternd nahm ich eine Rechtskurve, rumpelte dabei über den Bordstein und rammte beinahe eine steinerne Gartenmauer. Dann hatte ich einen relativ geraden, bergab führenden Abschnitt vor mir. Rechts von mir war das Gelände zu steil für irgendwelche Bebauung. Ich sah ein Stoppschild vor mir und raste darauf zu. Rechts stand ein Wohnhaus, jemand hatte eine graue Mülltonne halb auf die Straße gestellt. Ich konnte nicht schnell genug ausweichen und rammte sie mit der vorderen Stoßstange. Weiße Mülltüten ausspuckend, flog sie in eine Buchsbaumhecke.

Kurz vor dem Stoppschild bremste ich leicht ab und bog in einem Zweihundertsiebziggradwinkel auf den Cielo Drive. Die Straße führte steil abwärts, aus den Hügeln hinunter auf den Benedict Canyon Drive. Ich kam an einem Schild vorbei, das mich aufforderte, mein Tempo im Auge zu behalten. Auf einer Straße, die für eine Geschwindigkeit von fünfundzwanzig oder dreißig Stundenkilometern gebaut war, fuhr ich ungefähr hundert.

Ein entgegenkommendes Auto wich hektisch an den Straßenrand aus. Im Vorbeifahren hörte ich die Hupe, dann war es weg. Weiter raste ich durch die Dunkelheit. Hier gab es keine Straßenbeleuchtung, nur überhängende Bäume – im Fernlicht tauchten Weiden, kümmerliche Eichen und die Silhouetten von Agaven auf. Vor mir sah ich ein weiteres Stoppschild. Ich ignorierte es und fuhr am Beverley View Drive vorbei, ohne die Bremse auch nur anzutippen.

Nach drei weiteren Kurven hatte ich den Benedict Canyon Drive erreicht. Ich bremste und hielt an der weißen Linie. Ich blinkte – ein braver Bürger auf Spazierfahrt. Als ich rechts abgebogen und hundert Meter gefahren war, sah ich ein Paar Scheinwerfer, bei denen es mich heiß und kalt überlief. Es war der Maybach, der aus der Gegenrichtung kommend an mir vorbeifuhr. Ich wartete, bis er außer Sichtweite war, und ließ einen weiteren Wagen passieren. Dann wendete ich und folgte ihm.

Der Mulholland Drive führt in Ost-West-Richtung über einen Hügelkamm in den Santa Monica Mountains und windet sich zwischen Parks und einigen der teuersten Grundstücke in Kalifornien hindurch. Irgendwann endet er als Schotterpiste am Rand einer Wildnis, deren Fläche der Hälfte des Stadtgebiets von San Francisco entspricht.

Ich hatte das Gefühl, dass Lassen genau dorthin wollte. Dann würde er entweder links oder rechts abbiegen müssen. Wenn ich vor ihm dort war, konnte ich denselben Trick wie eben noch einmal anwenden. Entweder tauchte ich scheinbar unschuldig hinter ihm auf, oder er kam mir aus der anderen Richtung entgegen.

Ich schaute auf die Karte und sah, dass es eine Möglichkeit gab, aber ich musste mich beeilen. Das nächste Rennen folgte, diesmal bergauf statt bergab. Die Straßen waren hier genauso eng und genauso kurvig, fünfmal hatte ich es mit Gegenverkehr zu tun. Ich war fast sicher, dass jemand die Polizei anrufen würde, doch erreichte ich unbehelligt die höchste Stelle des Hügelkamms. Ich bog links auf den Mulholland, Richtung Benedict Canyon Drive, und ließ mir Zeit. Mit gut zwanzig Stundenkilometern näherte ich mich der Kreuzung.

Ich erreichte sie, ohne dem Maybach zu begegnen. Er musste an der höchsten Stelle links abgebogen sein. Also beschleunigte ich auf sechzig oder siebzig und sah ihn nach sechs Kurven vor mir. Erst nahm ich nur die Rücklichter wahr, dann das unverkennbare schräge Heck des Maybach. Ich ging ein wenig vom Gas, folgte ihm aber mehr oder weniger in Sichtweite. Der beste Zeitpunkt, um einen Verfolger zu entdecken, ist der erste Kilometer nach der Abfahrt. Diese Chance hatte ich ihm nicht gegeben, jetzt konnte ich jeder sein. Ein x-beliebiger Typ, der den Mulholland Richtung Westen nahm, Richtung Interstate 405. Vielleicht wollte ich mir auch die Lichter der Stadt ansehen. Oder ich fuhr nach Malibu.

Danach ging alles ziemlich schnell. Wir fuhren noch drei Kilometer, für die wir rund vier Minuten brauchten. Der Mulholland überquerte die Interstate. Ich sah ein Band roter Lichter auf dem Weg nach Norden, weiße Lichter zogen Richtung Süden. Dann erreichten wir eine flache Steigung. Links befand sich eine kirchliche Schule, rechts ein leerer Parkplatz.

Der Maybach bog auf den Parkplatz. Ich sah, dass man in nördlicher Richtung einen Blick über die Stadt hatte. Am Rand des Parkplatzes ging es steil nach unten. In der Tiefe zogen sich die Lichter bis zum Horizont. Ich war nicht sicher, was genau dort unten lag. Van Nuys oder Northridge. Mir blieb keine Zeit, um auf die Karte zu schauen, letztlich war es auch egal. Denn im selben Moment, in dem der Maybach den Parkplatz erreichte, tauchte aus dem unterem Bereich des Hangs ein Hubschrauber auf. Er musste sich beim Aufsteigen an den Hügelrand geschmiegt haben.

Der Hubschrauber landete auf dem Parkplatz, der Maybach fuhr direkt auf ihn zu. Ich ignorierte sämtliche Regeln einer heimlichen Observation und blieb mitten auf der Straße stehen, um zuschauen zu können.

Der Pilot sprang heraus und öffnete die seitliche Tür des Hubschraubers. Gleichzeitig stieg auch der Chauffeur aus und öffnete die beiden hinteren Türen. Zuerst tauchte Lassen auf, dann seine Mutter. Sie gingen die wenigen Schritte bis zum Hubschrauber und stiegen ein. Der Pilot schloss die Tür hinter ihnen und kletterte wieder ins Cockpit. Zehn Sekunden später waren sie in der Luft, ich sah den Hubschrauber nur noch als blinkendes rotes Licht. Er gewann an Höhe und verschwand hinter einer tiefhängenden Wolke.

Lassen war einfach so verschwunden. Ich hämmerte so heftig auf das Steuer, dass ich spürte, wie mir die Knöchel aufplatzten. Mit so etwas hätte ich rechnen müssen.

Hinter mir hupte ein Auto. Ich blockierte die Spur. Also nahm ich den Fuß von der Bremse und wendete. Lassen war Richtung Nordwesten geflogen, ich musste zur Interstate. Zwar würde ich nicht mithalten können, aber ich konnte zumindest mein Bestes versuchen.

Mit Elijahs Handy rief ich Inspector Chang an, er nahm beim fünften Klingeln ab und klang etwas außer Atem.

»Guten Abend, Inspector«, sagte ich. »Sind Sie aus Alaska zurück?«

»Ich bin gerade erst zur Tür rein.«

»Haben Sie etwas zum Schreiben zur Hand?«

»Ja.«

»Dann notieren Sie bitte«, sagte ich.

Ich las ihm Lassens Handynummer vor, die ich auf ein Blatt aus einem von Merediths Manuskripten geschrieben hatte.

»Was ist das?«

»Die Handynummer des Mörders von Claire Gravesend.«

»Ernsthaft?«, fragte er. »Wo sind Sie?«

»In L.A.«, sagte ich. »Hören Sie zu, die Zeit wird knapp. Es sei denn, Sie haben eine Möglichkeit, das Handy zu lokalisieren und mir zu sagen, wo er ist.«

»Ohne richterliche Anordnung funktioniert das nicht«, sagte Chang. »Und ohne Ermittlung bekomme ich keine Anordnung. Der Fall ist geschlossen, es gibt keine Ermittlung.«

Fast wäre ich auf den Wagen vor mir aufgefahren. Ich musste so heftig bremsen, dass ich das Handy fallen ließ und es vom Boden auflesen musste.

»Das ist Ihr letztes Wort?«, fragte ich. »Sie können nichts machen?«

»Ich kann nichts machen.«

»Okay«, sagte ich. »Dann wünschen Sie mir Glück. Oder besser nicht. Wahrscheinlich sollten Sie vergessen, dass wir telefoniert haben.«

Ich legte auf und ließ mich im Verkehrsfluss mittreiben. Erst nach einer Weile wurde mir klar, dass ich noch nicht alle Möglichkeiten ausgeschöpft hatte. Ein Auge auf die Straße gerichtet, das andere aufs Handy, suchte ich im Internet nach einer Telefonnummer. Ich brauchte eine Minute, dann wählte ich und lauschte dem Klingelton.

»NorCal TRACON«, sagte eine Frau und wartete. Sie sprach so ruhig und professionell, dass ich für einen Moment glaubte, ich hätte es mit einer Bandaufnahme zu tun. Ich wartete auf ein Auswahlmenü, dann meldete sie sich wieder. »Ja?«

»Ich muss auf der Stelle mit Direktor Reese sprechen.«

»Er ist um sechs gegangen.«

»Dann müssen Sie ihn zu Hause anrufen und mich durchstellen.«

»Wie ist Ihr Name?«

»Lee Crowe«, sagte ich. »Ich habe ihn gestern besucht.«

Die Pause zog sich so lange hin, dass ich schon glaubte, sie hätte mich als Spinner aussortiert und aufgelegt. Wahrscheinlich hatte sie schon jeden UFO-Fan im nördlichen Kalifornien in der Leitung gehabt. Dann meldete sie sich schließlich doch.

»Bleiben Sie bitte dran, Mr Crowe. Ich stelle Sie jetzt durch.«

Es wurde still in der Leitung. Ich stellte das Handy auf Lautsprecher, sodass ich den Wagen mit beiden Händen steuern konnte.

»Hallo?«, sagte Reese. »Crowe?«

»Ich muss Sie noch um einen einzigen Gefallen bitten«, sagte ich. »Es muss schnell gehen.«

»Reden Sie.«

»Erinnern Sie sich an die N-Nummer des Hubschraubers, den wir uns gestern angeschaut haben?«

»Ich kann sie aufrufen.«

»Gut. Denn das Ding ist gerade von einem Parkplatz am Mulholland Drive nahe der Interstate 405 gestartet. Ich muss wissen, wo es landet.«

»Mulholland und 405? Sie sprechen von Los Angeles.«

»Ja.«

»Das haben wir nicht im Blick.«

»Sie meinen, es funktioniert nicht?«

»Das habe ich nicht gesagt. Ich muss nur SCT anrufen – unsere Schwestereinrichtung in San Diego. Kann ich Sie auf dieser Nummer zurückrufen?«

»Bitte«, sagte ich.

Er beendete das Gespräch, ich legte die nächsten zehn Minuten schweigend zurück. Der Freeway lag erhöht, der Verkehr lief jetzt flüssig. Ich sah Schilder zur U.S. 101. Ich konnte mich nördlich Richtung Ventura halten, was mich näher zur Küste brachte. Oder bleiben, wo ich war, und später zur Interstate 5 und zum Central Valley gelangen. Ich entschied mich für die Küstenstrecke. Als ich mich vor der Ausfahrt einordnete, klingelte das Telefon.

»Ja?«, sagte ich.

»Er ist noch in der Luft. Er fliegt mit hundertvierundfünfzig Knoten Richtung Westnordwest. Die Flughöhe beträgt sechstausend Fuß.«

»Was liegt westnordwestlich von L.A.?«

»Santa Barbara, würde ich sagen. Wenn Sie an der Küste hochfahren, gibt es eine Reihe kleiner Städte.«

»Können Sie mich anrufen, wenn er landet?«

»Wenn es möglich ist.«

»Wovon hängt das ab?«

»Er sitzt in einem Hubschrauber, also kann er überall landen«, sagte Reese. »Kalifornien ist nicht gerade flach, und die Beziehung zwischen Topografie und Radar ist nicht ganz unkompliziert.«

»Sie wollen sagen, dass Sie ihn verlieren, wenn er unterhalb der Berggipfel fliegt.«

»Aber im Moment hält er sich brav weit oben. Und sein Transponder ist eingeschaltet.«

»Dann rufen Sie mich an, falls er die Richtung ändert oder von Ihren Monitoren verschwindet«, sagte ich.

35

Während Lassen mit hundertfünfzig Knoten Richtung Santa Barbara flog, konnte ich ihm am Boden nur mit einem Bruchteil dieser Geschwindigkeit folgen. Er würde sein Ziel deutlich vor mir erreichen – immer vorausgesetzt, ich fand überhaupt den richtigen Ort. Gegen Mitternacht hielt ich zum Tanken in Ventura, achtzig Kilometer von Los Angeles entfernt. Eigentlich wollte ich keine Zeit verlieren, aber im Tank des Jaguar war nur noch so wenig Benzin, dass der Motor schon stotterte. Reese hatte mich nicht mehr angerufen, was bedeutete, dass Lassen noch in der Luft war. Jede Minute, die ich an der Zapfsäule verbrachte, ließ seinen Vorsprung weitere fünf Kilometer größer werden.

Hinter Ventura schmiegte sich der Highway wieder an die Küste, jetzt herrschte kaum noch Verkehr. Mein Tank war voll, also konnte ich alles aus dem Motor herausholen und nur hoffen, dass die California Highway Patrol heute woanders unterwegs war. Dass parallel zum Highway Schienen verliefen, merkte ich erst, als ich den Pacific Surfliner erst ein- und dann überholte.

Eine Stunde und zwanzig Minuten nach dem Abheben des Hubschraubers klingelte das Telefon. Ich schaute aufs Display und nahm das Gespräch an.

»Ist er gelandet?«

»Vor fünf Minuten«, sagte Reese. »Anscheinend mitten im Nichts. Sagt Ihnen San Simeon etwas?«

»Hearst Castle.«

»Ganz in der Nähe«, sagte er. »Haben Sie was zum Schreiben?«

»Ich sitze im Auto.«

»Fahren Sie rechts ran«, sagte er. »Ich gebe Ihnen ein paar GPS-Daten durch.«

Ich nahm den Fuß vom Gas, fuhr auf den Randstreifen und brachte den Wagen zum Stehen.

»Okay«, sagte ich. »Legen Sie los.«

Er las mir die Längen- und Breitenangaben vor, ich tippte sie in Elijahs Handy, bedankte mich und beendete das Gespräch. Dann öffnete ich eine Karte und kopierte die Koordinaten hinein. Mein Ziel lag zweihundertzwanzig Kilometer weiter nordwestlich.

Ich fuhr durch die Dunkelheit, bis ich um halb vier Uhr morgens den Abzweig erreichte. Dort verlangsamte ich bis auf fünfzig Stundenkilometer und schaltete das Fernlicht ein.

Das Gelände war vollkommen baumlos und, von hüfthohem Gras abgesehen, kahl. Der Ozean lag irgendwo links von mir. Ich konnte ihn nicht sehen, aber riechen. Ihn, das feuchte Gras und am Straßenrand wachsende spätsommerliche Blumen. Rechts schienen Hügel zu liegen, aber ich konnte weder sehen, wie hoch sie waren, noch ob da oben irgendetwas war. Bis zur Morgendämmerung würde es noch ein wenig dauern.

Ich hatte das Handy aufs Armaturenbrett gelegt, sodass ich die Karte im Blick hatte. Als ich den markierten Ort erreichte, bemerkte ich eine unbeschilderte Schotterzufahrt. Das Tor war gut drei Meter hoch und bestand aus derart dickem Holz, dass nicht mal ein Truck hätte durchbrechen können. Im Creekside hatte ich versucht, mich zu Fuß anzuschleichen – mit äußerst unangenehmen Folgen. Hier würde es wahrscheinlich ähnlich laufen. Ich stellte den Wagen so ab, dass er das Tor blockierte, dann rief ich Elijah an. Wahrscheinlich weckte ich ihn, aber ich hatte nicht den Eindruck, dass er die Minibar übermäßig geplündert hatte.

»Ja?«

»Hast du was zum Schreiben?«

»Klar. Moment.«

»Dann notier dir was«, sagte ich.

Ich nannte ihm Lassens Telefonnummer und die GPS-Koordinaten.

»Was soll das werden, Lee? Deine Lebensversicherung?«

»So ungefähr. Wenn du bis Mittag nichts von mir hörst, leg Frank Chang bei deiner nächsten Runde im Morddezernat eine Nachricht auf den Schreibtisch. Sag ihm, der Mann, den er sucht, heißt Sheldon Lassen.«

»Kommst du zurecht?«

»Das werden wir sehen. Ich hoffe, er hat hier nicht irgendwo ein Dutzend Männer postiert.«

»Sei vorsichtig.«

»Klar.«

Ich stieg aus und schloss die Wagentür ab. Dann ging ich zum Zaun, zog mich hoch und ließ mich auf Lassens Grundstück hinunter. Die Zufahrt führte von der Straße weg und machte einen Bogen um einen Hügel. Ich ging so leise ich konnte, nahm die Kurve und blieb stehen, als ich das Haus sah. Es bestand aus Beton und Glas und wirkte wie etwas, was ein Kleinkind gebastelt hatte. Ein Stück weiter den Hügel hinauf lag ein Landeplatz für den Hubschrauber, der dort mit Betonklötzen gesichert war. Neben dem Landeplatz stand ein kleines Gerätehaus, in dem wahrscheinlich Werkzeug und Ersatzteile gelagert wurden. Vielleicht gab es auch ein Feldbett für den Piloten. Ich konzentrierte mich wieder auf das Haus. Vor dem Eingang befand sich ein Wendekreis mit Steinplatten. Es gab eine Garage für drei Autos, einen Koi-Teich mit weißen Seerosen im Zentrum. Irgendwo hatte ich gelesen, dass Kois mehrere hundert Jahre leben können. Vermutlich brauchte Lassen neben seiner Mutter noch weitere Gesellschaft.

Als ich aufs Haus zuging, flammten zwei Lampen auf, die einen Pfad zur aus Treibholz gezimmerten Haustür beleuchteten. Ohne einen konkreten Plan trat ich näher. Es war offensichtlich, dass es sich um das Wohnhaus des Mannes handelte. Hier mochte auch sein Büro untergebracht sein, aber vor allem war es ein Zuhause. Durch die Glaswand konnte ich ins Wohnzimmer sehen. Die tiefen schwarzen Ledersofas wurden von in die Betondecke eingelassenen Lampen beleuchtet. Über der Bar hing ein Gemälde: Treibholz auf einem nebelverhangenen Strand. Der offene Kamin wirkte im Zentrum des riesigen Raums wie ein Steingarten. Auf einem Findling neben der gasbetriebenen Flamme stand ein halbvolles Whiskeyglas.

Lassen musste ins Bett gegangen sein, bevor er sein Glas geleert hatte.

Das Haus verfügte zweifellos über eine Alarmanlage und Kameras. Egal, was ich tat, er würde herunterkommen. Wahrscheinlich mit einer Waffe.

Mit der Walther PPK, die ich schon in der Hand hielt, gab ich drei Schüsse auf das bodentiefe Fenster neben der Tür ab. Um die Einschusslöcher herum trübte sich das Glas, Risse breiteten sich in sämtliche Richtungen aus. Ich nahm einen Stein von der Größe eines Volleyballs und schlug die Scheibe damit aus dem Rahmen.

Dann trat ich durch das Fenster, ließ den Stein auf den Fußboden fallen, durchquerte das Wohnzimmer und stellte mich hinter die Bar, die aus poliertem Beton bestand und bei einer Schießerei den besten Schutz bot.

Ich hörte keine Alarmanlage, keine anrückende Kavallerie. Nachdem ich eine Minute gewartet hatte, nahm ich eine Flasche Stolichnaya, schraubte den Verschluss auf und warf sie mitten ins Feuer. Sie zerschellte auf den Steinen, mit einem plötzlichen *Wuuusch* bildete sich ein blauer, bis zur Decke reichender Feuerball. Ich wiederholte den Effekt mit einer Flasche Bacardi. Wenn ich Lassen nicht mit dem Einbrecheralarm aus dem Bett locken konnte, dann tat es vielleicht der Feueralarm.

Aber alles, was sich oberhalb der Flammen befand, bestand aus Gussbeton und konnte kein Feuer fangen. Ich wartete eine komplette Minute und sah, wie die Flammen erstarben. Schließlich hörte ich, dass sich auf einer Treppe Schritte näherten.

Lassen betrat den Raum. Seine gewellten blonden Haare waren zerzaust. Er trug einen Flanell-Pyjama und hatte eine Schlafmaske in die Stirn geschoben. In der linken Hand hielt er eine schmale automatische Pistole. Er ließ den Blick über das zerbrochene Glas auf dem Boden, den verirrten Stein und das Fenster schweifen. Dabei wandte er mir die ganze Zeit den Rücken zu.

»Lassen Sie das Ding fallen«, sagte ich.

Um ihm zu zeigen, dass ich es ernst meinte, gab ich einen Schuss auf den Boden zwischen seinen Füßen ab.

Lassen begriff schnell. Er ließ die Waffe fallen und hob ohne weitere Aufforderung die Hände.

»Umdrehen.«

Er gehorchte und sah zum ersten Mal mein Gesicht.

»Wie heiße ich?«, fragte ich ihn.

»Keine Ahnung.«

»Sie haben meine Wohnung verwanzt und mein Büro auf den Kopf gestellt. Im Creekside hatte ich schon eine Unterhaltung mit Ihrer Mutter. Also kommen Sie schon.«

»Ich weiß nicht, wovon Sie reden.«

»Sie haben Claire Gravesend ermordet, dafür werden Sie heute Nacht geradestehen. Auf welche Art, das liegt bei Ihnen.«

»Was soll das heißen?«

»Es hängt davon ab, wie schnell Sie mir Madeleine geben.«

Er bemühte sich nach Kräften, mir einen mitleidigen Blick zuzuwerfen.

»Brauchen Sie Geld für Drogen?«, fragte er. »Sind Sie deswegen hier?«

»Eine Excedrin würde ich nehmen, wenn Sie eine dahaben. Aber Geldsorgen habe ich keine. Wobei ich nicht Ihre Maßstäbe anlege.«

»Was wollen Sie?«

»Das habe ich Ihnen schon gesagt. Sparen wir uns das Gequatsche. Geben Sie mir Madeleine, dann mache ich es Ihnen leicht und rufe die Cops. Ansonsten wird es eine Sache zwischen uns beiden.«

Gerade rechtzeitig, um meine Position anzupassen und neu zu zielen, nahm ich eine Bewegung hinter ihm wahr. Ein Mann sprang durch das zerstörte Fenster herein. Danach passierte alles auf einmal. Ich sah Mündungsfeuer und hörte den unterdrückten Knall einer Waffe mit Schalldämpfer. Hinter meinem Kopf explodierte eine Flasche. Ich duckte mich und erwiderte das Feuer.

Ich verfehlte ihn nicht.

Meine Kugel drang in die Brust des Mannes. Anders als

ihm Film schrie er weder auf, noch flog er nach hinten. Es wirkte eher, als hätte ein Puppenspieler seine Schnüre durchschnitten. Er landete auf der Seite, mit dem Rücken zu mir. Seine Haare waren blond wie die des Mannes, der mich vom Creekside weggebracht hatte. Im Nacken, gleich oberhalb seines T-Shirts, sah ich zwei runde Narben. Ich hatte keinen Zweifel, was die Assistenten des Coroners entdecken würden, wenn sie ihm die Kleider vom Leib schnitten und ihn auf den Bauch drehten.

Drei Sekunden waren vergangen. Lassen hätte Zeit genug gehabt, seine Waffe aufzuheben und nach draußen zu stürzen. Stattdessen stand er reglos da, die Hände immer noch erhoben. Ich richtete die Pistole wieder auf ihn.

»War das Ihr Pilot?«

Er nickte.

»Er ist Sie, nicht wahr?«, fragte ich. »Eine jüngere Ausgabe von Ihnen. Ein entbehrliches Gefäß.«

»Sie wissen nicht, wovon Sie sprechen.«

»Wie viele davon haben Sie gemacht?«

»Sie würden es nie begreifen. Ich könnte Ihnen alles zeigen, aber es würde Sie überfordern. Intellektuell. Finanziell. Nicht Ihre Kragenweite.«

»Trotzdem bin ich Ihnen anscheinend immer einen Schritt voraus«, sagte ich. »Angefangen mit dem Kerl, den Sie nach Boston geschickt haben. Ich habe ihn mit seinem eigenen Messer getötet.«

Er starrte mich nur an. Hinter ihm war ein weiterer Ouroboros-Stein in die Wand eingelassen. Eine schwarze Schlange, zusammengerollt, sodass sie sich selbst verschlingen konnte.

»Wissen Sie, Meredith Miles hat zu alledem eine interessante Bemerkung gemacht«, sagte ich. »Wie kann man ewig leben, wenn man nicht vorsichtig ist? Wenn man nicht aufpasst, wohin man tritt, kann man von einem Bus oder einem Zug getötet werden – oder von einer Kugel.«

Ehe er die Drohung sacken lassen und vielleicht einen Sprung zur Seite machen konnte, zielte ich genau und drückte den Abzug. Den anderen Mann hatte ich mitten in die Brust getroffen, aber Lassen erwischte ich auf halber Höhe zwischen seinem rechten Knie und der Hüfte. Er fiel schwer zu Boden, wo er sich, mit dem anderen Bein austretend, im Kreis drehte. Ich kam hinter der Bar hervor und stieß die Waffe, die ihm am nächsten lag, mit dem Fuß außerhalb seiner Reichweite.

Dann stellte ich mich neben ihn und jagte ihm eine Kugel ins andere Bein. Sein Schrei war viel lauter als der Schuss. Aber darüber machte ich mir keine Gedanken. Wir waren weit von der Straße entfernt, das nächste Haus war vermutlich Hearst Castle, zwölf oder fünfzehn Kilometer südlich von hier.

»Wenn Sie verbluten, werden Sie nicht ewig leben, Lassen.« Ich setzte mich auf einen der größeren Steine am Kamin, stützte die Ellbogen auf die Knie, hielt meine Waffe aber auf sein Gesicht gerichtet. »Und wenn es nötig ist, sorge ich dafür, dass Sie verbluten. Ich bleibe hier einfach sitzen und schaue zu.«

Einen Moment lang war nur der Wind zu hören. Er wehte durch das hohe Gras vom Ozean herüber und brach sich an Lassens Betonhaus – dem ersten echten Hindernis nach neuntausend Kilometern.

»Was wollen Sie?«, fragte er.

Es war nur ein Flüstern. Er presste den Kiefer zusammen wie einen Schraubstock. Es hätte mich nicht gewundert, wenn unter dem Druck ein Zahn abgebrochen wäre.

»Das habe ich Ihnen schon gesagt. Ich will Madeleine. Bringen Sie mich zu ihr, dann gebe ich Ihnen meinen Gürtel als Aderpresse. Für das zweite Bein denken wir uns etwas aus.«

»Ich kenne keine Madeleine.«

»Und ich verstehe nichts von Anatomie«, sagte ich. »Keine Ahnung, wie viele Arterien es gibt. Mit ein bisschen Glück ist nur Ihr Oberschenkelknochen getroffen. Haben Sie eine Ahnung, was in einem solchen Fall passiert? Ich nämlich nicht.«

»Ohne mich bekommen Sie sie nie«, erklärte er.

»Dann beeilen Sie sich besser.«

»Geben Sie mir die Aderpressen.«

»Auf keinen Fall«, sagte ich.

»Wenn ich sterbe, stirbt sie auch.«

»Okay.«

Er sah an mir vorbei. Sein Blick schien für einen Moment zu verschwimmen. Ich dachte, er würde anfangen zu weinen. Es hätte mich nicht überrascht. Es war nicht seine Bestimmung, auf dem Fußboden zu sterben, vor den Augen eines Schmalspur-Detektivs. Er war dazu bestimmt, zwischen den Mammutbäumen seines Creekside-Wäldchens zu überleben. Die Pyramiden zu Sand zerbröseln zu sehen.

»Sie würden hier wirklich einfach sitzen bleiben.«

»So lange, wie es dauert.«

Es dauerte zehn Minuten.

Auch wenn er nicht offen weinte, liefen ihm Tränen über die Wangen. Ich hatte die ganze Zeit nicht mit ihm gesprochen. Er wusste, was ich wollte, und würde es mir geben, wenn ihm danach war.

»Bitte«, sagte er einmal.

Das war sein letztes Wort, bevor er die Augen schloss. Ich stand auf und stieß mit dem Fuß gegen seine Hüfte. Er rührte sich nicht. Ich trat ihm gegen das Knie. Nichts. Dann bückte ich mich, packte seine Fußgelenke und zerrte ihn aus seiner Blutlache heraus. Ich wollte mich hinknien und hantieren können, ohne mir die neue Hose zu versauen.

Ich löste meinen Gürtel, schlang ihn um sein rechtes Bein, zog so fest wie möglich zu und fixierte ihn. Dann schaute ich mich um. Der Mann, den ich erschossen hatte, trug eine Trainingshose mit einer Baumwollschnur um die Hüfte. Mit einem ordentlichen Knoten würde es funktionieren.

Lassens anderes Bein zu versorgen, dauerte ungefähr zwei Minuten. Ich fühlte seinen Puls und prüfte mit einem Finger unter seiner Nase, ob er atmete. Im Moment lebte er noch. Ich konnte seinen Zustand nicht einschätzen. Wenigstens durfte ich davon ausgehen, dass er mir nicht hinterhersprinten würde, wenn ich den Raum verließ. Schließlich nahm ich die schallgedämpfte Pistole des Toten, die perfekt zu der passte, die ich bereits trug. Dann hob ich Lassens Automatik vom Boden auf.

Mittlerweile war ich ordentlich bewaffnet. Ich hatte vier Pistolen und hätte auch noch die fünfte oder sechste genommen, wenn sie mir in die Finger geraten wären. Aber ich fand keine, obwohl ich das ganze Haus durchsuchte.

In erster Linie aber suchte ich nicht nach Waffen, sondern nach Madeleine. Oder zumindest nach etwas Schriftlichem, das mich auf ihre Spur bringen konnte. Nachdem ich Küche und Esszimmer eher oberflächlich durchgegangen war, widmete ich mich ausführlicher dem Arbeitszimmer. Das Problem bestand darin, dass Lassen, anders als Jim, kaum Papier aufbewahrte. Wahrscheinlich befand sich alles auf seinen Computern, die mir ohne Passwörter nichts nützten. Am interessantesten war das Zimmer sowieso weniger wegen seines Inhalts als wegen dem, was es nicht enthielt. Es gab keine Diplome, keine Familienfotos, keine dekorativen Schreibsets mit Plaketten, in die irgendwelche Firmennamen graviert waren. Es gab auch keine Schreibtischschublade mit Krimskrams – genau genommen gab es überhaupt keine Schubladen. Nur einen gläsernen Schreibtisch und das vom Boden bis zur Decke reichende Fenster. Dazu vier große Bildschirme, zwei Tastaturen und eine schmale Kamera für Videokonferenzen.

Im Rest des Hauses sah es ähnlich aus. Lassen mochte ewig leben wollen, hatte aber offenbar nicht das Bedürfnis, die Vergangenheit festzuhalten. Erinnerungsstücke fehlten völlig. Er musste gereist sein, hatte aber keine Souvenirs mitgebracht. Wir hätten trefflich darüber diskutieren können, welchen Sinn es hatte, ein Leben zu verlängern, das keine Erinnerungen wert war. Aber er lag bewusstlos in einer Pfütze aus Blut, und ich musste das Haus durchsuchen.

36

Lassens Schlafzimmer war groß, sauber und kalt. Polierter Beton, getöntes Glas. Die Laken auf dem überraschend schmalen Bett waren in einem dunklen Burgunderrot. Alles in allem wirkte der Raum wie eine Gefängniszelle, die ein abgesetzter faschistischer Herrscher für sich entworfen haben könnte. Es gab weder Uhren noch Spiegel, nicht mal im Bad.

Ich verließ das Zimmer und ging zum anderen Ende einer langen Galerie, von der man aus zehn Metern Höhe auf Küche und Wohnzimmer hinunterschaute. Am Ende befand sich eine Tür. Ich öffnete sie und trat mit gezogener Pistole hindurch.

Ich sah mich Lassens Mutter gegenüber.

Sie lag schlafend auf dem Rücken, die Arme an beiden Seiten ausgestreckt. Sie trug einen weißen BH samt passender Unterwäsche und den Inhalt einer kompletten Schmuckvitrine. Ihre sorgfältig gekämmten Haare breiteten sich auf dem weißen Laken aus. Am Zeigefinger klemmte ein kleines weißes Gerät mit einem langsam blinkenden blauen Licht. Ihr Kopf lag auf der Seite.

Aber all das verblasste angesichts des Betts, wenn man es denn so nennen wollte. Sie lag in einer gläsernen Röhre, die an beiden Enden mit schweren Stahltüren verschlossen war. Die Röhre war auf eine Metallkiste montiert, deren Größe an einen Sarg erinnerte. An der Außenwand der Kiste befand sich ein kleines Kontrollfeld mit Einstellrädern, Lampen und etwas, bei dem es sich möglicherweise um eine Gegensprechanlage handelte. Vorsichtig trat ich an die Apparatur heran.

Auf einem digitalen Display war der Luftdruck abzulesen, auf einem anderen die Sauerstoffsättigung.

Mit dem Lauf der Waffe tippte ich gegen das Glas. Die Frau rührte sich nicht. Kurz überlegte ich, sie aus der Maschine herauszuholen und zu befragen, aber ich war mir nicht sicher, welche Folgen das haben würde. Falls ich das Display richtig deutete, herrschte in der Röhre ein enormer Überdruck. Falls ich die Tür aufriss und sie herauszog, konnte sie vor mir auf dem Fußboden an der Dekompressionskrankheit sterben, wobei ihr Blut brodeln würde wie eine Dose warmes Mineralwasser. Wenn sie nicht starb, waren meine Möglichkeiten noch weniger verlockend, denn ich konnte mir nicht vorstellen, auf eine Frau zu schießen, um sie zum Reden zu bringen.

Die runde Luke der Sauerstoffkammer konnte von außen durch Drehung eines schweren Chromgriffs geöffnet werden. Ich entdeckte kein Schloss, konnte Lassens Mutter aber auf andere Weise am Herauskommen hindern. Ich nahm eine der Pistolen, warf das Magazin aus und klemmte die Waffe zwischen den Griff und den stählernen Rand der Kammer. Dann verließ ich rückwärts den Raum, ohne sie aus den Augen zu lassen. Hätte Claire ein bisschen länger gelebt, hätte sie vielleicht wie die Frau vor mir ausgesehen. Der bloße Gedanke ließ mich schaudern.

Ich durchsuchte den Rest des Hauses, dann die Garagen. Keine Spur von Madeleine, kein Hinweis auf ihren Verbleib. Die einzigen Stellen, die ich noch nicht unter die Lupe genommen hatte, waren der Hubschrauber und das kleine Gerätehaus am Hügel neben dem Landeplatz.

Ich sah noch einmal nach Lassen – weiterhin am Leben,

weiterhin ohne Bewusstsein. Ich zog die Aderpressen fest, riss einen Streifen von seinem Hemd und fesselte ihm damit die Hände. Dann ging ich nach draußen, nahm den Pfad, der den Hügel hinaufführte, und öffnete die seitliche Tür des Hubschraubers. Drinnen fand sich nichts Außergewöhnliches. Weiche weiße Lederpolster, Flachbildschirme und Zierleisten aus Walnusswurzelholz. Unter den Sitzen stieß ich auf Rettungswesten und Feuerlöscher. In einem Fach waren eine aufblasbare Rettungsinsel und ein Behälter mit einer orangen Signalpistole aus Plastik verstaut. Ich ließ die Tür offen und ging weiter zum Gerätehaus.

Der Mann, den ich erschossen hatte, musste losgelaufen sein, als ihm klar wurde, dass sein Boss in Gefahr war. Dabei hatte er die Stahltür angelehnt gelassen. Ich spähte durch den Spalt, trat ein und knipste das Licht an. Die Hälfte der Fläche wurde als Wohnraum genutzt. Es gab zwei Etagenbetten, eine Duschkabine und zwei Waschbecken. Auf der Ablage entdeckte ich drei Zahnbürsten, im Schrank hinter dem Spiegel drei Deo-Sticks.

Hier mussten drei Brüder gewohnt haben. Eineiige Drillinge mit denselben Genen, denselben Narben und verschiedenen Geburtstagen. Zwei von ihnen waren mittlerweile tot, der dritte hielt sich südlich von hier auf und war in ein langes Gespräch mit dem ehemaligen Häftling vertieft, der jetzt als Meredith Miles' Torwächter arbeitete. Ich hatte sie alle ausgeschaltet, aber letztlich waren sie Lassens Opfer, nicht meine. Vielleicht hatte er eine Rechtfertigung für das, was er getan hatte, und konnte es, wenn schon nicht der Allgemeinheit, dann wenigstens sich selbst erklären. Schließlich versklavte er streng genommen keine anderen Menschen, nur Kopien seiner selbst.

Ich ging zur anderen Seite des Raums und entdeckte die Wartungsliste des Hubschraubers. Außerdem einen Zweihundert-Liter-Kanister Kerosin, der auf eine Sackkarre geschnallt war. Eine Notfallreserve vermutlich, für den Fall, dass der Hubschrauber hier landen und nicht genug Treibstoff dabeihaben würde, um wieder sicher zu starten. Schließlich gab es mehrere Metallregale voller Motorenteile und Werkzeuge, dazu ein ganzes Bord mit Handbüchern.

Zwischen zwei Regalen, in einer Betonwand, die unmittelbar an den Hügel grenzen musste, entdeckte ich eine massive Stahltür. Sie hatte weder Griff noch Schlüsselloch. An der Wand daneben hing ein kleines schwarzes Kästchen, auf das eine winzige Kamera montiert war, am unteren Rand blinkte ein rotes Licht.

Ich lauschte mit dem Ohr an der Tür und hörte das lange, tiefe Summen von Geräten auf der anderen Seite. Abluftventilatoren möglicherweise. Das Metall der Tür war dick, unnachgiebig und kalt.

Ich musste durch die Tür, und ich wusste auch wie.

Fünf Minuten später war ich mit der Sackkarre und den Riemen des Treibstoffkanisters zurück im Haupthaus. Lassen war nicht mehr genau dort, wo ich ihn zurückgelassen hatte. Er war wieder zu Bewusstsein gelangt, hatte sich auf den Bauch gedreht und etwa anderthalb Meter auf dem Fußboden zurückgelegt. Er versuchte, sich am Rand eines Sofas hochzuziehen.

Er hatte mich nicht kommen hören, also trat ich hinter ihn, kniete mich hin und packte seine Arme, bevor er meine Anwesenheit bemerkte. Dann zog ich die Arme hinter seinen Rücken und fesselte sie mit einem der Riemen. Schließlich hob ich ihn hoch, lehnte ihn gegen die Sackkarre und schlang ihm den anderen Riemen um die Brust, damit er aufrecht sitzen blieb.

»Wie geht's?«, fragte ich. »Spüren Sie Ihre Zehen?«

Er antwortete nicht. Was in Ordnung war, weil es mich nicht im Geringsten interessierte. Ich drückte ihn nach hinten, rollte ihn hinaus und über den Pfad zum Gerätehaus. Wir fuhren hinein, ich brachte ihn an den Metallregalen vorbei zur Tür. Dort löste ich den Riemen von seiner Brust und hielt ihn aufrecht, indem ich mit einer Hand in seine gewellten blonden Haare griff. Dann ließ ich ihn bis auf Höhe des schwarzen Kästchens hinunter, damit er der Kamera sein Gesicht präsentieren konnte.

Nichts passierte. Ich schlug ihm mit einer Hand ins Gesicht, bis er die Augen öffnete.

Das rote Licht hörte auf zu blinken. Dann wurde es grün, die Tür öffnete sich mit einem Klicken. Kalte Luft, der staubige Geruch von Sauerstoff und der Gestank von Reinigungsalkohol drangen heraus. Darunter lag noch etwas anderes, nämlich der Geruch alter Verbände, die in einem Mülleimer verfaulten.

Ich zog die Tür vollständig auf und warf einen Blick hinein.

Ich stand am Zugang zu einer Höhle. Der Gang neigte sich sanft nach unten und wurde von an der Decke angebrachten lichtstarken LEDs beleuchtet. Weiter vorn verschwand der Tunnel hinter einer Biegung. Ich brachte Lassen fünfzehn oder zwanzig Meter in den Gang hinein, dann kippte ich die Sackkarre zur Seite und ließ ihn dort liegen. Mit ausgestreckter Waffe ging ich weiter. Kurz vor der Biegung hörte ich etwas, das mir den Atem stocken ließ.

Ein schreiendes Baby.

Zuerst nur eins, es jammerte hungrig und verängstigt. Die Schreie kamen in Wellen von jeweils dreien, als müsse das Baby nach der Anstrengung immer wieder Luft holen. Sein Schreien musste andere Kinder geweckt haben, die sich jetzt anschlossen. Ich konnte nicht sagen, wie viele es waren. Es klang, als hätte ich eine Neugeborenen-Intensivstation betreten. Ich senkte die Pistole und sicherte sie. Dann drehte ich mich zu Lassen um, der den Blick von mir abwandte. Er konnte mir nicht in die Augen sehen. Also ging ich weiter. Ich musste mit eigenen Augen sehen, was er getan hatte, schon um es später bezeugen zu können.

Auf dem frisch gestrichenen Boden schienen meine neuen Schuhe bei jedem Schritt leicht zu kleben. Ich sah nach unten und bemerkte, dass ich eine blutige Spur hinterließ, jeder Abdruck ein bisschen blasser als der vorherige. Aber hier würde die Spur enden, wie ich begriff, als ich die Biegung hinter mir ließ, durch zwei gläserne Doppeltüren trat und vor mir den ersten kuppelförmig gewölbten Raum sah.

Er war kreisrund, mit einem Durchmesser von fünfzehn Metern. An den Wänden standen große Labortische mit an Laptops angeschlossenen Mikroskopen und anderen Geräten, deren Funktion mir nicht mal ansatzweise klar war. Im Zentrum des Raums standen mehrere Gegenstände von der Größe leistungsstarker Fotokopierer. Es gab Regale mit Glasflaschen und Plastikbehältern, Gestelle mit Reagenzgläsern und kilometerweise Plastikschläuche. Hierher brachte Lassen die DNA seiner Kunden, um sie mit seinen CRISPR-Apparaturen zu perfektionieren und in menschliche Eier zu übertragen. Danach ging es nur noch darum, die entbehrlichen Gefäße austragen zu lassen.

Am hinteren Ende des Labors begann ein weiterer Tunnel. Von dort kamen die Schreie. Auf einer Seite dieses dreißig Meter langen Durchgangs waren im Abstand von drei Metern Türen eingelassen – Stahltüren mit winzigen Drahtglasfenstern in der Mitte und Schlitzen mit stählernen Klappen. Wie Briefschlitze, nur breiter. So breit wie ein Essenstablett.

Ich trat an die erste Tür, schaute durchs Fenster und sah in eine winzige Zelle, die in den Felsen gehauen war. Auf knapp vier Quadratmetern gab es eine Pritsche, eine stählerne Toilette und ein Waschbecken, alles klein und niedrig. Die Pritsche mochte einen Meter zwanzig lang sein. Jemand hatte die Wände mit Kreide bemalt. Ich konnte nichts erkennen, nur zufällige, traurige Kritzeleien.

Eigentlich hatte ich geglaubt, dass mir nicht mehr flauer im Magen werden konnte, aber ich hatte mich geirrt.

Die erste Zelle war leer, aber es gab noch neun andere. Hinter der vierten Tür entdeckte ich Madeleine. Bei unserer ersten Begegnung hatte ich nur einen Umriss unter der Bettdecke gesehen, einen Fächer blonder Haare auf dem Kissen. Diesmal lag sie in Fötushaltung auf einer zu kurzen Pritsche und kehrte mir den Rücken zu. Sie hatte weder Kissen noch Decke und trug ein am Rücken offenes Krankenhaushemd. Von den Narben auf ihrem Rücken war nichts mehr zu sehen. Stattdessen waren dort offene Wunden. Lassens Plan bestand darin, sie anzuzapfen, was das Zeug hielt. Das hatte er schon lange gewollt, aber zwanzig Jahre lang nicht tun können. Vielleicht hatte sie just in dieser Zelle, auf dieser Pritsche gelegen, als Dr. Park sie, von Gewissensbissen geplagt, befreit hatte.

Mit dem Griff der Pistole klopfte ich an die Tür. Als Madeleine sich nicht rührte, klopfte ich noch lauter. Schließlich setzte sie sich auf, rutschte ans Ende der Pritsche und zog die

Knie bis zur Brust hoch, ohne einen Blick in meine Richtung zu werfen.

»Ich bin's«, flüsterte ich. »Lee Crowe.«

»Lee?«

Sie sah auf und weinte, als sie mein Gesicht sah. Ich hielt die Pistole vor das Fenster.

»Ich hole dich hier raus«, sagte ich. »Stell dich ganz an die Seite, mit dem Gesicht zur Wand.«

Sie nickte und tat, was ich gesagt hatte.

Die Tür war doppelt gesichert. Mit einem Schlossriegel und einem einfacheren Schloss am Türknauf. Ich schoss zweimal in das obere Schloss und einmal in den Knauf. Selbst jetzt noch waren fünf Tritte nötig, bis ich die Tür offen hatte. Madeleine taumelte aus der Zelle heraus und hielt sich an mir fest. Ich erwiderte die Berührung nicht, weil ich nicht wusste, wo ihre Wunden waren.

»Die Babys«, flüsterte sie.

»Hast du sie gesehen?«

Ich spürte ihr Nicken an meiner Brust.

»Immer, wenn sie mich rausbringen, um mich anzuzapfen.«

»Wer hat das getan?«

»Er heißt Lassen und hatte noch andere Männer als Helfer.«

»Ich hab mich um ihn gekümmert«, sagte ich. »Ist sonst noch jemand hier – außer den Babys?«

»Komm mit. Ich zeige es dir.«

Sie nahm meine Hand und führte mich durch den Gang. Ich sah durch die Fenster der übrigen Zellen, aber sie waren alle leer. Madeleine deutete auf eine weitere Tür direkt vor uns.

»Schau«, sagte sie.

Ich beugte mich vor und sah in einen riesigen kuppelförmigen Raum. Er war so groß wie das Labor, durch das ich gekommen war, diente aber einem ganz anderen Zweck. Sechs Metallständer bildeten einen Halbkreis, auf jedem stand ein durchsichtiger Plastikbehälter, in jedem Behälter lag ein gewickeltes Baby. Die meisten schrien, sie hatten rote und ausgemergelte Gesichter, die sie wie getrocknete Äpfel aussehen ließen. Bei ihnen war eine Frau, deren verfilzte braune Haare in sämtliche Richtungen abstanden. Ihre schweren Lider waren vom Schlafmangel halb geschlossen. Sie trug ein Sweatshirt und eine OP-Hose, beides anscheinend längere Zeit nicht gewaschen. Die Zehennägel ihrer nackten Füße waren lang.

Ich sah, wie sie ein Baby aufnahm. Weil ich nicht wusste, was sie vorhatte, zuckte ich zusammen. Aber sie nahm es vorsichtig in die Arme und wiegte es. Ich bemerkte, wie ihre Lippen sich bewegten, als sie beruhigende Laute ausstieß, die über das Schreien hinweg nicht bis zu mir durchdrangen. Dann trat sie an ein Regal und nahm eine Flasche mit Säuglingsmilch aus einem Karton. Der Raum war mit Vorräten zugestellt. Windeln. Wasserflaschen. Cremes und Tücher. Es gab ein ungemachtes Bett und einen überquellenden Mülleimer.

Ich trat zurück und sah Madeleine fragend an.

»Sie ist auch eine Gefangene«, erklärte Madeleine. »Nachts, wenn wir allein sind, unterhalten wir uns. Wenn wir laut rufen, können wir uns gegenseitig verstehen.«

Das konnte ich mir gut vorstellen.

»Warum vertraut er ihr die Kinder an?«

»Sie war eine Leihmutter – so kommt er an die Babys. Leihmütter, die über Online-Anzeigen geworben werden. Aber er hat sie hereingelegt und hierhergebracht. Eins von ihnen ist also ihres. Was bleibt ihr anderes übrig, als sich um sie zu kümmern? Was würdest du tun? Schließlich sind es Babys.«

Dazu konnte ich nichts sagen. Die Situation lag jenseits meiner Vorstellungskraft. Aber für Madeleine war die ganze Sache persönlicher. Vielleicht war ihre leibliche Mutter vor zwanzig Jahren auch in diesem Raum eingesperrt gewesen.

»Wir müssen sie rausholen«, flüsterte sie. »Wir müssen sie alle rausholen.«

Ich schaute zur Tür. Hier gab es mehr Schlösser. Die anderen Zellen waren für Kinder, die aus dem Säuglingsalter heraus waren. In diesem Raum lagen die Kleinsten, also waren die Schlösser wegen der erwachsenen Betreuerin angebracht worden.

»Wir müssen uns etwas anderes überlegen«, sagte ich. »Bei all den Kindern kann ich nicht einfach ein Magazin auf die Schlösser abfeuern.«

»Es muss einen Schlüssel geben.«

»Komm mit«, sagte ich. Wir gingen den ganzen Weg zurück, um nachzusehen, ob Lassen noch am Leben war.

Aber Lassen war nicht da, wo ich ihn zurückgelassen hatte.

Die Sackkarre war dort. Und eine lange blutige Schmierspur auf dem Boden, die bis zur Wand führte und dort endete. Er konnte sich nicht aufgerappelt haben, mit Schusswunden an beiden Beinen war das unmöglich. Also musste ihm jemand geholfen haben.

»Bleib hier«, flüsterte ich. »Und nimm die.«

Ich reichte ihr die Pistole, die ich benutzt hatte, und zog zwei andere aus dem Hosenbund – die von Jim und die von Lassen. Langsam machte ich mich auf den Weg durch den Tunnel zum Geräteschuppen. Auf halbem Weg bemerkte ich, dass eine strohfarbene Flüssigkeit von oben durch den Tunnel rann. Ich ging in die Knie, tunkte einen Finger hinein und hielt ihn mir an die Nase.

Treibstoff. Kerosin aus dem Zweihundert-Liter-Kanister. Ich hatte ihn bewegt, als ich die Sackkarre darunter herausgezogen hatte. Aber ich hatte ihn aufrecht stehen lassen, noch versiegelt, ein Leck war nicht zu sehen gewesen. Ich entsicherte beide Waffen, zog die Schlitten zurück und überprüfte, ob Patronen in den Kammern waren. Dann drehte ich mich zu Madeleine um und gab ihr ein Zeichen, sich weiter zurückzuziehen, außer Sichtweite. Als sie das getan hatte, setzte ich meinen Weg fort.

Aus dem Tunnel trat ich in den Geräteschuppen, wo ich mich, die Waffe im Anschlag, nach rechts und links wandte. Der Raum war leer, aber der Kerosinkanister lag auf der Seite, Treibstoff floss aus. Er bildete eine zentimetertiefe Pfütze auf dem Fußboden. Ein Teil floss in den Tunnel, der Rest zur Eingangstür hinaus.

Jetzt hörte ich von draußen Geräusche: das anschwellende Heulen eines startenden zweiturbinigen Hubschraubers. Ich kniete mich in die Treibstoffpfütze neben der Tür und sah seitlich hinaus. Die Rotorblätter des Hubschraubers begannen sich zu drehen. Der Blick ins Cockpit war mir versperrt, aber die seitliche Schiebetür stand noch offen, sodass ich in die Passagierkabine schauen konnte.

In diesem Moment stieg Lassens Mutter aus. Sie trug ein fließendes weißes Kleid, das sich im Rotorabwind bauschte. Auch ihre Haare wurden in sämtliche Richtungen gewirbelt. Sie hielt etwas in der Hand, das ich erst identifizieren konnte, als sie sich umdrehte. Als ich begriff, blieb mir nur noch eine Sekunde für meine Entscheidung.

Ich konnte aus dem Gebäude laufen, mich ins hohe Gras werfen und den Hügel hinunterrollen. In diesem Fall würde ich überleben. Oder ich konnte mich umdrehen und zurück in den Tunnel gehen, zu Madeleine und den Babys. Was mit ziemlicher Sicherheit bedeuten würde, dass ich zusammen mit ihnen starb. Denn was Lassens Mutter in der Hand hielt, war die Signalpistole des Hubschraubers, die sie in diesem Moment hob und abfeuerte. Ich zögerte keinen Moment und machte mir nicht mal die Mühe zurückzuschießen. Nicht, wo ich in einer Pfütze aus Kerosin stand. Stattdessen stieß ich mich vom Türrahmen ab, rannte zurück in den Tunnel und zog die Stahltür hinter mir zu.

»Lauf!«, schrie ich. »Los, sofort!«

Ich preschte durch den Tunnel, holte Madeleine an der ersten Doppeltür ein und sah, dass der Treibstoff schon bis hierher geflossen war. Ich schob sie durch die Tür, packte ihr Handgelenk und zerrte sie durch das Labor.

Der Geräteschuppen explodierte, als wir das Labor zur Hälfte durchquert hatten. Wir wurden nach hinten geschleudert, als die Explosion Luft aus der Höhle saugte, um die Flammen zu nähren. Dann traf uns die Schockwelle und stieß uns nach vorn. Wahrscheinlich verdankten wir es den Glas-Doppeltüren hinter uns, dass wir nicht auf der Stelle verbrannten. Wir standen auf, liefen durch die nächste Tür und an den Kinderzellen entlang zu dem Raum mit den Babys.

Die Explosion mochten wir überlebt haben, aber das Feuer würde uns alle sicher töten. Madeleine hämmerte an die Stahltür und schaute durchs Fenster. Die entführte Frau stand schon auf der anderen Seite. Ich sah ihre vor Angst weit aufgerissenen Augen. Als ich mich umdrehte, bemerkte ich, dass das ganze Labor in Flammen stand.

»Sag ihr, sie soll alle Babys auf eine Seite bringen. Los – sofort!«

Madeleine begann zu schreien, dann schob ich sie zur Seite. Ich ließ der Frau fünfzehn Sekunden Zeit, dann schoss ich auf die Schlösser. Ich feuerte alle vier Waffen komplett ab. Alles in allem vielleicht fünfzig Schüsse. Als ich fertig war, sah ich, dass Madeleine mir etwas zurief, aber ich hörte nur das Klingeln in meinen Ohren. Ich trat gegen die Tür, sie gab nicht nach. Die Luft war schon von öligem Rauch erfüllt, es wurde heiß.

Ich trat noch dreimal zu. In meinem Kopf drehte sich alles. Ich machte einen Schritt zurück, versuchte es ein letztes Mal, die Tür schwang auf. Madeleine ging zuerst, ich folgte ihr. Dann schloss ich die Tür und schaute nach rechts. Die Frau hatte sich auf dem Boden zusammengekauert. Sie hielt die gewickelten Babys auf dem Arm wie jemand, der Brennholz trägt. Alle sechs, dabei wiegte sie sich auf den Knien vor und zurück.

Ich sah die kleinen Gesichter weinen, hörte sie aber nicht.

Madeleine ging zu der Frau, ich zu den Vorratsregalen, wo ich einen Stapel saubere Windeln fand. Auf einem anderen Bord standen Behälter mit Wasser, mit dem Babymilchpulver angerührt wurde. Ich nahm reichlich von beidem und ging zurück zur Tür. Dann weichte ich die Windeln ein und stopfte sie in jede Ritze, die ich finden konnte.

Noch bevor ich fertig war, ging die Deckenbeleuchtung an. Über der Tür leuchteten rote Lichter auf, die ebenfalls schnell erloschen. Von draußen hörte ich ein Dröhnen, irgendwo über uns. Der Notfallgenerator oder vielleicht der Batteriespeicher.

Jetzt drang nur noch oranges Licht durch das Rechteck des

Fensters in der Tür. Trüb, verqualmt und weit weg. Ich kroch durch den Raum, bis ich im Dunkeln Madeleine entdeckte. Sie reichte mir ein warmes Bündel, dann noch eins. Hier saßen nun wir mit der Frau, deren Namen ich nicht kannte, jeder zwei Babys im Arm. Ich hatte nie zuvor ein Kleinkind gehalten. Ich legte mir die beiden auf den Schoß, beugte mein Gesicht hinunter und atmete in ihre weichen Haare. Die Luft war dicht und voller Rauch. Die Babys zappelten panisch und strampelten sich die Windeln vom Leib.

Meine Augen brannten und füllten sich mit Tränen. Ich schloss sie, legte mich seitlich auf den Boden, die Babys mit einem Arm dicht an meinen Körper gedrückt. Mit dem anderen tastete ich erst vor mir, dann hinter meinem Rücken. Auch Madeleine und die Frau hatten sich hingelegt. Madeleine drückte im Dunkeln meine Hand.

Ihre Handfläche war warm und verschwitzt, ich spürte ihren Puls an meiner Haut. Sie zog die Hand zurück, dann war ich im Dunkeln mit den beiden Babys allein. Ich spürte, wie der Boden unter mir wegglitt, wie er sich hin und her neigte wie nach dem sechsten oder achten Drink. Ich dachte an das Gras draußen, feucht und kühl von Nebel und Regen. Ich hätte jetzt dort draußen sein und den Flammen vom Rand des Hügels aus zuschauen können, ein grelles Lodern in der dunklen Landschaft. Kurz stellte ich mir vor, dort auf der feuchten Erde zu knien. Vor mir stieg der Rauch auf, schlängelte sich in einer Konvektionsströmung und fraß den eigenen Schwanz. In diesem Moment begriff ich, was Ewigkeit bedeutete. Was es bedeutete, immer weiter zu leben, was es bedeutete, zu sterben. Aber es lagen keine Angebote auf dem Tisch, die mir eine Wahl gelassen hätten. Ich hatte die Wahl schon getroffen. Ich lag hier in der Dunkelheit und spürte ein tiefes Einverständnis.

37

Wen man ein paar Männer hat sterben sehen, entwickelt man relativ klare Vorstellungen davon, wie es sein könnte. Wie es sich anfühlen würde, in die Dunkelheit hinüberzugleiten, wie die Finger kalt und die Glieder steif werden, wie die letzten Worte sich für immer verlieren. Man denkt über die Dinge nach, die einen auf der anderen Seite erwarten könnten.

Nichts lief so, wie ich es mir vorgestellt hatte.

Zum einen hatte ich nicht mit diesem Druck auf meinem Gesicht gerechnet. Irgendetwas presste meinen Nasenrücken zusammen, etwas anderes grub sich in meinen Hinterkopf. Staubig riechende Luft brannte in meinen Nasenlöchern und bis hinunter in den Brustkorb, ich hustete, dann wurde mir klar, dass ich etwas missverstanden hatte. Ich öffnete die Augen und sah verschwommen ein pulsierendes rotes Licht und umherhuschende Schatten. Jemand drückte meine Hand. Ich zuckte zusammen und ertastete meine unmittelbare Umgebung. Ich fand die Babys nicht. Als ich versuchte, mich aufzurichten, wurde ich zurück nach unten gedrückt.

»Immer mit der Ruhe, Crowe.«

Ich sah mich um und mühte mich um einen klaren Blick. Ich glaubte, Sterne zu sehen. Dann beugte Inspector Chang sich über mich. Er sah mich nur an und wartete, bis ich selbst alles auf die Reihe kriegte.

»Sie müssen die Telefonnummer überwacht und den Standort ermittelt haben«, flüsterte ich.

»Mich hat die Neugier gepackt«, entgegnete er. »Ich hab einen Freund beim LAPD angerufen – ruhig, bleiben Sie liegen! –, der die Nummer zu den Daten eines tatsächlich existierenden Amber Alerts hinzugefügt hat. Deswegen hatten wir die Möglichkeit, die Position des Handys schnell zu ermitteln.«

Ein drittes Mal versuchte ich, mich aufzusetzen, diesmal hielt er mich nicht davon ab. Dann nahm ich die Sauerstoffmaske vom Gesicht und ließ sie fallen. Ich saß auf dem Erdboden, ungefähr zweihundert Meter vom Rand des Hügels entfernt. Neben mir stand ein Krankenwagen, drei Löschfahrzeuge hatten im Gras Spuren hinterlassen, die zum Geräteschuppen führten.

Das Feuer war gelöscht, der Boden rings um den Schuppen mit weißem Schaum bedeckt.

»Was ist mit den anderen?«

»Die Frauen werden im Haus behandelt. Die Babys wurden schon von einem anderen Krankenwagen mitgenommen«, sagte er. »Die sind nicht schlimmer dran als Sie. Nur dass die Babys …«

»Sie haben die Wunden gesehen?«

»Ja«, sagte er. »Ich hab sie gesehen. Als die Feuerwehrleute Sie herausgeschafft hatten, hab ich darum gebeten, dass man Sie hierlässt. Damit wir unter vier Augen reden können.«

»Okay.«

»Ihr Handy hat geklingelt. Ich hab es aus Ihrer Tasche gezogen und den Anruf angenommen. Es war Reese, der Direktor von NorCal TRACON. Er hat gesagt, der Hubschrauber sei vor fünfundvierzig Minuten auf den Monitoren aufgetaucht. Er ist von hier aus gestartet und Richtung Westen geflogen.«

»Aufs Meer hinaus?«

»Bis er verschwand«, sagte Inspector Chang.

»Sie meinen, er ist abgestürzt?«

»Genau das hab ich gefragt, aber Reese konnte es nicht beantworten. Tatsächlich könnte ihm der Treibstoff ausgegangen sein. Oder er ist auf einem Schiff gelandet oder hat sich aus der Reichweite des Radars entfernt und ist dann weiter nach Norden oder Süden geflogen.«

»Aber dazu konnte Reese nichts sagen?«

»Genau«, sagte er. »Wollen Sie mir vielleicht erzählen, was hier eigentlich läuft?«

»Unter einer Bedingung.«

»Nämlich?«

»Wenn ich damit fertig bin und Sie mich anschließend nicht verhaften wollen, kann ich Madeleine mitnehmen und verschwinden.«

»Madeleine ist die Blonde? Die Doppelgängerin von Claire Gravesend?«

Ich nickte.

»Dann los«, sagte er. »Und lassen Sie nichts aus.«

Eine Stunde nach Sonnenaufgang saß ich wieder am Steuer, Madeleine an meiner Seite. Mit Tempo siebzig fuhren wir über den Highway 1 Richtung Norden. Sobald ich schneller fuhr, begann der Jaguar zu schlingern, was meine Schuld war. Ich hatte ihn vor dem Tor stehen lassen. Chang war gekommen, als die Flammen noch hoch in den Himmel reichten, und hatte die Feuerwehr im zwanzig Kilometer entfernten Cambria verständigt. Weil das erste Löschfahrzeug ihn einfach zur Seite geschoben hatte, war das Heck des Jaguars stark verbeult, die Räder standen nicht mehr parallel.

Madeleine sprach erst, als wir den halben Weg nach Carmel zurückgelegt hatten.

»Er hatte nicht vor, sie rauszuwerfen«, sagte sie. »Der Plan war, sie an diesen Ort zu bringen, aber das hat sie während des Flugs begriffen. Sie wusste, was man ihr antun würde, und hat sich gewehrt. Deshalb wurde sie rausgestoßen.«

»Hat er dir das gesagt?«

»Einer der Typen. Sie sahen alle gleich aus. Sie waren alle derselbe.«

Ohne zu antworteten, kutschierte ich uns durch den morgendlichen Nebel und nahm die Kurven mit Vorsicht. Das Gelände fiel zum Ozean hin schroff ab, alles war grün oder blau oder grau. Mit Flechten überzogene Felsen und vom Wind geformte Zypressen. Die Horizontlinie zwischen Himmel und Ozean war nicht klar zu erkennen.

»Am Anfang haben wir geglaubt, wir finden heraus, wer wir sind«, sagte Madeleine.

»Habt ihr das denn nicht geschafft?«

»Die Sache war es nicht wert. Ich will das alles nicht wissen. Ich will nicht sein, wer ich bin.«

»Du bist diejenige, die du sein willst.«

»Tatsächlich?«, fragte sie. »Gilt das für alle? Für dich? Kannst du einfach der Mensch sein, der du sein willst?«

»Ich glaube schon«, sagte ich. »Ich hoffe es.«

Dabei beließen wir es.

Um neun Uhr bog ich auf Olivia Gravesends Zufahrt. Mr Richards öffnete das Tor, ich fuhr hinauf zum Haus. Madeleine blieb im Auto, ich ging hinein und traf Olivia in der Waffenkammer.

Sie hatte kein Auge zugetan, sah aber deutlich besser aus als ich.

»Sie haben Blut an der Kleidung, Crowe.«

»Das stammt nicht von mir.«

»Und?«

»Ich bringe Ihnen Antworten. Die ganze Geschichte. Und noch etwas anderes – jemand anderen.«

»Reden Sie schon.«

»Ihnen muss von Anfang an klar gewesen sein, dass Claire nicht wie andere Menschen war. Dass sie besonders war.«

»Ja.«

»Was in gewisser Weise mehr zutrifft, als Sie glauben. Und auch wieder nicht. Womit ich sagen will, dass es einen Menschen gibt, der fast genauso ist wie sie.«

Olivia starrte mich stirnrunzelnd an. Sie stellte die Porzellantasse, die sie in der Hand hielt, auf dem kleinen Tisch ab. Der einzige andere Gegenstand dort war ein antiker Colt. Mit dem sie sich wahrscheinlich bewaffnet hatte, weil in ihrem Panikraum ein Gefangener eingesperrt war.

»Schon klar«, sagte ich. »Ich rede unverständliches Zeug. Es geht mir darum, Sie vorzuwarnen. Ich werde Mr Richards bitten, jemanden ins Haus zu bringen. Dann werden Sie diesen Menschen für eine Person halten wollen, die sie nicht ist. Sie werden in Ihrem Herzen und in Ihrem Kopf Dinge an ihr wiedererkennen. Damit werden Sie recht haben und auch wieder nicht. Das alles können Sie beide dann unter sich klären.«

»Wovon reden Sie überhaupt?«

Ich öffnete die Tür und nickte Mr Richards zu, der draußen wartete. Er machte sich auf den Weg durch das riesige Haus. Ich schloss die Tür und kehrte zum Kamin zurück.

»Ich könnte Ihnen alles Mögliche erklären, Olivia, aber Sie würden mir nicht glauben, solange Sie es nicht mit eigenen Augen sehen. Claire war nicht nur ein Baby, das von seinen leiblichen Eltern misshandelt wurde. Genau genommen hatte sie nicht mal leibliche Eltern. Und falls doch, dann sind sie fünfzig oder sechzig Jahre vor ihrer Geburt gestorben. Aber sie hatte eine Familie.«

»Ich bin ihre Familie.«

»Das ist richtig«, sagte ich. Es klopfte an der Tür, ich stand auf, legte die Hand auf die Klinke, öffnete aber noch nicht. »Aber es gab noch jemanden, den sie geliebt hat.«

Erst jetzt machte ich die Tür auf und schaute hinaus. Unter einer Wolldecke der Feuerwehr von Cambria trug Madeleine ihre Krankenhauskleidung. Neben ihr stand Mr Richards und sah aus, als könnten ihm jederzeit die Beine wegknicken.

Madeleine betrat die Waffenkammer.

»Das ist Madeleine Adair«, sagte ich. »Sie ist …«

Aber Olivia war schon aufgesprungen und nahm Madeleine in die Arme. Sie schluchzte an ihrer Schulter und schien sie nicht mehr loslassen zu wollen.

Ich ging hinaus, schloss die Tür hinter mir und entfernte mich, bevor ich etwas von ihrem Gespräch mitbekam. Ich konnte mir ausmalen, was sie sich zu sagen hatten, aber schon das erschien mir wie eine unangemessene Grenzüberschreitung. Ich schob mich an Mr Richards vorbei, machte mich auf den Weg zur Haustür und trat hinaus ins Sonnenlicht.

38

Aber mein Tag war noch nicht zu Ende. Ich musste noch den mürrischen und schweigsamen Jim Gardner nach Hause fahren. Ich ließ ihn vorn sitzen, auf dem Beifahrersitz des A-Star-Lieferwagens, deutlich bequemer, als er es auf dem Hinweg gehabt hatte.

An seinem ramponierten Tor ließ ich ihn aussteigen.

»Meine Waffe?«, fragte er.

Soweit ich wusste, lag sie noch in Lassens ausgebrannter Höhle, vor dem Raum, in den die Kinder gesperrt gewesen waren.

»Falls irgendwann die Polizei bei dir auftaucht und danach fragt, dann sag, sie sei dir gestohlen worden.«

»Und meine Akten?«

»Bekommst du zurück. Auch den Porsche.«

»Behältst du Kopien davon?«

»Was glaubst du denn?«

Er dachte einen Moment nach und nickte.

»Was ist mit uns?«, wollte er wissen.

»Ich verstehe die Frage nicht. Ich übernehme weiterhin Jobs für dich, wenn du welche hast. Ab morgen hab ich jede Menge Zeit.«

Er schloss die Tür, ich fuhr weiter, den Skyline Boulevard hinauf und zurück in meine Stadt. Zu meiner Wohnung hatte ich keinen Schlüssel, aber von Juliettes Bargeld war noch genug übrig, um den Schlüsseldienst zu bezahlen, der mich hineinließ. Es reichte sogar noch für ein Tsingtao aus dem Restaurant im Erdgeschoss, das ich mit unter die Dusche nahm.

Eine Woche später hatte ich mein Leben wieder weitgehend geordnet. Ich besaß Schlüssel zum Haus und zum Büro, ich hatte ein neues Portemonnaie mit neuen Bankkarten. Ein Abschleppdienst holte das Biest von dem Waldweg im Mendocino County. Sobald ich in der Küchenschublade den Ersatzschlüssel gefunden hatte, verfügte ich wieder über ein Auto. Ich entdeckte Lassens versteckte Kameras und warf sie hinaus auf die Straße, sodass ich sogar meine Privatsphäre zurückhatte.

Was ich nicht hatte, war eine Beschäftigung. Ich räumte mein Büro auf, stellte Akten und Möbel wieder an ihren Platz. Ich kaufte einen neuen Computer, einen neuen Tresor, eine neue Waffe. Dann saß ich hinter meinem zu großen Schreibtisch mit Blick auf den leeren Empfangsraum. Ich ging zum Fenster und spähte durch die Lamellen des Büros auf die andere Straßenseite. Das tat ich dreimal, bis ich mir eingestehen konnte, dass ich nach etwas Speziellem Ausschau hielt.

Ich hoffte, einen schwarzen Bentley zu entdecken. So dunkel, dass er mit der Nacht verschmolz. Ich wollte, dass sie dort draußen war, aber das war sie nicht. Nicht an jenem Abend, nicht am nächsten oder dem danach. Ich hatte weder von Madeleine noch von Inspector Chang gehört. Elijah arbeitete wieder in der Bryant Street 850. Von Olivia hatte ich einen Scheck erhalten, sonst nichts. Vielleicht war es auch egal. Mit irgendeinem von ihnen zu reden, würde meine Einsamkeit ein wenig abfedern, aber nichts Grundsätzliches daran ändern.

Am vierten Abend hielt ich es nicht mehr aus.

Komm einfach vorbei, hatte sie gesagt. *Jederzeit.*

Der Mond stand am Himmel, die Decke lag noch in meinem Kofferraum.

Es war zwei Uhr morgens, das Auto des Richters stand auf einem VIP-Parkplatz vor dem Gerichtsgebäude. Was bedeutete, dass sie zu Hause wach lag. Dass sie auf das Geräusch seines Schlüssels beim Öffnen der Haustür wartete, damit sie so tun konnte, als schliefe sie.

Natürlich kannte ich den Weg. Ich hatte dort gewohnt. Auf der Fahrt wurde mir flau im Magen, eine Mischung aus Erregung und Angst. Ich erinnerte mich an ihren Geruch, an das Gefühl ihres Körpers an meinem. An die Art, wie wir zusammen gewesen waren, anfangs, bevor alles auseinanderbrach. Meine Hände am Steuer waren feucht.

Ich hielt am Straßenrand gegenüber dem Haus. Durch die heruntergelassenen Fenster hörte ich den Wind in den Eukalyptusbäumen. Als sie die Tür öffnete, dachte ich, sie hätte mich gesehen. Vielleicht war es nur meine Fantasie, eine durch ihr Profil in der offenen Tür angefachte Erinnerung. Ihr Parfüm durchströmte die Nacht. Es erfüllte das Innere des Wagens und raubte mir den Atem.

Ich sah sie den Fußweg herunterkommen und durch das Tor treten. In dem Moment, als sie den Bürgersteig erreichte, fuhr ein Auto vor. Ein Mann stieg aus und ging um den Wagen herum zu ihr hinüber. Sie umarmten sich, dann hob sie ihr Gesicht. Sie küssten sich ausgiebig und langsam. Er öffnete ihr die Tür, sie glitt auf den Beifahrersitz. Ich schaltete meine Scheinwerfer aus. Ich wollte nicht, dass sie mich im Vorbeifahren sahen. Ich wollte nicht, dass irgendwer mich sah.

Ich wartete, bis das Auto weg war. Und dann noch ziemlich lange.

Vielleicht hatte Lassen doch nicht unrecht. Vielleicht war es sinnlos, sich an irgendetwas aus der Vergangenheit zu klammern. Man wird nur verletzt.

39

Am Ende entwickelte die Vergangenheit zu viel Eigendynamik, meine alten Gewohnheiten besaßen zu viel Gewicht. Drei Tage nachdem ich gesehen hatte, wie meine Ex-Frau einen Fremden umarmte und sich von ihm im Wagen mitnehmen ließ, zehn Stunden nachdem Jims letzter Scheck mein Konto ausgeglichen hatte, befand ich mich am Rand der Baja California Sur, in La Paz. Ich checkte im Hotel Miguel Hidalgo ein und bekam mein altes Zimmer. Dort hatte ich zwei Fenster mit rostigen Fliegengittern und ohne Scheibe. Man sah hinaus auf den Paseo Álvaro Obregón, den dahinterliegenden schmalen Strand und den Golf von Kalifornien. Wenn der Wind zu stark wurde, konnte ich die Fensterläden schließen, die durch das Sonnenlicht einen silbrigen Farbton angenommen hatten.

Es gab einen Deckenventilator, ein Eisenbett mit Federn, die bei jedem Umdrehen quietschten. Im Erdgeschoss befand sich eine Bar, im Nachbarhaus ein Restaurant, an das ich mich ebenfalls von meinem letzten Besuch erinnerte. Noch immer dieselben an die Wand gemalten Druckbuchstaben.

Mariscos.

Ich schottete mich nicht so ab, wie ich es eigentlich vorgehabt hatte. Zwar besaß ich ein neues Telefon, aber ich checkte es regelmäßig. Morgens um zehn saß ich mit einer kalten Flasche Pacifico an der Bar und las die Nachrichten.

Die Küstenwache hatte die Suche nach Lassens Hubschrauber längst aufgegeben. Niemand konnte einen Ölfilm auf den Wellen entdecken. Falls sie umgekehrt und zur Küste zurückgekehrt waren, konnte der Hubschrauber tief und mit ausgeschaltetem Transponder geflogen sein. Was wirklich passiert war, ließ sich unmöglich sagen. Sie konnten auf dem Meeresboden liegen oder auf einem Schiff gelandet sein. Oder – ohne nachzutanken – an jedem x-beliebigen Punkt der Küste zwischen Mexiko und Oregon gelandet sein.

Inzwischen konnten sie überall sein. Ihre Bankkonten waren nicht aufzuspüren und blieben entsprechend unangetastet. Sicher besaßen sie weitere Häuser und eine andere Flugmöglichkeit. Vielleicht gab es weitere Labore. Sie konnten sich wieder sammeln, den Schaden begutachten und die nächsten Schritte ins Auge fassen.

Was bedeutete, dass ich mich auch in La Paz nicht sicher fühlte.

Ich war mit dem Flugzeug gekommen und hatte meine neue Pistole im neuen Safe gelassen. An meinem ersten Abend in der Stadt sprach ich mit dem Barkeeper. Er konnte sich nach den sechs Jahren noch an mich erinnern und sagte, ich solle auf meinem Zimmer warten. Irgendwann vor Sonnenuntergang klopfte es an meiner Tür. Ich gab dem Mann dreihundert US-Dollar im Austausch gegen einen rostigen kurzläufigen Revolver. Der hölzerne Griff wurde von Isolierband zusammengehalten. Ich öffnete die Trommel und ließ sechs Kugeln in meine Handfläche fallen. Die Messingpatronen waren stellenweise grünlich korrodiert, das Blei mit Oxid überzogen.

Solange mir das Ding nicht in der Hand explodierte, würde es seinen Zweck erfüllen.

Am vierten Tag ging ich morgens nach unten und bestellte ein Bier. Es war windstill, die Temperatur lag schon bei zweiunddreißig Grad. Ich setzte mich an die Bar und ging auf meinem neuen Handy die Nachrichten durch. Zum Brand in Lassens Labor gab es einen neuen Artikel, der zum größten Teil nicht den Fakten entsprach. Auch der Rest war so lückenhaft, dass er praktisch keinen Sinn ergab. Mit keinem Wort erwähnte der Reporter die Arrestzellen, die Funktion der Laborausstattung oder den Inhalt des Säuglingszimmers. Stattdessen zitierte er Frank Chang, der erklärte, die Ermittler seien mit der Durchsuchung der Trümmer fertig und hätten keine menschlichen Überreste gefunden. Ich war gern bereit, es zu glauben. Es hatte Räume gegeben, die ich nicht gesehen hatte. Ich hätte es nicht mitbekommen, falls irgendjemand während des Feuers geschrien hätte.

Ich schaute vom Handy auf. Der Barkeeper stand mir gegenüber, stützte beide Hände auf den hölzernen Tresen und schien zu warten.

»Ja?«

»Eine Frau war hier«, sagte er. »Heute Morgen.«

»Eine Frau.«

»Sie hat nach Ihnen gefragt.«

»Hat sie meinen Namen genannt?«

»Sie hat sich nach Lee Crowe erkundigt und gefragt, ob Sie hier wohnen.«

»Was haben Sie gesagt?«

»Dass ich es nicht genau wüsste«, erwiderte er. »Ich hab gesagt, sie sollte vielleicht später noch mal kommen, dann würde ich ihr Bescheid geben.«

»Daraufhin ist sie gegangen?«

Er reckte das Kinn in Richtung der Tür.

»Sie kommt wieder.«

»Wie sah sie aus?«

Er hielt die Hand knapp einen Meter siebzig über den Boden.

»So groß«, sagte er. »Amerikanerin. Jung.«

»Blond?«

Er schüttelte den Kopf.

»Ich weiß nicht. Sie hatte die Haare unter einer Baseballkappe. Und sie trug eine riesige Brille. Eine Sonnenbrille.«

»Nach ihrem Namen haben Sie nicht gefragt?«

»Nein.«

Ich trank mein Bier aus und zahlte. Alles, was ich brauchte, hatte ich schon in der Tasche. Portemonnaie und Pass. Handy und Revolver. Alles, was oben in meinem Zimmer war, konnte ich problemlos entbehren. Ich verließ das Hotel und ging ins Restaurant nebenan. Es hatte noch geschlossen, aber ich setzte mich an einen der Tische auf der Terrasse und wartete, bis es öffnete.

Dann bestellte ich Mittagessen und eine Flasche Wasser. Die Zeit vertrieb ich mir, indem ich den Eingang des Hotel Miguel Hidalgo im Auge behielt. Mir fiel keine Frau ein, die ich sehen wollte und die wusste, dass sie in La Paz nach mir suchen musste. Kurz überlegte ich, ein Taxi anzuhalten und mich zum Flughafen oder zum Busbahnhof fahren zu lassen. Ich konnte auch ein Boot mieten und nach Cabo fahren. Ich konnte tun, was ich wollte, weil ich nirgends erwartet wurde.

Also blieb ich und ließ den Hoteleingang nicht aus den Augen.

Um Viertel nach sechs entdeckte ich eine Amerikanerin mit schwarzer Baseballkappe und Schildpatt-Sonnenbrille. Sie war blass und sah aus, als hätte sie eine Safari auf dem Rodeo Drive geplant. Helle Khakihose und eine dünne, wie eine Jacke geschnittene Seidenbluse. Flache Absätze. Ihre Haarfarbe konnte ich nicht erkennen. Ich sah auch nicht, ob sie irgendwelche Narben hatte.

Sie betrat das Hotel. Ich legte Geld auf den Tisch und verließ das Restaurant. Dann ging ich zurück zum Hotel und lehnte mich gegen die Stuckwand neben der Tür. Obwohl ich im langen Schatten des Gebäudes stand, war die Wand noch von der Sonne gewärmt.

Ich wartete fünf Minuten, dann kam die Frau heraus. Sie ging vorbei, ohne Notiz von mir zu nehmen. Als sie einen ausreichenden Vorsprung hatte, folgte ich ihr. Ich trug Shorts und eine darüberhängende Guayabera. Die Waffe steckte hinten in meinem Hosenbund, wo ich sie schnell zur Hand hatte.

Sie blieb nicht lange auf den Straßen, wo sie Blicke auf sich zog und man ihr hinterherpfiff. Nach zwei Blocks war ich nicht der einzige Mann, der ihr folgte. Sie pfiff auf zwei Fingern, um ein Taxi anzuhalten. Als sie eingestiegen war, sah ich den rotblauen Kombi davontuckern. Ich schnappte mir das nächste Taxi und sagte dem Fahrer, er solle ihr folgen.

»Discúlpe?«

»Sigue ese auto«, sagte ich.

Der Fahrer sah mich an, als wäre ich verrückt.

»Mi novia«, sagte ich.

Jetzt nickte er. Das war in jedem Fall ein gerechtfertigtes Motiv zum Verfolgen eines anderen Autos. Wir fuhren am Ufer entlang. Das Meer war so ruhig, dass ich Hunderte Meter vom Ufer entfernt Korallenköpfe sehen konnte, dunkle Schatten über Flecken aus weißem Sand. Inzwischen hatte ich Zeit zum Nachdenken gehabt. Zwar hatte ich ihr Gesicht nicht erkennen können, sie aber eine knappe Minute zu Fuß verfolgt. Ich wusste, wie sie sich bewegte, und hatte die Umrisse ihres Körpers unter der Kleidung wahrgenommen. Ich hätte sämtliches Geld auf meinem Konto darauf verwettet, dass ich wusste, um wen es sich handelte.

Im Moment befanden sich zwei Autos zwischen uns.

Der Fahrer drückte aufs Tempo, ohne allzu offensichtlich zu hetzen. Der Verkehr war dicht. PKWs, Kleinbusse und Männer auf Dreirädern, die Hüte oder Eis verkauften. Das Taxi der Frau bog rechts in einen Jachthafen. Die Sonne brannte so stark, dass sie frische Farbe zum Blasenwerfen hätte bringen können. Ich legte die Hand über meine Augenbrauen, um mich vor der Helligkeit zu schützen. Unten am Beginn der Hafenmole stand ein rosarotes Hotel. Mein Fahrer drehte sich fragend zu mir um. Abbiegen oder nicht abbiegen?

Ich nickte.

Er folgte meiner Aufforderung, aber noch ehe wir den Kreisel vor dem Hotel erreichten, tippte ich ihm auf die Schulter, reichte ihm einen Geldschein und stieg aus. Ich holte die Frau in dem Moment ein, in dem der Portier ihr die Tür zur Lobby öffnete.

»Sie haben nach mir gesucht?«

Sie wandte sich um und verzog ärgerlich den Mund, bevor sie mich erkannte und sich entspannte. Dann nahm sie die Sonnenbrille ab. Meine rechte Hand schob sich näher an den umwickelten Griff meiner Waffe, aber auch ich entspannte mich.

»Lee Crowe«, stellte sie fest.

»Beim letzten Mal haben Sie gesagt, wir würden uns nicht wiedersehen.«

»Da scheine ich mich geirrt zu haben.« Sie warf einen

schnellen Blick zur Bar in der Lobby. »Kann ich Ihnen einen Drink spendieren?«

Ich rührte mich nicht.

»Wie haben Sie mich aufgespürt?«

»Wir haben gemeinsame Freunde, nicht wahr?«

»Olivia?«

»Jim«, sagte sie. »Er lässt Sie grüßen.«

»Was soll das Ganze?«

»Erst einmal möchte ich mich bedanken. Ohne Ihre Hilfe hätte ich zehn Millionen Dollar verloren. Und wahrscheinlich meine Seele.«

»Dann haben Sie mit Olivia gesprochen.«

»O ja«, sagte sie. »Vergessen Sie die Bar. Wir können nach oben gehen.«

Sie nahm meinen Arm, so wie sie es auch an dem Abend getan hatte, als sie mich auf ihrer Veranda bemerkt hatte. Diesmal führte sie mich durch die Lobby und drückte den Knopf am Aufzug. Sie bewohnte eine Suite im vierten Stock, wahrscheinlich das beste Hotelzimmer in La Paz, aber verglichen mit ihrem Haus oberhalb von L.A. wirkte hier alles wie Restbestände vom Ausverkauf.

Sie deutete auf einen Rattanstuhl auf dem Balkon, nahm zwei Flaschen Bier aus dem Kühlschrank und reichte mir beide. Sie waren warm, aber kühler als ich.

»Sie sind nicht den ganzen Weg nach La Paz gekommen, um sich zu bedanken.«

»Nein«, sagte sie. »Ich bin hier, um Sie zu engagieren. Ich habe Jim gesagt, ich bräuchte den Besten. Er sagte, das seien Sie. Falls Sie Fälle übernehmen.«

»Das hängt davon ab.«

»Wovon?«

»Hat es irgendwas mit Sheldon Lassen zu tun?«

»Überhaupt nicht.«

»Was soll ich dann für Sie tun?«

»Es ist kompliziert.«

»Hin und wieder habe ich meine lichten Momente.«

»Und es ist heikel. Vielleicht nicht ganz legal.«

»Dann bin ich wahrscheinlich der Richtige.«

»Das glaube ich auch.«

Mit den Daumen öffnete ich die Flaschen und reichte ihr eine. Wir stießen mit den Flaschenhälsen an und schauten über das Geländer. In Ufernähe war der Ozean türkis, ein Stück weiter weg, wo tiefes Wasser das Sonnenlicht schluckte, blau. Es war ganz anders als in San Francisco, das gefiel mir. Aber ich würde dort hingehen, wo meine Klientin mich brauchte. Es machte mir nichts aus, das war ein ganz neues Gefühl. Ich wusste schon seit Langem, wer ich war, aber ich hatte gerade erst gelernt, damit zu leben.

Danksagungen

Es hat Spaß gemacht, eine Reise in Lee Crowes Welt zu unternehmen, und ich würde gern irgendwann dorthin zurückkehren. Vor allem, wenn ich es mit denselben Menschen tun könnte, die mir beim Schreiben dieses ersten Buchs geholfen haben. Meine Frau Maria Wang hat meine schriftstellerische Tätigkeit von Anfang an unterstützt und mir in so vielerlei Hinsicht geholfen, dass ich es nicht aufzählen könnte. Meine Kinder Bruce und Sally inspirieren mich, ich arbeite jeden Tag ein bisschen härter, einfach weil sie da sind. Nathaniel Boyer, M.D., ist nach wie vor mein Ansprechpartner für die verrücktesten medizinischen Fragen. Er ist besser als Google, allein schon, weil die NSA keinen Zugriff auf all die Fragen hat, die ich ihm über die Jahre hinweg gestellt habe. Meine Lektorin Naomi Gibbs hat mir beim Feinschliff des Manuskripts geholfen. Sie war für dieses Projekt ideal und brachte mehr Wissen über Gentechnik mit als ich. Die Leute bei Houghton Mifflin Harcourt – vor allem, aber nicht nur, Laura Brady, Michelle Triant und Alison Kerr Miller – waren mehr als großartig. Mit ihnen ist die Arbeit ein Vergnügen, und sie haben nie den Glauben an das Projekt verloren. Schließlich muss ich Alice Martell nennen, meine Agentin. Sie ist eine Agentin, wie sie jede Schriftstellerin und jeder Schriftsteller verdienen, tatsächlich aber nur sehr wenige bekommen. Wenn man im Literaturbetrieb einen Menschen an seiner Seite wissen möchte, dann Alice.